三種《一切經音義》醫學詞彙研究

李塈華　王育林　著

北京科學技術出版社

圖書在版編目（CIP）數據

三種《一切經音義》醫學詞彙研究/李曌華，王育林著. —北京：
北京科學技術出版社，2020.4
ISBN 978－7－5714－0521－2

Ⅰ.①三… Ⅱ.①李…②王… Ⅲ.①佛經－訓詁－研究－中國－
唐代②中國醫藥學－詞彙－研究 Ⅳ.①H131.6②R2－61

中國版本圖書館 CIP 數據核字（2019）第 229174 號

三種《一切經音義》醫學詞彙研究

作　　者：李曌華　王育林
責任編輯：宋玉濤
文字編輯：楊朝暉
責任校對：賈　榮
責任印製：李　茗
封面設計：異一設計
出 版 人：曾慶宇
出版發行：北京科學技術出版社
社　　址：北京西直門南大街 16 號
郵政編碼：100035
電話傳真：0086－10－66135495（總編室）
　　　　　0086－10－66113227（發行部）
　　　　　0086－10－66161952（發行部傳真）
電子信箱：bjkj@ bjkjpress. com
網　　址：www. bkydw. cn
經　　銷：新華書店
印　　刷：北京捷迅佳彩印刷有限公司
開　　本：787mm×1092mm　1/16
字　　數：465 千字
印　　張：23.75
版　　次：2020 年 4 月第 1 版
印　　次：2020 年 4 月第 1 次印刷
ISBN 978－7－5714－0521－2/R · 2679

定　　價：568.00 元

目　録

第一章 緒 論

佛經音義是近幾年來語言學界研究中炙手可熱的材料。它是研究漢文佛典語言的重要語料之一，對中國語言文字學的研究有重要參考價值。近年來，"佛經音義研究領域不斷擴大，研究成果頗爲豐碩，已經成爲國際漢學研究中的一個新熱點"[1]。因此，對其進行更爲深入的整理、挖掘和研究是十分必要的。

第一節 三種《一切經音義》概述

"音義"是古書注釋的一種形式，興盛於魏晉時期。"音"爲辨析字音，"古代韻書義"爲詮釋詞義，"音義"即注音以釋義。音義類著作主要通過注音和辨音來辨明詞義，通過廣引古代韻書、字書及經、史、子、集，來辨音、析字以明義，解決文獻典籍中難解字詞的語義問題，在傳統小學著作中獨成一類。據清·謝啓昆《小學考》載，音義著作有二百六十八部，然而這些著作今多亡佚，尚存的僅有四十三部[2]。

音義類著作有內典和外典之分。學術界一般傾向於認爲外典音義始於漢末三國之際孫炎的《爾雅音義》。比起外典音義，作爲內典音義的佛經音

---

[1] 梁曉虹. 第三屆佛經音義研究國際學術研討會紀要 [A]. 徐時儀，梁曉虹，松江崇. 佛經音義研究——第三屆佛經音義研究國際學術研討會論文集 [C]. 上海：上海辭書出版社，2015：343.

[2] （清）謝啓昆. 小學考 [M]. 上海：漢語大詞典出版社，1997：567－627.

義的興起就要晚得多，以北齊（550—577）道慧的《一切經音》爲最早，二者相去三百多年。然而這兩部外、内典音義著作均已亡佚。道慧之後，佛經音義有隋代（589—618）沙門智騫的《衆經音》和曇捷爲《妙法蓮華經》所著的《字釋》。兩者均早已失傳，而後者的一部分内容以被引用的形式保留在日本僧人中算的《妙法蓮華經釋文》裏[1]。儘管如此，它早已不是一部完整的著作了。因而繼之的唐初釋玄應的《衆經音義》被公認爲現存最早匯釋衆經的佛經音義類著作。

1　三種《一切經音義》概貌

《玄應音義》25 卷，是我國現存最早的佛教音義專著，成書於唐代初期，不晚於 663 年間。其將佛經應釋之字録出，注音訓於下，並廣引字書傳説以證之。繼《玄應音義》之後，又有唐貞元、元和間釋慧琳所撰《一切經音義》（以下簡稱《慧琳音義》）100 卷，成書於唐憲宗元和三年（808）以前。慧琳從 1300 部佛教經、律、論中選詞注釋，其书之規模遠遠超過玄應之書。近代學者譽其書爲“小學之淵藪，藝林之鴻寶”[2]，“可與《爾雅》《説文》並駕齊驅”的“唐代最有價值的訓詁學書”[3]。胡奇光（2005）在《中國小學史》中指出：“《慧琳音義》在保存古代小學資料上，已大大超過《經典釋文》”[4]，“集佛教教義書之大成，在唐代的訓詁中，可謂首屈一指”[5]。此後，遼代沙門釋希麟據慧琳家法，賡續從事，撰成《續一切經音義》（以下簡稱《希麟音義》）10 卷，該書約成書於遼聖宗統和五年（987）。希麟在《慧琳音義》的基礎上，拾遺注釋圓照《大唐貞元續開元釋教録》入藏的全部經論及不空、義净、彥琮等所譯之經 262 卷，

---

〔1〕　丁鋒. 殘存最早佛經音義考［A］. 徐時儀，陳五雲，梁曉虹. 佛經音義研究——首屆佛經音義研究國際學術研討會論文集［C］. 上海：上海古籍出版社，2006：208－209.

〔2〕　楊守敬. 日本訪書志//宋元明清書目題跋叢刊［M］. 北京：中華書局，2006：73.

〔3〕　何仲英. 訓詁學引論［M］. 北京：商務印書館，1933：52－55.

〔4〕　胡奇光. 中國小學史［M］. 上海：上海人民出版社，2005：160.

〔5〕　胡奇光. 中國小學史［M］. 上海：上海人民出版社，2005：162.

對《慧琳音義》做了補充[1]。因此，本書研究的三種《一切經音義》（以下簡稱"三種《音義》"）指的就是《玄應音義》《慧琳音義》《希麟音義》三種解釋佛經中難讀難解字詞的音義類訓詁學著作。

　　三種《音義》徵引古籍數百種，其中許多唐以前音釋古訓之書今已不傳，如《蒼頡》《三蒼》《字苑》《字林》《聲類》《通俗文》《說文音隱》等。其極大地保存了唐以前的訓詁資料，所以清儒之治小學、輯佚者視其爲瑰寶。此外，書中保存了數以百計的醫學詞彙，又以人體名物詞、疾病名物詞、藥物名物詞內容居多。經粗略統計，人體名物詞有 197 個，疾病名物詞有 295 個，藥物名物詞有 310 個，占所有醫學詞彙的絕大多數，故本書主要對這些醫學詞彙及其釋義進行研究。此外，三種《音義》中尚有其他醫學名物詞 32 個和非醫學名物詞 32 個。

2　三種《音義》合併研究的意義和優勢

　　三種《音義》都是按詞條形式進行編排訓詁的，書中徵引群籍數百種，所引之書年代較早，有的是隋、唐《志》著錄而久佚不傳之作，如《廣倉》《字統》《字指》《字書》《韻略》《韻詮》《纂韻》《韻英》《桂苑珠叢》《文字集略》《開元文字音義》；然如張戩《考聲集訓》《古今正字》《文字典說》《文字釋典》諸書，並隋、唐《志》亦未著錄。即使是傳世之書，引《說文解字》（以下簡稱《說文》）則聲義並載；引《玉篇》有野王案語，與楊守敬在日本訪得之詳本及《萬象名義》之據本合；引《國語》則唐固注；引《孟子》則劉熙注。此外佚文秘笈，不可殫記。三部書不僅較好地保存了那些已經亡佚的訓詁學古籍中的注釋，而且對現存的訓詁學著作的校正和補遺也有重要價值。編纂者還對資料加以分析，常常提出獨到的見解。此三部書在文字校勘、詞義訓詁、古籍輯佚等方面具有十分重要的價值，久爲文史學界所稱道，醫史學家也時有引據。三種《音義》具有一定的共性和各自的特性，將三部書合併研究對材料的利用和充分挖掘頗有益處。

---

　　[1]　徐時儀，梁曉虹，陳五雲. 佛經音義研究通論 [M]. 南京：鳳凰出版社，2009：52.

2.1 三種《音義》合併研究的意義

通過考察近幾年關於佛經音義的研究成果，我們發現學界多是就其中的一部或兩部音義著作進行研究，或者將三種《音義》放在更大的佛經音義範圍內進行論述。三種《音義》具有一定的共性和各自的特性，將三部書合併對比研究對材料的利用和充分挖掘頗有益處。我們選擇將三種《音義》合併對比研究，並獨立於其他佛經音義之外的優勢及意義在於以下幾個方面。

2.1.1 三種《音義》之間具有時間上的延續性和體例內容上的繼承性

2.1.1.1 從成書時間上看

三種《音義》成書的時間，彼此相距 150～170 年，具有一定的時間跨度。在這些時間段中，漢語言文字、古籍文獻等與之相關的內容可能不會有太大的差異，然而也難免發生着微妙的變化。通過這些變化，我們可以瞭解文字、音韻、詞彙、訓詁等在唐宋時期發展的情況和趨勢，《玄應音義》具有一定的即時意義；也可以窺探文字、音韻、詞彙、訓詁等從古至今發展的綫索和軌迹，《玄應音義》具有一定的歷時意義。

2.1.1.2 從體例上看

《玄應音義》所創體例與其之前的佛經音義類著作不同。基本上遵循字目、注音、釋義的方式對佛經中的難解字詞進行訓釋，這種體例具有明顯的優勢[1]。《慧琳音義》承《玄應音義》體例，繼往開來，在所涉佛經數量上有所增加，在訓釋內容上有很多新穎之處。希麟賡續從事，亦未出其窠臼。因此，三種《音義》在體例上是完全一致的。

2.1.1.3 從內容上看

《慧琳音義》中雖收錄了玄應所釋的佛經音義，但沒有全部收錄，大約少收錄了其中一百多部佛經的音義。此外，《慧琳音義》在收錄玄應所釋的佛經音義時也沒有全盤照錄，而是多有刪略、改纂、增補。如《慧琳音義》卷 20 收錄了《玄應音義》卷 1 所釋《大方廣佛華嚴經》音義的內容，其中

---

[1] 參見本書"三種《音義》醫學詞彙概述"一節"三種《音義》醫學詞彙的特點"下"注釋的一般規則"。

《玄應音義》"顾盻"條原爲：

> 眠見反。《説文》：邪視也。《蒼頡篇》：旁視也。《方言》：自
> 關而西秦晉之間謂視爲盻也。

《慧琳音義》中無"《蒼頡篇》：旁視也"之文。

又，《慧琳音義》卷34中收録了《玄應音義》卷8所釋《佛説前世三轉經》音義的内容，其中《玄應音義》"妊娠"條作：

> 書鄰、之刃二反。《詩》云：大妊又娠。《傳》曰：娠，動也。
> 謂懷胎孕名也。

《慧琳音義》則改訓爲：

> 上如鳩反。下書鄰反。《廣雅》云：妊亦俌。俌音申也。《毛
> 詩傳》云：娠，懷孕也。《説文》義同，並從女，壬、辰俱聲。

此條無論是在注音、引證上，還是在釋文上，慧琳都有較大改動。

又，《慧琳音義》卷43中收録《玄應音義》卷4所釋《大方便報恩經》，慧琳增釋了"拔肋"等字目，對"眼眩""煩冤"等條文的釋義也做了增補。

因此，《慧琳音義》並不能取代《玄應音義》[1]。《慧琳音義》雖收羅宏富，但没有包括《開元釋教録》以後續出的佛典，而《希麟音義》却包含之，故其價值與《慧琳音義》不相上下。因此，三種《音義》能够相互補充和完善。

2.1.2 減少斷代錯誤的發生

這種斷代錯誤主要發生在《玄應音義》和《慧琳音義》的引文斷代上。《玄應音義》和《慧琳音義》雖然前後相承，但並不是同一部書。由於

---

[1] 徐時儀. 玄應和慧琳《一切經音義》研究 [M]. 上海：上海人民出版社，2009：6.

《慧琳音義》中收録了《玄應音義》的内容，人們往往把兩者誤作同一部書，或將慧琳轉録的《玄應音義》的部分内容與慧琳所撰内容混爲一談。在引用《慧琳音義》進行説明時如果不加考察，尤其容易出現斷代上的錯誤。如徐時儀等（2009）就曾指出“《慧琳〈一切經音義〉研究》一書雖名爲研究《慧琳音義》，實際上書中對慧琳所録玄應所撰與慧琳自撰不加區分，混淆了二者的區別，得出的結論也自然會有年代之誤”[1]。將二者合併研究有助於減少這種斷代錯誤的發生。

2.1.3 三種《音義》内容的重複有利於進行更全面深入的挖掘

三種《音義》在收詞和釋義上有很多重複的地方，但這些重複内容並不是完全相同的。《慧琳音義》在轉録《玄應音義》時對其内容進行了很多補正和完善，且在很多條目中雖收詞與《玄應音義》相同，但注釋内容却爲慧琳自撰。《希麟音義》又吸收了《玄應音義》和《慧琳音義》的精華，多有引用兩者所没有的注釋内容，進一步做出更透徹的説解，使文通理順。將三種《音義》合併對比研究，有利於挖掘前人所未注意的材料，進行更全面、深入的研究。現試舉一例説明之。

【燭館—燭睆—濁睆】

《本草綱目》卷46“蝸螺”條云：“主治燭館，明目下水。”李時珍注：“（燭館）二字疑訛誤。”“燭館”一詞始見於《名醫別録》，此後的《新修本草》《千金翼方》《證類本草》等引用《名醫別録》之文都作“燭館”，並無異文。“燭館”一詞的含義不明，令人費解，至明代李時珍亦不曉其義。《玄應音義》注文中即有該詞。

　　白睆　還棧反。許慎注《淮南子》云：燭睆，目内白瞖病也。經文作完，非也。（《玄應音義》卷20《陀羅尼雜集經》第7卷）

玄應所引許慎注文中出現了“燭睆”一詞，其指的是眼睛中如有白色障膜遮蔽的一種病證，表現爲視物不清，類似於今之白内障。“燭館”當是

---

〔1〕　徐時儀，梁曉虹，陳五雲. 佛經音義研究通論［M］. 南京：鳳凰出版社，2009：465－466.

指“爛睆”。此説最早是由劉衡如提出的[1]，郭在貽譽之爲運用“訓詁學手段校勘古籍的一個好例”[2]，時爲訓詁學論著引用和稱道。然劉衡如僅指出了“館”爲“睆”的假借字，但爲什麼將此病稱爲“爛睆”，仍未得到解決。我們通過對三種《音義》的全面考察，又發現了新的綫索。

> 白睆　還棧反。許慎注《淮南子》：濁睆，目內白瞖病也。經
> 文作完，非也。（《慧琳音義》卷43《陀羅尼雜集》第7卷）

慧琳此條雖所出經卷與玄應同，然爲慧琳所自撰。其釋義與玄應基本相同，但其中很重要的一點是玄應引許慎注《淮南子》之文作“爛睆”，而慧琳引作“濁睆”。這一不同之處，却使得“爛睆”的含義豁然明晰。該病的命名源於其症狀爲眼睛內呈現混濁的狀態，類似於現代醫學所説的晶狀體混濁。“濁”是修飾“睆”的定語，是扼要表明“睆”之症狀表現的語詞。故“爛睆”當作“濁睆”，“爛”或是“濁”的訛字。至此，《本草綱目》中的“爛館”之義才算是真正明晰了，“爛館”當作“濁睆”。

此外，徐時儀還提到過對“喔喋”一詞的注釋，蔣禮鴻《敦煌變文字義通釋》中根據玄應“犬見齒喔喔然”的釋義得出的結論仍有未盡之處。《慧琳音義》卷14《大寶積經》第88卷“喔喋嘷吠”條云：“《集訓》云：齒相斷也。又云：開口見齒也。《玉篇》云：齒相切也。《聲類》作齫齫。《考聲》云：齫齫，狗鬥皃也，齒不齊皃也。”卷79《經律異相》第31卷“瞋睞”條云：“案，經義瞋睞，張口露齒瞋怒，作齧人之勢也。”慧琳的案語讓我們更加明確了“喔喋”的含義。

因此，將三種《音義》合併對比研究更有利於體現玄應、慧琳和希麟各自的風格特點和成就貢獻。

2.2　三種《音義》與其他佛經音義類著作相比具有明顯的優勢

2.2.1　《玄應音義》是現存最早的佛經音義

我們前面已經提到，由於曇捷爲《妙法蓮華經》所著的《字釋》早已

---

[1]　（明）李時珍. 本草綱目 [M]. 劉衡如，校注. 北京：人民衛生出版社，1982：2977.

[2]　郭在貽. 訓詁學 [M]. 北京：中華書局，2011：27.

不是一部完整的著作，所以《玄應音義》被公認爲現存最早的佛經音義類著作。最重要的是，"早期的佛經音義尚乏完善的體例，而玄應所撰則音義並及，檢索有據，體例趨於嚴密，所指定體例爲其後繼出佛經音義效仿"〔1〕。因此，《玄應音義》在佛經音義類著作中頗有研究價值。

2.2.2 三種《音義》注釋的佛經數量最多

雖然唐代尚有太原處士郭逡著《新定一切經類音》，繼後慧苑有《新譯大方廣佛花嚴經音義》（簡稱《慧苑音義》），雲公有《大般涅槃經音義》，窺基有《妙法蓮花經音義》，但其都僅注釋一部佛經。三種《音義》基本上囊括了所有佛經，注釋佛經之多，摘錄範圍之廣，是其他幾部佛經音義遠遠無法企及的。

2.2.3 唐代的其他佛經音義類著作多爲慧琳所收録

除了轉録《玄應音義》部分内容外，《慧琳音義》卷21、卷22、卷23分別轉録了慧苑《新譯大方廣佛花嚴經音義》上、中、下3卷的内容，卷26轉録了雲公《大般涅槃經音義》的内容，卷27轉録了窺基《妙法蓮花經音義》的内容。慧琳除了轉録這些佛經音義的内容外，還對其内容進行了删補和詳定，可謂用心。

2.3 三種《音義》是中古時期小學成果的傑出代表

在中古漢語的研究上，以往的學者一向青睞魏晉南北朝的小説和一些重要典籍，然而在中古漢語的研究資料中，佛典占了相當大的比重。近年來學界對佛典和佛經音義的重視日益提高，這是一件十分可喜的事情。三種《音義》是佛經音義類著作中的傑出代表，同時也是中古時期小學成果的傑出代表。

2.3.1 音義結合的訓釋體例在中古時期十分盛行

相傳最早的音義著作是東漢末年孫炎的《爾雅音義》。此後隨着音韻學的發展，音義類著作迭出。魏晉南北朝時期音義類著作頗多，儘管如此，却未能留下類似《説文解字》《爾雅》《方言》等的具有重要價值和意義的宏偉巨作。直至唐代陸德明《經典釋文》問世，音義結合的訓釋體例才得

---

〔1〕 徐時儀.《玄應與慧琳〈一切經音義〉的比較》［A］. 徐時儀，陳五雲，梁曉虹. 佛經音義研究——首届佛經音義研究國際學術研討會論文集［C］. 上海：上海古籍出版社，2006：165.

以發揚光大。《經典釋文》是音義結合的訓釋體例的集大成之作，亦是總匯魏晉南北朝以來音義的集大成之作，不僅對學術发展具有重要的意义，而且對後來的佛經音義產生了極大的影響。佛經音義類著作的編纂目的是傳播佛經思想，弘揚佛法，其編纂者大多具有深厚的語言文字學素養，他們借鑒盛極一時的"音義"這種特殊的儒術體式，讓佛經能够更迅速、更廣泛地得到認可和傳播，開創了佛經音義這種獨樹一幟的訓詁門類，而三種《音義》的成書則將佛經音義推向了鼎盛時期。

三種《音義》的訓釋為音義結合，通常先標以讀音，再進行詞義的解說，如：

    疝病　所姦反。《説文》：疝，腹痛也。（《玄應音義》卷 14《四分律》第 57 卷）

    橙子枝　上直耕反。《考聲》云：似橘而大也。《説文》：橘屬也。從木登聲。經從棠作橖，非也。（《慧琳音義》卷 39《不空羂索經》第 20 卷）

    髭鬢　上紫斯反，下賓牝反。《説文》云：髭者，口上須也。從須此聲。下鬢字，《説文》云：頰邊髮也。從髟賓聲。髟音必遥反。（《慧琳音義》卷 62《根本毗奈耶雜事律》第 24 卷）

    睫眴　上即葉反。《説文》云：目傍毛。《釋名》云：睫，插也。謂插於目匡也。又云：臉上毛也。從目捷省聲也。下如均反，又作眴。《切韻》：目臉動也。從目閏聲。（《希麟音義》卷 7《金剛頂瑜伽金剛薩埵念誦儀》）

其在注音的同時又時常注意辨析正確的讀音、俗音、方音、借音等語音現象，如：

    柱髀　古文踔，同。蒲米反，北人行此音。又必尔反，江南行此音。（《玄應音義》卷 2《大般涅槃經》第 12 卷）

    頷瘦　《説文》：口没反。《三蒼》云：頭禿無毛也。《通俗文》：白禿曰頷。《廣雅》：頷，髮禿也。今讀口轄反，此非正音，但假借耳。（《玄應音義》卷 6《妙法蓮華經》第 2 卷）

　　尫余　枉王反。《韻英》云：羸弱也。俗音蠊黄反，聲訛轉也。（《慧琳音義》卷90《高僧傳》第14卷）

　　黑蜂　下敷容反。《爾雅》云：土蜂，木蜂。郭注云：今江東呼大蜂，於地中作房者。爲馬蜂，唼其子者也。《爾雅》正作蠭。今俗作蜂。或俗音蓬也。（《希麟音義》卷1《大乘理趣六波羅蜜多經》第5卷）

　　其在訓釋上，以引用各種辭書、文獻中的内容進行注釋爲主，有時也加以自己的案語進行更進一步的説明，如：

　　痽瘤　又作疤，同。蒲罪反。下力罪反。案，痽瘤，小腫也。（《玄應音義》卷16《鼻奈耶律》第7卷）

　　三膲　子遥反。《白虎通》：六府有三膲，腎之府也。[腎主寫，三膲亦以凑液吐故也。]〔1〕上膲若霧，中膲若漏，下膲若漬。經文作焦，燒餘也。焦非字義。（《玄應音義》卷20《陀羅尼雜集經》第2卷）

　　蔗芌　上之夜反。《考聲》：蚚草名也。《本草》云：蔗味甘，利大腸，止渴，去煩熱，解酒毒。下于句反。《本草》：芌味辛。一名土芝。不可多食，動宿泠病。《説文》：芌，葉大，實根堪食。二字並從草，庶、亏皆聲也。（《慧琳音義》卷64《四分尼羯磨》第1卷）

　　顰眉　上符真反。《考聲》：顰，蹙眉也。下莫丕反。《説文》云：目上毛也。像眉之形也。《玉篇》云：寢眉而聽也。經文從口作嚬，笑也，非顰眉字也。作冐、睂，皆通用已久，時世共傳也。（《希麟音義》卷6《金剛王菩薩秘密念誦儀》）

　　2.3.2　三種《音義》不僅具有辭書的詞彙整理功能，而且對構成詞彙的重要詞素都做了詳細的注釋

---

　　〔1〕　該符號爲所引點校本中的符號，符號内文字爲所引點校本作者據他本或上下文義補足的文字。本書所引原文中此符號，除特別説明的，均與此同義，不再出注。

　　玄應、慧琳和希麟有選擇性地摘録了佛經中數以百計的詞彙，這些詞彙以複合詞尤其是雙音節詞居多，其中既有佛學專用詞語、外來詞，也有漢語日常用語。這些複合詞的組成雖然有一定的隨意性，但是也具有較强的凝固性，反映了當時漢語詞彙從單音詞向複音詞發展的過程。三種《音義》中摘録的字目以複合詞爲主，但是編纂者對這些複合詞的注釋則是以注釋其中的重要詞素爲主。有的每個詞素都予注釋，如：

　　痂痏　古遐反。下于軌反。《廣雅》：痂，瘡也。痏，毆傷青黑腫也。（《慧琳音義》卷34《賢劫經》第 1 卷）

　　肪膏　上音方。《説文》云：肪，肥也。從肉方聲。下音高。《釋名》曰膏。疑（凝）〔1〕者曰脂。《説文》云：肥也。從月高聲也。（《慧琳音義》卷62《根本毗奈耶雜事律》第 12 卷）

　　楓櫖　上福逢反。《説文》：厚葉，弱枝，善揺。或從林作欜。郭注《山海經》云：即今楓香木也。下吕豬反。《考聲》：諸櫖，木名也。《爾雅》云：諸櫖也，欜。郭注云：今江東呼欜爲藤，似葛而粗大。《文字典説》：從木慮聲。集從虚作櫖，非也。欜音律追反。欜亦櫖也。（《慧琳音義》卷99《廣弘明集》第 24 卷）

　　筋脈　上居銀反。《周禮》云：醫師以辛養筋。《説文》曰：肉之力也。從肉竹。竹者，物之多筋者也。從力者，力像筋之形。經或從艸作莇，從角作觔，皆非正字。下麻伯反。《周禮》：以鹹養脈。《説文》云：血理分行於體中謂之脈。正從血從辰作衇。辰音普賣反。經文從永者，俗字也。（《希麟音義》卷 2《新大方廣佛花嚴經》第 12 卷）

　　有的只注釋其中一個或幾個重要詞素，而對其中的詞綴、副詞、連詞、量詞等則不予注釋，如：

　　兩臏　又作髕，同。扶忍反。《説文》：臏，膝骨也。《蒼頡

---

〔1〕　該符號爲所引點校本中的符號，符號内文字爲點校本作者對其所用底本中錯誤文字的改正。本書所引原文中此符號，除特別説明的，均與此同義，不再出注。

篇》：膝蓋也。（《玄應音義》卷 3《光讚般若經》第 2 卷）

齵齒 五溝反。《蒼頡篇》：齒重生也。《説文》：齒不正也。謂高下不齊平也。律文作齵，丘禹反。《説文》：齒蠹也。齵非此義。蠹音丁故反。（《玄應音義》卷 15《僧祇律》第 24 卷）

其胜與膊 胜字正宜作髀，古文作䏶，今胜未詳所出。膊字宜作腨，今經本作膊者，謬也。（《慧琳音義》卷 22《花嚴經》卷第 48《如來十身相海品》）

拇指 上莫譜反。《韻英》云：拇謂手足大指。《説文》云：從手母聲。母字從女，中二點，像母兩乳形。有作母（毋），音無，止之辭。母、母（毋）全別。（《希麟音義》卷 1《大乘理趣六波羅蜜多經》第 10 卷）

其中有些複合詞是專有名詞，有些複合詞是外來音譯詞，或者有些複合詞已經成爲固定詞彙，對這些詞，三種《音義》進行了整體注釋，如：

甘蔗 之夜反。案，諸書或作竿蔗，或作藷柘，或作甘柘，同一種也。藷音諸。（《玄應音義》卷 6《妙法蓮華經》第 3 卷）

癮疹 於近、之忍反。《纂文》云：癮疹，捶痕也。經文作胗，非也。（《玄應音義》卷 13《阿蘭若習禪法經》下卷）

阿竭陀藥 阿云普，竭陀云去，言般此藥普去眾疾。又阿言者無，竭陀云價，謂此藥功高，價直無量。（《慧琳音義》卷 25《涅槃經》第 6 卷）

菖蒲 上尺良反，下薄胡反。《切韻》：菖蒲，草名。似蘭，可以爲席也。《本草》云：菖蒲，藥名。八月采根百節者爲良也。蘭音良刃反。（《希麟音義》卷 8《根本説一切有部毗奈耶藥事》第 1 卷）

2.3.3 注重規範，兼顧從俗從時

佛經音義的編纂者注重書籍編纂的規範性，注釋往往言而有據，注重辨字辨音，如：

　　不瞚　水閏反。莊周云：終日視而不瞚。《説文》云：開闔目數摇也。從目寅聲也。或作瞬，俗字也。古作眒。經從目從旬作眴，音舜，非也，不成字。案，《説文》眴、旬並音縣。眴，視皃。譯經者音舜，殊不曉字之本源，道聽而途説，錯用也。（《慧琳音義》卷 41《大乘理趣六波羅蜜多經》第 2 卷）

　　佛髭　子嶲反。《説文》云：髭，口上須也。從須此聲。今譜中從洛從毛，非也，本俗字從咨從毛作毻，書人不會，又改從洛，僞中更僞，亦非也。《釋迦譜》從髟作髭，亦俗字也。（《慧琳音義》卷 77《釋迦譜》第 9 卷）

此外，由於閲讀佛經音義的人群文化素養參差不齊，其中以語言文字學造詣不高的普通老百姓爲主體，佛經音義的編纂者兼顧從俗從時，在用語上儘量通俗化和口語化，並且收録了很多俗字、俗訛字、俗音等正統辭書不予收録的内容，如：

　　干柘　支夜反。或作甘蔗，或作竿蔗，［此既西國語］隨作無定體也。（《玄應音義》卷 11《增一阿含經》第 28 卷）

　　氣瘷　蘇豆反。《説文》：瘷欬，逆氣也。欬音苦代反，江南行此音。起志反，山東行此音。（《玄應音義》卷 19《佛本行集經》第 44 卷）

　　吐涎　祥延反。俗字也。正作次。《説文》云：口中津也。從水從欠。雖正體，爲與次字濫，故時不用。束皙作唌，［賈］誼作羨，史籀大篆作㳄，此皆先輩諸儒各隨自意而作字也。（《慧琳音義》卷 49《大莊嚴論》第 6 卷）

徐時儀（2006）指出：“慧琳屬於佛教中密宗一派，密宗特别强調‘無離文字解脱’”，“他們是把文字音義的訓釋和入道成佛的途徑結合在一起的，因而十分重視文字音義的訓釋”；慧琳受到密宗一派這種宗教信仰的影響，便十分“重視語言文字的研究而精通梵漢語言，從而對語言文字的客觀規律有較清楚的認識，不僅爲唐時的學者所不能企及，而且堪與段玉裁、王念孫等乾嘉學者相頡頏”；其“在文字音韻訓詁上的精深造詣使他突破了宗教信仰的局限性，從而在語言文字觀中正確的方面占了主導地位，並具體體現在《慧琳音義》的編纂實踐中"。[1] 同樣，玄應和希麟在語言文字學上的造詣也不遜色。這也就使得三種《音義》成爲中古時期小學成果的傑出代表。

3 三種《音義》合併研究的不利因素及需要注意和解決的問題

三種《音義》均是中古時期傑出的訓詁學著作，將三部書合併研究具有諸多優勢，但我們也應該清楚地認識到其中存在的一些不利因素。我們應當重視這些問題，以便於更好地利用三種《音義》。

3.1 内容重複較多且缺乏一貫性，很難查找想要檢索的詞目

三種《音義》僅僅按照佛經的卷次編排收錄詞彙，内容散亂而重複，雖然《慧琳音義》發明了互見法，但是仍有許多未盡之處，因此檢索起來十分煩瑣，往往要耗費很多時間和精力。此外，有時雖然是同一詞彙，但所寫之字或爲字形的形旁或聲旁不同的字，或爲形旁聲旁都不同的異體字，或爲通假字，或者内部詞素先後順序顛倒。試舉一例：

【哽、嚘、骾、骾、鯁】

哽噎　古文骾、骾二形，又作鯁，同。古杏反。哽，噎也。《聲類》云：哽，食骨留嗌中也。今取其義。（《玄應音義》卷 2《大般涅槃經》第 1 卷）

嚘噎　庚猛反。又櫻猛反。通。或作骾。見《聲類》。（《慧琳音義》卷 13《大寶積經》第 54 卷）

哽噎　上更杏反。《集訓》云：哽亦噎也。《説文》：語塞爲舌所介礙也。從口更聲，或從骨作骾。食骨嗌喉中。蓋取氣憤，喉中如骨嗌耳。（《慧琳音義》卷 18《大乘大集地藏十輪經》第 4 卷）

悲嚘　櫻卒反。《考聲》：哽即氣噎塞也。有經本作悲噎，義

〔1〕　徐時儀. 玄應與慧琳《一切經音義》的比較［A］. 徐時儀，陳五雲，梁曉虹. 佛經音義研究——首屆佛經音義研究國際學術研討會論文集［C］. 上海：上海古籍出版社，2006：172－173.

同。噎音煙結反。喉中氣塞憤滿也。(《慧琳音義》卷29《金光明
最勝王經》第10卷)

骾喉 上庚杏反。物在喉中不下也。《説文》：從骨更聲。律
文從魚作鯁，非此義也。下音侯。(《慧琳音義》卷62《根本毗奈
耶雜事律》第14卷)

按：玄應指出"骾"是"哽"的古文，而《慧琳音義》中"骾"又是
"嗖"的異體字。通過比對《慧琳音義》卷18"哽噎"條中對"哽"字的
注釋，和卷29"悲嗖"條中對"嗖"字的注釋，我們可知"哽"和"嗖"
實爲一字。又，《慧琳音義》卷62中有"骾"字，根據其注釋"《説文》：
從骨更聲"可知，"骾"即"骾"字。因此，"哽"即"嗖"，"骾"即
"骾"，"骾(骾)"是"哽(嗖)"的古文。玄應指出"哽"又作"鯁"，
然慧琳却言"鯁"字"非此義"。考《説文·魚部》："鯁，魚骨也。""鯁"
本義指魚骨、魚刺，又可指骨、刺等卡在喉中。如《禮記·內則》："魚去
乙。"鄭玄注："今東海容魚有骨名乙，在目旁，狀如篆乙，食之鯁人不可
出。"《後漢書·來歙傳》："太中大夫段襄，骨鯁可任。"唐·李賢注："食
骨留咽中爲鯁。""骾"，《説文·骨部》："魚骨留咽中也。""骾"本義指魚
骨卡在咽喉中。那麼"鯁"指骨、刺等卡在喉中或爲本義的引申義，"鯁"
或爲"骾"的通假字。玄應提出此处"哽"與"鯁"同是言其引申義，但
慧琳提出"鯁"字"非此義"而是言其本義。

由於三種《音義》內容重複較多且缺乏一貫性，我們必須先對同一類
字目或相關語料進行窮盡性搜集，並隨着研究的深入不斷補充遺漏的內容，
糾正錯訛，然后通過字形校勘，把同一個字的異體字、通假字、古今字等
不同字形統一成一個現代較爲通行的或較具有代表性的字進行收錄，以便
於檢索。

3.2 三種《音義》內部存在自相矛盾的地方

三種《音義》卷帙浩繁，編纂者前後有失照應，內部往往存在自相矛
盾之处，甚至一個詞彙以不同的字形收錄，且注解內容也因之發生變化，
使人產生疑惑。三種《音義》內部的自相矛盾突出地表現在引文方面，其

引文內容或前後不一，或內容有誤，對我們據此進行文獻整理、輯佚和研究十分不利。試舉幾例：

【瘂】

　　瘂羊　鴉雅反。……《説文》：從疒亞聲。（《慧琳音義》卷30《寶雨經》第3卷）

　　瘂羊　上鴉雅反。……《説文》：從疒亞聲。（《慧琳音義》卷72《阿毗達磨顯宗論》第20卷）

　　聾瘂　下鴉賈反。……《説文》：從疒。疒音女厄反。亞聲也。（《希麟音義》卷1《大乘理趣六波羅蜜多經》第1卷）

　　傴瘂　下又作瘂、啞二形，皆非本字。……《説文》：從疒亞聲。（《希麟音義》卷6《大寶廣博樓閣善住秘密陀羅尼經》卷上）

　　瘂默　上烏雅反。《説文》云：不能言也。從疒亞聲。（《希麟音義》卷9《根本説一切有部毗奈耶隨意事》）

　　按："瘂"字，今本《説文》無，而三種《音義》對"瘂"字的注釋中，多次出現標明引自《説文》的内容。《慧琳音義》和《希麟音義》中都有《説文》關於"瘂"字的記載，似乎説明《説文》中當有"瘂"字。然而我們注意到，《慧琳音義》中還有這樣的條文：

　　瘂者　鴉賈反。……《説文》闕。（《慧琳音義》卷1《大般若波羅蜜多經》第1卷《初分緣起品之一》）

　　瘂者　鴉賈反。……《説文》闕。（《慧琳音義》卷4《大般若波羅蜜多經》第401卷）

以上兩條中，慧琳又言"《説文》闕"，與前面幾條中引用《説文》進行注釋自相矛盾。

【骹】

　　兩骹　下吐猥反。……《説文》云：股脛也。（《希麟音義》卷9《根本説一切有部毗奈耶皮革事》卷下）

按："骹"字，今本《説文》中無，而上條中希麟却引用《説文》對"骹"字進行注釋。然《慧琳音義》中則説：

腿足　退餒反，俗字，非也。正體從骨作骹。《考聲》：骹，骹也，股也。《字書》：髖也。《古今正字》：從骨妥聲。妥音與骹同，餒音奴會反。《説文》闕。(《慧琳音義》卷14《大寶積經》第57卷)

慧琳指出《説文》中無"骹"字，且《慧琳音義》中對"骹"字的注釋均未引《説文》。此與希麟所引相互矛盾。

【瘶】

喘瘶　昌兗反。氣急也。下蘇豆反。《説文》：瘶，逆氣也。(《慧琳音義》卷48《瑜伽師地論》第10卷)

按："瘶"字，今本《説文》中無。《説文》注文爲"逆氣"的有兩处。《説文·欠部》："欻，屰氣也。"《説文·疒部》："瘶，屰氣也。"這種情況，可能是由於"欻""瘶"經常連用導致的誤訓，或者由於"欬"與"瘶"字形相似導致的訛誤。"瘶"在早期文獻中未見記載，關於其較早的記載在唐代張鷟的《游仙窟》中，其云："兒近來患瘶，聲音不徹。"今"咳嗽"之"嗽"，在先秦兩漢的古籍中多作"欬"，因此，"瘶"很可能是一個後起字。

從以上幾例可見，三種《音義》中常常存在一些自我矛盾的地方，我們對待這些材料要尤爲謹慎。王國維認爲："元應、慧琳兩《音義》引《説文》，不足信者甚多。"[1]不僅是在對《説文》的研究上，我們在利用三種《音義》進行其他方面的研究時也要清楚地認識到這一點。這也需要我們從總體上對其做一個考察，否則僅僅依據個別條文就進行補輯和論證説明，

---

[1]　王國維. 古史新證——王國維最後的講義 [M]. 北京：清華大學出版社，1994：328.

不僅輕率，也十分容易發生錯訛。

3.3　不利於充分體現玄應、慧琳和希麟各自的風格特點和成就貢獻

　　將三種《音義》合併研究有時候並不利於體現玄應、慧琳、希麟各自的風格特點和成就貢獻，因而在某些研究上將三者分開還是十分必要的。這種不利因素重點表現在慧琳轉録玄應部分内容時進行的更正上，如：

> 　　**戰頊**　字體作顫，又作懻，同。之見反，下又作疢，同。有富反。《説文》：顫頊謂掉動不定也。經文作痏，音于軌反。瘡也。痏非今用。(《玄應音義》卷 7《佛説阿惟越致遮經》中卷)
> 　　**戰痏**　下音又。《蒼頡篇》云：疻痏，毆傷也。惠琳謹案，經意，波旬愁悴，皮膚變黑，如人被毆，内傷其狀如是，玄應言非。又書顫頊，乖經意也。疻音之也。(《慧琳音義》卷 30《佛説阿惟越致遮經》中卷)

　　慧琳在轉録玄應“戰頊”一條時進行了大幅度的改動。他結合經文含義，明確指出了玄應之非，並提供了比較正確的解釋。從該條文中也可見，慧琳並非盲目收録前人成果，而是進行了詳細的審定和勘誤，轉録《玄應音義》時如此，轉録慧苑、雲公、窺基注釋的内容時亦如此。這體現了慧琳嚴謹的治學精神，對我們研究這些字詞的文字形式、詞義、語音等内容具有重要的參考價值。將三種《音義》合併研究，不可避免會忽略掉很多類似的細節，畢竟我們主要目的是通過三種《音義》中豐富的語料研究醫學詞彙，不可能捨本逐末，不過這也是我們今後可以繼續深入研究的方向。

第二節　三種《音義》醫學詞彙概述

　　三種《音義》中包含了豐富的醫學詞彙，而三種《音義》的撰成年代正處於唐五代中古漢語向近代漢語過渡的重要時期，這些詞彙不僅具有醫學專業性，還充分體現了這一時期漢語詞彙發展的特點，並且可以上溯秦漢，下窺明清，是漢語詞彙的重要組成部分。

1　三種《音義》醫學詞彙的判定原則

目前的研究現狀，對醫學詞彙尚無一個規範合理的界定，因此，我們對三種《音義》醫學詞彙的選取不可避免地帶有一定的主觀性和任意性。三種《音義》中包含數以百計的與人體、疾病、藥物等相關的醫學詞彙，我們又將這些醫學詞彙分爲醫學名物詞和非醫學名物詞兩大類。

1.1　醫學名物詞

三種《音義》中的醫學名物詞主要包括人體名物詞、疾病名物詞和藥物名物詞三大類。

（1）人體名物詞、疾病名物詞。人體名物詞又可分爲實指和虛指兩大類，實指者如五藏六府、四肢百骸，虛指者如經脈腧穴。疾病名物詞按部位可區分爲頭面部、四肢部、軀幹藏府部和不定位四種類別。人體名物詞、疾病名物詞的主要判定原則是與醫學知識相關，尤其以在現存醫書中出現和使用過的爲主。

（2）藥物名物詞。可分爲礦物類、植物類和動物類三大類。三種《音義》藥物及原植物、原動物的判定主要以《中華本草》中收載的爲依據。此外，一些雖然不見於《中華本草》，但編纂者明確指出其爲本草或具有藥用功效的（主要是外來音譯藥物名物詞），也屬於本書藥物名物詞所涉及的範圍。

1.2　非醫學名物詞

三種《音義》中還收載了部分病證修飾語、藥物性狀修飾語等非醫學名物詞，此類非醫學名物詞的判定原則是以在現存醫書中出現和使用過的爲主。

2　三種《音義》醫學詞彙概貌

三種《音義》不僅從佛經中直接摘録出醫學詞彙，還對這些醫學詞彙進行了釋義。此外，某些非醫學詞彙條目的釋文中亦有醫學詞彙的相關內容[1]。

2.1 醫學名物詞

三種《音義》收載了豐富的醫學名物詞，其中人體名物詞、疾病名物詞和藥物名物詞居多，此外，還有少數其他醫學名物詞。

2.1.1 人體名物詞

2.1.1.1 三種《音義》人體名物詞概貌

人體名物詞包括人體部位、五藏六府、四肢百骸、生理病理產物等一切與人體自身有關的專名和術語。三種《音義》中收載的人體名物詞如：

> **頷骨** 胡感反。《方言》：頷，頜也。郭璞云：頜車也。南楚之外謂之頷，秦晉謂之頜頤也。今亦通語耳。《釋名》云：正名輔車，言其骨強所以輔持口也。《左傳》云：輔車相依。（《玄應音義》卷2《大般涅槃經》第12卷）

> **結聤** 乃泠反。《埤蒼》：耵聤，耳垢也。（《玄應音義》卷9《大智度論》第21卷）

> **骨幹** ［字體作］骭，同。古岸反。《廣雅》：骭謂之肋。謂脅骨也。骭，正體。（《慧琳音義》卷74《出曜經》第2卷）

> **心肺** 《白虎通》云：心，禮也。南方火之精赤，銳而有瓣，如未敷蓮華。王叔和《脈經》云：心與小腸、大腸合爲府，其藏神，其候口，故心有病則失音不能言。下芳廢反。《白虎通》云：肺，義也。西方金之精色白。王叔和《脈經》云：肺與膀胱合爲府，其神魄，其候鼻，故肺有病則鼻不聞香臭。《說文》云：從肉巿聲也。巿音肥味反。經文從市作肺，俗用，非。（《希麟音義》卷1《大乘理趣六波羅蜜多經》第2卷）

從以上幾條我們可以看到，書中不僅保存了這些人體名物詞，還廣徵

---

［1］ 李墾華. 隋唐五代醫書與佛經音義醫學詞彙比較研究［D］. 北京中醫藥大學，2017：334.

群籍對其進行訓釋。

經過我們的統計，三種《音義》中的人體名物詞共有 197 個，各部位具體數量見表1。

表1 三種《音義》人體名物詞分布情況

頭面部	軀幹藏府部	四肢部	不定位
82	55	34	26

以上部位分類中，以頭面部人體名物詞居多，軀幹藏府部人體名物詞居次。三種《音義》中所載的人體名物詞詳見表2。

表2 三種《音義》人體名物詞簡表

部位分類	人體名物詞
頭面部（82）	腮、首、頂、額、顙、囟、腦、髑、髏、輔、酺、頤、頟、顱、顴、頜、頷、頰、頤、煩、鬢、髟、髮、睞、眉、犨、鬚、髭、齶、嗌、齒、唇、瞻、頞、喉、嚨、瞼、睛、頑、眸、目、舌、瞳、吻、懸癰、牙、脃、眼、齗、皆、眵、淚、曠、瞤、泗、痰、涕、洟、唾、涎、鬐、齘、鼾、喘、啜、歠、飲、呼、瞑、泣、吮、瞵、瞤、欸、息、噲、齈、咽、飲、眨、咳、謦
軀幹藏府部（55）	背、胠、肚、腹、頸、臚、臍、智、腋、臆、膺、顉、脊、肩、脅、臀、項、腰、藏、府、心、肝、脾、肺、腎、腸、膽、膈、肓、胕、三膲、胃、胞、肋、髎、髂、脅、胛、尻、缺盆骨、胂、髓、糞、溺、乳、矢、渾、胚、胎、妊、娠、孕、肺俞、鳩盤荼、瞿拉坡
四肢部（34）	髆、臂、攣、拇指、指、足、腓、髀、髖、跌、胳、跟、肱、股、胲、胼、踝、脚、脛、拳、腨、腿、腕、膝、掌、爪、胑、蹠、趾、踵、肘、髖、踝、瑟祉
不定位（26）	體、幹、骼、骸、毛、筋、脈、膜、腠、肌、膚、肉、冊、脂、肪、膏、脊、氣、鍚、腴、肥、津、液、臺、耄、老

從以上表格中我們可以大致窺見三種《音義》收載人體名物詞的類別和分布情況；可以看出，這些人體名物詞絕大多數都是漢語中的常用詞。

三種《音義》對佛經中出現的一些人體名物詞進行了摘錄和注釋。與《説文》的簡要、《釋名》的聲訓探源不同的是，三種《音義》對人體名物詞的注釋更爲豐富和客觀，其中的內容亦有一定的研究價值。

2.1.1.2 三種《音義》人體名物詞的摘錄及釋義的體例和內容

三種《音義》人體名物詞以合成詞尤其是雙音詞爲主，編纂者對人體

名物詞的摘録具有一定的隨意性，如"心窩""眵臁""髖䏚""頷臆""至
胛"等。但亦有很多合成詞是中古以來逐漸形成的複合詞或此後形成的固
定詞組，如"胸臆""肌膚""喉嚨""胞胎""頷車""内踝"等。

玄應、慧琳、希麟對這些人體名物詞的注釋以引用其他文獻爲主，如：

肪册　府房反，下先安反。《廣雅》：肪珊（册），脂也。《通
俗文》：在腰曰肪，在胃曰册。（《玄應音義》卷3《摩訶般若波羅
蜜經》第8卷）

脾膽　上婢彌反。《白虎通》云：脾者，信也。中央土之精
也，象土，色黄。《脈經》云：脾與胃合爲府，其神意，其候舌，
故脾有熱則舌病唇不能收。《説文》：從肉卑聲也。下答敢反。《白
虎通》云：膽者，肝之府也。主仁，是以仁者有勇。王叔和《脈
經》云：膽之病則精神不守。《説文》：從肉詹聲也。詹音止兼反。
（《慧琳音義》卷2《大般若波羅蜜多經》第52卷）

脊梁　上精昔反。顧野王：脊，背脊也。《毛詩傳》曰：脊，
理也。《文字典説》：從肉，上象脅肋之形也。（《慧琳音義》卷50
《攝大乘論釋》第2卷）

脂膏　上旨夷反。《釋名》云：脂，砥也。着面軟滑如砥石
也。《爾雅》：冰，脂也。郭注：肌膚如冰雪。冰雪，脂膏也。下
古蒿反。《切韻》：膏，肥也，澤也。《禮記》云：天子降膏露也。
（《希麟音義》卷6《佛母大孔雀明王經》卷下）

此外，三種《音義》最爲突出的特點是編纂者還加以自己的案語，明
確指出人體名物詞所指部位，如：

【脛、胻】

脛骨　又作踁，同。下定反。《説文》：脛，脚胻也。胻音下
孟反。今江南呼脛爲胻，山東曰胻骹。骹音丈孟反。脛胻俱是膝
下兩骨之名也。《釋名》：脛，莖也。直而下如物莖也。（《玄應音
義》卷18《雜阿毗曇心論》第8卷）

按：《説文·肉部》："脛，胻也。""胻，脛耑也。"從《説文》釋義上看，"脛"和"胻"密切相關但似乎又不完全相同。然而玄應則指出"脛"和"胻"均是膝蓋以下兩小腿骨的名稱，江南稱"脛"爲"胻"，而山東地區又將其稱爲"胻敵"，"脛"和"胻"是同物異名，這是不同方言稱謂導致的差異。張家山漢簡《脈書》中有"胻"字而無"脛"字，如"身、面、足、胻盡盈，爲廬張"。《素問》中則"胻"和"脛"兩字皆有，如《素問·藏氣法時論》："肺病者，喘咳逆氣，肩背痛，汗出，尻陰股膝髀腨胻足皆痛。"《素問·刺瘧》："瘧脈小實急，灸脛少陰，刺指井。"其中"胻"又有寫作"骱"者，如《素問·脈要精微論》："病足骱腫若水狀也。"王冰注："病足胻腫也。"

【臂】

> 兩臂　卑寐反。《説文》：手上也。即掌後肘前謂之臂。從肉辟聲也。（《慧琳音義》卷1《大般若波羅蜜多經》第1卷《初分緣起品之一》）

按：此條中，慧琳指出"臂"是手掌之後、肘部之前的部位。《説文·肉部》："臂，手上也。"《説文·手部》："手，拳也。象形。""臂"似指手腕以上的部位，然具體範圍模糊。又，《玉篇·肉部》："臂，補致切。手臂也。"也沒有説清"臂"的部位。慧琳明確指出"臂"是掌後肘前的部位，即前臂。考《陰陽十一脈灸經》："耳眽（脈）：起於手北（背），出臂外兩骨之間，【上骨】下廉，【出肘中】，入耳中。""臂少陰眽（脈）：起於臂兩骨之間之間，之下骨上廉，筋之下，【出】臑內陰。"兩句中所言"臂兩骨之間""臂外兩骨之間"，顯然指前臂的尺骨和橈骨，與上臂無關，且後一句中由手到臂到肘的走向，也説明"臂"指前臂。故"臂"的本義爲手臂從肘到腕的部分，即前臂，後才引申泛指整個手臂（包括上臂和前臂）。《説文》"手上也"或亦是言"臂"指手臂的上面部分。慧琳所釋可與辭書、醫書中的記載相互佐證。

【肌、肉】

> 肌肉　上音居宜反。即膚體肥肉也。（《慧琳音義》卷19《般

舟三昧經》下卷）

　　肉團　上如陸反。顧野王曰：肉者，肌（肌）膚之肉也。凡有血氣之類皆謂之肉也。《説文》：象形字也。（《慧琳音義》卷73《三彌底部論》中卷）

　　啗肉　……下肉字，正作肉（宍），像筋肉之形也。（《希麟音義》卷2《新大方廣佛花嚴經》第14卷）

　　按：慧琳指出凡有血氣者皆可謂之"肉"。希麟指出"肉"的正體字"宍"像筋肉之形。此外，慧琳還指出"肌"爲皮膚的肥肉。考《説文·肉部》："肉，臠肉，象形。""肌，肉也。"段玉裁認爲"肌"和"肉"的區別在於"人曰肌，鳥獸曰肉"。《説文》僅言"肉"爲象形字，而希麟指出"肉"字象筋和肉之形。"肉"的古文字字形作"▯""▮"[1]，今古文字學家多認爲其象肉塊形，但按照希麟的説法，其字形當象肉及其附着的肌腱或韌帶。又，慧琳指出"凡有血氣之類皆謂之肉"，那麼"肉"之象形就需通過血氣表現出來，而古人認爲氣血的通路是筋。因此，"肉"實際上是指附着有肌腱或韌帶的肌肉，包括了今天所説的肌肉、脂肪層、血管、韌帶等除了表皮和骨骼以外的組織。"肌"既可泛指肌肉，又可特指表皮之下的脂肪層組織。

【胛】

　　背胛　……下音甲。《吳越春秋》云：貫胛達背也。《釋名》云：胛之言闔也。闔音合，謂與胸脅相會故云闔也。《古今正字》義同。從甲從肉聲也。（《慧琳音義》卷92《續高僧傳》第7卷）

　　按："胛"字《説文》中無，《廣韻·狎韻》："胛，背胛。"《玉篇·肉部》："胛，古狎切。背胛。"只知道"胛"在人體背部，但不知道"胛"的具體位置。慧琳引用了《釋名》聲訓的內容，對其所釋又加以補充説明，指出"胛"是與胸脅相接的部位。故"胛"應指背部與肋骨相接的部位，即肩胛骨。

---

〔1〕　徐中舒. 漢語古文字字形表［M］. 上海：東方出版中心，2010：157.

　　從以上幾例可見，玄應、慧琳、希麟所加的這些案語較引文中的注釋更加通俗易懂，這與佛經音義的編纂宗旨相符，同時也爲我們今天研究人體名物詞提供了便利。

2.1.2　疾病名物詞

2.1.2.1　三種《音義》疾病名物詞概貌

　　疾病名物詞是人們認識和研究疾病的基礎，是醫學中最基本的概念之一。三種《音義》中的疾病名物詞涉及五官、内、外、婦、兒諸科，如：

　　　　瘻瘇　《字詁》：今作尰，同。時勇反。《通俗文》：腫足曰瘇。瘇，脚病也。經文從足作踵非也。（《玄應音義》卷4《觀佛三昧海經》第5卷）

　　　　青瘀　於豫反。《説文》：瘀，積血也。《廣雅》：瘀，病也。（《玄應音義》卷9《大智度論》第53卷）

　　　　癁癖　上劣圓反。顧野王云：病也。謂病身體拘曲也。下匹亦反。《聲類》云：宿食不消者也。《古今正字》。（《慧琳音義》卷39《不空羂索神咒心經》）

　　　　傴僂　上紆禹反。下蔞主反。《博雅》云：傴僂，曲脊短小也。《考聲》：曲腰也。《説文》並從人，區、婁皆聲也。（《慧琳音義》卷24《大悲經·梵天品》第1卷）

　　　　癲癇　上丁堅反。《廣雅》云：癲，狂也。《聲類》云：大風疾。《説文》作瘨。下限姦反。《聲類》云：小兒病也。《説文》云：癇，風病也。從广閒聲。广音女厄反。姦音閒。（《希麟音義》卷3《新大方廣佛花嚴經》第31卷）

　　以上幾條同樣不僅保存了疾病名物詞，而且還保存了許多古書中的注釋。

　　經過我們的統計，三種《音義》中的疾病名物詞共有295個[1]，各部位具體數量見表3。

---

　　[1]　我們在《三種〈一切經音義〉醫學名物詞研究》一文中曾統計過三種《音義》中的疾病名物詞爲194個，本文在擴大文獻檢索範圍和對醫學詞彙進行深入考察的基礎上，對疾病名物詞的統計數據進行了修改，確定爲295個。

表 3　三種《音義》疾病名物詞分布情況

頭面部	軀幹藏府部	四肢部	不定位
52	30	7	206

疾病名物詞中，以不定位疾病名物詞居多，頭面部疾病名物詞居次。三種《音義》中所載的疾病名物詞詳見表 4。

表 4　三種《音義》疾病名物詞簡表

分類	疾病名物詞
頭面部（52）	蚏、魆、齞、聵、瞀、睖、瞖、睕、瞑、眜、盲、矇、眇、瞙、瞟、眥、矇、瞎、瞤、睨、翳、眒、眩、靚、鹺、蛐齬、齫、齳、齡、嗌、喉痹、噎、吃、噤、咠、喘、嗽、呀、嘔、呪、呻吟、瘖、痙、痰、痪瘲、顲、歍、瘻、欬、頄、頷、齹
軀幹藏府部（30）	痢、疢、癖、亘、瘒（zhì）、麻、痟、疝、痮、癲、癎、瘹（dài）、瘐、癈、悸、狂、松、餧、飢、饉、餕、侄、僂、偏、蠱、頦、閹、惡露、項很、淪、扇搋半擇迦
四肢部（7）	躄、跾、蹇、跛、謇、癴、繚繗
不定位（206）	癘、瘡、痤、誹、痼、痂、疥、瘡、疽、癩、瘇、瘤、瘻、瘰癧、瘙、癒、癬、瘍、痍、瘦、癰、疣、疹、痔、瘴、瘃、疔、瘀、瘕、痕、痛、疵、瘷、疳、癥、疙、疲、瘠、瘦、疢、疼、痹、痿、癌、疭、痈、瘊、癪、瘁、痗、瘼、瘟、疫、瘵、痓、疴、癢、膿、胏、腫、胅胅、臞、皰、皲、皶、皴、肝、皷、麤、麬、黷、黲、黯、蚌、蚔、螫、蜚尸、蠱、斃、殟、殣、癖、瞋、瞰、躁動、躁擾、輕躁、蹠踢、僵、仆、倦、侏儒、戰、戰掉、戰慄、噤戰、惷、惼、憔悴、忿、戀、憨、悋、憎、懈、慫、怣、惶、悚、慄、懼、煩惱、苦惱、憤、憤亂、怵、惕、怵惕、慍、慍心、恇、恍惚、偪、悅、怯、悄、悒、懾、懾伏、恐悚、振悚、羸惵、怫鬱、蔙、苦蔙、患、震懾、懊、慘悴、悃、愫、愵怏、悱憤、擗地、掉、犎、擾亂、擾動、勞擾、紛擾、拘、犎縮、攣縮、潰爛、浸淫、潒、庢、慰慐、灼熱、熇、煩冤、煩苛、焦灼、燠、曹、蘡蘡、迷眊、蒙眛、羸、劣、弱、潒、糳、暍、夭、祟、驚、萎、鈍、殨、贅、歆、奢、痹、斗藪、中毒、衰朽、歡歊、卷縮、鬱蒸、酸楚、頑囂、枯槁、枯悴、腐爛、腐敗、腐壞、酷毒、荼毒、角張、爛壞、礜喊、阿薩闍病、迦末羅病、珊若娑病

從以上表格中我們大致可以瞭解三種《音義》中收載的疾病名物詞的類別和分布情況。可見，不定位疾病名物詞中描述皮膚類病證、心理精神

類病證和全身性症狀表現的詞占了絕大多數。

2.1.2.2　三種《音義》疾病名物詞的摘録及釋義的體例和内容

三種《音義》疾病名物詞同樣以雙音詞爲主，這些疾病名物詞也同樣既體現了編纂者摘詞的隨意性，又體現了編纂者對詞彙凝固性的理解。三種《音義》對這些疾病名物詞都做了簡要的訓釋，如：

矇瞍　莫公反。有眸子而無見曰矇。下牛蕳反。生聾曰瞍。瞍亦無知也。蕳音苦怪反。（《玄應音義》卷5《太子墓魄經》）

疝病　所姦反。《説文》：疝，腹痛也。（《玄應音義》卷14《四分律》第57卷）

腫皰　上鐘勇反，下炮皃反。《考聲》云：面上細瘡也。《説文》：面生氣。《蒼頡》：從皮包聲。經從疒作疱，或從面作皰，並俗字也。疒音女厄反。（《慧琳音義》卷6《大般若波羅蜜多經》第503卷）

瘕疵　上夏加反。《毛詩箋》云：瘕，病也。郭注《山海經》：虫病也。《蒼頡篇》：腹中病也。《説文》：病也。下漬兹反。孔注《尚書》：疵亦病也。《周易》：疵猶瘕，敗也。《説文》：從疒，段、此皆聲也。（《慧琳音義》卷47《遺教論一卷》）

癲癇　上丁堅反。《廣雅》云：癲，狂也。《毛詩箋》云：癲，病也。《聲類》云：癲，風病也。或作瘨。下音閑。《集訓》云：小兒癲病。《説文》云：風病也。從疒閒聲。或作癎，亦通。（《希麟音義》卷3《新譯十地經》第4卷）

三種《音義》對疾病名物詞的注釋同樣以引用歷代辭書、文獻的注文爲主，有些也加以編纂者的案語進行説明。相較於人體名物詞，三種《音義》對疾病名物詞的注釋的特點更爲明顯，主要表現在以下幾個方面。

（1）疾病名物詞的注釋以其臨床表現爲主。

三種《音義》中對疾病名物詞的注釋側重於其臨床表現，且較一般的辭書釋義更爲詳盡，編纂者往往還加以自己的案語補充説明，如：

【齵齒】

齵齒　五溝反。《蒼頡篇》：齒重生也。《説文》：齒不正也。謂高下不齊平也。律文作齲，丘禹反。《説文》：齒蠹也。……（《玄應音義》卷 15《僧祇律》第 24 卷）

齵齒　上吾鉤反。《韻英》云：齒生不正也。或内或外，行仵不齊，名爲齵齒。……（《慧琳音義》卷 60《根本説一切有部毗奈耶律》第 25 卷）

齵齒　偶侯反。《玉篇》云：齵齒謂齒生不齊平也。《蒼頡篇》云：重生齒前却不端直也。《説文》：齒不正也。……（《慧琳音義》卷 61《苾芻尼律》第 12 卷）

按：《説文·齒部》："齵，齒不正也。"《説文》僅言其爲牙齒生長不正，但没有指明其具體表現。根據三種《音義》中的訓釋，"齵"的具體表現有牙齒重疊生長、高下不齊平、生長的位置内外不一等情況[1]。此外，慧琳還直接對"齵齒"進行了定義式的概括，言"或内或外，行仵不齊，名爲齵齒"。

【痱癗】

痱癗　又作疿，同。蒲罪反。下力罪反。案，痱癗，小腫也。（《玄應音義》卷 16《鼻奈耶律》第 7 卷）

痱癗　蒲罪反。下盧罪反。《字略》云：痱癗，小腫也。今取其義。（《玄應音義》卷 25《阿毗達磨順正理論》第 16 卷）

按：三種《音義》没有對"痱""癗"二字進行分别釋義，全部對以"痱癗"這一合成詞進行注釋，指出"痱癗"爲"小腫"，即皮膚上突起的小疹子。《廣韻·賄韻》亦云："癗，痱癗，皮外小起。""痱"，《説文·疒部》："風病也。""痱"是一種由風邪引起的病證，有肢體活動障礙的表現，無疼痛，神志錯亂的表現不嚴重，一般尚可言語，嚴重時則完全不能

---

[1] 李墾華，王育林.《古代疾病名候疏義》所釋《説文》"齲""齵""齵""齲"等疾病詞考 [J]. 吉林中醫藥，2016，36（8）：847-849.

說話，如《靈樞·熱病》："痱之爲病也，身無痛者，四肢不收，智亂不甚，其言微知，可治；甚則不能言，不可治也。"《玉篇》云"瘋"同"痱"。"痱"又可指熱瘡，如《龍龕手鏡·疒部》："瘋、痱，二。音肥，風瘋病也。下又扶潰反，熱瘡也。又蒲罪反，痱瘤也。"《廣韻·未韻》："痱，扶沸切。熱瘡。"此與"疿"同源。"痱瘤"很可能是翻譯佛經時以"痱"字爲基礎創造的新詞，指皮膚上突起的小疙瘩，爲風邪與熱氣共同作用所引發，形態一般如麻豆大小，可隨着病情發展逐漸變大，搔抓後變成瘡瘍，又作"痱磊""碑壘""痱瘰""痦癟"等[1]。

【痔】

　　痔瘻　上持理反。腹中血病也。……（《慧琳音義》卷 13《大寶積經》第 55 卷）

　　諸痔　下池里反。《文字集略》云：痔，蟲食下部漉血也。《文字典說》：後病也。從疒寺聲。（《慧琳音義》卷 63《根本說一切有部百一羯磨》第 1 卷）

　　患痔　……下直里反。《切韻》：漏病也。《考聲》云：後病也。《說文》云：從疒峙省聲。疒，女厄反。（《希麟音義》卷 8《根本說一切有部毗奈耶藥事》第 2 卷）

　　按：根據以上幾條可知，"痔"是一種表現爲出血或流膿的病證，病位在身體後部、下部和腹中。古醫籍中，"痔"可泛指多種肛門部疾病。《金匱要略·五藏風寒積聚病脈證並治》："小腸有寒者其人下重便血，有熱者必痔。"此言該病有下重便血的表現。《諸病源候論》中亦指出"痔"病有出血或流膿的症狀，如卷 34《痔病諸候·牡痔候》："肛邊生鼠乳，出在外者，時時出膿血者是也。"《牝痔候》："肛邊腫，生瘡而出血者，脈痔也。"此與三種《音義》中描述的病證表現相類。此外，"痔"又用於指耳、鼻等部所生的贅瘤，如明·樓英《醫學綱目》卷 27："凡人九竅中有小肉突起皆曰痔。"《醫宗金鑒·外科心法要訣·耳部》："耳痔覃挺耳竅生，肝腎胃火

---

　　〔1〕　李翠華. 隋唐五代醫書與佛經音義醫學詞彙比較研究［D］. 北京中醫藥大學，2017：367－374.

凝結成。"此義應是由"痔"有皮膚表面突起如贅疣的病證表現而引申出來的。

【瘡殨】

　　瘡殨　上楚良反。《切韻》：瘡，痍也。古文作創。《釋名》云：瘡，傷也。謂身有所傷也。《禮記》云：頭有瘡則沐。下胡對反。《集訓》云：肉爛也。案，瘡殨，即肉爛殨瘻也。瘻音奴凍反。律文作潰。《玉篇》：散亂也。非瘡殨義也。（《希麟音義》卷8《根本説一切有部毗奈耶藥事》第12卷）

按：希麟首先分别對"瘡"和"殨"進行訓釋，認爲"殨"爲皮肉潰爛之義，雖然"瘡"既可指一種皮膚病，又可指傷口、創傷，然此處的"瘡"僅指後者。此外，希麟又加案語，解釋了"瘡殨"一詞的含義，認爲"瘡殨"表現爲"肉爛殨瘻"，即傷口處皮肉腐爛、破潰、流膿。其簡明扼要地指出了"瘡殨"的症狀表現，使我們避免了一味討論"瘡"的確切含義，捨本逐末而致産生歧義和誤解。

　　從以上幾例可見，這些疾病名物詞的臨床表現有來自辭書或文獻記載的，也有編纂者綜合多本辭書、文獻歸納的，還有編纂者根據自己的理解注釋的。這些記載有助於我們瞭解古人對這些病證的認知程度，有助於研究疾病名物詞的古今差異，亦可爲疾病史的研究提供寶貴綫索。

　　（2）收載病證異名。

　　除了佛經中提到的病證名稱外，三種《音義》的編纂者還注意對存在異名的病證進行注釋説明，如：

【歐—歐喀—咯】

　　嘔血　又作歐、呝二形，同。於口反。歐，欲吐也。江南或謂歐爲歐喀（喀）……（《玄應音義》卷10《十住毗婆沙論》第1卷）

按：玄應指出江南稱嘔吐爲"歐喀"。"喀"，《廣韻·陌韻》："吐聲。"亦釋爲嘔吐之聲，則"喀"爲擬聲詞。文獻中又有"喀喀"一詞指嘔吐，如《列子·説符》："兩手據地而歐之，不出，喀喀然遂伏而死。"今有嘔吐之義的又有"咯"字，"嘔血"又作"咯血"便是。"咯"字，《説文》《玉篇》《廣韻》等辭書皆無。《漢語大詞典》"咯血"一詞所引最早例證爲清·平步青《霞外攟屑·斠書·硯史》："〔王子若〕爲宿遷王惜菴刻高南阜《硯史》，歷三年，工未及半，咯血卒。"然宋代《聖濟總録》中已有多處作"咯血"，如卷66《咳嗽上氣》："治肺熱、上氣喘逆，咳嗽咯血，馬兜鈴散方。"卷90《虛勞嘔吐血》："治虛勞喘急咳嗽，吐血咯血，定喘，七寶丸方。"實際上"咯"字即玄應所説之"喀"。《外臺秘要》中已有"咯"字，《外臺秘要》卷36《小兒誤吞物方四首》："近效療小兒誤吞錢在喉中不出方：取麩炭末指彈入喉中，其兒當便咯出妙。"其中的"咯"即嘔吐之義。"咯"或爲"喀"的省形訛略字。

【瘡—痍】

瘡痍　……下音夷。瘡之異名也。(《慧琳音義》卷78《經律異相》第10卷)

按：慧琳指出"痍"爲"瘡"的異名。《説文·疒部》："痍，傷也。"段玉裁注："成十六年，晉侯及楚子鄭伯戰於鄢陵，楚子鄭師敗績。《公羊傳》曰：敗者稱師，楚何以不稱師？王痍也。王痍者何？傷乎矢也。《周易》：夷，傷也。《左傳》：察夷傷，皆假夷字爲之。"《釋名·釋疾病》："痍，侈也。侈開皮膚爲創也。"《史記·蒙恬列傳》："天下之心未定，傷痍者未瘳。"以上諸書均認爲"痍"指創傷。又，《玄應音義》卷2《大般涅槃經》第13卷"創痍"條："羊之反。《三蒼》：痍，傷也。《通俗文》：體創曰痍，頭創曰瘡。《左傳》曰：生瘡於頭。"《慧琳音義》卷74《僧伽羅刹集》中卷"瘡痍"條："下以脂反。《周易》云：痍，傷也。《説文》：從疒夷聲也。"玄應引《三蒼》《通俗文》、慧琳引《周易》亦言"痍"指創傷，且《通俗文》還將"痍"和"瘡"兩者進行鑒別，言"痍"爲身體上的創傷，而"瘡"爲頭上的創傷。則"痍"的本義或特指身體上的創傷，後引申泛指創傷。慧琳指出"痍"爲"瘡之異名"，此處的"瘡"並非指皮膚病的瘡瘍之疾，而是指創傷，如慧琳所言"肉傷也"。"痍"指創傷時多與"瘡"合用作"瘡痍"，如晉·葛洪《抱樸子·自叙》："弟與我同冒矢石，瘡痍周身，傷失右眼，不得尺寸之報；吾乃重金累紫，何心以安！”

以上幾例中，有些病證異名具有歷時性，有些則具有地域性。這些異名有些早已弃而不用，有些逐漸從方言俗語轉變成通用語，甚至沿用至今。三種《音義》關於這些異名的記載有助於我們瞭解其發展脈絡和演變軌迹。

（3）探討病因病機。

1）所引文獻中的暗示。

三種《音義》引用文獻對疾病名物詞進行注釋時，有些引文暗示了該病證的病因病機，如：

【痔】

　　痔病　直理反。後病也。《釋名》：痔，食也。（中）蟲食之也。（《玄應音義》卷 14《四分律》第 3 卷）

　　按：《説文·疒部》：“痔，後病也。”“痔”爲身體後部的病證。根據上條可知，“痔”與蟲食有關。古醫籍中關於“痔”的病因病機，《素問·生氣通天論》曰：“因而飽食，筋脈橫解，腸澼爲痔。”王冰注：“甚飽則腸胃橫滿，腸胃滿則筋脈解而不屬，故腸澼而爲痔也。”王冰提到“痔”與飽食有關。《金匱要略·五藏風寒積聚病脈證並治》：“小腸有寒者其人下重便血，有熱者必痔。”《金匱要略》提到“痔”與小腸有熱有關。《諸病源候論》卷 34《諸痔候》：“諸痔皆由傷風，房室不慎，醉飽合陰陽，致勞擾血氣，而經脈流溢，滲漏腸間，沖發下部。”其認爲“痔”由傷風所致。這些病因皆與玄應所釋不同。

【瘻】

　　或瘻　力闘反。《説文》：頸腫病也。今腋下隱處皆有，中有蟲也。（《玄應音義》卷 18《立世阿毗曇論》第 9 卷）

　　禿瘻　音陋。《考聲》云：瘻，久瘡不差曰瘻。從疒婁聲。（《慧琳音義》卷 16《佛説胞胎經》）

　　瘻瘡　上盧侯反。《切韻》：瘡，瘻也。《集訓》云：瘡久不瘥也。……（《希麟音義》卷 6《大寶廣博樓閣善住秘密陀羅尼經》卷上）

按：關於“瘻”，玄應言其由蟲所致，慧琳、希麟分別引《考聲》《集韻》指出其由瘡瘍長期不愈所致，是病程發展的結果。《素問》《靈樞》中均有“瘻”字，《靈樞·寒熱》：“鼠瘻之本，皆在於藏，其末上出於頸腋之間。”《素問·骨空論》：“鼠瘻寒熱，還刺寒府。”這兩處皆言“鼠瘻”之病，《靈樞》指出其病本在藏，發於頸腋之間；《素問》則指出其治療方法。此外，《素問·生氣通天論》中還有一處作“瘻”，其言：“陽氣者，精則養神，柔則養筋。開闔不得，寒氣從之，乃生大僂。陷脈爲瘻，留連肉腠，俞氣化薄，傳爲善畏，及爲驚駭。”此處“瘻”字，有的醫家認爲是“僂”的通假字，如張景岳、張志聰，有的學者則認爲是指瘻瘡、瘻管。唐及唐以前對“瘻”進行專門論述的醫籍較少，明·李梴《醫學入門》卷5《腦頸部》：“瘻，即漏也。經年成漏者，與痔漏之漏相同。在頸則曰瘰漏，在痔則曰痔漏。”其從聲訓角度主要探討了“瘻”的病證表現，其“經年成漏”之言，亦暗示了“瘻”爲病程長期發展的結果，與慧琳、希麟所釋相合。

【癭】

　　癭𤵻　上嬰郢反，下時冗反。《文字集略》云：癭，頸腫。風水氣結爲病也。……（《慧琳音義》卷82《大唐西域記》第4卷）

按：《説文·疒部》：“癭，頸瘤也。从疒嬰聲。”“癭”是一種表現爲頸部腫起的病證。慧琳所引《文字集略》則進一步説明了“癭”爲“風水氣結爲病”，即其病因可爲風邪、水飲或氣機阻滯。《諸病源候論·癭候》提到了“癭的病因病機”，言：“癭者，由憂恚氣結所生，一曰飲沙水。”其指出“癭”由氣結或飲沙水所致。此後《外臺秘要》亦承其説。慧琳所引與其稍有不同，可作補充。

【痏】

　　瘡痏　爲軌反。《蒼頡篇》云：毆傷也。《説文》：疻痏也。從疒有聲。疻音施也。（《慧琳音義》卷96《弘明集》第10卷）

按：慧琳所引《蒼頡篇》指出"痏"爲毆打所致的創傷。《説文・疒部》："痏，疻痏也。""疻，疻痏，毆傷也。"故"痏"亦指毆打所致的創傷。"痏"字，《素問》《靈樞》中可見，《素問・繆刺論》曰："刺手中指次指爪甲上，去端如韭葉，各一痏。"《靈樞・邪氣藏府病形》曰："已發針，疾按其痏，無令其血出。"此処之"痏"指針刺創痕，與慧琳所言有所不同，蓋由於"痏"本義爲毆打所致的創傷，後引申泛指各種創傷，而針刺所致的創痕亦爲創傷的一種。

【疥】

疥癩 上公薤反。《切韻》：瘡疥也。顧野王云：疥，瘑也。即風瘑也。又作痎。……（《希麟音義》卷6《佛母大孔雀明王經》卷中）

疥癬 上皆隘反。《周禮》云：夏時有養疥之疾。《集訓》云：風瘡也。《文字集略》從虫作蚧。《説文》云：搔也。從疒介聲。……（《希麟音義》卷6《大寶廣博樓閣善住秘密陀羅尼經》卷上）

按：慧琳引《集訓》的注文暗示了"疥"爲風邪所致的瘡瘍之疾，而希麟進一步説明"疥"是"瘑"病中由風邪所致的一類病證，與《集訓》所云"風瘡"意義相近。考之古醫籍，《諸病源候論・疥候》云："疥者，有數種。有大疥，有馬疥，有水疥，有乾疥，有濕疥。多生於手足，乃至遍體。大疥者，作瘡有膿汁，焮赤癢痛是也。馬疥者，皮內隱嶙起作根墌，搔之不知痛。此二者則重。水疥者，瘖瘰如小瘭漿，摘破有水出。此一種小輕。乾疥者，但癢，搔之皮起作乾痂。濕疥者，小瘡皮薄，常有汁出。並皆有蟲，人往往以針頭挑得，狀如水內瘑蟲。"其所謂五疥之症"並皆有蟲"者，提出了"疥"由蟲所致。另外，《急就篇》卷4："疕疕疥癘癡聾盲。"顏師古注云："疥，小蟲攻齧皮膚，瘯錯如鱗介也。"此亦提出了"疥"由小蟲齧咬皮膚所致。這種説法與三種《音義》中所説不同。但"疥"是由蟲咬導致的這種認識可能在古時還是比較流行的，於是便出現了加"虫"旁的該字的異體字——"蚧"，段玉裁亦云："蚧從虫者，往往有蟲潛於膜，故疥字亦或作蜧、作蚧。"三種《音義》中亦有"蚧"字，如《慧琳音義》卷2《大般若波羅蜜多經》第181卷"疥癰"條云："或作蚧。"卷4《大般若波羅蜜多經》第381卷"疥癬"條引《文字集略》云："從虫作蚧。"《希麟音義》卷6《大寶廣博樓閣善住秘密陀羅尼經》卷上"疥癬"條亦云："《文字集略》從虫作蚧。"其皆言"疥"又作"蚧"。"蚧"指瘡瘍在文獻中亦可見，如《後漢書·烏桓鮮卑列傳》："夫邊垂之患，手足之蚧搔。"《後漢書》的成書時間爲南北朝時期，與《諸病源候論》的成書時間及顏師古注《急就篇》的時間相距不遠，因此，"疥"由蟲咬引起的説法很可能流行於中古時期，而此時"蚧"也便成了"疥"的異體字，有了指瘡瘍的含義。

2）編纂者自身的注釋。

編纂者的注釋中也有涉及病因病機者，如：

【瘃】

凍瘃 古文瘝，同。知録反。謂手中寒作瘡也。（《玄應音義》卷12《長阿含經》第19卷）

指瘃 又作瘝，同。竹足反。謂手足中寒作瘡者也。（《玄應音義》卷15《十誦律》第21卷）

按：《説文·疒部》："瘃，中寒腫覈。"《襾部》："覈，實也。考事，襾笮邀遮，其辭得實曰覈。""覈"有確實之義，又可指果實中的堅硬部分，裏面有仁，如《周禮·地官·大司徒》："三曰丘陵，其動物宜羽物，其植物宜覈物。"鄭玄注："覈物，李梅之屬。"馬王堆漢墓帛書《經法·稱》："華之屬，必有覈，覈中必有意。"則《説文》中的"瘃"指感受寒邪而致的皮膚腫起堅硬。《玉篇·疒部》："瘃，陟玉切。手足中寒瘡也。""瘝，同上。"此與玄應所釋相同。"瘃"指感受寒邪所致的手足中生瘡，又可以寫作"瘝"。"瘃"字見於《靈樞·陰陽二十五人》："指少肉，足善寒，血少氣多則肉而善瘃。"此言"瘃"爲足部所生的凍瘡，病因亦爲寒邪。又，《諸病源候論》卷35《凍爛腫瘡候》："嚴冬之夜，觸冒風雪，寒毒之氣，傷於肌膚，血氣壅澀，因即瘃凍，赤疼腫，便成凍瘡，乃至皮肉爛潰，重者支節墮落。"《針灸甲乙經》卷11《寒氣客於經絡之中發癰疽風成發厲浸淫（下）》："瘃蚌欲嘔，大陵主之。"其中的"瘃"均泛指凍瘡。則"瘃"本或特指手足部感受寒邪而生的凍瘡，後引申泛指身體上的凍瘡、瘡腫。

【痰癊】

痰癊　上音談。下於禁反。胸鬲病也。（《慧琳音義》卷 14《大寶積經》第 57 卷）

痰癊　上音談。下陰禁反。案，痰癊，字無定體。胸鬲中氣病也，津液因氣疑結不散，如筋膠引挽不斷，名爲痰癊。四病根本之中，此一能生百病，皆上焦之疾也。（《慧琳音義》卷 29《金光明最勝王經》第 9 卷）

痰癊　上淡甘反。《考聲》云：痰，鬲中水病也。下邑禁反。案，癊者，痰病之類，大同而小異。《韻詮》云：亦痰病也。諸字書並無痰癊二字也。（《慧琳音義》卷 38《佛母大孔雀明王經》）

痰癊　上音談。下邑禁反。《考聲》云：痰癊者，胸鬲中水病也。並從疒，形聲字也。疒音女厄反。（《慧琳音義》卷 60《根本說一切有部毗奈耶律》第 8 卷）

按：慧琳指出"痰癊"爲胸中氣機阻滯，水液留滯不散所致，並指出其發病部位爲上焦，且能致百病。此外，慧琳還指出"癊"爲"痰病之類，大同小異"，而諸字書中皆無"痰癊"二字。"痰癊"在古醫籍中多作"痰飲"。考查古醫籍中對"痰飲"的認識，《素問》《靈樞》及更早的出土醫書中均無"痰"證。"飲"在《素問》中有兩種意義。一是飲食水穀之總稱，即《素問·經脈別論》中所說："飲入於胃，游溢精氣，上輸於脾，脾氣散精，上歸於肺，通調水道，下輸膀胱，水精四布，五經並行。"一是指病證名，《素問·至真要大論》："歲太陰在泉，草乃早榮，濕淫所勝……民病積飲心痛，耳聾……"對於後世所稱之"痰"，《素問》《靈樞》多表述爲"涕""唾""沫"等，《金匱要略》中則謂之"濁唾"或"涎沫"。"痰飲"一詞大概始見於漢代張仲景的《金匱要略》，《金匱要略·痰飲咳嗽病脈證並治》："其人素盛今瘦，水走腸間，瀝瀝有聲，謂之痰飲。"此外，"痰飲"在醫書中以"痰癊"的形式出現可見於晉代葛洪的《肘後備急方》卷 4《治心腹寒冷食飲積聚結癖方第二十七》，其云："中候黑丸治諸癖痰癊第一方。""痰飲"以"淡飲"的形式出現可見於晉代王叔和的《脈經》卷 4《辨三部九候證第一》，其云："尺膚粗如枯魚之鱗者，水淡飲也。"又，

《諸病源候論》卷20《痰飲諸病候》論述了"痰飲"病的病因病機："痰飲者，由氣脈閉塞，津液不通，水飲氣停在胸府，結而成痰。"此與慧琳所釋義同。因此，秦漢時期中醫的"飲"是疾病的上位概念，"痰飲"是飲病的一種，是水液停留在腸間的一種病證，屬於下位概念。漢譯佛經借鑒中醫"痰飲"的説法，新造"痰癊"一詞用於指佛教醫學理論"四大"中的因水大不調而出現的致病因素，指水液停留於胸府，其中的"痰"是疾病的上位概念，"癊"是痰病的一種，屬於下位概念。魏晉至隋唐時期，人們逐漸將兩種醫學概念混同，因此就出現了隋唐五代醫書中既有"痰飲"指水液停滯腸胃，又有"痰飲"指水液停留在胸膈的不同説法。"痰飲"詞義的變化是今天用"痰"專指肺泡、支氣管和氣管分泌物的契機[1]。

【痃】

痃癖 上現堅反。俗用字。諸字書總無此字，亦無本字。案，痃病，即腹中冷氣病也。發即脈脹牽急如似弓弦，故俗呼爲痃氣病也。……（《慧琳音義》卷66《阿毗達磨法蘊足論》第6卷）

痃癖 上又作胘，同。胡堅反。《切韻》：肚痃也。……（《希麟音義》卷5《大威力烏樞瑟摩明王經》卷上）

按：慧琳指出"痃"是一種腹中感受寒氣而致的病證，由於發病時筋脈脹痛牽引如弓弦綳緊的感覺而得名，俗稱"痃氣病"。慧琳還指出諸字書中無此"痃"字。希麟指出"痃"又作"胘"，《説文·肉部》："胘，牛百葉也。""胘"指牛胃，又引申泛指胃部，希麟所引《切韻》釋爲"肚痃"即此義。故"痃"之病位在腹部，"痃"可能指的就是胃部的一種病證，其病因爲感受寒氣。"痃"最早是以"痃癖"的形式出現在醫書中的。《外臺秘要》卷12中有"痃癖方四首"。此後又有《太平聖惠方》卷49《治痃癖諸方》言："夫痃癖者，本因邪冷之氣積聚而生也。痃者，在腹內近臍左右，各有一條筋脈急痛，大者如臂，次者如指，因氣而成，如弦之狀，名曰痃氣也。"其關於"痃"病因病機的理解與慧琳所釋相同。然又有不同説

---

〔1〕 李嫚華. 隋唐五代醫書與佛經音義醫學詞彙比較研究［D］. 北京中醫藥大學，2017：482-487.

法，如《雜病源流犀燭》卷 14《積聚癥瘕痃癖痞源流》曰："痃者，……
其原皆由陰陽之氣不和，常多鬱塞，又時忿怒，動氣偏勝，或適當飲食，
與氣纏裹，適受寒冷，與氣停蓄，且忿怒則肝火盛，而血隨氣結，痰亦緣
火相附而升，遂合併而成形質，懸於臍之左右，故名曰痃。"其認爲"痃"
與情緒、氣血不調等有關，此與慧琳所釋可互爲補充。

三種《音義》引用的古醫籍注文中，只有以下一條涉及病因病機。

【癖】

痃癖　……下芳辟反。《玉篇》：腹病也。《藥證病源》云：恣
飡生冷魚肉雜果，晝眠夜食，胃冷脾虛，不消化，因茲結聚爲癥
塊，發即築心吐酸水也。（《希麟音義》卷5《大威力烏樞瑟摩明
王經》卷上）

按：希麟引用《藥證病源》中的文句，指出"癖"爲飲食、睡眠不當
導致的脾胃虛寒，不能消化飲食水穀，致其結聚成癥塊。《靈樞·水脹》：
"寒氣客於腸外，與衛氣相搏，氣不得榮，因有所系，癖而內着，惡氣乃
起。"其認爲"癖"由寒氣凝滯所致。此後《諸病源候論》專門設立了
"癖病諸候"一章，對"癖"病做了更爲全面的論述，其卷20《癖病諸候》
言："夫五藏調和，則榮衛氣理；榮衛氣理，則津液通流，雖復多飲水漿，
不能爲病。若攝養乖方，則三焦痞隔。三焦痞隔，則腸胃不能宣行，因飲
水漿過多，便令停滯不散，更遇寒氣，積聚而成癖。"其認爲"癖"與飲食
不節有關，此與《藥證病源》中的記載相近。

三種《音義》醫學名物詞中關於病因病機的記載多與傳世醫書相近，
但更爲通俗易懂，簡潔明瞭，可爲我們理解醫書中記載的病因病機提供幫
助，可資對照補充。

（4）對部分相似病證進行鑒別。

三種《音義》在注釋過程中也對一些相似病證進行了鑒別，這些相似
病證的區別主要有發病部位不同、發病時間不同、症狀表現不同和發病人
群不同。

1）發病部位不同。

【痍—瘍】

創痍　羊之反。《三蒼》：痍，傷也。《通俗文》：體創曰痍，頭創曰瘍。《左傳》曰：生瘍於頭。（《玄應音義》卷2《大般涅槃經》第13卷）

按： 玄應引《通俗文》指出"痍"和"瘍"的區别在於發病部位不同，"痍"爲身體上的創傷，"瘍"爲頭部的創傷。《説文·疒部》："瘍，頭創也。"亦言"瘍"指頭部的創傷。然"痍"和"瘍"在具體的文獻中多没有發病部位上的區分，如《禮記·曲禮上》："頭有創則沐，身有瘍則浴。"此處發病部位在頭部，用的是"創"字，發病部位在身體上，用的是"瘍"字，"創"與"瘍"對文，則"瘍"指的應亦是創傷。段玉裁亦云："按，頭字蓋贅。上文疒下曰頭瘍，則見瘍不專在頭矣。鄭注《周禮》云：身傷曰瘍，以别於頭瘍曰疕。"故辭書中"瘍"指頭部的創傷或爲其造義，蓋由於"瘍"字從"昜"，於人體則頭爲陽。然其在文獻中的實際用例則泛指皮膚上的創傷，如《周禮·天官·瘍醫》："掌腫瘍、潰瘍、金瘍、折瘍之祝藥。"賈公彦疏："潰瘍，癰而含膿血，已潰破者。"《素問·風論》："癘者，有榮氣熱胕，其氣不清，故使其鼻柱壞而色敗，皮膚瘍潰。"王冰注："皮膚破而潰爛也。"其中的"瘍"均指皮膚破損潰爛，指一種創傷。此後"瘍"又用於指一種癧瘍類疾病，如《諸病源候論》卷31《癧瘍候》："癧瘍者，人有頸邊、胸前、掖下自然斑剥，點相連，色微白而圓，亦有烏色者，亦無痛癢，謂之瘍風。此亦是風邪搏於皮膚，血氣不和所生也。"其中的"瘍"很顯然都指生於身體上的一種瘡瘍之疾，這與我們今天的理解接近。

2）發病時間不同。

【燕疿—雁疿】

若疿　又作疿，同。古和反。《韻集》曰：瘡病也。春發者謂之燕疿，秋發者爲雁疿。（《玄應音義》卷14《四分律》第42卷）

按："燕瘑"和"雁瘑"同爲一種瘡瘍之疾。玄應引《韻集》指出"燕瘑"和"雁瘑"的區别在於發病時間不同，"燕瘑"爲春天發病，"雁瘑"爲秋天發病。此外，玄應還指出"瘑"的異體字作"癌"。《玉篇·广部》："瘑，古禾切。瘡也。又古花切。""癌，古禾切。疸瘡也。"《廣韻·戈韻》："癌，瘡也。瘑，上同。""瘑，秃瘡。又古禾切。"《玉篇》並没有指出"瘑"與"癌"同，但兩字之釋義相近。根據《廣韻》的注釋則"瘑"有兩讀對應兩義，一指一種瘡瘍之疾，與"癌"同，一特指秃瘡。玄應所説的"燕瘑"和"雁瘑"的區别尚未見醫書中有記載。

3）病證表現不同。

【矇—盲】

矇盲　莫公反。有眸子而無見曰矇也。目無眸子曰盲。（《玄應音義》卷4《大方便報恩經》第4卷）

按："矇""矇"同字，"矇"通用。"矇"和"盲"均爲眼睛看不見，區别在於"矇"爲有眼珠但看不見，"盲"爲没有眼珠。"矇"和"盲"兩字在文獻中多泛指眼睛看不見，並没有具體的區别。

【肬—贅】

生肬　又作疣、默二形，同。有流反。《廣雅》：肬，腫也。《説文》：肬，贅也。小曰肬，大曰贅。贅，之芮反。（《玄應音義》卷16《善見律》第7卷）

按：玄應指出"肬"和"贅"的區别在於大小不同。《諸病源候論》中有"疣"無"贅"，《諸病源候論》卷31《疣目候》："疣目者，人手足邊忽生如豆，或如結筋，或五個，或十個，相連肌裹，粗强於肉，謂之疣目。"此處"疣目"小者如豆，大者如結筋，但均以"疣目"一名貫之，没有具體區分。此後《外臺秘要》《備急千金要方》《千金翼方》等書中兩者皆有，但並没有具體區分，且多有兩者合用作"疣贅"的例子。

【癡—疙】

癡疙　魚訖反。《廣雅》：疙，癡也。《通俗文》：小癡曰疙。
《説文》：癡，不慧也。《埤蒼》：癡，騃也。（《玄應音義》卷16
《善見律》第7卷）

按："癡"爲愚笨、不聰慧之義，"疙"亦爲愚笨、不聰慧之義，然
"疙"的病證表現較"癡"輕，兩者的區別在於表現程度不同。"疙"指愚
笨、不聰慧在文獻中尚未見具體用例，很可能只是某種方言俗語。

【聾—聵】

聾聵　聵，五怪反。章昭注《國語》曰：耳不別五音之和謂
之聾，從生即聾謂之聵。字又作聵、䏊二形也。（《慧琳音義》卷
22《花嚴經》卷第27《迴向品之五》）

按："聾"即聽覺失靈，而"聵"爲先天性耳聾。古醫籍中，"聵"見
於《景岳全書》卷27："耳爲腎竅，乃宗脈之所聚，若精氣調和，腎氣充
足，則耳目聰明。若勞傷血氣，精脱腎憊，必至聾聵。"這裏的"聵"指的
是後天勞傷血氣導致的病證，非先天性耳聾。"聵"由其本義特指先天性耳
聾逐漸變爲泛指耳聾。

【瞽—瞍】

瞽瞍　姑五反。鄭注《禮記》：無目謂之瞽。《説文》：從目鼓
聲。下蘇走反。鄭注《禮記》：有目無眸子曰瞍。《説文》：從目叜
聲。集文作㛿，非也。（《慧琳音義》卷88《集沙門不拜俗議》第
2卷）

按："瞽"和"瞍"均爲眼睛看不見，據以上原文判斷，兩者區別在於
"瞽"爲無目，即有眼皮但是沒有眼珠，眼皮閉合平平如鼓皮而看不見，而
"瞍"爲有目無眼眸。但據筆者考證，兩者均無眼珠，其區別在於"瞍"者眼皮

是睜開的，裏面空無眼眸，而"瞖"者眼皮是閉合的，平平如鼓皮[1]。但"瞖"和"睖"兩字在文獻中同樣多泛指眼睛看不見，並沒有如此細緻的區別。

4）发病人群不同。

【癲—癇】

癲癇 又作瘨，同。都賢反。《廣雅》：瘨，狂，風病也。下核間反。《聲類》：小兒瘨也。（《玄應音義》卷5《孔雀王神咒經》下卷）

癲癇 上丁堅反。《廣雅》：癲，狂也。《毛詩箋》曰：癲，病也。《聲類》云：癲，風病也。或作瘨，亦作瘨。下音閑。《集訓》云：小兒瘨病也。《説文》云：風病也。從疒（女厄反），從間聲也。或作癇，亦通也。（《慧琳音義》卷6《大般若波羅蜜多經》第514卷）

癲癇 上典年反。《文字集略》云：賊風入藏謂之癲病。案，癲即狂也。下癇音閑。《文字集略》云：小兒風病也。癲、癇二字並形聲字。前已具釋，故略言耳。（《慧琳音義》卷35《一字奇特佛頂經》上卷）

按："癲""癇"二證的區別在於發病人群不同，發於成人的稱"癲"，發於小兒的稱"癇"。"癲"，《素問·奇病論》曰："人生而有病巔疾者，病名曰何？安得所之？岐伯曰：病名爲胎病，此得之在母腹中時，其母有所大驚，氣上而不下，精氣並居，故令子發爲巔疾也。"這裏的"巔"應是"癲"的通假字，其言該病是從母體中帶來的"胎病"，從小兒始即發病。"癇"，《素問·大奇論》云："心脈滿大，癇瘛筋攣。肝脈小急，癇瘛筋攣……二陰急爲癇厥。"其中的"癇"並非指發於小兒的病證。"癇"最早以"間"的稱謂出現在馬王堆古醫書《五十二病方》中。該書中載有"嬰兒病間""人病馬不間""人病羊不間"等，其中雖有發於嬰兒者，但亦有發於成人者，並無明顯區別。僅《諸病源候論》卷45《癇候》中有"癇者，

小兒病也。十歲以上爲癲，十歲以下爲癇”的記載。《諸病源候論》的成書時間與《聲類》（魏左校令李登撰）、《集訓》（唐代張戩撰）、《文字集略》（梁文貞處士阮孝緒撰）較爲接近，可見這種將“癲”和“癇”相區分的認識可能在中古時期比較流行[1]。

以上幾例中，三種《音義》關於病證鑒別的記載在醫書中多不見，有些甚至没有文獻用例或使用上的區别，這可能與詞的含義由造字之初的特指到泛指的演變有關，也可能與方言俗語有關，可留作參考，以待進一步核證，但不可拘泥。

（5）記載了部分病證的二級分類。

三種《音義》記載了部分病證的二級分類，如：

【癬】

　　若癬　又作癖，同。先善反。《説文》：乾瘡也。今有乾濕兩種也。[《釋名》：癖，徙也。侵淫移處日廣之也，故青徐人謂癬爲徙也。]（《玄應音義》卷14《四分律》第42卷）

　　痀癬　……下仙演反。《説文》：乾瘍也音易（易）。顔氏云：今癬有乾濕二種。（《慧琳音義》卷13《大寶積經》第42卷）

按：《説文·疒部》：“癬，乾瘍也。”《玉篇·疒部》：“癬，思踐切，乾瘍也。”二者皆言“癬”指乾瘍。玄應所引《字林》亦言“癬”爲乾瘍。然慧琳引顔師古的注文則指出“癬”應分乾濕兩種。考之古醫書，《素問》《靈樞》中均無“癬”的記載，而《肘後方》中則已有關於乾癬、濕癬治療的記載，卷5《治癬疥漆瘡諸惡瘡方第三十九》云：“又方，治乾癬，積年生痂，搔之黄水出，每逢陰雨即癢。”“又方，漏瘤瘡濕癬癢浸淫，日瘙癢不可忍，搔之黄水出，差後復發。”《諸病源候論》中亦有乾癬、濕癬、風癬、白癬、牛癬、圓癬、狗癬等分類。“癬”，開始人們或認爲皆爲乾瘍，後來逐漸有乾濕之分。根據三種《音義》所引《釋名》和《集訓》可知，“癬”得名於“徙”，是由於其發病具有隨時間不斷侵淫移處的特點。因此，

〔1〕　李墨華，王育林. 讀《古代疾病名候疏義》兼考“癲”“狂”“癇”［J］. 中華醫史雜誌，2016，46（1）：9－14.

"癬"又有異體字作"癥"。

三種《音義》中這種關於病證二級分類的記載可爲我們瞭解某些疾病的發展演變史以及時人對疾病病因病機認識的程度提供參考。

(6) 涉及某些流行病。

三種《音義》還記載了某些疾病在當時的多發區域，如：

【尰】

尰血　又作瘇，上（止）隴反。《爾雅》：腫足爲尰。今巴蜀極多此疾，手臂有者亦呼爲尰也。　（《玄應音義》卷10《佛阿毗曇》）

按："尰"表現爲足部水腫，引申泛指身體其他部位的水腫。玄應指出巴蜀地區多發此病，巴蜀即今四川和重慶境内。醫書中，"尰"首見於《神農本草經·上品》："甘草，味甘平，主……金瘡、尰，解毒。"醫書中未見關於該病流行情況的記載，多載有其病證表現，如《諸病源候論》卷30《足尰候》："尰病者，自膝以下至踝及趾俱腫直是也。"《呂氏春秋·季春紀·盡數》："重水所，多尰躄人。"高誘注："腫足曰尰。"其指出水濕之氣重的地方易發此病，而巴蜀地區一向較爲濕寒，故易流行此病。

2.1.3　藥物名物詞

2.1.3.1　三種《音義》藥物名物詞概貌

三種《音義》記載了花、鳥、蟲、魚等多類藥物，尤其是記載了不少外來藥物，如：

桂生　圭慧反。《山海經》云：招搖山多桂。郭璞曰：桂葉似枇杷，長尺餘，味辛，花白。《本草》云：桂有菌、牡二種。並出交、廣州及桂林山。《説文》云：江南香木也，百藥之長。從木圭聲也。菌音郡，牡音母也。　（《慧琳音義》卷1《大唐三藏聖教序》）

躑躅葉　上呈戟反，次重録反。藥草名也。《本草》云：羊躑躅也。葉花皆有大毒。三月採花，其花色黃，亦有五色者。羊誤食其花葉，躑躅而死，因以爲名。《古今正字》：躑躅，行不前也。

二字並從足，鄭、蜀皆聲也。(《希麟音義》卷 5《大威力烏樞瑟
摩明王經》卷上)

安膳那 梵語眼藥名也，此藥石類也。深青色兼有紫紺之色，
亦似金精。(《慧琳音義》卷 12《大寶積經》第 35 卷)

蓖麻油 上閉迷反。《考聲》：蓖麻，藥名也。子斑螫，形似
狗蜱，故以爲名。或作萞。經從豆作䟰。《説文》：䟰，留豆也。
非經義也。(《慧琳音義》卷 19《大集須彌藏經》下卷)

從以上幾條可以看到，三部書對藥物的注釋不僅引用了古醫籍，還引
用了其他古籍。

經過我們的統計，三種《音義》中的藥物名物詞共有 310 個，其中有
藥物名 206 個，藥用本草的原植物名與藥用動物的原動物名 102 個，以及
"餌藥""瀉藥" 2 個專名，詳見表 5。

表 5 三種《音義》藥物名物詞簡表

分類	藥物名物詞
植物類 (156)	艾、拔、稗子、蓖麻子、檳榔、菖蒲、檉、橙、豆蔻、蘩、蘆、都梁、杜蘅、蚪、甘蔗、荅蔥、莞、薑、桂、樺皮、蕙、茨、橝、芥、蓋、桔、橘、蒟醬、巨勝、朝菌、青稞、苦參、梨、荔枝、蓼、菱、龍目、龍腦香、蘆菔、羅芳、蘿、蔓菁、芒草、麢蕉、木蜜、槙槤、苜蓿、奈、蔦、藕、蟠、椑、萍、蒲萄、茜、杭、三棱草、葚、薺、餌松朮、蘇、蒜、胡荽、蘘草、水苔、蓴、紫菀、莽草、蕛子、枭、荈、芎藭、椰子、薏苡、蘘荷、蒡、柚、榆皮、芸薹、芝、白芷、薯蕷、芙蓉 (菡萏)、蓽茇、薛荔、木綿、零陵香、檳榔樹、紙婆、曼陀羅花、薺苨、阿摩勒果、梅檀、紫鉚、蕎麦、蘗、榖、稂、粰、糯、秫、豌豆、糟、芭蕉、蓖麻、菖蒲、椿、蔥、薤、韭、蒴藋、荻、莪蒿、楓香木、梗 (梗榆)、枸杞、榭楸、槐、蒺藜、葭箭 (箭竹)、甘蔗、葵、櫟、楝、蘆葦、欒、樠、莖、蕁、桑、合昏、柿、莩蘆、芡、葷、蕕、芋、棗、樟、柘、女槙木、羊躑躅、梓、椶櫚、末利、木槿、薔薇、鬱金、萹豆、稻、稷、穬、粱、蓬麥、黍
動物類 (133)	璕珸、鰈、鮒、鮭、蛤、蠡、鮫魚、珂、鰻、鯢、鮎魚、鷗、鰌、珊瑚、鱣魚、蜃、鯤、蛙、鮪、蟹、蝦、藻、鱒、白鷴、鵯、鷙、鶻鵃、布穀、鴿鴟、鶴鷗、鷄、翡翠、鴿、角鵄、鷲、鳱、雀、鵲、烏、鵁、鴉、鳿、鷘、鶯、鸚鵡、鴛鴦、鸂鶒、胆、蠶繭、蝱、蟾蜍、蜇、蝮、螺蠃、蝗、蟋蚷、蠖、蟆、蚑、蟏蟷、蛃蜋、蝸蠃、蜻蜓、蚯蚓 (曲蟺)、鼀、蜿蟺、蜈蚣、蟋蟀、蠍、蝎、守宮、蟻、蚱蜢、

分類	藥物名物詞
動物類（133）	蜘蛛、蛭、螽、蝙蝠、鼢鼠、蝌蚪、孔雀、猱、麝香、鼫鼠、牛黄、豹、豺、鷗、貇、麠、狙、鷹、狼、貍、馬、麋、蚺蛇、駝、熊、獼猴、豬、麈、蝗、蟒蛇、螫、鴒、鷗、鵁、鵝、鶯、鳧、鶴、鴒旦、鶴、鴿、黄鸝、鵁鶄、鷦鷯、陶河、鷲、鷙、鶋、鳶、蚌、鱉、鰐、龜、鯨、鯪、獺、狔、鯔魚、蜎、黿
礦物類（4）	冏沙、磁石、礜石、馬腦
其他（17）	阿伽陀藥、阿藍婆、安繕那藥、髀醯得枳、訶梨怛雞、莫者、粖薪、那蒐、毗伽摩、毗濕縛藥、珊陀那者、素嚕多惹那、興渠、安闍那藥、醍醐、餌藥、瀉藥

從上表中我們大致可以瞭解三種《音義》中收載的藥物名物詞的類別和分布情況，其中以植物類藥物和動物類藥物居多，兩者所占的比例相當。

2.1.3.2　三種《音義》藥物名物詞的摘録及釋義的體例和内容

藥物名物詞在漢語詞彙中具有一定的特殊性，其中有些多音節詞彙僅代表一種藥物，且不能分開解釋，類似於聯綿詞。三種《音義》中的藥物名物詞屬於此類的如：

　　檳榔　上音賓，下音郎。《埤蒼》云：檳榔，果名也。其果似小螺，可生啖，能治氣，出交廣，其名曰檳榔。爲樹苟乎如桂，其未吐穗有似禾黍，並形聲字。（《慧琳音義》卷81《大唐西域求法高僧傳》下卷）

　　芙蓉　上防無反，下餘封反，即荷蓮也。《爾雅》曰：荷，芙渠。郭注云：别名芙蓉，江東呼荷。《毛詩傳》云：未開者曰芙蓉，已開者曰菡萏也。（《希麟音義》卷7《金剛手光明無動尊大威怒王念誦儀》）

有的是一個多音節詞中的每個單音詞分别代表幾種不同的藥物，而編纂者也在注文中加以明確區分，如：

　　蕙芷　上音惠，下音止。郭注《山海經》：蕙，香草也。又白芷，一名白茞也。《古今正字》並從艸，惠、止俱聲。（《慧琳音義》卷83《大唐三藏法師本傳》第9卷）

蜿蟺 上冤阮反，下蟬戰反。《上林賦》云：象與蜿蟺放西清。顧野王案：蜿蟺，詘曲迴轉美皃也。《文字典説》云：從虫宛聲。或作蜿。《説文》云：蟺，蜿蟺也。從虫亶聲。集本作蜒，非也。亶音丹嬾反。（《慧琳音義》卷95《弘明集》第1卷）

葱蒜 上倉紅反。《玉篇》：葷菜也。《爾雅》云：茖葱，細莖大葉。下蘇貫反。《字書》云：葷菜也。《漢書》云：張騫使西域所得也。《本草》云：蒜，性熱，除風，殺虫，久服損眼目也。（《希麟音義》卷5《菩提場所説一字頂輪王經》第5卷）

編纂者也對某些詞綴另外進行注釋，這也是其時單音詞向複音詞轉變還不徹底的一種表現，如：

蝗蟲 上濩光反。《考聲》云：食禾蟲也。《禮記》云：蝗，災蟲也。《蒼頡篇》云：蝗，蟊也。《説文》：從虫皇聲。下逐融反。《爾雅》：有足曰蟲，無足曰豸。《説文》：蟲從三虫。虫音暉鬼反。蟊音終，豸音雉。（《慧琳音義》卷19《大集須彌藏經》上卷）

鮫魚 上古肴反。《説文》云：海魚名也，皮有文，可以飾刀劍也。從魚交聲。下語居反。《説文》云：水蟲也。從肉水作象。《爾雅》曰：魚腸謂之乙，魚尾謂之丙。郭注云：皆似篆書字，因以名焉。（《希麟音義》卷8《根本説一切有部毗奈耶藥事》第1卷）

三種《音義》對藥物名物詞的注釋主要有以下幾個特點。
（1）明確指出某物爲藥物。
三種《音義》中明確指出某物爲藥物，或有藥用作用，或以“藥”命名的，去其重複，約有31條。

阿摩勒果 正言菴磨羅果，其葉似小棗，果如胡桃，味酸而甜，可入藥。（《玄應音義》卷8《維摩詰所説經》上卷）

那蒐 所留反。外國藥名也。（《玄應音義》卷16《善見律》第17卷）

毗濕縛藥 此云有種種功能藥也。（《玄應音義》卷21《解深

密經》第 2 卷)

　　阿揭陀藥　亦言阿竭陀，或云阿伽陀，梵言訛轉也。此云丸藥。(《玄應音義》卷 23《攝大乘論》第 6 卷)

　　訶梨怛雞　……此果堪爲藥分，功用極多，如此土人參、石斛等也。(《玄應音義》卷 24《阿毗達磨俱舍論》第 11 卷)

　　桂生　……《説文》云：江南香木也，百藥之長。……(《慧琳音義》卷 1《大唐三藏聖教序》)

　　莫耆　梵語也。能除衆毒神藥名也。……(《慧琳音義》卷 5《大般波羅蜜多經》第 427 卷)

　　毗伽摩　雪山中大良藥名也。(《慧琳音義》卷 13《大寶積經》第 48 卷)

　　蓖麻油　上閉迷反。《考聲》：蓖麻，藥名也。……(《慧琳音義》卷 19《大集須彌藏經》下卷)

　　桔皮　音肩齧反。《説文》：桔梗，藥名也。……(《慧琳音義》卷 19《虚空藏菩薩問七佛陀羅尼咒經》)

　　藥名阿藍婆　此云汁藥。……(《慧琳音義》卷 23《花嚴經》第 78 卷)

　　藥樹名珊陀那　珊陀那者，此云和合，或云續斷，謂此藥能令已斷傷者再續和合也。(《慧琳音義》卷 23《花嚴經》第 78 卷)

　　芎藭　上羌隆反，下音窮。香草名也。根香也，苗名蘪蕪，亦入藥用也。(《慧琳音義》卷 29《金光明經》第 7 卷)

　　苟杞　上溝藕反，下音起。木名也，亦是藥。……(《慧琳音義》卷 29《金光明經》第 7 卷)

　　素畧多惹那　梵語，服藥名也。……(《慧琳音義》卷 35《一字奇特佛頂經》中卷)

　　紫鉚　虢猛反。案，紫鉚，外國藥名也。……(《慧琳音義》卷 35《一字奇特佛頂經》中卷)

　　豆蔻　吼搆反。藥名也。(《慧琳音義》卷 35《蘇悉地羯囉經》卷上)

　　蕤木　上乳佳反。案，蕤，藥名也。……(《慧琳音義》卷 37《陀羅尼集》第 6 卷)

薏苡　……《本草》云：藥名也。薏苡實食而益氣也。……（《慧琳音義》卷 38《文殊師利根本大教王經》）

緊池果　上經引反。梵語也。西國大毒藥名也。……（《慧琳音義》卷 41《大乘理趣六波羅蜜多經》第 8 卷）

興渠　梵語阿魏藥也。（《慧琳音義》卷 45《梵網經盧舍那佛說菩薩心地戒品經》）

蓽茇　上音必。蕃語西國藥名也。……（《慧琳音義》卷 60《根本説一切有部毗奈耶律》第 24 卷）

髀醯得枳　上陛迷反，下馨雞反。梵語藥名也。（《慧琳音義》卷 63《根本説一切有部律攝》第 8 卷）

秣薪　上忙鉢反，下悉津反。西國藥名也。……（《慧琳音義》卷 69《阿毗達磨大毗婆沙論》第 149 卷）

礠石　音慈。藥石名。（《慧琳音義》卷 82《大唐西域記》第 10 卷）

餌松朮　……一名山薑草，藥名，……（《慧琳音義》卷 90《高僧傳》第 12 卷）

菀蔣　……《説文》：菀，藥也。……（《慧琳音義》卷 99《廣弘明集》第 24 卷）

冋沙　上撓交反。白色石藥也。……（《慧琳音義》卷 100《惠超往五天竺國傳》下卷）

薺苨　上齊祭反，下泥底反。藥名也。……（《慧琳音義》卷 100《惠超往五天竺國傳》下卷）

躑躅葉　上呈戟反，次重録反。藥草名也。……（《希麟音義》卷 5《大威力烏樞瑟摩明王經》卷上）

菖蒲　……《本草》云：菖蒲，藥名。……（《希麟音義》卷 8《根本説一切有部毗奈耶藥事》第 1 卷）

以上 31 條中，不僅有中土原有的藥物名稱，還有一些標有"西國藥名""梵語藥名""外國藥名"等的外來藥物名稱，三種《音義》的編纂者均予注明。

（2）收載藥物異名。

三種《音義》中還收載了不少藥物的異名，如：

【茗—山葱】

茗葱　古額反。《爾雅》：茗，山葱。注云：茗，一名山葱，
……（《玄應音義》卷8《梵網經》下卷）

按：《本草綱目》"茗葱"一藥下記載了"山葱"一名。

【布穀—鴶鵴—穫穀】

布穀　《方言》：布穀，自關而東梁楚間謂之鴶鵴，周魏之間
謂之擊穀，自關而西或謂之布穀。郭璞曰：今江東呼爲穫穀也。
……（《玄應音義》卷12《別譯阿含經》第20卷）

按：《本草綱目》"鳲鳩"一藥中載有"布穀""鴶鵴""穫穀"等名，
其中"布穀"出自《列子》，"穫穀"出自《爾雅》。

【龍目—益智】

龍目　《本草》云：一名益智。……《玄應音義》卷13《舍
頭諫經》）

按：《本草綱目》記載《吳普本草》載有"龍目"一名，《名醫別錄》
載有"益智"一名。

【蝙蝠—服翼—蟙䘃—靈鼠—仙鼠—飛鼠】

蝙蝠　方眠、方目反。《方言》：蝙蝠、服翼、蟙䘃、靈鼠，
四者一物，方別名也。崔豹《古今注》云：蝙蝠，一名仙鼠，一
名飛鼠，五百歲，色白，腦重，集物則頭垂，故謂之倒挂蝙蝠。
……（《玄應音義》卷14《四分律》第50卷）

按：《本草綱目》"伏翼"一藥下載有"蝙蝠""仙鼠""飛鼠"等名，

其中"伏翼"應與《方言》中的"服翼"同，李時珍曰："《爾雅》作'服翼'。"《中華本草》中未收"靈鼠""蟙䘃"二名。

【地蕈—土菌】

朝菌 ……郭璞曰：地蕈也。似蓋。今江東呼爲土菌。……（《玄應音義》卷15《僧祇律》第14卷）

按：《本草綱目》"上菌"一藥下載有"地蕈"一名，"上菌"或爲"土菌"之訛，錢超塵等校注亦云："上菌：內閣本同。江西本、錢蔚起本、張紹棠本作'土菌'，是。"

【陶河—掏河—鵜鶘—黎鶘】

陶河 ……中國言掏河，江南言鵜鶘，亦曰黎鶘，《詩草木疏》云［一名掏河］是也。……（《玄應音義》卷17《出曜論》第2卷）

按：《本草綱目》"鵜鶘"一藥下載有"梨鶘""淘鵝"之名，其中"梨鶘"與"黎鶘"爲同音異字，"淘鵝"與"掏河"音近。李時珍曰："陸機云：遇水澤即以胡盛水，戽涸取魚食，故曰鴮鸅，曰淘河。俗名淘鵝，因形也。"其認爲"掏河""淘鵝"爲因其形體而得名。

【苟杞—地骨白皮】

苟杞 ……亦名地骨白皮，從木己聲也。（《慧琳音義》卷29《金光明經》第7卷）

按：《本草綱目》"枸杞"一藥下有"地骨皮"一名。

【鯢—伇—鰡】

鯢魚 ……今江東呼爲伇，荆州呼爲鰡。……（《慧琳音義》卷39《不空羂索經》第25卷）

按：《本草綱目》"鮸魚"一藥下載有"鯼魚"一名，无"役"。《中華本草》中亦無"役"。

【蕪菁—菘】

　　蔓菁　……《方言》云：東楚謂之菘，關之東西謂之蕪菁。今俗亦謂之蕪菁。……（《慧琳音義》卷39《不空羂索經》第27卷）

按：《本草綱目》記載《名醫別錄》中有"蕪菁"一名，《唐本草》中有"蔓菁"一名，《食療本草》中有"九英菘"一名。

【白芷—白茝】

　　蕙芷　……又白芷，一名白茝也。……（《慧琳音義》卷83《大唐三藏法師本傳》第9卷）

按：《本草綱目》"白芷"一藥下載有"白茝"一名。

【餌松术—山薑草】

　　餌松术　……一名山薑草，藥名，……《慧琳音義》卷90《高僧傳》第12卷）

按：《本草綱目》"术"一藥下記載《名醫別錄》中有"山薑"一名。

【紫菀—青菀】

　　菀蔣　上冤遠反。《本草》云：紫菀也。一名青菀。……（《慧琳音義》卷99《廣弘明集》第24卷）

按：《本草綱目》"紫菀"一藥下記載《名醫別錄》有"青菀"一名。
　　從以上幾條可見，這些異名有些只是音近音同而字不同，如"布穀"和"獲穀"、"白芷"和"白茝"；有些則有很大差別，或與其命名依據不同有關，如"龍目"與"益智"、"蝙蝠"與"仙鼠"，或因各地方言而不同，如"鮸魚""鯼魚"和"役"，或因音轉造成，如"淘鵝""淘河"和

"掏河"等。

（3）描述藥物的形、色、味等外部特徵。

三種《音義》對某些藥物或原植物、原動物的形態進行了描述，如：

荔枝　力計反。樹大，生江旁，子皮如𧒂，肌如猪肪也。
（《玄應音義》卷13《舍頭諫經》）

蟆子　音莫。山南多饒此物，如蚊而小，攢聚映日，齧人作
痕如手也。（《玄應音義》卷17《舍利弗阿毗曇論》第13卷）

生檀　側家反。楑，檀也，似烏勃，形大如椀，味澀酢，不
可多噉。……（《玄應音義》卷18《隨相論》）

芒草箭　……其形似荻皮，重若笋，體質柔弱不堪勁用也，
其字宜作苣也。（《慧琳音義》卷21《花嚴經》第13卷）

鰌鱓　……下音善。郭注《山海經》云：鱓魚似蛇，滑魚也，
如蚯蚓，故曰蟬魚。（《慧琳音義》卷81《大唐西域求法高僧傳》
下卷）

扤白蔕　上渠鳩反。《爾雅》云：扤，繫梅。郭注云：似梅
子，如指頭，赤色。又似小楑，可食也。……（《慧琳音義》卷99
《廣弘明集》第24卷）

白鷐鼻　點䚕反。《考聲》：白鷐，鳥名也。似雉，白色，有
細黑文，頰赤，頂有青毛如絲，腹下烏。孫愐《唐韻》云：尾長
五六尺也。……（《慧琳音義》卷99《廣弘明集》第29卷）

蘡薁　上伊貞反，下於六反。《毛詩傳》云：蘡薁，草名也。
《考聲》云：似葡萄而小，子黑也。……（《慧琳音義》卷99《廣
弘明集》第29卷）

三種《音義》對藥物名物詞的注釋有些從形、色、味等方面進行比較
全面的描述，有些將之與相似藥物進行對比區分，都抓住了藥物或原植物、
原動物的主要特點。

（4）指出藥物功效。

三種《音義》還指出了部分藥物的功效，如：

【萹豆】

萹豆　布殄、匹綿二反。其葉可治霍亂，人家多種之也。（《玄應音義》卷15《十誦律》第10卷）

按：《本草綱目》記載"白扁豆"的葉可治"霍亂吐下不止"，可證。

【甘蕉】

甘蕉　……子不堪食，生人間籬，援上作藤，用薄搗傅腫大驗。（《玄應音義》卷16《善見律》第9卷）

按：玄應記載甘蕉可以搗碎傅腫大之症。《本草綱目》記載"甘蕉"主治"癰腫結熱。［《別錄》］搗爛傅腫，去熱毒"，可證。

【蕤】

蕤子　……核可治眼。……（《玄應音義》卷16《善見律》第17卷）

按：玄應記載蕤核可治眼。《本草綱目》言其主治"心腹邪熱結氣，明目，目赤痛傷淚出，目腫眥爛"，可證。

【栴檀】

栴檀　此云與樂，謂白檀能治熱病，赤檀能去風腫，皆是除疾身安之藥，故名與樂也。（《慧琳音義》卷21《花嚴經》第1卷）

按：《本草綱目》記載"白檀"可"消風熱腫毒"，"紫檀"可"摩塗惡毒風毒"。其"紫檀"或爲慧琳所謂"赤檀"，二者功效相似。

【紝婆】

紝婆蟲　上女林反。梵語也。紝婆是樹名，葉苦，可煮爲飲，治頭痛，如此間苦楝樹。其蟲甘之，因以爲名。楝音蓮見反。（《慧琳音義》卷26《大般涅槃經》第32卷）

按：慧琳指出"紝婆"是樹名，其葉味苦，煮水飲用可治頭痛。《本草綱目》中未載苦楝有治療頭痛的作用，故慧琳所言"如此間苦楝樹"應指紝婆樹的形態與苦楝樹相似。《本草綱目》《中華本草》中均無此藥。

【小蒜】

於蒜　……顧野王云：今《本草》所謂蒜，消穀理骨者爲小蒜，所謂葫者爲大蒜。《説文》：葷菜也。從艸祘聲。�音醜狩反。葷音訓君反。（《慧琳音義》卷31《密嚴經》第2卷）

按：慧琳收載了小蒜的功效。考《本草綱目》中記載小蒜可"消穀，理胃溫中"，慧琳所謂"消穀理骨"則或爲"消穀理胃"之訛。

【薏苡】

薏苡　……《本草》云：薏苡性平，主筋骨拘攣不可伸屈者，又益氣。……（《希麟音義》卷7《文殊師利根本大教王經金翅鳥王品》）

按：《本草綱目》記載"薏苡仁"可治"筋急拘攣，不可屈伸……久服，輕身益氣"，此與希麟所引《本草》之義同。

【蘿蔔】

蘿蔔　……《本草》云：性冷，利五藏，能除五藏中惡氣，服之令人白凈。又制麪毒，若飲食過度，可生食之。（《希麟音義》卷7《大聖天雙身毗那夜迦法》）

按：希麟引藥物學著作記載了"蘿蔔"的性味功效。考《本草綱目》"萊菔"的主治中記載："［唐本］利關節，理顏色，練五藏惡氣，制麪毒，……［蕭炳］利五藏，輕身，令人白凈肌細。"可證。

【柿】

柿（柹）樹　……《本草》云：乾柿厚腸胃，建（健）脾，消宿血。又紅柿補氣續經脈。又醂柿澀下焦建（健）脾，能化面上黑黚，久服甚良。……（《希麟音義》卷8《根本説一切有部毗奈耶藥事》第9卷）

　　按：希麟引藥物學著作記載了“柿”的不同品種的不同藥用功效。考《本草綱目》記載“醂柿”可“澀下焦，建（健）腸胃，消宿血”。此與《希麟音義》所載“乾柿”的功效相同，而與其所載“醂柿”的功效不同。又，《本草綱目》記載“白柿”可“建（健）脾胃氣……多食，去面黚”。此則與《希麟音義》所載“醂柿”的功效相同。

　　以上條文，有引用藥物學著作的，有引用其他辭書中的注文的，也有編纂者自己加案語的，還有對同一類藥物不同品種的功效進行區分的，皆可與存世的藥物學著作相比勘，從中窺見時人對這些藥物功效的認識。此外，三種《音義》對外來藥物功效的記載有助於瞭解這些藥物進入中土並開始流行使用的歷史。

　　（5）探討藥物的得名之由。

　　三種《音義》對有些藥物的得名之由進行了探討，如：

【馬腦】

　　馬腦　梵言摩娑羅伽隸，或言目娑邏伽羅娑，此譯云馬腦。案，此寶或色如馬腦，因以爲名，但諸字書旁皆以石作碼磂二字，謂石之次玉者事也。（《玄應音義》卷2《大般涅槃經》第1卷）

　　按：“馬腦”，今多作“碼磂”，玄應指出字書中此字多從石旁大概是由於其屬礦石類，時人認爲其質地較玉爲次。又有從玉旁作“瑪瑙”者，《玉篇》中則有“玿”，《玉部》：“玿，奴倒切。俗以碼磂作玿。”“玿”即“瑙”（“巛”與“甾”作爲形旁時常有互換），這幾種字形的產生或是將其與玉相比較所致。但這些都不是“馬腦”得名之源，玄應指出“馬腦”得名於其色如馬腦，則“馬腦”二字或爲本字。李時珍亦云：“文理交錯，有似馬腦，因以名之。”

【鮨】

　　鮨魚　且各反。薛珝《異物志》云：鐇鮨有橫骨在鼻前，狀如斧斤。江東呼斧斤爲錯，故謂之鐇錯也。此類有二十種，各異名。如鋸鮨等齒利如鋸，即名鋸錯也。鐇音府煩反。珝音虛矩反。（《玄應音義》卷2《大般涅槃經》第36卷）

　　按：玄應指出"鮨"得名於"錯"，江東稱斧頭爲"錯"，而"鮨"鼻前橫骨的形狀似斧頭，因以爲名。"鮨"有二十種分類，其中"鋸鮨"得名於其牙齒如鋸子般鋒利。《本草綱目》中"鮨魚"條云："又月挺額魚，亦曰鐇鮨，謂鼻骨如鐇（斧）也（音番）。"其僅指出"鐇"有斧頭之義，然玄應指出"錯"在江東方言中有斧頭之義，"鮨"與"錯"音近義通，"鐇鮨"爲同義並列結構的複音詞。

【礓石】

　　礓石　居良反。形如薑也。《通俗文》：地多小石謂之礓礫。……（《玄應音義》卷10《三具足論》）

　　按：玄應指出"礓石"得名於其形狀似薑。《本草綱目》作"薑石"，李時珍曰："薑石以形名。或作礓礫。"此與玄應所言相同。

【蝙蝠】

　　蝙蝠　……崔豹《古今注》云：蝙蝠，一名仙鼠，一名飛鼠，五百歲，色白，腦重，集物則頭垂，故謂之倒挂蝙蝠。……（《玄應音義》卷14《四分律》第50卷）

　　按：從此條注文中可知，"蝙蝠"又有"倒挂蝙蝠"之稱，得名於其常頭朝下倒挂着。

【都梁】

　　都梁　案，盛弘《荆州記》云：香蘭也。都梁，縣名，有小山，山上悉生蘭。俗謂蘭爲都梁，即以縣名也。（《慧琳音義》卷

52《中阿含經》第 15 卷）

按：慧琳指出"都梁"爲縣名，而此縣山上多有此草，故以爲名。《本草綱目》中有兩藥有"都梁香"之異名，一爲蘭草，一爲澤蘭。李時珍於"蘭草"之"釋名"項下注云："都梁即今之武岡州也，又臨淮盱眙縣亦有都梁山，産此香。"此亦言其因産地而得名，與慧琳所釋同。

【荻】

　　荻苗　　上徒歷反，亦西域國名。彼國多出此草，因以爲名焉。（《希麟音義》卷 8《根本説一切有部毗奈耶藥事》第 2 卷）

按：希麟指出"荻"爲西域國名，此國多出此草，因以爲名。
（6）注明藥用部位。
三種《音義》中還有對藥物的藥用部位進行注釋的，如：

【蕤】

　　蕤子　　……核可治眼。……（《玄應音義》卷 16《善見律》第 17 卷）

按：玄應此條指出蕤的核可以治療眼病，《本草綱目》即以"蕤核"爲名收錄該藥。

【萹豆】

　　萹豆　　布殄、匹綿二反。其葉可治霍亂，人家多種之也。（《玄應音義》卷 15《十誦律》第 10 卷）

按：玄應此條指出扁豆的葉可以治療霍亂，此與《本草綱目》所載相同。

【苟杞】

　　苟杞　　上溝藕反，下音起。木名也，亦是藥。四時所采各異，

春采葉，秋采實，冬采根。亦名地骨白皮，從木已聲也。（《慧琳音義》卷29《金光明經》第7卷）

按：慧琳此條指出枸杞四時所采藥用部位不同，春時所采藥用部位爲葉，秋時所采藥用部位爲果實，冬時所采藥用部位爲根。《本草綱目》引《名醫別錄》云："冬采根，春、夏采葉，秋采莖、實。"此與慧琳所言相似。

（7）注明原産地和流行使用情况。

三種《音義》中收載了部分藥物的原産地，如：

甘蕉　子姚反。出廣州。……（《玄應音義》卷16《善見律》第9卷）

失獸摩羅　或言失收摩羅，此云煞子魚也。《善見律》譯云鰐魚，廣州土地有之。……（《玄應音義》卷17《阿毗曇毗婆沙論》第27卷）

然藎　……《本草》云：藎草可以染流黄作金色。生蜀中也。（《慧琳音義》卷9《光讚般若經》第1卷）

蓽茇　上音必。蕃語西國藥名也。本出波斯及婆羅門國，……（《慧琳音義》卷60《根本說一切有部毗奈耶律》第24卷）

椰子　上以嗟反。《切韻》：果木名也。出交州，……（《希麟音義》卷4《守護國界主陀羅尼經》第10卷）

此外，編纂者還指出了某些外來藥物當時的流行、使用情况，如：

【菴羅】

菴羅　上暗含反。《考聲》云：菴羅，印土果名也。唐國亦有也。《文字典說》：從艸奄聲。（《慧琳音義》卷28《大乘頂王經》）

按："菴羅"即《本草綱目》中記載的"菴羅果"，《本草綱目》只引用了南唐·陳士良《食性本草》、宋·寇宗奭《本草衍義》、宋·馬志《開寶本草》中的内容，而未引唐及唐以前著作的内容。則"菴羅"很可能是唐時才傳入中國並逐漸傳用的。

【栴檀】

栴檀　梵語香木名也，唐無。正譯即白檀香是也，微赤色者
爲上。(《慧琳音義》卷29《金光明最勝王經》第 1 卷)

按：慧琳言栴檀即白檀香，大唐無此藥。《本草綱目》中記載該藥時引
用了陳藏器和蘇敬本草中的注解："［藏器曰］白檀出海南。樹如檀。［恭
曰］紫真檀出昆侖盤盤國。"可見，唐時應是有此藥的。慧琳所言"唐無"
應是指該藥爲外來藥，或是唐代才傳入中原地區的藥。

【安膳那】

安膳那　音善。唐云眼藥。似礦石，青黑色。亦似金精石，
藥也。(《慧琳音義》卷36《大日經》第 3 卷)

按：慧琳指出"安膳那"在當時是一種眼藥，可見唐時有此藥，且其
在唐時有一定的流行和使用，然此名尚未見其他文獻記載，藥物學著作亦
無。又，《慧琳音義》卷12《大寶積經》第 35 卷"安膳那"條："梵語眼
藥名也。此藥石類也，深青色兼有紫紺之色，亦似金精。"卷23《花嚴經》
第 78 卷"安繕那藥"條："繕，時戰反。其藥色似青黛，可以和合眼藥，
然今所明自據別法也。"根據慧琳所釋，"安膳那"是一種礦石類藥物，色
似青黛，可以製成眼藥。

(8) 記載藥物分類。

三種《音義》的編纂者還注意到同一類藥物有不同品種，如

【或芋】

或芋　……蘇敬本草云：芋，一名茨菰，約有六種差別，所
謂青芋、紫芋、真芋、白芋、連禪芋、野芋，並皆有毒。其中唯
野芋最甚，食之煞人，以灰水煮之乃可食也。……(《慧琳音義》
卷 8《大般若波羅蜜多經》第 570 卷)

【栴檀】

栴檀　此云與樂，謂白檀能治熱病，赤檀能去風腫，皆是除疾身安之藥，故名與樂也。（《慧琳音義》卷21《花嚴經》第1卷）

【苦參】

苦參　……苦草也。其類有多種，謂丹參、玄參等也。（《慧琳音義》卷52《增一阿含經》第8卷）

（9）指出藥物毒性。

三種《音義》還記載了一些藥物的毒性，如：

【茵藥】

茵藥　無往反。正言莽草，有毒，出幽州。人或搗和食置水中，魚皆死，浮出，取食之無妨。（《玄應音義》卷7《大般泥洹經》第6卷）

按：根據玄應所言，"茵藥"即莽草，有毒。魚吃了含有"茵藥"的水後死亡，但人吃了中毒的魚却無妨。《本草綱目》載有"莽草"一藥，其中收載的異名有"茵草""芒草""鼠莽"。李時珍引陶弘景曰："莽本作茵字，俗訛呼爾。"李時珍還對其命名緣由進行探析："此物有毒，食之令人迷罔，故名。"則茵草得名於"罔（惘）"。由於其有毒，可使人服食後產生精神恍惚的病證表現，故以"罔（惘）"音名之。"罔""網"同爲明母養韻，故玄應所言之"茵"即"茵"聲旁替換的異體字。《本草綱目》中記載的莽草有毒與玄應所言同。今《中華本草》中又有"茵草"一名，《劉涓子鬼遺方》中即有此藥，其卷5"茵草膏"下云："治癰疽敗壞，生肉茵草膏：茵草、當歸、薤白、黃芩、甘草（炙）各二兩……"此外，《劉涓子鬼遺方》卷2"藍子散方"下云："治金瘡中茵藥，解毒藍子散方。"據此記載可知，茵藥能令人中毒，服用藍子散方可解其毒。

【躑躅花】

躑躅花　上呈載反，次重錄反。《本草》云：羊躑躅有大毒。三月采花，其花黃色或五色。羊誤食其花葉，躑躅而死，因以爲

名。《古今正字》並從足，形聲字。或作蹎躅字也。（《慧琳音義》
卷38《金剛光燄止風雨陀羅尼經》）

按：《本草綱目》記載羊躑躅的花有大毒，此與慧琳所引《本草》同。
（10）對藥物進行鑒別。

三種《音義》除了上面提到的從形、色、味等外部特徵對不同藥物進
行對比區分外，還從外來藥物與中土藥物方面對其進行鑒別上，如：

【興渠】

　　興渠　此言少訛也。借音嫣蠅反。出烏荼娑他那國，彼土人
常所食者也。此方相傳以爲芸薹者，非也。嫣音虛延反。（《玄應
音義》卷5《央掘魔羅經》第2卷）

　　興渠　此言訛也，應言興舊。興宜借音嫣蠅反。出闍烏荼娑
他那國，彼土人常所食者也。此方相傳以爲芸薹者，非也。嫣音
虛延反。﹝又云此樹汁似桃膠，西國作食皆著之，今時阿魏藥是
也。﹞（《玄應音義》卷18《雜阿毗曇心論》第4卷）

按：玄應指出時人有將"興渠"誤認爲"芸薹"的。"芸薹"即我們
通常說的油菜，爲草本植物，而"興渠"有草本植物和木本植物兩種不同
類別。玄應所說"興渠"是木本植物（"樹汁似桃膠"），他還指出此藥中
土稱爲"阿魏藥"，與"芸薹"有別﹝1﹞。

2.1.4　其他醫學名物詞

除了人體名物詞、疾病名物詞和藥物名物詞外，醫學名物詞的類別其
實還有很多，如腧穴、方劑、器具、醫事等，然而三種《音義》中的其他
醫學名物詞數量較少，經過我們的統計共有32個﹝2﹞，詳見表6。

﹝1﹞　參見本書"三種《音義》中的梵語音譯"一節"興渠、畢唎樣俁—阿魏"條。
﹝2﹞　我們在《三種〈一切經音義〉醫學名物詞研究》一文中曾統計過三種《音
義》中的其他醫學名物詞爲19個，本文在擴大文獻檢索範圍和對醫學詞彙進行深入考
察的基礎上，對其他醫學名物詞的統計數據進行了修改，確定爲25個，並對其類別的
分合進行了一定的修改。

表 6　三種《音義》其他醫學名物詞簡表

分類	其他醫學名物詞
醫理（2）	晡、五運
診療（15）	診、瞻、砭、鑱、灸、療、醫、鍼、按摩、對治、授、刮舌、蠲、痊、愈
醫家（3）	扁鵲、華佗、皇甫謐
醫書（7）	《吳普本草》《蘇敬本草》《食療本草》《脈經》《脈決》《藥證病源》《明堂圖》
用藥（5）	哎咀、傅、藥、矸石、藥椑

從表 6 中我們大致可以瞭解三種《音義》中收載的其他醫學名物詞的類別和分布情況。三種《音義》同樣對這些醫學名物詞都做了簡明扼要的訓釋，如：

　　蠲除　古玄反。《方言》：南楚疾愈謂之蠲。蠲亦除也。（《玄應音義》卷 23《攝大乘論》第 6 卷）

　　藥石　攻病曰藥。上（下）古人以石爲針，今人以鐵，皆謂療病者也。（《慧琳音義》卷 73《成實論》第 4 卷）

　　扁鵲　蒲顯反。古人良醫也。姓鄭。案，《漢書》章昭曰：大（太）山小盧人也，名越人，魏桓侯時醫也。（《慧琳音義》卷 75《修行道地經》第 1 卷）

　　鍼石　上枕任反。案，鍼者，醫工之鍼灸也，不可使分毫差失。石者，所服之乳石藥也。服者本求延年益壽，若將息失度，即暴敗之憂立至矣。（《慧琳音義》卷 18《大乘大集地藏十輪經序》）

三種《音義》對其他醫學名物詞的訓釋遵循一般原則，同樣是以注音、釋義、解説爲主，多引辭書、文獻爲據，亦不乏編纂者根據自身理解所作者。

2.2　非醫學名物詞

有些醫學詞彙不屬於名物詞範圍，我們將其歸爲非醫學名物詞。三種《音義》中的非醫學名物詞主要包括病證修飾語、藥物性狀修飾語等性狀詞。經過我們的統計，三種《音義》中的非醫學名物詞共有 32 個，詳見表 7。

表 7　三種《音義》非醫學名物詞簡表

分類	非醫學名物詞
重疊詞（18）	蠢蠢、恂恂、悒悒、慌慌、憧憧、惴惴、忡忡、咻咻、歔歔、烱烱、憒憒、惛惛、惕惕、忪忪、瘤瘤、懍懍、怏怏、慄慄
附加式複音詞（11）	悵然、嘿然、燋（焦）然、歔然、悢然、慘然、烱然、怏然、欻然、惘然、懍然
其他（3）	慘毒、呼呷、胇響

從表 7 中我們大致可以瞭解三種《音義》中收載的非醫學名物詞的基本情況，這些非醫學名物詞以疊音詞和附加式複音詞居多，如：

蠢蠢　春尹反。《毛詩傳》曰：蠢蠢，蟲動也。郭璞注《爾雅》云：動搖皃也。從蚰春聲也。或作偆，或作惷，作憃，皆古字。蚰音昆。（《慧琳音義》卷 1《大唐三藏聖教序》）

悒悒　音立反。與邑同。王注《楚辭》云：悒又憒，歎息也。《蒼頡篇》云：不舒之皃也。《説文》：不安也。從心色（邑）聲也。（《慧琳音義》卷 17《如幻三昧經》下卷）

歔然　所力反。《埤蒼》：恐懼也。《通俗文》：小怖曰歔。《公羊傳》歔然而駭，是也。論文作墻（慞），近字耳。又作皣，跟也，皣非此義也。（《慧琳音義》卷 46《大智度論》第 24 卷）

呼呷　呼甲反。《説文》：呷，吸也。（《慧琳音義》卷 73《舍利弗阿毗曇論》第 13 卷）

三種《音義》對這些非醫學名物詞的訓釋或以複合詞爲整體訓釋，或只訓釋其中的主要詞素，有些釋義雖然不準確或有捨本逐末之嫌，但是這些詞彙都是從佛經中摘録出來的，在一定程度上反映了佛經中醫學詞彙的使用情況，有助於同一時期醫學詞彙的考察。

3　三種《音義》醫學詞彙的特點

三種《音義》成書於 6 世紀至 9 世紀的唐宋時期，歷時 300 多年。三部書的成書時間較爲集中，三者前後相承，具有時間上的延續性，是中古時期小學類著作的傑出代表，在一定程度上反映了中古時期的語言特點。三種《音義》中的醫學詞彙是書中收錄的成千上萬詞彙的重要組成部分，具有與其他詞彙相同的基本特點和基本規律，也具有中古漢語鮮明的時代特色。

3.1　被釋詞的特點

3.1.1　以複音詞爲主，其中又以雙音節詞居多

據學者研究發現，在三種《音義》之前隋代沙門曇捷爲《妙法蓮華經》所作的《字釋》中，訓釋基本上以字爲單位[1]。很明顯，三種《音義》之前的佛經音義類著作仍然沒有跳出傳統隨文注釋方法所設定的框架。三種《音義》從玄應始大範圍地摘錄複音詞，以複音詞尤其是雙音節詞爲主對佛經字詞進行解說，以《慧琳音義》卷 2 爲例，其字目中包含醫學詞彙的有 65 個：

歐飮	髮毛	爪齒	筋脈	骨髓	心肝	肺腎	脾膽	脖胃
屎尿	涕唾	涎淚	痰膿	肪肺	腦膜	眵聹	雕鷲	烏鵲
鷗梟	虎豹	狐狼	潰爛	蟲胆	骨瑣	珂貝	腨骨	黎骨
髀骨	髖骨	脊骨	脇骨	髆骨	頷骨	頰骨	骸骨	跋
如癰	如瘡	有疫	有癘	蘆葦	螫噉	對治	蠱道	妖殁
蚖蠍	癲疾	腫皰	眩瞖	胞胎	虛羸	癰疽	疥癬	風狂
癲癎	瘖殘	背僂	矬陋	攣躄	枯頓	蝸羸	爛糞	甘蔗
懷孕	懈怠						

以上字目中，有 64 個雙音節詞，僅有一個單音節詞"跋"。考《大般若波羅蜜多經》卷 53："入跋字門，悟一切法勝義教故。"此處"跋"爲佛門用語，與其前後字詞均無法構成複音詞，故慧琳將其以單字形式摘出。從這些醫學詞彙中也可窺見，三種《音義》所摘錄的複音詞不是毫無章法的任意組合，絕大多數内部互有關聯，且有一部分還發展成了以後的固定

---

〔1〕　丁鋒. 殘存最早佛經音義考［A］. 徐時儀，陳五雲，梁曉虹. 佛經音義研究——首屆佛經音義研究國際學術研討會論文集［C］. 上海：上海古籍出版社，2006：217.

詞組和複音詞詞彙，如“筋脈”“骨髓”“髖骨”“癲癇”等。此外，玄應、慧琳、希麟所摘録的複音詞有很多相似者，而複音詞中單字的意義也相對比較固定，這種做法既便於互相比對，又有助於對詞義的理解，是訓詁學研究上的一種進步。

3.1.2 字目的規範性

佛經在流傳過程中難免出現一些訛字；譯經者水準參差，也使得佛經中存在一些錯用的文字。針對佛經中出現文字錯訛或誤用的情況，三種《音義》編纂者並没有盲目摘録，而是注重字目的規範性，采用與之相對應的通行而規範的文字立目，並把經文中錯訛或誤用的字形用“經（文）作某”“經從某作某”等術語標識出來，如：

搔蛘 ……下餘掌反。《説文》：搔蛘也。［《禮記》寒不敢襲，蛘不敢搔，是也。字從虫從羊。］今皆作癢。經文作痒，似羊反。《字林》：痒，病名也。痒非此義。（《玄應音義》卷12《賢愚經》第4卷）

蓖麻油 上閉迷反。《考聲》：蓖麻，藥名也。子斑鳌，形似狗蜱，故以爲名。或作萞。經從豆作豍。《説文》：豍，留豆也。非經義也。（《慧琳音義》卷19《大集須彌藏經》下卷）

磁石 有本作慈，非字體也。（《慧琳音義》卷26《大般涅槃經》第32卷）

鶴樹 何各反。論從告作鵠，非也。（《慧琳音義》卷61《論後序》）

聾瘂 上禄東反。《左傳》云：耳不聽五音之和謂之聾。杜預云：聾，暗也。《説文》：從耳龍，形聲也。經文作聹，不成字也。下鵶賈反。《考聲》云：不能言也，雖有聲而無辭也。《古今正字》：瘂，瘖也。《説文》：從疒。疒音女厄反。亞聲也。經文從口作啞，音厄，笑聲也，非經義。（《希麟音義》卷1《大乘理趣六波羅蜜多經》第1卷）

值得一提的是，三種《音義》對字目進行了用字上的規範，不都是爲了糾正錯訛，有些只是用所謂的正字或當時通行的字形進行替代，這些字是異體字的關係，如：

歐飲　上釧拙反。《說文》：歐，飲也。從歐省叕聲也。經文
作嘔，或作啜，皆俗字。……（《慧琳音義》卷 2《大般若波羅蜜
多經》第 52 卷）

疲倦　……下權院反。《廣雅》云：倦，極也。勞也。顧野王
云亦疲也。《說文》：從人卷聲也。經作惓，《說文》作券，並通
用。（《慧琳音義》卷 44《商主天子所問經》）

猫狸　……下里之反。《考聲》：狸，今之野狸也。顧野王：
狸，猫之類也。《說文》：伏獸也。從豸里聲。經從犬作狸，俗用
字也。（《慧琳音義》卷 45《優婆塞戒經》第 4 卷）

髀脛　上蒲米反。古文又作踔。《說文》：股外也。又音方尓
反。《說文》：從骨卑聲。經文從肉作脾，俗字。……（《希麟音
義》卷 6《大寶廣博樓閣善住秘密陀羅尼經》卷上）

這種規範字目的做法，既是佛經整理注釋工作中不可或缺的匡謬環節，
也有助於對佛經原文及其宗旨的準確理解。其雖在字目上徑改，但在注釋
中保存了佛經原字，且有很多還說明了改正的緣由，既不妨礙佛經原文的
檢索，也有助於佛經的校正。

3.2　注釋的一般規則

3.2.1　說解的系統性

三種《音義》一般是按照"字目→注音→釋義→闡析"的體例進行編
排的。具體而言，就是編纂者先從佛經原文中摘録字詞列爲字目，再對字
目中的單字進行注音，其次引用其他辭書或文獻或注文等對這些單字或不
可分的複音詞進行注釋，最後加以編纂者的一些觀點和理解，如：

醫道　於其反。《說文》：治病工也。醫之性得酒而使，故字
從酉殹聲。古者巫彭初作醫。殹亦病人聲也。酒所以治病者，藥
非酒不散也。殹音於奚反。又作毉、監醫二形，俗字也。（《玄應音
義》卷 6《妙法蓮華經》第 2 卷）

　　檳榔　上音賓，下音郎。《埤蒼》云：檳榔，果名也。其果似小螺，可生啖，能治氣，出交廣，其名曰檳榔。爲樹竆乎如桂，其未吐穗有似禾黍。並形聲字。(《慧琳音義》卷81《大唐西域求法高僧傳》下卷)

　　指擘　下補革反。《三蒼》云：擘，大拇指也。陸氏《釋文》云：手足大指俱名擘也。今經云大如指擘，即形段如大拇指也。(《希麟音義》卷5《不動使者陀羅尼秘密法》)

　　前面已經提到，三種《音義》醫學詞彙的字目以複音詞爲主，其中又以雙音節詞居多，這些詞都是當時比較常見和通行的醫學詞彙。其注音注釋大多根據當時的實際讀音進行，反切用字具有一定的隨意性，但這些反切材料和所切讀音都極大地保存了唐五代時期的語音材料。三種《音義》的釋義多爲述而不作，一般采納已有的成說定論，引經據典對字詞進行訓釋。其廣泛徵引數百種古籍文獻，且注釋時又多結合文意有所取捨，既有辭書特點，又旨在訓詁。其案語有時闡發經旨，有時辨音識字，有時加以自己對該字、詞、句的理解，有時進行扼要的解說或歸納。此外，三種《音義》對很多字目的解釋極爲詳細，對被釋詞的形、音、義都做了一定的辨析，有的甚至有一段較爲完整的論證，如：

　　洟唾　上梯計反。正體從鼻從弟作嚏。或作嚏，見《韻英》。鼻液也。經中作洟，本音夷。《說文》亦誤也，爲篆書夷字與弟字相亂，有此誤也，遂相效用之。今《玉篇》《考聲》及《韻英》等數家字書並音以脂反。《周易·革卦》云：齊齋咨涕洟。足爲明證也。洟亦是口鼻汁也。下吐卧反。《說文》：口液也。或從水作唾(涶)。《考聲》云：口中津沫也。(《慧琳音義》卷13《大寶積經》第37卷)

　　三種《音義》有着比較明顯的章法和鮮明的系統性，與以往的訓詁學著作有所不同，在前人訓詁的基礎上進行創新和改進，具有繼往開來的特色和優勢。

3.2.2　博引繁徵，考訂精核，而非徑改

　　博引繁徵是三種《音義》的一個重要的特徵。歷史上具有這一特色的

古辭書還有顧野王所編《玉篇》，惜宋人重修《大廣益會玉篇》未能保留這一特色，删去了其中的絶大部分引文。然顧氏原書已佚，僅可從殘卷中略窺其面目。隋代沙門曇捷的《字釋》釋語簡潔，甚少引用他書説解，不援引字書解字〔1〕。三種《音義》的編纂者有可能是受前人啓發，廣徵博引，匯存古代文獻和訓詁資料，結合佛經文意進行考訂，其注文本身具有重要的研究意義。此外，由於三種《音義》中所徵引的古籍大半早已散佚，這些引文也早已成爲近現代學者輯録佚書、研究漢語史的淵藪。

3.2.3　實證爲主，兼下己意，絶少空言

三種《音義》以徵引辭書、典籍等進行注釋爲主，但對一些有歧義或釋義不明者，編纂者也加以自己的理解，或用“案”“謂”或“言”等標出，或不用，如：

　　不瞬　水閏反。莊周云：終日視而不瞬。《説文》云：開闔目數摇也。從目寅聲也。或作瞬，俗字也。古作眒。經從目從旬作眴（音舜），非也，不成字。案，《説文》，眴旬並音縣。眴，視兒。譯經者音舜，殊不曉字之本源，道聽而途説，錯用也。（《慧琳音義》卷41《大乘理趣六波羅蜜多經》第2卷）

　　瞬息　上式閏反。《説文》云：目動睫也。《考聲》云：目摇動也。謂眸子轉也。又作瞚、眴，義同。下相即反。《藥證病源》云：凡人晝夜共一萬三千三百息，一息有差即爲病矣。梵云阿那鉢那。此云出息入息也。（《希麟音義》卷3《新譯十地經》第5卷）

與引文相比，編纂者的案語往往較爲通俗易懂，言之有據，對我們理解其時的醫學詞彙大有裨益。案語最突出的特點是以今語釋古語，如：

【金痍】

　　金痍　與之反。痍，傷也。金謂刀斧傷者也。（《玄應音義》卷4《密迹金剛力士經》第1卷）

---

〔1〕　丁鋒. 殘存最早佛經音義考［A］. 徐時儀，陳五雲，梁曉虹. 佛經音義研究——首屆佛經音義研究國際學術研討會論文集［C］. 上海：上海古籍出版社，2006：217.

按：玄應先對"金痍"一詞的主要詞素"痍"進行了訓釋，言"痍"指創傷。之後，他又解釋了"金痍"一詞的含義，言其指刀斧所傷。"金痍"一詞在文獻中可見。如《後漢書·張酺傳》："前郡守以青（王青）身有金夷，竟不能舉。"其中"金夷"即"金痍"。唐·孟郊《戲贈無本》詩云："瘦僧臥冰凌，嘲咏含金痍；金痍非戰痕，峭病方在兹。"此二處之"金痍"均指刀斧造成的創傷。

【瘤節】

瘤節　力周反。《通俗文》：肉胅曰瘤。謂肉起如木節者也。（《玄應音義》卷18《立世阿毗曇論》第1卷）

按：玄應引用《通俗文》對"瘤節"一詞中的主要詞素"瘤"進行了訓釋。除此之外，他又對"瘤節"一詞進行了注釋，言"瘤節"指肉上突起的像枝節的疙瘩。考《立世阿毗曇論》卷1《南剡浮提品第二》云："其樹形相可愛如是，上如華蓋，次第相覆，高百由旬下本洪直，都無榴節。"此是對剡浮樹的形態的描述，其中"榴節"應作"瘤節"，指樹幹上隆起的塊狀物，就像人身上長的肉疙瘩。

【痔漏】

痔漏　上持妓反。《集訓》云：下部病也。《説文》云：後病也。下婁豆反。顧野王曰：漏猶泄也。案，痔漏者，泄痢病也。許叔重曰：漏，失也。《説文》：以銅器受水刻節，晝夜共爲百刻。從水屚聲。或作屚。泄音先節反。（《慧琳音義》卷7《大般若波羅蜜多經》第552卷）

按：慧琳分別對"痔"和"漏"進行注釋，之後又加案語，指出"痔漏"是一種泄痢病，即症狀表現爲腹瀉的疾病。《千金翼方·針灸下》中有"痔漏"一篇，主要介紹了"痔漏"的針灸療法。《本草綱目·百病主治藥上·痔漏》："初起爲痔，久則成漏。""蓮花蕊，同牽牛、當歸末，治遠年痔漏。""痔漏"爲痔瘡年久以後形成瘻道，以流膿、有臭味、瘙癢、潮濕、疼痛等爲主要表現的疾病。"痔漏"之"漏"應爲"瘻"之通假字，慧琳此條有望文生義之嫌[1]。

從以上幾例我們可以看到，三種《音義》的編纂者除了引用各種辭書、古籍對語詞進行訓釋外，還從説明問題和便於理解的角度，用簡明扼要的語言解釋了佛經中的難懂字詞。雖然這其中不免有望文生義的情況出現，但絕大部分内容都對我們研究醫學詞彙有所裨益。這種情況尤其體現在複音詞中，我們從中可以窺見漢語詞彙從單音節向複音節發展的進程。

3.2.4　據文證義

據文證義即根據具體的語言材料和語言環境探求語詞的正確詞義。據文證義可補因形求義、因聲求義和方言異語等訓詁方法的不足，且這些訓詁方法推論的結果正確與否也需要據文證義來加以驗證。據文證義主要根據文例、修辭（如連文、對文）、異文、文義、義理等對詞義進行探求，而三種《音義》中運用的據文證義法則主要是根據文義對一些經文誤用字進行辨識。下舉數例爲説：

【髆—膀】

髆髆　上卑米反。《字書》：服（股）外也。《説文》：從骨卑聲也。經文作腔，俗字也。下補各反。《字林》：髆，脾（胛）也（音甲）。《文字集略》：肩胛也。《説文》：從骨從博省聲也。專字從甫從寸。經文作膊（膀），借用，非本字，音普廊反，非也，甚乖經意也。（《慧琳音義》卷12《大寶積經》第32卷）

按：《説文·骨部》：“髆，肩甲也。”“髆”指肩胛骨。《説文·肉部》：“膀，脅也。”“膀”與“髆”不同義。慧琳言“膀”讀爲“普廊反”，此亦與“髆”的“補各反”不同。慧琳結合經文原文指出“膀”爲誤字。

【皰—胞】

皰初生　蒲皃反。《説文》：面生氣也。案，經云皰者，皮起欲生花也。經作胞，音包，錯用也。（《慧琳音義》卷15《大寶積

---

[1] 李墾華. 隋唐五代醫書與佛經音義醫學詞彙比較研究［D］. 北京中醫藥大學，2017：259－260.

經》第 116 卷）

按：慧琳此條指出，經文意在用"皰"的"皮起欲生花"的形態做比喻。考《大寶積經》第 116 卷："佛告迦葉，譬如忉利天上波利質多羅樹皰初出時，是中諸天見是樹已皆大歡喜，此樹不久必當開敷。"此處"皰初生"描述的是樹將要開花時的情景，故當用"皰"。"胞"指胎衣，與經義不符。

【腋—掖】

　　腋巳（已）下　上音亦。《考聲》：髆下也。《埤蒼》謂：胳也，在肘後。胳亦腋也。《古今正字》與《埤蒼》義同，從肉夜聲。經從手作掖，是掖亭，字非經義。胳音各。（《慧琳音義》卷 64《四分羯磨》）

按：《說文》無"腋"字，作"亦"。《說文·亦部》："亦，人之臂亦也。從大，象兩亦之形。""腋"指人的腋窩。古書中又作"夜"，如馬王堆漢墓醫書《足臂十一脈灸經》："臂泰（太）陰溫（脈）：循筋上兼（廉），以奏（湊）臑內，出夜（腋）內兼（廉），之心。""臂少陰【溫（脈）】：循筋下兼（廉），出臑內下兼（廉），出夜（腋），奏（湊）脅。"[1] 張家山漢簡《脈書》："在夜下，爲馬。""亦"和"夜"古音相同、字形相近，常有混用，如"液"又寫作"泝"。由於"夜"字有其本義指夜晚，人們便加"肉"旁作"腋"，專門用於指人的腋窩。古書中也有用"掖"指腋窩的例子，如《史記·商君列傳》："千羊之皮，不如一狐之掖。"慧琳認爲"掖"指掖亭，即掖庭，即宫中旁舍，妃嬪居住的地方，或指宫中官署名，非腋窩之義。又，《慧琳音義》卷 41《六波羅蜜多經》第 10 卷"絡掖衣"條："上郎各反，次音亦。正合從肉作腋。又音征石反。……先以此衣掩右腋交絡於左扇（肩）上，然後披着三衣。……"慧琳認爲正字是"腋"。"掖"，《說文·手部》："以手持人臂投地也。從手夜聲。

----

〔1〕　所引《足臂十一脈灸經》《陰陽十一脈灸經》原文中"（ ）""【 】"爲原書整理者所加，其中"（ ）"內文字爲其前面文字的正字，"【 】"內文字爲原書整理者據他本或文義補入的文字。後不再出注。

一曰臂下也。"《説文》中的"掖"既可指一種用手挾持人的手臂並將其壓向地面的動作，又可指人的手臂以下的部位，即腋窩。"掖"指腋窩或爲"腋"的通假字，段玉裁云："一曰臂下也。此義字本作亦，或借掖爲之，非古也。"

【佛—疿】

> 疿子　上方未反。《切韻》云：熱生細瘡也。律文中脚生佛子，如芥子顆。今詳佛字與疿字，書寫人誤，不可。比丘脚上生佛子，甚乖律意也。（《希麟音義》卷9《根本説一切有部毗奈耶皮革事》卷下）

按：希麟根據經文文義指出"佛子"應作"疿子"。《玉篇·疒部》："疿，甫未切。熱生小瘡。""疿"指一種表現爲皮膚表面出現紅色或白色小疹的皮膚病，今稱爲痱子，如《素問·生氣通天論》："汗出見濕，乃生痤疿。"希麟根據文義指出經文中的"佛"爲"疿"之訛字，經文應是言比丘脚上生疿子。

三種《音義》編纂的目的是解釋佛經中的難讀難解字詞，然編纂者並没有盲目摘録佛經中的字詞，其不管是在對字詞的解釋上，還是在對經文用字的勘訂上，都與佛經原文緊密聯繫。釋義與原文的緊密聯繫是訓詁的基本要求，這也是三種《音義》屬於訓詁學著作而不等同於一般辭書的一大特點。

3.2.5　闕疑

三種《音義》還體現了編纂者實事求是的嚴謹的治學精神，其對有疑問或歧義的地方存疑，對各種文獻中没有的内容加以標注，知一説一，不妄下斷語。三種《音義》醫學詞彙注釋中的"闕疑"主要體現在以下幾個方面。

（1）不能解釋者，標以"未詳""未詳所出""未見所出"等。

【頓—膒】

> 三頓　直追反。《説文》：頔，出也。今江南言頓頭肤額，乃以頓爲後枕高肤之名也。經文作膒，未見所出。（《玄應音義》卷5

《太子須大拏經》）

按：《說文·頁部》："顆，出頟也。"玄應又進一步說明了"顆"是枕後高骨之名。《玉篇·肉部》："腄，直偏切。重腄病。""腄"是一種病證，與"顆"義不同。玄應指出經文中的"腄"字未見所出，其不敢確定"腄"字是否有指枕後高骨的義項，故不輕言正誤。

【眵—眡】

眵淚 充尸反。《說文》：薎兜，眵也。薎，莫結反。論文作眡，未詳。（《玄應音義》卷9《大智度論》第21卷）

按："眡"，《說文》《玉篇》《廣韻》等辭書均無，今《漢語大詞典》《漢語大字典》亦未收。"眵""支"皆爲章母支韻，故"眡"或爲時人妄換聲旁而致的訛字，玄應查無此字，故言"未詳"。

（2）不能判別者，標以"未知孰是"。

【憔悴】

憔悴 上齊遙反。下情遂反。《考聲》云：憔悴，瘦惡也。亦從頁作顦顇。《毛詩》從言作譙誶，班固從疒作瘖瘁。《方言》從心作憔悴，漢武帝《李夫人賦》從女作嫶婑，《左傳》從草作蕉萃。《蒼頡篇》云：憔悴者，憂愁也。亦無定體。諸儒隨意作之，並行於世，未知孰是。（《慧琳音義》卷60《根本說一切有部毗奈耶律》第10卷）

按：慧琳指出"憔悴""譙誶""瘖瘁""嫶婑""蕉萃"這五種寫法都是"諸儒隨意作"的，且在其他文獻、辭書中都有記載，他將這些文獻列出，但不能詳解其中正誤，故云"未知孰是"。

【髁、骹、骱、髁、屍、髂】

左髁 誇寡反，上聲字，俗字也。《埤蒼》：髁，腰也。《古今正字》作骹，又作骱，亦作髁，又作屍。經文從客作髂，總無定

體。諸儒率意作之，音亦不一，並云腰骨也。方言不同，未知孰是。今並書之。（《慧琳音義》卷78《經律異相》第21卷）

按：此條中慧琳指出雖然"髂""䯏""骱""䯨""屍""髂"六字字形不同，讀音亦有差別，但都指腰骨。這種音、形上的差別，可能是由方言不同造成的，但他並不確定，故存疑。

（3）知一説一，不輕下斷語。

【瘊】

瘊病　相承呼溝反。未詳何證。律文多作癰，於恭反。《説文》：癰，腫也。（《玄應音義》卷14《四分律》第36卷）

按："瘊"字，《説文》《玉篇》均無。《廣韻·侯韻》："瘊，疣瘦。""瘊"是"疣"的別稱，《慧琳音義》卷15《大寶積經》第113卷"創疣"條："下音尤。《考聲》云：皮上風結也。贅肉也。或從肉作肬。俗呼爲隆、侯子等。"此處"侯"即"瘊"。然此爲慧琳所注，而《玄應音義》與"疣"有關的條文中皆無此説，故玄應言其"未詳何證"，並列出經文中多作"癰"。

【㑲】

㑲脚　去詭反。謂脚曲也。書無此字，應俗作耳。（《玄應音義》卷15《僧祇律》第19卷）

按："㑲"字，《説文》《玉篇》《廣韻》等辭書中均無。玄應亦言"書無此字"，但根據經文指出其當指一種脚彎曲不直的病證表現。今考《摩訶僧祇律》卷19："汝曲脊跛蹇眼瞎㧜脚，搕頭鋸齒身不具足。"文中作"㧜脚"。"㧜"字，《説文》《玉篇》《廣韻》等辭書中亦無，而與其文義相符的疑爲"尪"字。"尪"又作"尢"，《説文·允部》："允，尪也，曲脛人也。從大，象偏曲之形。凡允之屬皆從允。尢，古文從坐。""尪"又是"允"的古文。"允"爲象形字，象人的一條腿彎曲的樣子，故"㑲""㧜"或均是時人根據語音隨意妄作的訛字。玄應理解文義，但查無此字，便謹慎地注以"應俗作耳"。

【䀎】

視䀎　下來岱反。疑此字傳寫錯，准經義合是瞬，音水潤反。（《慧琳音義》卷16《大方廣三戒經》中卷）

按："䀎"字在三種《音義》的字目中多次出現，編纂者都對其進行了注釋，然此條慧琳不注，認爲在此處此字有誤，於經義不合，或當爲"瞬"字。考《大方廣三戒經》卷中："眼目視瞻搖動眉目，心多所期遍惱生熱。"其作"視瞻"，"視""瞻"皆有看義，"視瞻"爲同義並列複音詞，指觀看瞻望。但慧琳認爲此處當作"視瞬"，"瞬"指眨眼，則"眼目視瞬"即眨眼，此與後文"搖動眉目"同爲面部的動作表情，從文意上看這的確比單純説用眼睛看更符合邏輯。此外，"視瞬"一詞雖未收於《漢語大詞典》，然仍然可見於其他佛經中，如《大般涅槃經》卷12："云何而得坐起行住屈伸俯仰，視瞬喘息悲泣喜笑。"《蘇婆呼童子請經》卷下："我若左顧右眄，觀察十方兩目視瞬。"故慧琳根據文義認爲此處當作"視瞬"。

3.2.6　互見

三種《音義》的注文還有一個特點就是對有些重複出現的字目不再纍釋，而采用互見法，如：

甘蔗　支夜反。後準此。（《慧琳音義》卷5《大般波羅蜜多經》第427卷）

不眴　玄絹反。《玉篇》：動目也。《説文》：目搖也。從勹（音包）從目，或作眴。經文從日作旬，誤也，甚乖經意。下第十卷不眴準此文釋也。（《慧琳音義》卷11《大寶積經》第8卷）

瘡瘲　上楚霜反。前《苾芻尼律》第十二卷中已釋。下一燋反。前《有部律》第二十六卷中已具釋。（《慧琳意義》卷63《根本説一切有部律攝》第12卷）

葡萄　上步摸反，下道勞反。前《有部律》第二十四卷中已釋。（《慧琳音義》卷63《根本説一切有部尼陀律》第7卷）

一般的訓詁學著作對前面注釋過的内容大多在後面不再作注，讀者若是忘記相關注釋則難以查找，這非常影響閱讀和理解。三種《音義》中出現的這種互見法既方便讀者查找曾經注釋過的字詞的含義，不影響其對該詞的理解，又可以節省篇幅，避免重複，不失爲訓詁作注的一種好辦法。不過三種《音義》對互見的使用並不徹底，大部分互見僅見於同一部經文或同卷相鄰經文詞彙的釋義中，而相同詞彙重複釋義的現象比比皆是，但畢竟在當時編纂這樣卷帙浩繁的訓詁專書決非易事，其中的疏漏難以避免。

3.3　醫學詞彙釋義的特點

三種《音義》中的醫學詞彙作爲一個特殊門類，其釋文必然與其他一般詞彙的釋文有着不同之處，主要表現在以下幾個方面。

3.3.1　删繁就簡，擇要而從

三種《音義》的注文在引用部分篇幅龐雜的内容時，采取了靈活變通的方式，即意引而非全引。他們選擇其中較爲重要的，或對文義理解更有利的内容進行訓釋，有些甚至通過自己的語言重新整合，但基本上都遵從原文旨意，少有篡改。這種方式在訓釋醫學詞彙上表現得尤爲明顯。如《慧琳音義》卷8《大般若波羅蜜多經》第570卷"或芋"條引《蘇敬本草》中的記載作：

> 《蘇敬本草》云：芋，一名茨菰，約有六種差別，所謂青芋、紫芋、真芋、白芋、連禪芋、野芋，並皆有毒。其中唯野芋最甚，食之煞人，以灰水煮之乃可食也。

《蘇敬本草》即《新修本草》，其卷17對"芋"一藥的描述爲：

> 芋，味辛，平，有毒。主寬腸胃，充肌膚，滑中。一名土芝。錢塘最多，生則有毒薟，不可食，性滑，下石，服餌家所忌。種芋三年不采，成梠芋。又別有野芋，名尤芋，形葉相似如一根，並殺人。人不識而食之，垂死者，他人以土漿及糞汁與飲之，得活矣。［謹案］芋有六種，有青芋、紫芋、真芋、白芋、連禪芋、野芋。其青芋細長，毒多，初煮要須灰汁易水煮，熟乃堪食爾。

白芋、真芋、連禪芋、紫芋，並毒少，正可蒸煮啖之，又宜冷啖，療熱止渴。其真、白、連禪三芋，兼肉作羹，大佳。蹲鴟之饒，蓋謂此也。野芋大毒，不堪啖也。

通過比較可見，慧琳擇取《新修本草》中的部分內容，說明了"芋"的異名、分類，並着重強調了其毒性及解毒方法，既能讓廣大民衆一目了然，又能體現佛教及佛經翻譯者彰顯出的人文關懷。

3.3.2　實用爲主

三種《音義》畢竟不同於醫藥類專書，不可能做面面俱到的闡釋，而是更加注重訓釋內容的實用性。其對疾病詞彙的注釋以該病的臨床表現爲主，很少涉及病因病機，幾乎沒有辨證論治的內容，如：

癢下　又作䐱，同。竹世、丁計二反。關中音多滯。《字林》：赤利也。《釋名》云：下重而赤白曰癢，言屬癢而難差也。(《玄應音義》卷17《舍利弗阿毗曇論》第14卷)

齆鼻　上渠牛反。《禮記》云：齆鼻不利也。《古今正字》：病塞鼻室塞也。從鼻九聲。經從几作䶏，非此也。(《慧琳音義》卷57《佛説分別善惡所起經》)

齲齒　上吾鉤反。《韻英》云：齒生不正也。或內或外，行仵不齊，名爲齲齒。從齒從偊省聲也。偊音藕。(《慧琳音義》卷60《根本説一切有部毗奈耶律》第25卷)

痳病　上立砧反。《聲類》云：痳謂小便數而難出也。《文字典説》云：疝病也。又云：小便澀病也。從疒林聲。(《慧琳音義》卷66《阿毗達磨法蘊足論》第6卷)

其對人體詞彙的注釋也以説明具體位置爲主，如：

唇齶　又作腭、齶二形，同。五各反。齒內上下肉也。(《玄應音義》卷10《菩薩善戒經》第9卷)

兩臂　卑寐反。《説文》：手上也。即掌後肘前謂之臂。從肉辟聲也。(《慧琳音義》卷1《大般若波羅蜜多經》第1卷《初分

緣起品之一》）

　　　　喉吻　上音侯，下文粉反。口兩角也。（《慧琳音義》卷81
《南海寄歸內法傳》第4卷）

　　　　頤頷　上以伊反。下含感反。《方言》云：頤，頷。牙名也。
《文字集略》云：頰也。　《說文》云：輔車骨也。從頁。……
（《希麟音義》卷2《新大方廣佛花嚴經》第9卷）

　　其對藥物詞彙的注釋重在說明藥物的基本屬性、特徵、異名、種類、
主治、毒性等對廣大百姓有實用價值且易於理解的資訊，而幾乎不記載藥
物的性味、功效、鑒別、炮製等專業化的知識，如：

　　　　萹豆　布殄、匹綿二反。其葉可治霍亂，人家多種之也。
（《玄應音義》卷15《十誦律》第10卷）

　　　　東鰈　貪盍反。比目魚也，狀如牛脾，細鱗，黑色，兩半魚
各有一目，相合乃行。江東水中有此魚也，俗呼王餘。《說文》：
魚也。或從去。音與鰈同，形聲字。（《慧琳音義》卷85《辯正
論》第3卷）

　　　　稻梁（粱）　上徒皓反。《切韻》云：秔稻也。《本草》云：
秔米主益氣，止煩泄。稻米主溫中，令人多熱。《字林》云：秔稻
不黏，糯稻黏。《說文》云：糯即稻也。下音良，或作粱。《切韻》
云：稻梁（粱）也。《廣志》云：遼東有赤梁（粱）米也。（《希
麟音義》卷3《新大方廣佛花嚴經》第19卷）

　　這種以實用為主的注釋，也是三種《音義》實用性的一種體現。

3.3.3　對域外養生保健、外來病證、外來藥物進行介紹

　　佛經從域外傳入中土，其中包含了很多域外養生保健、外來藥物、外
來病證的相關詞彙，三種《音義》對這些詞彙都進行了注釋，極大地豐富
了這方面的材料，如：

【浴搏】

　　　　浴搏　徒官反。《通俗文》：手團曰搏。言可團圓也。案，西域

國俗，澡浴初訖，碎以諸果或藥用蘇爲搏，捋摩拭身，令其潤滑及去風等，故名浴搏。（《玄應音義》卷22《瑜伽師地論》第12卷）

按：玄應指出"浴搏"是一種西域國俗，可潤滑肌膚，祛除體内風邪。

【解八種藥】

解八種藥　一治身，二治眼，三治瘡，四治小兒，五治邪鬼，六治毒，七治胎病，八占星。如下耆婆所説。（《慧琳音義》卷25《涅槃經》第9卷）

按：慧琳指出所謂的"解八種藥"主要是用於治療身、眼、瘡、小兒、邪鬼、毒、胎病、占星八種病證的藥物。從這一條文中可窺見域外醫學對人體疾病分類的大致情況。

【迦末羅病】

迦末羅病　舊云迦摩羅病，此云黄病，或云惡垢。言腹中有惡垢，即不可治也。（《玄應音義》卷23《顯揚聖教論》第11卷）

迦摩羅病　此云大風病。（《慧琳音義》卷26《大般涅槃經》第19卷）

迦末羅病　梵語。舊云迦摩羅病，此云黄病，或云惡垢，言腹中有惡垢，即不可治也。（《慧琳音義》卷47《顯揚聖教論》第11卷）

按："迦末羅病"又作"迦摩羅病"，《佛學大辭典》中釋爲"黄病"。根據玄應和慧琳所釋，此病病位在腹部，病因爲風邪或腹中污垢，病證表現與發黄有關，不可治療。

【珊若娑病】

珊若娑病　桑干反。此云癈風病，一發不起者也。（《玄應音義》卷25《阿毗達磨順正理論》第48卷）

按："珊若娑病"與風邪有關,表現爲一旦發病則癱瘓不起。

【扇搋半擇迦】

扇搋半擇迦 搋音敕加反。經作㧓,不成字。迦音薑佉反。梵語也。唐曰黃門,其類有五,如《毗奈耶大律》中廣説,今記略頌曰天犍妒變半是也。(《慧琳音義》卷3《大般若波羅蜜多經》第325卷)

扇搋半擇迦 梵語也。此譯爲黃門。上搋音敕加反,次擇音宅,下迦音居佉反。黃門者爲男根不備,設有備者亦不能生子。其類有五,具如音義第三卷中已具列,不能繁叙。(《慧琳音義》卷6《大般若波羅蜜多經》第514卷)

扇搋半擇迦 敕佳反。舊經論中或言般吒,或云般茶迦,皆方夏輕重也。半擇迦,此云黃門總名也。其類有五,今此第三扇搋半擇迦者謂本來男根不備,亦不能生子也。(《慧琳音義》卷70《阿毗達磨俱舍論》第3卷)

按："扇搋半擇迦"應屬於男性生殖系統疾病。"黃門"指天生沒有生育能力的男子,如周密《齊東野語·黃門》:"世有男子雖娶婦而終身無嗣育者,謂之天閹,世俗命之曰黃門。"慧琳指出"扇搋半擇迦"爲"黃門"五種類型中的第三類,表現爲男性沒有生殖器,不能生育。

【阿薩闍病】

阿薩闍病 謂不可治[病也]。(《慧琳音義》卷10《勝天王般若經》第7卷)

按:慧琳指出"阿薩闍病"指一种不可治疗的疾病。

這些外來病證的相關詞彙及其釋義體現了佛醫對人體生理病理、病因病機的認識,其中有很多與中醫學的認識有所不同,所以三種《音義》的編纂者並沒有將其與中醫學的病證簡單對應。

除了域外養生知識和外來病證外,三種《音義》還記載了豐富的外來藥物,這在"三種《音義》醫學詞彙中的外來詞"一節中還會提到,此不贅述。

3.3.4　对部分鮮有記載的醫學詞彙進行收載

三種《音義》還收載了部分鮮有文獻記載的醫學詞彙，如：

【很】

項很　胡講反。謂很人强項難迴，因以名也。即《郁伽羅越問經》云强項人、《無量清净平等覺經》云項很愚癡，是也。《大品經》中作增上慢。經文有從元作頑，音五鰥反。頑，鈍也。頑非本字。(《玄應音義》卷3《放光般若經》第9卷)

項很　又作佷，同。胡墾反。項，很也，很人强項難迴也。下文作蒙籠愚癡。《國語》：很，違也。謂違戾也，字從艮聲。(《玄應音義》卷8《無量清净平等覺經》上卷)

項很　上學講反。下痕墾反。兩字並上聲字。賈注《國語》云：違戾怨恨也。言很戾之人强項難迴名爲項很。從彳艮聲。(《慧琳音義》卷16《無量清净平等覺經》上卷)

按：“很”，《説文·彳部》：“不聽從也。一曰行難也。从彳艮聲。”“很”的本義應是屈曲、扭曲，引申指違逆、不聽從，或謂倔强執拗而不肯前行。三種《音義》謂“很戾之人强項難回名爲項很”，即屈着身子的人脖子僵硬，難以扭轉回頭，引申之義爲違逆之人誤入歧途却不肯回頭。故“項很”有脖子僵硬、活動不便之義。

【瞟】

瞟瞖　匹眇反。目病也。下或作瞖，同。於計反。(《玄應音義》卷17《阿毗曇毗婆沙論》第8卷)

[若瞟　普么反。一目病也。又《埤蒼》云：明察也。] (《玄應音義》卷18《鞞婆沙阿毗曇論》第5卷)

按：《説文·目部》：“瞟，睼也。”段玉裁注：“今江蘇俗謂以目伺察曰瞟。”又，“睼，察也。”則“瞟”有察看之義。《玄應音義》中兩條皆言“瞟”爲一種眼病。考《廣韻·宵韻》：“瞟，瞟瞟，明視。”《小韻》：“瞟，

《埤蒼》云："一目病。"其亦有目病一義。然尚未見文獻用例，有待進一步考證。

【痛】

　　瘤痛 ……下鞭減反。《字統》云：痛，腫滿悶而皮裂也。從疒肖聲。肖音匹袂反。經本作癖，誤也。（《慧琳音義》卷39《不空羂索經》第7卷）

　　按："痛"字，《説文》《玉篇》《廣韻》中均無，《康熙字典》有"癖"字。《集韻·薛韻》："痛，腫瀗也。"其指出"痛"指腫脹。慧琳指出"痛"是一種由於皮膚腫脹滿悶而導致皮膚破裂的病證，並指出"癖"爲訛字。

【頹】

　　或魋 徒雷反。譯經者錯用，從鬼從佳，乃是獸名，殊非經義。正合從頁作頹，頹者小腹疾，亦名䐗腸病、下墜病也。（《慧琳音義》卷75《道地經》）

　　按：慧琳指出"魋"是獸名，與文義不符；當作"頹"，"頹"是一種病位在小腹的疾病，又稱"䐗腸病""下墜病"。考《集韻·灰韻》："隤，《説文》：下墜也。或作頹、穨、墫。通作積。"其指出"頹"爲"隤"之異體字，指下墜。該字可見於清代李調元《羅江縣志·南鄉》所引王嘉會《補修天台山記》"羅之穨頓不振，或職此之咎歟"。此處"穨頓"形容精神不振的樣子。"穨"亦爲"隤"之異體字，指下墜，且"頹""穨"形近，則"頹"或爲"穨"字之訛。

　　雖然對於這些醫學詞彙我們尚未能詳其由來，有些甚至未見其他文獻用例，但它們很可能是某字的俗字或變體，也可能是方言俗語詞，或許可以爲一些醫書中尚未解決的疑難問題提供蛛絲馬迹。

3.3.5　對醫學詞彙進行補充説明

　　三種《音義》編纂者對部分醫學詞彙進行了一定的補充説明，這有利於我們對這些詞彙含義的理解，如：

【瞤】

瞤動　古文旬（眴），同。而倫反。《説文》：目搖動也。今謂眼瞼瞤動爲瞤也。（《玄應音義》卷18《辟支佛因緣論》上卷）

按：《説文·目部》："瞤，目動也。"　"瞤"是一種眼動的表現。玄應補充説明了"瞤"是一種眼瞼瞤動的表現，即眼皮跳動。《傷寒論》中多次出現"瞤"字，如《辨太陽病脈證並治中》："太陽中風，脈浮緊，發熱惡寒，身疼痛，不汗出而煩躁者，大青龍湯主之。若脈微弱，汗出惡風者，不可服。服之則厥逆，筋惕肉瞤，此爲逆也。"　"太陽病發汗，汗出不解，其人仍發熱，心下悸，頭眩，身瞤動，振振欲擗地者，真武湯主之。"其中的"瞤"均指身體肌肉的瞤動，故"瞤"本義指眼瞼瞤動，後引申泛指身體其他部位的瞤動。

【瘖、瘂】

瘂者　鵶賈反。《考聲》云：不能言也。案，瘂人雖有聲而無詞。《説文》闕。《古今正字》：瘂，瘖也。從疒亞聲。經從口作啞，非也。音厄，笑聲也，非經義。鵶音烏加反。疒音女厄反。（《慧琳音義》卷1《大般若波羅蜜多經》第1卷《初分緣起品之一》）

瘖瘂　上邑今反。《説文》：不能言也。下烏賈反。《埤蒼》云：瘂，瘖也。《文字集略》云：口不能言也。此等説皆相亂不分明。案，瘖者，寂默而無聲。瘂者，有聲而無説，舌不轉也。今經文多作啞，非也，音厄，啞啞，笑聲也。笑非經義。（《慧琳音義》卷12《大寶積經》第12卷）

瘖瘂　上飲今反。《説文》：不能言也。瘖，猶無聲也。下烏賈反。《考聲》云：不能言也。瘂，人雖有聲無詞也。《古今正字》：瘂，瘖也。從疒亞聲。疒，女厄反。（《希麟音義》卷4《大乘瑜伽千鉢文殊大教王經》第1卷）

按：《説文·疒部》："瘖，不能言也。"則"瘖"指不能説話。"瘂"，《説文》中無，《玉篇·疒部》："瘖瘂也。"《廣韻·馬韻》："啞，不言也。"

“瘂，同上。”《玉篇》《廣韻》均認爲“瘂”指不能説話。慧琳則補充説明了“瘖”和“瘂”的區別具體在於：“瘖”指無法發出聲音；“瘂”指一種有聲而無詞的失語症，由舌頭不能轉動所致。希麟亦指出“瘂”是一種有聲而無詞的病證。考之古醫籍，《素問》《靈樞》中均有“瘖”無“瘂”。如《素問·腹中論》：“陽氣重上，有餘於上，灸之則陽氣入陰，入則瘖；石之則陽氣虛，虛則狂；須其氣並而治之，可使全也。”《靈樞·病傳》：“岐伯曰：瘖乎其無聲，漠乎其無形。”《靈樞》此條亦指出“瘖”爲無聲。“瘖瘂”一詞則見於《諸病源候論》卷1《風濕候》，其云：“入藏則瘖瘂，口舌不收。”此處“瘖瘂”亦指一種不能説話的病證表現。醫書對“瘖”“瘂”二字多無具體分別。

【瞖】

眼瞖　嬰計反。白膜蓋睛也。（《慧琳音義》卷36《金剛頂經》第4卷）

按：“瞖”，《説文》無。《玉篇·目部》：“瞖，於計切。眼疾也。”《玉篇》僅言其爲眼病。《玄應音義》卷22《瑜伽師地論》第95卷“瞖膜”條引《韻集》云：“瞖，目障病也。”《慧琳音義》卷2《大般若波羅蜜多經》第128卷“眩瞖”條云：“郭璞云：瞖，奄覆也。《考聲》云：目中瞖也。”卷3《大般若波羅蜜多經》第314卷“瞖目”條引《韻略》云：“目障也。”卷8《大般若波羅蜜多經》第566卷“盲瞖”條引《字書》云：“目障膜也。”以上辭書均指出“瞖”有“目障”的表現，而慧琳則明確指出“瞖”爲白膜遮蓋眼睛。

【啜】

舐啜　時悦反。《説文》：啜，嘗也。《爾雅》：啜，茹也。郭璞曰：啜者，拾食也。《通俗文》作嚽。今通謂細食物曰啜也。（《慧琳音義》卷56《佛本行集經》第7卷）

按：《説文·口部》：“啜，嘗也。从口叕聲。一曰喙也。”“啜”一指食、吃，一指口。慧琳補充説明這種食、吃的動作是將食物嚼碎、嚼細的動作。

【疵】

瘦疵 ……下音瓷，瘡也。肉有黑毛生曰疵。（《慧琳音義》卷 78《經律異相》第 10 卷）

按：《説文·疒部》：“疵，病也。”《玉篇·疒部》：“疵，疾資切。病也。亦瑕疵。”《廣韻·支韻》：“疵，黑病。”然“疵”爲何病、什麽是“黑病”，我們並不清楚。根據慧琳此條注釋可知，“疵”實際上是一種瘡瘍之疾。“疵”本義指皮肉中生出黑毛，後引申指黑斑，如《晉書·後妃傳上·惠賈皇后》：“見一婦人，年可三十五六，短形青黑色，眉後有疵。”“疵”又用於指玉器上的瑕疵，進而引申指缺點、過失等。其共同點均是有“黑”的表現，故《廣韻》才釋“疵”爲“黑病”。《靈樞》中有“疵”字者共三處，均在《癰疽》中，即“發於肩及臑，名曰疵癰。其狀赤黑，急治之，此令人汗出至足，不害五藏”；“發於脅，名曰敗疵。敗疵者，女子之病也”；“發於膝，名曰疵癰。其狀大，癰色不變，寒熱，如堅石，勿石，石之者死，須其柔，乃石之者，生”。這三處“疵”亦均指瘡瘍之疾，與慧琳所釋同。今人僅言其爲癰疽的一種，然其事實上應是一種表現爲皮肉中泛黑的瘡癰，這與《靈樞》“其狀赤黑”的描述相呼應，可據《慧琳音義》補釋。

4 漢語醫學詞彙研究現狀概述

漢語醫學詞彙是漢語詞彙的重要組成部分，既具有漢語詞彙的一般性，又有其專業的特殊性。漢語醫學詞彙主要涉及疾病、人體、藥物、方劑、診療等，所涉範圍極廣。本書所討論的三種《音義》醫學詞彙以疾病詞彙（包括疾病名物詞、病證修飾語等）、人體詞彙（包括人體名物詞、人體形態動作修飾語等）和藥物詞彙（包括藥物名物詞、藥物性狀修飾語等）爲主，因此我們主要對疾病詞彙、人體詞彙和藥物詞彙三方面的研究現狀做一些概述。

4.1 疾病詞彙研究

疾病詞彙是我國傳統醫學中最基本的概念之一。在中醫學發展歷史上，中醫對疾病的認識起源很早，隨着時代的發展，許多疾病詞彙已漸漸失去其本來面目。對疾病詞彙的理解由於這種歷史條件和認知水平的限制，存在着許多不足，而以往的學者都更加重視疾病辨證論治的研究而忽視了疾病詞彙本身考釋的重要性，這十分不利於我們對古醫籍的研讀和理解。民國時期已經有學者對疾病詞彙進行研究，從 20 世紀 40 年代至今，有余雲岫《古代疾病名候疏義》、張顯成《先秦兩漢醫學用語研究》和《先秦兩漢醫學用語彙釋》及近人張綱的《中醫百病名源考》等極少的幾部著述。此外也有部分關於中醫疾病詞彙的專門辭典，如《簡明中醫病名辭典》。其他各種中醫辭典中亦都收錄了一些疾病詞彙，並進行了簡要的説解，其内容雖多不精確詳備，但亦可爲考證疾病詞彙提供一定的綫索。近年來越來越多的中醫專家學者對疾病詞彙展開了研究（我們所要討論的疾病詞彙僅指古代醫籍文獻中固有的疾病詞彙，並不包括用現代醫學對應傳統疾病詞彙的部分），其所做的研究主要有以下幾個方面。

4.1.1　詞彙演變研究

疾病詞彙的演變主要有同名異病和異名同病兩種情況，前者涉及詞義的歷時演變，受語言内外因素的影響，後者主要與不同時期人們對疾病的認識不同有關。

4.1.1.1　同名異病研究

有關同名異病的研究主要集中在"中風"一名上，趙永辰、趙正孝、許玉皎、李紅香等都對"中風"及其相關疾病詞彙進行了歷時考察，揭示了該疾病詞彙的歷史流變[1]。此外，關於同名異病的研究還有李柳驥等總結了繼《内經》之後歷代醫家對厥心痛的三種主要認識，指出古代醫家對其概念的認識是逐漸深入的，並存在一定的分歧[2]；姜德友等對歷代有關虛勞病的論述進行了梳理，提出"虛勞"作爲病名其範圍隨着時代的變遷不斷擴大，至今凡以藏府元氣虧損、精血不足爲主要病理過程的一類慢性

---

〔1〕趙永辰. "中風"病名探源及病機沿革 ［J］. 中華中醫藥雜誌, 2008, 23 (4)：290；趙正孝, 吳婭娜, 彭堅. 中醫"中風"概念的演變 ［J］. 中華醫史雜誌, 2009, 39 (3)：159；許玉皎. 中風病名分析及現代中風病診斷 ［J］. 中醫藥導報, 2011, 17 (5)：6－8；李紅香, 戴慎. 中風病名探源 ［J］. 遼寧中醫藥大學學報, 2011, 13 (4)：158－159.

〔2〕李柳驥, 嚴季瀾. 厥心痛古今文獻述要 ［J］. 杏林中醫藥, 2006, 26 (1)：1.

虛衰性病證均屬虛勞範疇[1]；姜德友等將"癲"和"狂"的病名分開進行闡釋，指出先秦至《內經》所謂狂者，實則包括今之陰癲陽狂二病，而自《難經》以後所謂狂者，與今之狂病無異[2]。

4.1.1.2 異名同病研究

有關異名同病的研究涉及的疾病則相對較多，如賈春芒等對咽旁癰在各個歷史時期的名稱變化進行了梳理[3]；陳悅泰等通過歷代醫籍中關於泄瀉的記載，明晰了其病名混亂的歷史狀況、定義及其目前分類[4]；楊柱通過考察歷代醫家對酒傷致病的論述，列出了歷代醫家關於酒傷致病的相關病證名，如酒悖、酒風、酒癖、酒臌、酒疸等，而明末（1611年）朝鮮醫家許浚在《東醫寶鑒·雜病篇》卷4"內傷"條目之下首次提出"酒傷"的病名[5]；方顯明等總結了歷代醫家對咯血相關病名的論述，其中宋朝政府編寫的《聖濟總錄》最早提出了咯血這一病名[6]；孫洪生等對古醫籍中與不寐相關的病名進行考證，指出以不寐爲病名在明清時期才得到比較多的醫家認同[7]；姜德友等對歷節病在古醫籍中的多種稱謂進行了考察[8]；梁克瑋等對古醫籍中與呃逆相關的疾病詞彙進行考證，指出在宋以前多稱噦，元代朱丹溪開始稱呃，明末以後通稱呃逆，表現爲呃呃有聲的症狀[9]；

———————————

　　〔1〕　姜德友，周雪明．虛勞病源流考［J］．四川中醫，2007，25（2）：31．
　　〔2〕　姜德友，寧式穎．癲狂病源流考［J］．中華中醫藥學刊，2008，26（12）：2544．
　　〔3〕　賈春芒，劉文泰．咽旁癰病名的歷史沿革初探［J］．河北醫學，2000，6（2）：191．
　　〔4〕　陳悅泰，張麗麗．泄瀉的定義病名和分類［J］．時珍國醫國藥，2001，12（5）：459．
　　〔5〕　楊柱．酒傷病名探討［J］．江蘇中醫藥，2002，23（5）：38－39；楊柱．酒傷病名小考［J］．山西中醫，2002，18（3）：64．
　　〔6〕　方顯明．淺析咯血病名的沿革［J］．福建中醫藥，2002，33（1）：35－36．
　　〔7〕　孫洪生，嚴季瀾．不寐病名考略［J］．中華醫史雜誌，2004，34（4）：214．
　　〔8〕　姜德友，王先松．歷節病源流考［J］．貴陽中醫學院學報，2007，29（15）：1．
　　〔9〕　梁克瑋，嚴季瀾．呃逆病名考辨［J］．杏林中醫藥，2008，28（10）：769．

吴彼通過考證中醫文獻，提出直至金元時代胃脘痛作爲病證名才正式確立[1]；張葆青等按照秦漢以前、魏晉至隋唐、宋金元時期、明清至近現代四個時期，對癲癇相關疾病詞彙進行研究，説明了癲癇病名的最終含義經歷了一個從古代的驚、瘈、癇不分，到隋唐癇、瘈分開，至宋代的驚、癇區分，再至明清的癲癇、癇證獨成一體的漫長過程[2]；黄巧玲按時間順序對痱之病名含義和"痱"指熱瘡概念的産生以及痱、痱病名的替換三方面進行研究，考證了"痱子"一詞作爲病名出現、演化及延用至今的原因[3]；彭清華等對暴盲病名的出現及其在近現代的分化進行了整理歸納[4]；朱曉林分別總結了歷代醫家對五風内障的論述，指出五風内障主要是根據臨床特點及發病原因而命名的，因各歷史時期醫家對疾病認知程度及側重點不同，歷代中醫文獻中有諸多不同的稱謂，病名繁雜，但據症狀描述判斷，這些稱謂均屬現代醫學青光眼範疇[5]；李柳驥等通過歷代對陽痿的相關記載，提出陽痿先秦時期稱作"不起"，漢唐時期多作"陰痿"，宋元時期開始從"陽"的角度命名，且《扁鵲心書》首載"陽萎"一名，明代周之幹的《慎齋遺書》首載"陽痿"之稱，後世醫家廣爲沿用[6]；馮雷通過考證總結出癲、狂、癇三者確立的年代及含義[7]；等等。這種同一病證在不同時期的疾病詞彙演變情況在古醫籍中普遍存在，對其各時代的稱謂進行歸納整理，進行比較分析是一種比較全面的研究方法。很多疾病詞彙都可以利用這種方法加以研究。

〔1〕 吴彼. 中醫文獻關於胃脘痛病名及病因考釋 [J]. 實用中醫内科雜誌，2008，22（4）：19.

〔2〕 張葆青，刁娟娟，陳魯. 古代文獻中癲癇的病名演化 [J]. 遼寧中醫藥大學學報，2008，10（11）：16.

〔3〕 黄巧玲. "痱子"病名演變探析 [J]. 湖南中醫藥大學學報，2009，29（2）：70.

〔4〕 彭清華，彭俊. 暴盲病名沿革及分化 [J]. 中華中醫藥學刊，2010，28（9）：1812－1813.

〔5〕 朱曉林. 五風内障病名溯源 [J]. 中國中醫眼科雜誌，2011，21（5）：279－281.

〔6〕 李柳驥，嚴季瀾. 陽痿病名源流與定義探討 [J]. 北京中醫藥，2011，30（8）：592－594.

〔7〕 馮雷. 癲狂病的病名沿革與理法方藥研究 [D]. 廣州中醫藥大學，2011.

4.1.1.3 疾病詞彙詞義變化研究

疾病詞彙詞義發生變化是歷時演變研究的重點，但是也不排除有些疾病詞彙的詞義沒有發生明顯的改變，如姜德友等對痰飲病的外延、内涵以及後世醫家對其的闡釋進行了梳理，認爲痰飲病的病名在演變過程中基本遵循了其在《金匱要略》中的意義[1]。

4.1.1.4 病證名研究

在集中梳理疾病詞彙演變情況的基礎上，有些學者還試圖進一步爲某些病證正名，如姜德友等就不同歷史時期相繼出現的痹、濕痹、着痹、風濕痹、痛風等命名，對濕痹的相關病名進行研究，提出了應以"風濕"作爲病名的觀點[2]；曹敏等梳理了歷代醫家對眩暈相關病名的論述，指出現代的有關著作均以《三因極一病證方論》所載"眩暈"作爲本病證的正名，可見古人所論述的眩暈病證是以頭昏眼花、視物旋轉如坐舟車，甚至站立不穩、倒仆於地爲主要症狀的一類病證，常伴有耳鳴、疲乏無力、惡心、嘔吐等[3]。

4.1.2 相似、相類疾病詞彙考辨

在疾病詞彙演變過程中常常會出現相類似的疾病詞彙，有些疾病詞彙從表面看大同小異，但實際上各有偏重；有些疾病詞彙字面上迥異，但却同屬一類，在病因病機、病證表現上有相關之處。

4.1.2.1 相似疾病詞彙鑒別

有些學者對相似疾病詞彙進行鑒別，如馬駿等對心痛、胸痹、心痹在歷代醫籍中的記載進行了歸納分析[4]；梁克瑋等對呃逆、噦、噎、啘、咳（欬）逆、吃忒、吃逆、打膈、打咯忒、餲逆、餩逆等常見的呃逆病證相關詞條進行考辨[5]；朱婉華等通過比較現代醫學痛風與中醫學痛風的特點，

---

〔1〕 姜德友，陳强. 痰飲病源流考 [J]. 浙江中醫藥大學學報，2009，33（2）：149.

〔2〕 姜德友，王冬，王曉軍. 濕痹源流考 [J]. 江蘇中醫藥，2008，40（10）：104.

〔3〕 曹敏，鄭豐傑，周端. 眩暈源流犀義 [J]. 遼寧中醫藥大學學報，2008，10（8）：45.

〔4〕 馬駿，嚴季瀾. 心痛、胸痹、心痹病名内涵考 [J]. 甘肅中醫，2003，16（5）：6-8.

〔5〕 梁克瑋，嚴季瀾. 呃逆病名考辨 [J]. 杏林中醫藥，2008，28（10）：769.

發現兩者之間有所不同，進而提出將中醫學痛風病名定爲“濁瘀痹”較爲契合病機的觀點[1]；李鼕華等對欬、嗽及其相關病證名進行考辨[2]；孟小燕等對古今文獻中與尪痹相關的病證名骨痹、腎痹、歷節、鶴膝風、鼓槌風、頑痹等進行考辨[3]。

4.1.2.2　不同疾病词彙的內在聯繫研究

有些學者對不同疾病詞彙的內在聯繫進行了研究，如吴童對“癉”字的多種意思進行綜合分析，指出“癉”與消渴病名相關[4]；吴文清就民國時期曾經出現的與疫痙相關的幾個病名，即痙瘟、伏瘟、疫痙等進行分析，指出《中醫内婦兒科名詞》對疫痙病名的首次規範，是對民國時期無數中醫前輩創新性成果的肯定和繼承[5]；侯樹平認爲應將積滯、食積病名改爲食滯[6]；黄海波從疾病的嚴重性、伏梁與膏肓的部位相關、伏梁与膏肓的關係、生理循環角度、肥胖與膏肓的關係考證，認爲伏梁亦即膏肓之疾[7]；鄭曙琴等考察古代醫籍時發現消渴在古代有消癉、脾癉、上消、中消、消中、下消、消腎、膈消、風消、肺消、渴利、熱渴、胃熱渴、虚渴、虚熱渴、渴疾、久渴、煩渴、暴渴、消腎小便白濁、消渴飲水過度、消渴口舌乾燥、消渴後虚乏、消渴煩躁、消渴飲水腹脹、消渴後成水病、渴痢後成癃疽、渴痢後發瘡等多種相關稱謂，並分別通過醫理分析法和統計分析法考察這些相關病名的關係[8]；姚雯等通過研究歷代醫家對哮病的論述，指出哮病是一種發作性痰鳴氣喘疾患，在古代又有哮、哮喘、哮吼、哮嗽、

---

〔1〕 張葆青，刁娟娟，陳魯. 古代文獻中癲癇的病名演化 [J]. 遼寧中醫藥大學學報，2008，10 (11)：16.

〔2〕 李鼕華，王育林. “欬”“嗽”及其相關病證名考辨 [J]. 北京中醫藥大學學報，2012 (12)：809 -811.

〔3〕 孟小燕，王育林. 古今文獻中與“尪痹”相關的病證名研究 [J]. 世界中西醫結合雜誌，2016，11 (6)：755 -757.

〔4〕 吴童. 消渴病名考證疏義 [J]. 福建中醫學院學報，2007，17 (2)：51.

〔5〕 吴文清. 民國時期中醫對“疫痙”病名的討論 [J]. 中國科技術語，2008 (6)：49 -51.

〔6〕 侯樹平. 積滯病名源流及學術争鳴 [J]. 中醫藥資訊，2008，25 (3)：82.

〔7〕 黄海波. “伏梁”名候辨釋 [J]. 中國中醫基礎醫學雜誌，2009，15 (1)：26.

〔8〕 鄭曙琴，梁茂新，高天舒. 古代消渴相關病名異同性考察分析 [J]. 中華中醫藥雜誌，2009，24 (8)：999 -1001.

哮拔、天哮、水哮、久哮、喘鳴、喘呼、喘喝、喘吼等多個相關稱謂，且各稱謂含義從文字角度看雖略有差別，却均能體現哮病發作時的症狀特點——氣喘且喉中有痰鳴聲[1]。

歷代醫家關於某病證的名稱記載，或根據自己的理解，或根據當時的流行，或根據早期的醫籍記載，依據不一，必然導致使用上的混亂，故對相似疾病詞彙進行考辨是研究疾病詞彙十分必要的一環。若能依此明確某病證最適合的名稱，也可爲中醫病證名稱規範化提供參考。

4.1.3 考源

對疾病詞彙進行考源主要是運用醫學著作以外的訓詁學著作對疾病詞彙的本義、引申義、文字上的替換、通假等情況進行研究，分析疾病詞彙的本字及其含義。如李乃庚就"感冒"一詞的含義以及其真正成爲一個病名被普遍使用始於《醫宗金鑒》等問題進行了研究[2]；趙豔參考《玉篇》《廣韻》《集韻》等訓詁專著，結合疾病特徵，對"痄腮"一詞進行了深入剖析，考證了"痄""腮"二字的本義，並提出二字合用作爲病名當不晚於宋代[3]；肖梅華通過《説文》《後漢書》中"櫪"的出現以及作爲刑訊的"歷"的出現，考證出病名歷節出現的年代基本爲東周時期到秦之間[4]；張文娟分別考證了"乳"和"岩"的字義，從而得出病名乳岩的含義即女性乳房發生的惡性腫瘤[5]；周祖貽通過研究歷代關於風温的記載，總結出從漢代名醫張仲景到清初醫家葉天士，風温的概念才正式由"證"轉"病"，由單一要素發展成多要素，由概念不清發展到概念清晰明瞭[6]；金棟通過對歷代有關醫籍的檢閲及考證發現，"卒中"原是中醫名詞（病因），"卒"通"猝"，二字先古今字、後通假字，故"卒中"本字爲"猝中"，指"突然受到××傷害""突然被××擊打"，後演變爲中醫症狀名稱，指

〔1〕 姚雯，嚴季瀾. 哮病病名考辨［J］. 吉林中醫藥，2010，30（11）：1006 - 1007.

〔2〕 李乃庚. 感冒病名史話［J］. 光明中醫，2001，16（93）：8.

〔3〕 趙豔. 痄腮病名考［J］. 南京中醫藥大學學報，2004，5（2）：100 - 103.

〔4〕 肖梅華. 歷節病名初探［J］. 江西中醫學院學報，2007，19（3）：25.

〔5〕 張文娟. "乳岩"病名源流考［N］. 中國中醫藥報，2008 - 9 - 4（4）.

〔6〕 周祖貽. 温病名演變探源［N］. 中國中醫藥報，2008 - 8 - 28（4）.

"猝然昏仆，不省人事"，最後發展成爲中醫疾病名稱[1]；等等。這類研究把疾病詞彙放在整個歷史時期和歷史背景上看，能更接近疾病本義，對考證疾病的源流及出現年代也有幫助。

4.1.4　命名理據

疾病的命名多與其病因、病機、症狀、用藥等有關，在對疾病詞彙正本清源的基礎上結合古醫籍文獻記載，對其命名理據進行研究是十分自然且必然的。

4.1.4.1　與病證表現相關的疾病詞彙研究

如張甦穎根據相關醫籍中關於黑疸的記載以及對黑疸名義的研究，指出但黑而不黃者非黑疸，肌膚雖黑微黃者爲黑疸[2]；楊金萍通過引用訓詁學及中醫學方面的著作中有關"瘼"的釋義，將"瘼"的涵義歸納爲泛指病、與"療"同義、指勞復病、指一種無名之病、通"膜"指眼生翳膜五種，並指出這是由於不同地域的語言差異而引起的同名異病現象[3]。

4.1.4.2　與病因相關的疾病詞彙研究

如黃海波通過古代醫家楊上善、張介賓對"伏梁"一詞的注解與訓詁學著作《説文》《釋名》以及日本學者丹波元堅《示病廣要》對其的釋義考證"伏梁"一詞詞義的内涵，指出了此病久瘀成積、伏藏至深、日結痞硬的病因與症狀[4]。

4.1.4.3　對疾病命名方式的研究

還有一些研究對疾病的命名方式進行了整理歸納，其中討論最多的就是百合病，王靖、姜德友、周翔等都對此進行了整理分析，並提出了各自的看法[5]。

總之，對疾病詞彙命名理據的研究有助於完善疾病詞彙的定義解釋，能對疾病的病因、病機、症狀、用藥特點等給以補充。

---

〔1〕　金棟."卒中"病名考［J］.世界中西醫結合雜誌，2009，4（3）：156-158.

〔2〕　張甦穎."黑疸"病名考辨［J］.江蘇中醫藥，2004，25（10）：53-54.

〔3〕　楊金萍."瘼"之病名釋義［J］.山東中醫藥大學學報，2009，33（1）：53.

〔4〕　黃海波."伏梁"名候辨釋［J］.中國中醫基礎醫學雜誌，2009，15（1）：26.

〔5〕　王靖.淺談百合病之病名及藏府病位［J］.天津中醫學院學報，2006，25（1）：10；姜德友，陳永坤.百合病源流考［J］.河南中醫，2006，26（2）：13；周翔.百合病病名及藏府病位探析［J］.遼寧中醫雜誌，2007，34（7）：901-902.

4.1.5 疾病詞彙的綜合考察

有關疾病詞彙的研究絕大多數均屬此類。

4.1.5.1 關於單病單證的研究

在單病單證的研究上多表現爲研究內容的綜合，如楊金萍通過引用訓詁學著作中對釀字的注釋，考證了釀之本義及釀與釀、釀之通用關係，並認爲囊、釀、膿、釀、肚痢等皆有積滯內停、裏急後重、滯下不爽、腹痛腹脹、不思飲食，或癖積癥塊、大便臭穢，或肌肉消瘦等症狀，乃釀之病名演變，指同一種病，即痢疾或痟痢之屬[1]；劉艷驕等對痰病的相關定義進行了總結，認爲痰有狹義和廣義之分，並對該病的診斷方法進行了研究[2]；姜德友等分別對心悸、肺脹、消渴、黄疸、鼓脹等病的源流進行了考察[3]；焦樹德等通過分別分析尪和痹的含義，總括出尪痹一病指的是具有關節變形、骨質受損的痹病[4]，且還整理歸納了其相應的證治規律；宋軍等既分別闡釋了消、癉、消癉的含義，指出多食善饑、肌膚消瘦爲消癉的臨床共同特徵，又引用古醫籍中的相關論述闡釋了消癉與消渴、糖尿病併發症的區別，及脾癉與消渴的區別，進而指出消癉與脾癉是現代糖尿病的兩種類型[5]；張春和既整理了癃閉及其相關病證名，又對癃閉類病名淋證、水腫、關格三者進行鑒別[6]；孟小燕等對疝的本義及引申義進行了考

---

〔1〕 楊金萍. 古病名"釀"之沿革 [J]. 中華醫史雜誌, 2004, 34（4）：210 - 213.

〔2〕 劉艷驕, 李茵. 中醫痰病病名的内涵及臨床診斷方法研究 [J]. 中國中醫基礎醫學雜誌. 2005, 11（4）：305 - 306.

〔3〕 姜德友, 孫洋. 心悸源流探析 [J]. 天津中醫藥, 2007, 24（6）：489；姜德友, 周妍. 肺脹源流考 [J]. 中華中醫藥學刊, 2007, 25（8）：1541；姜德友, 林靜. 消渴病源流考 [J]. 遼寧中醫雜誌, 2007, 34（10）：1373；姜德友, 韓潔茹. 黄疸病源流考 [J]. 中醫藥通報, 2008, 7（5）：22；姜德友, 張海麗. 鼓脹源流考 [J]. 安徽中醫學院學報, 2009, 28（6）：5.

〔4〕 焦樹德, 王偉鋼. 尪痹病名及其證治規律的研究 [J]. 浙江中醫藥大學學報, 2009, 33（5）：681 - 685.

〔5〕 宋軍, 仝小林. 消癉考 [J]. 中國中醫基礎醫學雜誌, 2009, 15（9）：652.

〔6〕 張春和. 對中醫"癃閉"病名的再認識 [J]. 雲南中醫學院學報, 2011, 34（3）：53 - 55.

察[1]；李塈華等對皴、皰、疣、癧、癘、痱、膡、瘑、癲、狂、癎、疵、瘥等疾病詞彙進行了考釋[2]。

4.1.5.2 關於類病類證的研究

其次，還有不少是關於類病類證的研究，涉及的病證主要有泄瀉、温病、腹痛、頭痛、嘔吐、血證、汗證、月經不調、癭[3]、疝疾、瘧疾等[4]。此外，還有按藏府器官對疾病進行分類研究的，如脾病、胃病、甲

---

[1] 孟小燕，王育林.“痁，病也”考 [J]. 中醫學報，2016（5）：767–770.

[2] 李塈華，王育林. 疾病詞“皴”“皰”“疣”“癧”等考證 [J]. 吉林中醫藥，2015，35（7）：749–752；李塈華，王育林. 疾病詞“癘”“痱”“膡”“瘑”等考證 [J]. 長春中醫藥大學學報，2015，31（6）：1303–1306；李塈華，王育林. 讀《古代疾病名候疏義》兼考“癲”“狂”“癎”[J]. 中華醫史雜誌，2016，46（1）：9–14；李塈華，王育林.《古代疾病名候疏義》所釋《爾雅》“疵”“瘥”“痱”考 [J]. 吉林中醫藥，2016（3）：310–315；李塈華，王育林.《古代疾病名候疏義》所釋《説文》“齲”“齗”“齘”“齚”等疾病詞考 [J]. 吉林中醫藥，2016，36（8）：847–849；李塈華，王育林. 釋“癉”“疸”[J]. 長春中醫藥大學學報，2016，32（5）：1075–1079；李塈華，王育林.《古代疾病名候疏義》所釋《説文》“矏”“瞥”“眛”“眜”“智”等疾病詞考 [J]. 長春中醫藥大學學報，2016，32（6）：1289–1292；李塈華，王育林.“盲”“瞻”“瞖”“瞓”“瞍”“瞎”等疾病詞考 [J]. 長春中醫藥大學學報，2017，33（5）：846–849.

[3] 王育林，李塈華.“癭”及相關病名考辨 [J]. 北京中醫藥大學學報，2012（8）：517–520.

[4] 彭豔紅. 泄瀉病名歷史源流 [J]. 國醫論壇，2006，21（3）：13；蔡秋傑. 温病病名概念研究 [D]. 中國中醫科學院. 2006；李永紅，嚴季瀾. 腹痛病名考 [J]. 吉林中醫藥，2008，28（6）：462；袁博，李永紅. 頭痛病名考 [J]. 杏林中醫藥，2008，28（9）：694；陳蕾蕾. 中醫嘔吐病證的病名源流探討 [J]. 北京中醫藥，2008，27（11）：858；姜德友，羅正凱. 血證源流考 [J]. 安徽中醫學院學報，2008，27（5）：1；姜德友，張志剛，彭芃. 汗證源流考 [J]. 長春中醫藥大學學報，2009，25（5）：662；李柳驥，張聰等. 月經不調類疾病病名及病因病機源流的述要 [J]. 2011，33（5）：21–24；徐世瑜，王育林. 疝疾病證名考辨 [J]. 中醫學報，2014（6）：927–930；孟小燕，王育林. 瘧疾病證名複音詞研究 [J]. 吉林中醫藥，2016，36（7）：746–749；孟小燕，王育林. 上古文獻中瘧疾病證名單音詞研究 [J]. 中醫文獻雜誌，2016（3）：22–25.

狀腺疾病、眼科疾病等都有學者進行過專門考察[1]。

4.1.5.3 關於專書中疾病詞彙的研究

以專書爲研究材料對該書中的疾病詞彙進行整理考察的亦有。古醫籍方面主要涉及《内經》[2]《神農本草經》[3]及《傷寒論》《金匱要略》等仲景論著[4]和《千金方》[5]《外臺秘要》[6]《太平御覽》[7]等，而非醫

---

[1] 徐重明，汪自源. 中醫古代脾病名源流考 [J]. 中醫藥學刊，2005，23 (5)：901；徐重明，汪自源. 中醫古代胃病名源流探析 [J]. 國醫論壇，2005，20 (2)：14；趙進喜，鄧德强，王新岐. 甲狀腺疾病相關中醫病名考辨 [J]. 陝西中醫學院學報，2005，28 (4)：1-3；彭清華. 古醫籍醫眼科疾病命名得失談 [N]. 中國中醫藥報，2006-2-16 (5)；張政君. 中醫眼科病名初探 [J]. 中國中醫眼科雜誌，2009，19 (3)：175-177.

[2] 周國琪，陳曉，李海峰.《内經》厥證名與現代病證名的比較 [J]. 中國中醫基礎醫學雜誌，2003，9 (11)：1-4；周國琪，王麗慧.《靈樞·癰疽》病證名與現代病證名的比較 [J]. 中國中醫基礎醫學雜誌，2005，11 (3)：165-166；譚穎穎，劉昭純.《内經》疾病命名特點探析 [J]. 中醫藥學刊，2006，24 (9)：1682-1683；趙昱，周麗波等.《黃帝内經》消渴相關病名考辨 [J]. 中國中醫基礎醫學雜誌，2007，13 (8)：574-576；金棟.《内經》中風病病症名探討 [J]. 世界中西醫結合雜誌，2009，4 (10)：694-696；袁志國.《黃帝内經》外感熱病病名及其演變研究 [D]. 遼寧中醫藥大學，2010；陳士玉，王彩霞.《内經》"厥"及相關病名探析 [J]. 遼寧中醫雜誌，2011，38 (8)：1542-1543.

[3] 張雪丹.《神農本草經》中所載古病名考 [J]. 中國醫藥文化，2007 (5)：53.

[4] 鄧家剛.《金匱要略》"狐惑"病名探疑 [J]. 湖北中醫雜誌，2000，22 (6)：7-8；孟琳升. 仲景論厥病之病名病機 [N]. 中國中醫藥報，2006-7-20 (5)；李貞實.《傷寒論》病名研究 [D]. 北京中醫藥大學，2007；張甦穎. 對《金匱要略》"藏躁"病名及相關問題的認識 [J]. 河南中醫，2010，30 (5)：425-426.

[5] 和中浚，周興蘭.《千金方》外科病證的分類及病名研究 [J]. 遼寧中醫雜誌，2011，38 (3)：387-389.

[6] 蔡同澤.《外臺秘要》疾病詞彙研究 [D]. 北京中醫藥大學，2017.

[7] 魏蔚，張志瞥，何廣益，等.《太平御覽》内科疾病述要 [J]. 長春中醫藥大學學報，2016，32 (3)：636-640.

籍方面主要有《急就篇》[1]《山海經》[2]《說文》[3]、佛經音義類著作[4]、訓詁專書[5]、《廣韻》[6]等。此外，還有專門研究出土文獻中的疾病詞彙者，如羅寶珍對簡帛病名研究的資料來源、研究内容進行梳理，略述其研究方法及特點[7]。

4.1.6 小結

從總體情況上看，近幾十年來疾病詞彙的研究已經引起越來越多學者的關注，雖然仍然以醫學方面的學者爲主要研究人群，但語言學界的學者也開始參與其中。不過，近幾年來疾病詞彙研究涉及的詞彙數量仍然比較有限，只是衆多疾病詞彙中的一小部分。

從研究方法上看，學界對疾病詞彙的研究以文獻整理的方法居多，即多數是以古醫籍爲研究材料，通過整理歷代醫家對疾病詞彙的理解和記載，考察包括病名始見、病因病機、病證表現、治法方藥在内的疾病源流，並且在這方面已經積纍了大量經驗，形成了一套比較固定的研究模式。亦有部分學者結合醫籍以外的辭書、訓詁專書、其他古籍文獻等對疾病詞彙進行深入的訓詁考據，然而這部分研究所占比例還很小。

---

〔1〕 楊金萍. 漢代《急就篇》病名義疏 [J]. 中醫文獻雜誌, 2008 (4): 7.

〔2〕 駱瑞鶴. 《山海經》病名考（下）[J]. 長江學術, 2006 (3): 137-144; 相魯閩. 《山海經》病症名釋義 [J]. 中醫學報, 2011 (9): 1151-1152.

〔3〕 劉振榮. 《說文解字》中"疒"部古代病名訓詁 [J]. 中醫文獻雜誌, 2004 (4): 19-20.

〔4〕 王育林, 李墾華, 于雷. 論《正續一切經音義》病證名兼考"癲癎""痰飲" [J]. 北京中醫藥大學學報, 2011, 3 (3): 159-163; 李墾華, 王育林, 于雷. 《正續一切經音義》中病症名稱義疏舉隅 [J]. 北京中醫藥, 2011, 30 (5): 370-373; 王育林, 李墾華. 三種《一切經音義》内科病證名研究 [J]. 中醫文獻雜誌, 2011 (4): 1-4.

〔5〕 王育林, 于雷, 董琳琳. 論漢代訓詁書中的疾病名及其釋義 [J]. 中醫藥文化, 2011 (4): 48-51.

〔6〕 肖雄, 王育林. 《廣韻》"痱""痹"及相關病名考釋 [J]. 中醫文獻雜誌, 2014 (5): 50-52; 肖雄, 王育林. 《廣韻》外科疾病名釋詁舉隅 [J]. 中醫文獻雜誌, 2014 (3): 53-56.

〔7〕 羅寶珍. 簡帛病名研究 [J]. 福建中醫學院學報, 2010, 20 (3): 68-71.

4.2 人體詞彙研究

人體詞彙雖然屬於醫學詞彙範疇，但與其他醫學詞彙又有不同之處。它是醫學詞彙中與常用詞最爲接近的詞彙，一方面大部分指示人體淺表部位的人體詞彙極易被人所感知，另一方面古人對人體的認識主要停留在宏觀層面，完全可以按照個人理解進行解釋，不一定需要非常專業的醫學知識或術語。因此，近幾十年來，學界對人體詞彙的研究與對其他醫學詞彙以單個或多個相關詞彙進行考釋爲主不同，呈現出自身的特色。

4.2.1 詞義及概念的考察

人體詞彙中同樣存在一些詞義或概念有爭議的情況，雖然這種爭議較少，對其進行考察的亦較少，但這無疑是詞彙研究最基本的內容之一。這方面研究如文雅麗對五組人體頭部同稱器官詞彙的歷史來源、義項分布、構詞特點、語義語用以及在固定語中的分布情況進行了系統的描寫與分析[1]；趙志剛整理了《內經》中關於腦的藏象概念，指出腦既與五藏有別，又與六府相異，有儲藏與交通的功能，故稱奇恒之府[2]；谷峰通過字義分析津、液的含義，探討津液概念的産生及其內涵和外延[3]。此外，尚有史蘭華等《古醫籍骨名今釋》（1991）[4]、史錫堯《"口""嘴"語義語用分析》（1994）[5]、朱學嵐的碩士論文《人體詞語的語義、語用考察》（2001）[6]、黃碧蓉《人體詞語"手"個案的語義體系研究》（2010）[7]及其博士論文《人體詞語語義研究》（2009）[8]、吳寶安《小議"眼、目"

---

〔1〕 文雅麗. 人體頭部同稱器官詞研究［D］. 北京語言大學，2004.

〔2〕 趙志剛. 淺談《內經》中對腦的認識［J］. 中國中醫藥現代遠程教育，2010，8（21）：6.

〔3〕 谷峰. 中醫學"津液"概念探析［J］. 中國中醫基礎醫學雜誌，2010，16（6）：445－446.

〔4〕 史蘭華，鄭延辰. 古醫籍骨名今釋［J］. 醫古文知識，1991（2）：30－32.

〔5〕 史錫堯. "口""嘴"語義語用分析［J］. 漢語學習，1994（1）：11－14.

〔6〕 朱學嵐. 人體詞語的語義、語用考察［D］. 天津師範大學，2001.

〔7〕 黃碧蓉. 人體詞語"手"個案的語義體系研究［J］. 外語研究，2010（6）：14－18.

〔8〕 黃碧蓉. 人體詞語語義研究［D］. 上海外國語大學，2009.

上古即同義》（2010）[1]、解海江等《漢語義位"腿""脚"比較研究》（2011）[2]、石雨等《"懸雍""懸癰"詞義考辨》（2014）[3]、劉麗麗《漢語"鼻"的語義衍生路徑分析》（2015）[4]，他們都對某些人體詞彙或某類人體詞彙的詞義和（或）概念進行了考察。

經穴詞彙是人體詞彙中一類特殊門類，關於經穴詞彙詞義，很早就有學者進行系統的整理研究。相關著作有張晟星《經穴釋義匯解》（1984）[5]、周楣聲《針灸穴名釋義》（1985）[6]等；相關論文有李季《論針灸經穴命名的涵義及臨床價值》（2008）[7]、鄒卓成等《"海"穴探析》（2009）[8]、尤艷利等《取象思維對中醫經穴命名的構建作用》（2010）[9]、王淑蘭等《"門穴"淺析——頭面、胸腹部"門穴"》（2011）[10]、王奇偉的碩士論文《漢語經穴命名研究》（2011）[11]、陳曉輝等《〈黃帝內經〉部分穴名釋義》（2012）[12]、李磊等《穴位芻議（一）——論穴位的起源、確立及

〔1〕 吳寶安. 小議"眼、目"上古即同義 [J]. 現代語文, 2010 (9): 145 - 146.

〔2〕 解海江, 章黎平. 漢語義位"腿""脚"比較研究 [J]. 南開語言學刊, 2011 (1): 87 - 94.

〔3〕 石雨, 王育林. "懸雍""懸癰"詞義考辨 [J]. 中醫學報, 2014 (2): 307 - 308.

〔4〕 劉麗麗. 漢語"鼻"的語義衍生路徑分析 [J]. 現代語文, 2015 (2): 37 - 39.

〔5〕 張晟星. 經穴釋義匯解 [M]. 上海: 上海翻譯出版公司, 1984.

〔6〕 周楣聲. 針灸穴名釋義 [M]. 合肥: 安徽科學技術出版社, 1985.

〔7〕 李季. 論針灸經穴命名的涵義及臨床價值 [J]. 按摩與導引, 2008, 24 (5): 23 - 24.

〔8〕 鄒卓成, 薛麗飛, 張家維. "海"穴探析 [J]. 山東中醫雜誌, 2009, 28 (12): 835 - 836.

〔9〕 尤艷利, 王穎曉, 姚斐. 取象思維對中醫經穴命名的構建作用 [J]. 江蘇中醫藥, 2010, 42 (1): 10 - 11.

〔10〕 王淑蘭, 倪光夏. "門穴"淺析——頭面、胸腹部"門穴" [J]. 針灸臨床雜誌, 2011, 27 (9): 62 - 64.

〔11〕 王奇偉. 漢語經穴命名研究 [D]. 吉林師範大學, 2011.

〔12〕 陳曉輝, 張慧. 《黃帝內經》部分穴名釋義 [J]. 河南中醫, 2012, 32 (7): 807 - 808.

命名》（2012）[1]、郭鎮宇的碩士論文《中醫歷代"鬼穴"記載考據和使用的研究》（2012）[2]、沈峰《人中穴名探義》（2013）[3]、石雨等《十三鬼穴考辨》（2013）[4]及《千金方腧穴名構詞研究》（2014）[5]、王睿的碩士論文《任脈腧穴命名文化與臨床意義》（2015）[6]。

4.2.2　歷時演變與替換研究

人體詞彙的歷時演變與替換研究開展得很早，早在王力《漢語史稿》第四章"詞彙的發展"中就粗略描述了"臉—面""牙—齒""脚—足""肌—肉"等人體詞彙的歷時替換情況[7]。汪維輝的《東漢—隋常用詞演變研究》一書是較早從詞彙史角度對常用詞進行研究的專著，其中就涉及了"目/眼""涕、泣/淚""足/脚"等人體詞彙[8]。近幾十年來，這方面的論文更是不勝枚舉，如方一新《"眼"當"目"講始於唐代嗎?》（1987）[9]、劉新春的碩士論文《睡覺類動詞的歷史演變研究》（2003）[10]、白利利的碩士論文《"睡覺"類常用詞的歷史演變》（2005）[11]、呂傳峰《"嘴"的詞義演變及其與"口"的歷時更替》（2006）[12]、馮凌宇《漢語人體詞語的

---

　　[1]　李磊，尤傳香. 穴位芻議（一）——論穴位的起源、確立及命名 [J]. 中醫藥通報，2012，11（4）：36 - 38.

　　[2]　郭鎮宇. 中醫歷代"鬼穴"記載考據和使用的研究 [D]. 廣州中醫藥大學，2012.

　　[3]　沈峰. 人中穴名探義 [J]. 光明中醫，2013，28（3）：553 - 554.

　　[4]　石雨，王育林. 十三鬼穴考辨 [J]. 中醫學報，2013（11）：1772 - 1774.

　　[5]　石雨，王育林. 千金方腧穴名構詞研究 [J]. 中醫學報，2014（1）：148 - 150.

　　[6]　王睿. 任脈腧穴命名文化與臨床意義 [D]. 遼寧中醫藥大學，2015.

　　[7]　王力. 漢語史稿 [M]. 北京：中華書局，1980：496 - 501.

　　[8]　汪維輝. 東漢—隋常用詞演變研究 [M]. 南京：南京大學出版社，2002：24 - 57.

　　[9]　方一新. "眼"當"目"講始於唐代嗎 [J]. 語文研究，1987（3）：52 - 53.

　　[10]　劉新春. 睡覺類動詞的歷史演變研究 [D]. 河南大學，2003.

　　[11]　白利利. "睡覺"類常用詞的歷史演變 [D]. 陝西師範大學，2005.

　　[12]　呂傳峰. "嘴"的詞義演變及其與"口"的歷時更替 [J]. 語言研究，2006，26（1）：107 - 109.

演變特點》（2006）[1]、鍾明立《"洟、泗/涕/鼻涕"歷時更替考》（2007）[2]、張雪梅《"腳"有"足"義始於西漢中期》（2007）[3]、李慧賢《"眼"與"目"的詞義演變》（2008）[4]、王任趙《"吃"對"喫"的歷時替換》（2009）[5]、徐磊的碩士論文《漢語"跌倒"類常用詞歷史演變的描寫與解釋》（2010）[6]、王麗麗的碩士論文《漢語"足"類人體詞的歷史演變研究》（2011）[7]、杜升強《"眼睛"流變考》（2012）[8]、尹戴忠《"目""眼""眼睛"歷時演變研究》（2013）[9]、祝子媛《"臉"與"面"的詞義演變研究》（2013）[10]及其碩士論文《三組人體詞語詞義演變的研究》（2013）[11]、李慧賢《指稱脖子的詞語及其歷史演變》（2014）[12]、尹戴忠《關於"目""眼""眼睛"相關問題的商榷》（2014）[13]、

---

〔1〕　馮凌宇. 漢語人體詞語的演變特點 [J]. 武漢大學學報（人文科學版），2006，59（5）：588–592.

〔2〕　鍾明立. "洟、泗/涕/鼻涕"歷時更替考 [J]. 華南師範大學學報，2007（2）：71–74.

〔3〕　張雪梅. "腳"有"足"義始於西漢中期 [J]. 古漢語研究，2007（2）：79–81.

〔4〕　李慧賢. "眼"與"目"的詞義演變 [J]. 漢字文化，2008（5）：81–84.

〔5〕　王任趙. "吃"對"喫"的歷時替換 [J]. 樂山師範學院學報，2009，24（8）：34–36.

〔6〕　徐磊. 漢語"跌倒"類常用詞歷史演變的描寫與解釋 [D]. 華中師範大學，2010.

〔7〕　王麗麗. 漢語"足"類人體詞的歷史演變研究 [D]. 內蒙古大學，2011.

〔8〕　杜升強. "眼睛"流變考 [J]. 重慶科技學院學報（社會科學版），2012（21）：119–121.

〔9〕　尹戴忠. "目""眼""眼睛"歷時演變研究 [J]. 古漢語研究，2013（2）：49–54.

〔10〕　祝子媛. "臉"與"面"的詞義演變研究 [J]. 南寧職業技術學院學報，2013，18（4）：84–88.

〔11〕　祝子媛. 三組人體詞語詞義演變的研究 [D]. 廣西民族大學，2013.

〔12〕　李慧賢. 指稱脖子的詞語及其歷史演變 [J]. 海南大學學報（人文社會科學版），2014，32（2）：66–71.

〔13〕　尹戴忠. 關於"目""眼""眼睛"相關問題的商榷 [J]. 湖南科技大學學報（社會科學版），2014，17（2）：114–118.

何亮《漢語人體/物體部位詞語的空—時語義演變》（2016）[1]；等等。可以看出，"眼""目"的歷時替換一直以來都是學界討論的熱門話題，其他詞彙的歷時演變與替換研究同樣是以頭頸部人體詞彙居多。

在這方面研究中，有一部分學者專門立足於語義場理論對人體詞彙進行歷時考察。運用語義場理論進行研究的方法有助於從詞義之間的相互關係中去探求詞的發展演變，從而對詞義有一個更爲宏觀和系統的把握。這類研究涉及的人體詞彙以面部詞彙、感官感知類詞彙爲主，如解海江等《漢語面部語義場歷史演變——兼論漢語詞彙史研究方法論的轉折》（1993）[2]、吳寶安《西漢"頭"的語義場研究——兼論身體詞頻繁更替的相關問題》（2006）[3]、龍丹《魏晉"牙齒"語義場及其歷時演變》（2007）[4]、侯博的碩士論文《漢語感官詞的語義語法學研究》（2008）[5]、任連明的碩士論文《〈說文解字〉人體義域字研究》（2010）[6]、曾石飛的碩士論文《中古漢語感官感知類動詞語義場研究》（2011）[7]、翟希鈺的碩士論文《漢語"憤怒"類語義場核心動詞演變研究》[8]（2015）。

4.2.3　認知語言學研究

結合傳統文化内涵、文獻記載、實際使用等對人體詞彙的認知動因、隱喻和轉喻意義等認知語言學内容進行探討，是人體詞彙研究的一個鮮明特色。人體詞彙既具有語義的共時性和歷時性、多義性和文化性，又具有隱喻性和轉喻性的個性語義特徵。運用認知語言學理論對人體詞彙進行研究可以解釋

---

〔1〕　何亮. 漢語人體/物體部位詞語的空—時語義演變［J］. 古漢語研究，2016（1）：63–73.

〔2〕　解海江，張志毅. 漢語面部語義場歷史演變——兼論漢語詞彙史研究方法論的轉折［J］. 古漢語研究，1993（4）：85–93.

〔3〕　吳寶安. 西漢"頭"的語義場研究——兼論身體詞頻繁更替的相關問題［J］. 語言研究，2006，26（4）：62–64.

〔4〕　龍丹. 魏晉"牙齒"語義場及其歷時演變［J］. 語言研究，2007，27（4）：62–64.

〔5〕　侯博. 漢語感官詞的語義語法學研究［D］. 南京師範大學，2008.

〔6〕　任連明.《說文解字》人體義域字研究［D］. 廣西師範大學，2010.

〔7〕　曾石飛. 中古漢語感官感知類動詞語義場研究［D］. 寧波大學，2011.

〔8〕　翟希鈺. 漢語"憤怒"類語義場核心動詞演變研究［D］. 廣西師範學院，2015.

很多傳統方法和理論很難解釋的語言現象，突破傳統理論和方法帶來的研究局限。相關論文如郭家銓等《人體的文化語言學透視》（1995）[1]、葉皖林《現代漢語人體方所表達形式》（2001）[2]及《人體方所形式的隱喻解釋》（2005）[3]、李樹新《論人體詞語的文化意蘊》（2002）[4]及《人體詞語的認知模式與語義類推》（2004）[5]、許晉的碩士論文《人體詞語及其文化內涵分析》（2004）[6]、梁茂成《論習語語義形成過程中的隱喻理據——從"面部"說起》（2004）[7]、周健等《"眼"的隱喻説略》（2005）[8]、徐時儀《説"膝"》（2006）[9]、何曉曦的碩士論文《頭部詞語的專指意義》（2006）[10]、程東岳《"臉"的隱喻與轉喻》（2007）[11]、張少姿《漢語人體器官名詞的隱喻研究》（2009）[12]、徐雪婷《人體器官名詞的隱喻與轉喻研究》（2012）[13]、金長斌的碩士論文《〈説文解字〉頁部字文化研

〔1〕　郭家銓，周淑清. 人體的文化語言學透視 [J]. 佛山大學學報，1995，13（5）：93 –99.

〔2〕　葉皖林. 現代漢語人體方所表達形式 [D]. 天津師範大學，2001.

〔3〕　葉皖林. 人體方所形式的隱喻解釋 [J]. 揚州大學學報（人文社會科學版），2005，9（2）：79 –83.

〔4〕　李樹新. 論人體詞語的文化意蘊 [J]. 內蒙古大學學報（人文社會科學版），2002，34（5）：58 –63.

〔5〕　李樹新. 人體詞語的認知模式與語義類推 [J]. 漢字文化，2004（4）：8 –12.

〔6〕　許晉. 人體詞語及其文化內涵分析 [D]. 內蒙古大學，2004.

〔7〕　梁茂成. 論習語語義形成過程中的隱喻理據——從"面部"說起 [J]. 徐州師範大學學報（哲學社會科學版），2004，30（4）：66 –69.

〔8〕　周健，陳萍. "眼"的隱喻説略 [J]. 修辭學習，2005（2）：66 –67.

〔9〕　徐時儀. 説"膝" [J]. 漢字文化，2006（3）：56.

〔10〕　何曉曦. 頭部詞語的轉指意義 [D]. 華中科技大學，2006.

〔11〕　程東岳. "臉"的隱喻與轉喻——基於"臉"的漢英語料對比研究 [J]. 華東交通大學學報，2007，24（3）：151.

〔12〕　張少姿. 漢語人體器官名詞的隱喻研究 [J]. 河北理工大學學報（社會科學版），2009，9（4）：125 –126.

〔13〕　徐雪婷. 人體器官名詞的隱喻與轉喻研究 [J]. 現代語文，2012（10）：88 –89.

究》（2012）[1]、黄碧蓉《人體詞語語義範疇跨界探源》（2012）[2]及《人體詞語語義隱喻性及其制動機制研究》（2013）[3]、趙倩《漢語人體名詞詞義演變規律及認知動因》（2013）[4]、陳希娜的碩士論文《〈文心雕龍〉的人體隱喻研究》（2014）[5]、王曉珺《"眉、眼（目）"族詞語的民俗文化闡釋》（2015）[6]、許燕《多維考察"脚"的隱喻和轉喻》（2015）[7]、隋麗莎的碩士論文《基於認知理論的人體詞"眼/目"及相關詞語研究》（2015）[8]；等等。

4.2.4　多語言的比較

人體詞彙的研究有些還涉及多語言的比較，如章黎平以漢語方言中表示人體器官部位的詞語爲研究對象，從詞形和詞義等方面研究漢語人體詞語在"所指"不變的情況下，其"能指"的方言現狀與歷史演變[9]。除了方言外，還有一些涉及其他國家語言的比較研究，如張鳳《"頭"的文化語義分析：俄漢對比研究》（2004）[10]、李晶《身體詞彙慣用語的中日對比研究》（2005）[11]、趙校民等《英、俄語言中含有人體器官詞彙的慣用

---

〔1〕　金長斌.《説文解字》頁部字文化研究［D］. 江西師範大學, 2012.

〔2〕　黄碧蓉. 人體詞語語義範疇跨界探源［J］. 上海大學學報（社會科學版）, 2012, 29（5）：120–125.

〔3〕　黄碧蓉. 人體詞語語義隱喻性及其制動機制研究［J］. 外語學刊, 2013（6）：39–42.

〔4〕　趙倩. 漢語人體名詞詞義演變規律及認知動因［M］. 北京：中國社會科學出版社, 2013.

〔5〕　陳希娜.《文心雕龍》的人體隱喻研究［D］. 山東大學, 2014.

〔6〕　王曉珺. "眉、眼（目）"族詞語的民俗文化闡釋［J］. 青海師範大學民族師範學院學報, 2015, 26（2）：41–46.

〔7〕　許燕. 多維考察"脚"的隱喻和轉喻［J］. 才智, 2015（3）：278–279.

〔8〕　隋麗莎. 基於認知理論的人體詞"眼/目"及相關詞語研究［D］. 山東師範大學, 2015.

〔9〕　章黎平. 漢語方言人體詞語比較研究［D］. 山東大學, 2011.

〔10〕　張鳳. "頭"的文化語義分析：俄漢對比研究［J］. 解放軍外國語學院學報, 2004, 27（3）：96–100.

〔11〕　李晶. 身體詞彙慣用語的中日對比研究［J］. 日語學習與研究, 2005（002增）：48–52.

語之比較》（2005）[1]、袁眉《英漢有關五官的習語比較》（2007）[2]、趙傑的碩士論文《中日面部詞彙慣用語的對比研究——以"眼""口"爲中心》（2007）[3]、于婷《從體驗哲學的視角看英漢"眼睛"概念隱喻的認知共性》（2010）[4]；等等。

4.2.5 詞源探求與同源比較

"漢語詞源的探求與闡釋是訓詁學的兩個重要研究方面。"[5]漢語詞彙的詞源探求與同源比較多是圍繞漢語核心詞展開的。這些核心詞出現的時間早，使用頻率高，是詞源學研究的重點。人體詞彙是核心詞中重要的組成部分，具有比較好的穩定性，因此從人體詞彙出發對漢語詞源進行探求是一個很好的角度。黄樹先《漢語身體詞探索》一書及其系列相關論文如《漢語核心詞"足"研究》[6]《疾病名與身體部位名》[7]《說"鼻"》[8]《說"手"》[9]《說"膝"》[10]等以一個身體詞所表示的概念爲核心構建起一個同源詞族，對漢語詞彙交替、同義詞庫、同源詞族做了比較廣泛的探索，提出"語義場—詞族—詞"的三級比較法，按詞族"系列"搜羅盡量廣泛的相關詞語，進行同源比較，並結合漢藏語言進行探討。不過這類詞源探求和同源比較的研究還十分有限，有待進一步挖掘。

4.2.6 人體詞彙的綜合考察

亦有一部分學者綜合語義場、語義結構、語法特點、隱喻認知、文化

---

〔1〕 趙校民，張玉娥. 英、俄語言中含有人體器官詞彙的慣用語之比較 [J]. 綏化學院學報，2005，25（5）：138－140.

〔2〕 袁眉. 英漢有關五官的習語比較 [J]. 重慶交通大學學報（社會科學版），2007（6）：117－120.

〔3〕 趙傑. 中日面部詞彙慣用語的對比研究——以"眼""口"爲中心 [D]. 大連海事大學，2007.

〔4〕 于婷. 從體驗哲學的視角看英漢"眼睛"概念隱喻的認知共性 [J]. 黑龍江教育學院學報，2010，29（11）：134－135.

〔5〕 王寧. 漢語詞源的探求與闡釋 [J]. 中國社會科學，1995（2）：167－178.

〔6〕 黄樹先. 漢語核心詞"足"研究 [J]. 語言科學，2007，6（2）：84－90.

〔7〕 黄樹先. 疾病名與身體部位名 [J]. 古漢語研究，2013（3）：51－58.

〔8〕 黄樹先. 說"鼻" [J]. 南陽師範學院學報（社會科學版），2006，5（10）：58－61.

〔9〕 黄樹先. 說"手" [J]. 語言研究，2004，24（3）：114－118.

〔10〕 黄樹先. 說"膝" [J]. 古漢語研究，2003（3）：89－91.

透視等各個方面，對某類人體詞彙進行多角度考察，如馮凌宇的博士論文《漢語人體詞語研究》（2003）[1]、許晉的碩士論文《人體詞語及其文化內涵分析》（2004）[2]、劉金秋的碩士論文《面部器官詞語多角度考察》（2009）[3]、趙斌的碩士論文《漢語"心"族詞語研究》（2010）[4]、豐福華的碩士論文《漢語人體眉眼詞語研究》（2011）[5]、蔡紅《漢語人體下肢名稱研究綜述》（2013）[6]、王曉珺的碩士論文《漢語"眉、眼（目）"族詞語研究》（2013）[7]、劉薇的碩士論文《〈世説新語〉人體詞研究》（2013）[8]。

4.2.7　小結

學界對人體詞彙的研究多集中在語義場、詞義演變等詞彙學研究，和以詞義演變為基礎的認知動因、隱喻和轉喻等認知語言學方面的研究上，詞彙考釋方面的研究較少，此外還有一些比較有特點的詞源探求和多語言比較的系統研究。在這些研究中，學者普遍從常用詞的角度出發對人體詞彙進行研究，且在相關論著中人體詞彙也都是以常用詞的身份出現的，所以研究涉及的人體詞彙便以近現代常用的人體詞彙為主，範圍相對有限，一些疑難、古奧或現代較少使用的人體詞彙便成了研究的空白，並且鮮有對人體詞彙詞義、概念的集中考釋和系統闡發。此外，對人體詞彙進行研究的學者集中在語言學界，這也反映出人體詞彙已被普遍視為常用詞的現狀。可見，對人體詞彙進行研究的空間還很大，有待我們進一步挖掘。

還有一些專題研究既涉及疾病詞彙又涉及人體詞彙，如劉欣然《〈説文解字·肉部〉淺析》（2012）[9]、廖敏的碩士論文《古文字中從肉之字研究》

---

〔1〕　馮凌宇．漢語人體詞語研究［D］．武漢大學，2003．

〔2〕　許晉．人體詞語及其文化內涵分析［J］．內蒙古大學，2004．

〔3〕　劉金秋．面部器官詞語多角度考察［D］．東北師範大學，2009．

〔4〕　趙斌．漢語"心"族詞語研究［D］．廣西師範大學，2010．

〔5〕　豐福華．漢語人體眉眼詞語研究［D］．內蒙古大學，2011．

〔6〕　蔡紅．漢語人體下肢名稱研究綜述［J］．語文學刊，2013（10）：50－52．

〔7〕　王曉珺．漢語"眉、眼（目）"族詞語研究［D］．福建師範大學，2013．

〔8〕　劉薇．《世説新語》人體詞研究［D］．寧波大學，2013．

〔9〕　劉欣然．《説文解字·肉部》淺析［J］．濰坊學院學報，2012，12（3）：30－32．

（2012）[1]和牛會平的碩士論文《〈説文解字注〉肉部研究》（2013）[2]所考察的從"肉"之字中既有人體詞彙如"脣""脛""背""臂""脾""肺"等，又有疾病詞彙如"殽""胗""腄""胝""肬""膌"等；華瑞芳的碩士論文《〈説文解字〉目部字研究》（2013）所考察的《説文》"目"部字中既有人體詞彙如"眥""睡""瞼""眹""眸""眹"等，又有疾病詞彙如"眇""眵""眩""眼""睞""瞤""眚"等[3]。這類研究也是以詞義考釋和詞義演變研究爲主，不出疾病詞彙、人體詞彙研究之窠臼。

4.3 藥物詞彙研究

藥物詞彙研究，主要概括動植物藥的形態特徵、産地、藥用部位、性味功效等內容。之所以説藥物詞彙而不直接説中藥詞彙，一方面是由於動植物中很多都具有藥用價值，中藥的概念略顯狹隘；另一方面，是由於對某種動植物是否是中藥的判定存在爭議，如某些民間藥材未被收入中藥藥典中，但其未必就不是中藥。藥物詞彙研究與中藥學中的中藥研究有相似處，但並不相同。二者都涉及形態特徵、産地、藥用部位、性味功效等，但專業的中藥研究所描述的內容遠比藥物詞彙研究所描述的內容詳細而具體，有的甚至還要經過實驗研究説明其有效成分等，而藥物詞彙研究只是對人們日常能够感知和瞭解的部分進行簡要概括。

4.3.1 名實考證

同人體詞彙一樣，詞義及概念的考察雖然在藥物詞彙研究中占據的份額不大，但是仍然是研究中不可或缺的基礎內容之一。相關研究如宏惠田對部分常用中藥如麻黃、黃連、防風等的名稱進行溯源[4]；吳全學對火麻仁、羊鷺花、酸饃饃、牛涎涎四種中藥進行考釋[5]；石雨等對《備急千金要方》中首見的藥物進行考釋[6]；李墾華等對莕蘿、紫鉚、阿魏等外來藥

〔1〕 廖敏. 古文字中從肉之字研究 ［D］. 廣州大學，2012.

〔2〕 牛會平.《説文解字注》肉部研究 ［D］. 華中科技大學，2013.

〔3〕 華瑞芳.《説文解字》目部字研究 ［D］. 華中科技大學，2013.

〔4〕 宏惠田. 部分中藥名稱溯源 ［J］. 天津藥學，2000，12（2）：36.

〔5〕 吳全學. 中藥名稱考釋四則 ［J］. 中國藥師，2005，8（1）：82-84.

〔6〕 石雨，王育林.《備急千金要方》中首見藥物名考證 ［J］. 西部中醫藥，2015，28（12）：139-141.

物進行名實考證[1]；張秀平等對蝕肬的名義進行考證[2]；吕曉雪等對蘉、芨、堇、蒲、苗等本草的名實進行考證[3]。此外，還有一些針對同類藥物詞彙的名實考證，如王育林等對"×七"式本草名物詞的詞義進行探討[4]；李墾華等對"×參"式本草名物詞的詞義進行探討[5]。

這方面研究還只占少數，藥物名稱混用、不明的情況尚有很多，藥物在不同歷史時期產生的名稱變化也未得到充分的考證，研究空間還很大。

4.3.2　名義探討

藥物詞彙的名義探討研究的主要内容是藥物的命名理據，這方面的探討一直是學界研究的熱點。如趙紅君總結了中藥名稱訓釋的幾種方法，即觀形態、辨顏色、訓命名之因，考藥效、識氣味、解命名之緣，釋故事傳說、訓得名之由，以及考方域産地、解得名之故[6]；譚學寬歸納了中藥名稱命名的幾種由來[7]；譚宏姣在分析"胡"字意義的基礎上，詳細辨析了古漢語植物名"胡×"式的四種詞義類型，並指出以"胡"冠首的古漢語植物並非都來自西域，"胡×"表示"來自西域的×"只是其中一個較大的詞義類型[8]；劉玉等總結歸納了中藥名稱的取名特色[9]；譚宏姣等通過研究古漢語植物名的同名異實現象，總結出這一現象的産生規律，即或狀同形似，或顏色相近，或事理相類，且認爲古漢語植物名同名異實還表現

〔1〕李墾華，王育林．"菴藺""紫鉚""阿魏"考釋 [J]．中華醫史雜誌，2015，45（1）：7－11．

〔2〕張秀平，王育林，李墾華．"蝕肬"的本草名物簡考 [J]．長春中醫藥大學學報，2015，31（6）：1307－1309，1324．

〔3〕吕曉雪，王育林．"蘉""芨""堇""蒲""苗"考證 [J]．中國中藥雜誌，2016，41（17）：3303－3305．

〔4〕王育林，李墾華，尤海燕．"×七"式本草名物詞釋義 [J]．北京中醫藥大學學報，2013（11）：738－740．

〔5〕李墾華，王育林．"×參"本草名釋義 [J]．長春中醫藥大學學報，2017，33（1）：156－159．

〔6〕趙紅君．本草名物訓詁探究 [J]．遼寧中醫學院學報，2000，2（4）：301．

〔7〕譚學寬．中藥名稱命名由來雜談 [J]．湖北中醫雜誌，2002，24（9）：37．

〔8〕譚宏姣．古漢語植物名"胡×"式詞義類型初探 [J]．西域研究，2003（3）：103－107．

〔9〕劉玉，解學超．中藥名稱的取名特色 [J]．新疆中醫藥，2004，22（3）：41－42．

出 "同種同名" "種屬同名" "同科同名"，甚至 "草木同名"，而這一現象
的産生則與人們早期的分類認識有關[1]；譚宏姣通過研究漢語植物名的修
辭造字，指出漢語植物名作爲漢語詞彙的一部分，其命名造詞的基礎是語
言要素，其中修辭造詞法是漢語植物命名的一種主要方法，而漢語植物名
造詞所運用的修辭手法主要包括比擬、借代、避諱等[2]。總之，各家對藥
物詞彙的命名理據往往提出有别於其他人的觀點，研究角度多樣，結論不
乏可取之處。

4.3.3　研究歷史回顧

有些學者立足於對藥物詞彙研究情況進行歷史回顧和總結，其研究内
容以藥物釋名爲主，目前大致有本草釋名和動物釋名兩類。對本草釋名研
究進行回顧的如錢超塵對本草名物的訓詁發展進行了研究，對本草釋名的
概況、《本草綱目》 "釋名" 部分、《本草綱目》引《説文》的内容以及
《本草綱目》文字的正訛等都做了總結概括[3]；王育林探討了清代5位著
名小學家研究本草名物的情形，揭示了他們的成就[4]。對動物名稱研究進
行回顧的如李海霞通過對動物名傳統釋名的研究，指出傳統語文學家對動
物名進行的考源可信率大約是58%，總結出其主要弊病是缺乏論證、音轉
義轉的界限寬泛模糊、意義闡釋不當、與動物特徵不合、明顯地以語流釋
語源、同時認可A和非A兩個語源、簡單沿襲舊説，而産生這些現象的原
因是思維的混沌性[5]。以上學者提出的發展概況、成就和弊病等一般都是
在名義探討的基礎之上對其研究現狀進行總結的結果。

4.3.4　藥物詞彙的綜合考察

藥物詞彙的綜合考察一般是就某部古籍中收載的藥物詞彙進行系統整

〔1〕譚宏姣，李燁，趙麗娜. 古漢語植物名的同名異實研究 [J]. 吉林師範大學
學報，2008（2）：28－30.

〔2〕譚宏姣. 漢語植物名的修辭造字 [J]. 社會科學戰綫，2008（3）：186－
189.

〔3〕錢超塵. 本草名物訓詁發展簡史 [A]. 中華中醫藥學會. 全國李時珍王清任
學術思想研討會論文集 [C]，北京：中華中醫藥學會，2002：9－69.

〔4〕王育林. 論清代小學家的本草名物考證 [J]. 北京中醫藥大學學報，2008，
31（9）：594－599.

〔5〕李海霞. 動物名傳統釋名的弊病 [J]. 渝西學院學報，2002，21（2）：
53－58.

理，對其中特定的某些藥物詞彙綜合進行名實考證和名義探討。

4.3.4.1 古代本草著作中的藥物詞彙研究

這方面研究主要涉及《本草經考注》《本草綱目》和《千金翼方》三部著作。張麗敏重點研究了《本草經考注》名物訓詁中有關聲訓的問題，並對訓詁方法和森立之在本草學上的貢獻、不足等進行了概括[1]。黄巧玲研究了《本草綱目》"釋名"部分的名物訓詁特色，指出《本草綱目》立"釋名"一目，意在解釋藥物的命名理據；在探求藥物獲名緣由的過程中，李時珍汲取了各種語源學的方法，且多有創新，爲名物訓詁做出了一定的貢獻[2]。肖才源羅列了《本草綱目》中收載的"《神農本草經》目録"中的 365 種中藥名稱的古今變易情況，即其從《神農本草經》時代到《本草綱目》時代發生的名稱變化[3]，這實際上是對兩部本草著作中同一藥物詞彙的古今對比研究。張秀平對《千金翼方》中的中藥名物詞進行了系統整理，並對其中有爭議和有特點的中藥名物詞進行了考察[4]。

4.3.4.2 非醫籍中的動植物詞彙研究

雖然非醫籍中記載的動植物屬於詞彙學研究範疇，並未被從醫用藥用角度進行區分，不宜納入藥物範圍，但其包含有很多藥用動植物，對於研究藥物的同名異物和異名同物等有相當的參考價值。研究動植物詞彙非醫籍主要有《爾雅》《説文》《夢溪筆談》《山海經》《詩經》、巴蜀方志等。

（1）《爾雅》《説文》等漢魏時期訓詁專書。趙紅梅分析了《爾雅·釋木》名物詞的理據類型[5]；王興隆等以《爾雅·釋蟲》名物詞爲基礎，通過對散佚在各種文獻中的資料的爬梳，將其理據（包括間接理據）歸爲形體特點、生活習性、於人利害、喻代命名、借稱命名、同義相授、音轉

---

〔1〕 張麗敏. 森立之《本草經考注》名物考據訓詁研究［D］. 長春中醫藥大學，2007.

〔2〕 黄巧玲. 淺議《本草綱目》釋名的名物訓詁［J］. 湖南中醫雜誌，2010，26（4）：109－126.

〔3〕 肖才源.《神農本草經》中藥名稱的古今變易［A］. 中華中醫藥學會. 全國李時珍王清任學術思想研討會論文集［C］. 北京：中華中醫藥學會，2002：70－77.

〔4〕 張秀平.《千金翼方》中藥名物詞研究［D］. 北京中醫藥大學，2015.

〔5〕 趙紅梅，程志兵.《爾雅·釋木》名物詞理據研究［J］. 伊犁師範學院學報，2003，12（4）：42－45.

途徑、合音途徑八大方面[1]；劉京選取了《爾雅・釋草》名物詞中部分詞目，對其進行了釋義理據的分析，並指出在已經考證並分類的理據類型中，形象理據涉及的詞語較多，此外空間理據、習性理據、方言理據也是比較典型的理據類型[2]；孟迎俊主要以名物命名的相對可論證性和漢語詞彙發生積纍的階段性理論爲基礎理論，對《爾雅・釋草》中草本名物詞的命名義進行探求[3]；呂曉雪對漢魏時期的六種訓詁專書《爾雅》《方言》《説文》《釋名》《小爾雅》《廣雅》中的藥物名物詞進行全面搜集整理，並對其中有爭議的藥名進行初步考證[4]。

《爾雅》一書中的《釋木》《釋蟲》《釋草》各篇均包含藥用動植物，故這些研究成果都可被有關動植物詞彙的研究利用。

（2）《夢溪筆談》。王雪槐主要以《夢溪筆談》爲文本，參考李海霞的《漢語動物命名研究》和譚宏姣的《古漢語植物命名研究》，以名物命名的相對可論證性認識和漢語詞彙發生與積纍的階段性理論爲基礎理論，對書中的 274 個動植物名物詞做集中、系統的分析，重點探討了《夢溪筆談》動植物名物詞的造詞方法、歷史源流以及其研究在辭書編纂中的價值[5]。

（3）《山海經》。譚宏姣等從詞彙學的角度對《山海經》中記載的 211 個植物名詞進行構詞研究，總結出該書中植物名詞的一些特點[6]。

（4）巴蜀方志。鮮曉麗根據巴蜀方志中植物名稱的特點，將其命名理據分爲特徵理據、相似理據、功能理據和文化理據四種類型[7]。

（5）《詩經》及其相關古籍。華學誠就《毛詩草木鳥獸蟲魚疏》137 條

〔1〕　王興隆，陳淑梅.《爾雅・釋蟲》名物詞理據探微［J］.徐州師範大學學報，2007，33（3）：65–69.

〔2〕　劉京.《爾雅・釋草》名物詞理據研究［J］.科技資訊，2008（7）：134–136.

〔3〕　孟迎俊.《爾雅・釋草》名物詞研究［D］.廣西師範大學，2010.

〔4〕　呂曉雪.六種漢魏時期訓詁專書藥名研究［D］.北京中醫藥大學，2017.

〔5〕　王雪槐.《夢溪筆談》動植物名物詞研究［D］.重慶師範大學，2009.

〔6〕　譚宏姣，張立成.《山海經》植物名的構詞特點［J］.北京林業大學學報，2005，4（1）：73–77.

〔7〕　鮮曉麗.巴蜀方志植物名命名理據［J］.內江師範學院學報，2010，25（11）：102–106.

名物訓詁中對方言的 80 餘次徵引進行研究[1]；包蕾對《詩經》《楚辭》中的本草名物詞彙進行窮盡式搜集、整理，並考察對比《詩經》《楚辭》的本草名物，明確其名實關係[2]。

可見，非醫籍中記載的豐富的動植物材料可爲我們考釋藥用動植物的名稱、考證其名稱的源流演變等提供重要的參考和旁證。

4.3.5 小結

近年來有關藥物詞彙的研究主要有名實考證、名義探討、歷史回顧等幾個方向。其中，雖然學者對藥物詞彙名義探討關注較多，研究角度也多樣，但研究的創新性較少；歷史回顧方面的研究所占的比重不大，但這種研究亦有必要；藥物詞彙的綜合考察是一個主要方向，但目前的研究也是進行概括性研究的多，考釋的少。藥物詞彙的名實考證則更顯薄弱，其原因主要有兩個方面：一方面藥物詞彙涉及的古籍材料數量十分龐大，這些詞彙不僅出現在專門的藥物學著作中，往往還出現在各類方書、醫案等醫籍中，要把這些材料集中起來並不容易；另一方面這類研究的難度亦較大，藥物詞彙也存在詞義演變的問題，其同名異物和異物同名的現象甚至比疾病詞彙和人體詞彙的更爲多見，很可能某些古籍中的記載本身就是錯誤的，因此需要對紛繁複雜的材料進行條分縷析，去偽存真。由此可見，藥物詞彙的研究尚有很大空間。此外，在中醫基礎理論指導下挖掘、整理、分析、規範中藥名稱，也是當前中醫文獻研究和中藥學研究的重要課題之一，對我們理清藥物名稱的變化、具體內涵以及藥物的性味功效等都有重要意義。

4.4 其他醫學詞彙研究

對其他醫學詞彙較少有進行專門研究的。專著方面如崔錫章《中醫要籍重言研究》（2008）系統地對幾部重要的古醫籍中的重言詞進行整理和釋義[3]。論文方面如張浩生《〈諸病源候論〉重言釋義》（1994）[4]、彭馨

---

〔1〕 華學誠. 論《毛詩草木鳥獸蟲魚疏》的名物方言研究 [J]. 徐州師範大學學報，2002，28（3）：53 - 61.

〔2〕 包蕾.《詩經》《楚辭》本草名物訓詁研究 [D]. 北京中醫藥大學，2017.

〔3〕 崔錫章. 中醫要籍重言研究 [M]. 北京：學苑出版社，2008.

〔4〕 張浩生.《諸病源候論》重言釋義 [J]. 成都中醫學院學報，1994，17（2）：18 - 21.

《〈太素〉"盼盼"考》（2006）[1]、張亭立《論〈黃帝内經太素〉中的"渾渾"》（2010）[2]、李麗等《〈足臂十一脈灸經〉"牧牧"考》（2016）[3]、李塈華等《古醫籍"洒洒"及相關詞彙研究》（2017）[4]。此外，某些專題研究，如陳增岳《隋唐醫用古籍語言研究》[5]、沈澍農《中醫古籍用字研究》[6]、郭穎《〈諸病源候論〉詞語研究》[7]等亦涉及相關醫學詞彙的考釋。但從總體上看，這方面研究的數量和其所涉及的範圍仍然較爲有限。

　　除了以上所述的對疾病詞彙、人體詞彙、藥物詞彙等進行分類研究的文章外，還有一些對專書中醫學詞彙進行綜合研究的碩、博士論文，如李塈華《三種〈一切經音義〉醫學名物詞研究》（2013）[8]及《隋唐五代醫書與佛經音義醫學詞彙比較研究》（2017）[9]、石雨《〈備急千金要方〉醫學名物詞研究》（2014）[10]、肖雄《〈廣韻〉醫學名物詞研究》（2015）[11]、孟小燕《〈十三經注疏〉醫學詞彙研究》（2016）[12]、李麗《〈馬王堆漢墓帛書（肆）〉醫學詞彙研究》（2016）[13]等。這些論文對某些專書中的醫學詞彙進行了專門的搜集整理，可爲醫學詞彙的進一步研究提供一些參考

〔1〕　彭馨.《太素》"盼盼"考［J］. 南京中醫藥大學學報（社會科學版），2006，7（3）：150－152.

〔2〕　張亭立. 論《黃帝内經太素》中的"渾渾"［J］. 遼寧中醫藥大學學報，2010，12（1）：30－31.

〔3〕　李麗，王育林.《足臂十一脈灸經》"牧牧"考［J］. 吉林中醫藥，2016，36（4）：421－425.

〔4〕　李塈華，王育林. 古醫籍"洒洒"及相關詞彙試析［J］. 吉林中醫藥，2017，37（12）：1286－1290.

〔5〕　陳增岳. 隋唐醫用古籍語言研究［M］. 廣州：廣東科技出版社，2006.

〔6〕　沈澍農. 中醫古籍用字研究［M］. 北京：學苑出版社，2007.

〔7〕　郭穎.《諸病源候論》詞語研究［D］. 浙江大學，2005.

〔8〕　李塈華. 三種《一切經音義》醫學名物詞研究［D］. 北京中醫藥大學，2013.

〔9〕　李塈華. 隋唐五代醫書與佛經音義醫學詞彙比較研究［D］. 北京中醫藥大學，2017.

〔10〕　石雨.《備急千金要方》醫學名物詞研究［D］. 北京中醫藥大學，2014.

〔11〕　肖雄.《廣韻》醫學名物詞研究［D］. 北京中醫藥大學，2015.

〔12〕　孟小燕.《十三經注疏》醫學詞彙研究［D］. 北京中醫藥大學，2016.

〔13〕　李麗.《馬王堆漢墓帛書（肆）》醫學詞彙研究［D］. 北京中醫藥大學，2016.

資料。

　　因此，在醫學理論知識指導下，利用文獻考據方法，結合語言學資料，系統地挖掘、整理、分析、規範醫學詞彙，是當前醫學詞彙研究的主要方向，對我們研讀古醫籍、研究疾病史和漢語詞彙史都有重要意義。

第二章 三種《音義》
醫學詞彙的研究價值

　　三種《音義》是解釋佛經中難讀難解字詞的音義類訓詁學著作，其編纂者既精研小學，又精通梵語，普遍具有較深厚的語言文字學功底。佛經音義的編纂宗旨及其編纂者的整體素質客觀上促使佛經音義對於語言文字學方面的研究具有重要的參考價值，這也是近年來學界最爲關注的一個方面。我們選取其中與醫學相關的內容展開研究，也就必然對其在醫學研究方面的價值有所挖掘和闡發，希冀爲相關研究提供一些可供參考的材料。

第一節　三種《音義》醫學詞彙與漢語醫學詞彙研究

　　三種《音義》收載了豐富的醫學詞彙。其對醫學詞彙的注釋不同於古醫籍中以探源爲主的研究，注重醫學詞彙的直觀表現和實用價值。其記載的內容又不如古醫籍中理法方藥般詳盡，是當時普遍認知的一種縮影。因此，對三種《音義》中的醫學詞彙進行研究主要具有以下幾方面優勢及價值。

1　可爲漢語醫學詞彙釋義和研究提供重要參考資料

　　三種《音義》保存了豐富的人體詞彙、疾病詞彙、藥物詞彙、性狀詞等醫學詞彙資料，可爲漢語醫學詞彙釋義和研究提供重要參考資料。
　　張舜徽（2009）指出：“佛經到了唐代，已臻極盛，而參與譯經工作的高僧們，有些是很有學問的，特別對於文字、聲韻、訓詁之學，造詣較深，這自然是他們在譯經工作中取得成績的有利因素。如慈恩寺翻經沙門玄應所撰《一切經音義》二十五卷，其後沙門慧琳更廣撰《一切經音義》一百卷，都體現他們根柢深厚，搜羅廣博。在今天看來，這些書便成爲古代文字、聲韻、訓詁書籍的淵藪，是輯佚工作的重要依據。"[1]三種《音義》是歷史上重要的訓詁學著作，而其對醫學詞彙研究的重要意義在於保存了數以百計的人體詞彙、疾病詞彙、藥物詞彙、性狀詞等醫學文獻資料。三種《音義》不僅摘録了這些醫學詞彙，還對其進行了釋義。三種《音義》廣泛徵引歷代辭書、文獻，包括《脈經》《蘇敬本草》《吳普本草》等中醫古籍，對醫學詞彙進行訓釋，可爲漢語醫學詞彙釋義和研究提供可供參考的有價值的文獻資料和證據。試舉一例如下。

【哎咀】

"哎咀"一詞，在三種《音義》中出現4次，條文如下。

> 哎咀　方父反，又音撫，下側吕反。謂以物拍碎也。（《玄應音義》卷7《正法華經》第3卷）
> 哎咀　方父、側吕反。哎咀，拍碎也。（《玄應音義》卷11《增一阿含經》第47卷）
> 哎咀　上音甫。下將與反。（《慧琳音義》卷35《蘇悉地經》）
> 哎咀　方父、側吕反。哎咀，拍碎也。（《慧琳音義》卷52《增一阿含經》第47卷）

按：關於"哎咀"的含義，學界曾經有過不小的爭論。《醫古文知識》雜誌曾載田樹仁和楊逢彬兩位學者關於"哎咀"一詞考辨的三篇文章，兩人觀點不同，田氏主張"哎咀"本爲"父且"，楊氏則認爲"哎咀"就是《説文》中的"哺咀"。

"哎"字《説文》《玉篇》中均無。《廣韻·虞韻》："哎，哎咀。"又："哎，哎咀，嚼也。又音甫。"根據《廣韻》中的訓釋"哎"似是咀嚼之義。《本草綱目》注："〔恭曰〕哎咀，商量斟酌之也。〔宗奭曰〕哎咀有含味之

---

〔1〕　張舜徽. 中國文獻學〔M〕. 上海：上海古籍出版社，2009：148.

意，如人以口齒咀齧，雖破而不塵。古方言㕮咀，此義也。﹝杲曰﹞㕮咀，古制也。古無刀，以口咬細，令如麻豆煎之。"書中引用的李杲、寇宗奭均認爲"㕮"指用口嚼細，蘇恭則認爲"㕮"指商量斟酌。"㕮咀"一詞在方書中多見，如《傷寒論》桂枝湯方："右五味，㕮咀三味，以水七升，微火煮取三升，去滓，適寒温，服一升。"《肘後備急方》卷 2《治卒霍亂諸急方第十二》："又方，生薑若干薑一二升，㕮咀，以水六升，煮三沸，頓服。"類似的例子不勝枚舉。如果將"㕮咀"解釋爲用口嚼細，那麽藥物在煎煮之前都用口嚼細極不合常理。如果解釋爲商量斟酌，不僅失之牽强，而且"㕮"和"咀"本身都沒有商量斟酌的含義，缺乏文獻證據。今又有劉渡舟、錢超塵引《名醫別録》之言"凡湯酒膏藥舊方皆云㕮咀者，謂秤畢搗之如大豆，又使吹去細末是也"，將"㕮咀"注釋爲"本義爲咀嚼。將生藥於臼中搗碎，令如嚼碎之狀，故亦謂之㕮咀"，將咀嚼與搗碎之義並舉。

但是通過《玄應音義》中的注釋我們可以知道，"㕮咀"實際上指的是用物體將藥物拍碎，與咀嚼、商量無關。玄應在訓釋該詞時並沒有將其分別注釋，也沒有引用《説文》等辭書關於其中單字的注解，"㕮"爲虞韻，"咀"爲語韻，"㕮咀"很可能是一個疊韻聯綿詞。古人在煎煮藥物之前，需要先將藥物弄碎，從現代科學的角度上説，這樣有利於藥物有效成分的充分析出，這應是實踐經驗積纍的結果，體現了古人的智慧。第九版《醫古文》教材將該詞解釋爲"將藥物切細搗碎，如同咀嚼"，誤矣。"㕮咀"是拍碎，而非切碎或搗碎。

近代又有學者通過對《武威漢代醫簡》中"父且"一詞的考證，認爲"父""且"應分別爲"斧""俎"的初文，"父且"是"㕮咀"的正字，指的是以刀斧及砧板將藥物砸碎或切碎[1]。我們比較支持這一觀點，"父""且"二字上古音皆爲魚部，"父且"爲疊韻聯綿詞。"父"是"㕮"的本字。"父"的古文字字形作"𠓛""𠬻"，象斧頭之形，爲"斧"的初文。因此，"㕮咀"是用刀斧將藥物拍碎之義。

綜上，"㕮咀"是指用物體將藥物拍碎，與咀嚼、商量無關，而"㕮咀"古又作"父且"，"父且"是"斧俎"的初文，又進一步説明了"㕮

﹝1﹞　何茂活.《武威漢代醫簡》"父且"考辨 ﹝J﹞. 中醫文獻雜誌，2004（4）：21.

咀”指的是以刀斧將藥物拍碎。

從上例可見，三種《音義》中收載的醫學詞彙及其訓釋有助於醫學詞彙的釋義和研究，可惜這些材料尚未引起學界足夠的重視，故本書即旨在揭示三種《音義》在醫學詞彙研究上的價值。

2　可藉以瞭解醫學詞彙演變

三種《音義》反映了中古時期醫學詞彙的語言特點，可藉以瞭解醫學詞彙演變。

學界將漢語中古時期界定爲東漢至隋，西漢可以看作是漢語從上古時期到中古時期的過渡期，初唐、中唐可以看作是漢語從中古時期到近代的過渡期[1]。三種《音義》正處於唐五代漢語從中古時期向近代發展的過渡時期，其所收載的詞彙和注釋的內容反映了中古時期醫學詞彙的語言特點，並可上溯秦漢，下窺明清，藉以瞭解醫學詞彙的演變軌跡。三種《音義》中記載的人體詞彙和疾病詞彙各有近兩百個，藥物詞彙則有兩百多個，其他醫學詞彙也有數十個。三部書成書年代較早，所釋佛經基本上都爲中古時期的譯經，故在一些方面可與《內經》《傷寒論》等漢代醫學經典相比勘。它們還直接引用了《脈經》《新修本草》等中醫古籍進行注釋，故對研究唐五代及唐五代以前疾病詞彙、人體詞彙、藥物詞彙等醫學詞彙與疾病史發展、本草學發展，以及中醫學古籍的校勘都有重要價值。試舉一例如下。

【呀嗽】

“呀嗽”一詞《外臺秘要》凡三見，卷38《石發熱嗽冲頭面兼口乾方六首》：“療上氣肺熱，呀嗽沸唾方。”“療肺脹氣急，呀嗽喘粗，眠臥不得，極重恐氣即絕，紫菀湯方。”“宜服丸，主上氣呀嗽不得臥，臥即氣絕方。”《千金翼方》凡二見，卷19《雜療第八》：“苦瓠瓢主水腫石淋，吐呀嗽囊結痎蠱痰飲，或服之過分，令人吐利不止，宜以黍穰灰汁解之，又煮汁漬陰療小便不通。”《大腸病第八》：“呀嗽，灸兩屈肘裏大橫文下頭，隨年壯。”直至宋代《聖濟總錄》中仍有該詞。對於該詞的含義，陳增岳認爲：

---

〔1〕　王雲路. 中古漢語詞彙研究的回顧與思考［A］. 王雲路. 中古漢語論稿［C］. 北京：中華書局，2011：127.

"程敬通曰：'呀音鰕，張口也。'高文鑄云'呀嗽'疑即'呷嗽'。二説是，呀是借音字。"[1]三種《音義》中即收載有"呀嗽"一詞。

> **呀癦** 許牙反，下蘇豆反。上氣病甚曰呀，字從口也。（《玄應音義》卷22《瑜伽師地論》第23卷）

按："癦"爲"嗽"的異體字，指咳嗽。"呀"，《説文》中無。《玉篇·口部》："呀，虛牙切。大空貌。又哈呀張口貌。"《廣韻·麻韻》："呀，吧呀。""呀，哈呀，張口貌。又呀呷也。""呀"有空曠貌、張口貌等義。但根據三種《音義》中的記載，"呀"可指"上氣病甚"。《周禮·天官·疾醫》中有"冬時有嗽，上氣疾"之文，因此"呀嗽"即指咳嗽嚴重者。玄應既没有用張口之義來注釋"呀"字，亦没有指出其有通假的情況存在，且若用張口修飾咳嗽顯然多此一舉。又，《外臺秘要》卷9《呷欬方二首》："《病源》：呷欬者，猶是欬嗽也，其胷膈痰飲多者，欬則氣動於痰，上搏咽喉之間，痰氣相擊，隨欬動息，呀呷有聲，謂之呷欬，其與欬嗽大體雖同，至於投藥則應加消痰破飲之物，以此爲異耳。"此處有"呀呷有聲"之説，則"呀呷"應指喉嚨發出的一種聲音，"呀"用在咳嗽這種病證上並不是指張口，因而程敬通和高文鑄的釋義有誤。"呀嗽"很可能只是唐時民間的一種方言俗語，與《諸病源候論》所説的"呷欬"同，指嚴重的咳嗽。

由此可見，三種《音義》中保存的大量醫學詞彙和醫學材料，能比較全面地反映出唐五代，甚至唐代以前的醫學概貌，反映出中古時期醫學詞彙的語言特點，爲我們研究醫學詞彙演變和醫學史提供豐富的史料。

3 可爲古醫籍的整理和注釋提供更多參考和佐證材料

醫學詞彙有雅俗並存的特點，其中有很多是方言俗語詞，不被正統辭書文獻所收載，而歷史上很多醫家的注釋都擺脱不了無根據的臆斷成分，這嚴重影響了古醫籍的整理和閱讀，並進而造成傳統醫學繼承和發展的諸多障礙。然而"漢譯佛經的語言在一定程度上反映了漢末以後數百年間漢

---

〔1〕 陳增岳. 隋唐醫用古籍語言研究［M］. 廣州：廣東科技出版社，2006：179.

語的實際情況，彌補了這一時期其他漢語典籍中方俗口語材料的不足，提供了研究漢語實際語言變化的寶貴材料"[1]。三種《音義》收載的大量東漢至唐宋時出現的方言俗語詞，是研究這一時期方言俗語詞的寶貴材料，可爲解決一些古醫籍中長期爭論不休的問題提供確證。因此，三種《音義》醫學詞彙研究有助於古醫籍的整理和注釋。試舉一例如下。

【擗地—躃地】

"擗地"一詞見於《傷寒論》卷3："太陽病發汗，汗出不解，其人仍發熱，心下悸，頭眩，身瞤動振振，欲擗地者，真武湯主之。"其含義衆説紛紜。"擗"字《説文》無，《玉篇·手部》："擗，脾役切。拊心也。《詩》曰：寤擗有摽。亦作辟。"《廣韻·昔韻》："擗，撫心也。"因而有學者就認爲"擗地"爲捶打胸部之義。又有學者認爲"擗"有倒仆之義，如丹波元簡《傷寒論輯義》云："'擗'字與'躃'通，倒也。見唐·慧琳《藏經音義》。"[2]山田正珍《傷寒論集成》云："按，《法華經·信解品》云：轉更惶怖，悶絶躄地。唐·慧琳《音義》云：躄，脾役反，倒也。"[3]他們雖然都提到了《慧琳音義》，但却都只看到其中有關"躄"或"擗"單字的解釋，然而事實上，《慧琳音義》中還有這樣的條文：

> 擗地　上毗亦反。案，擗地者，以哀痛故自投身於地，宛轉號哭，痛苦之甚也。從手辟聲也。（《慧琳音義》卷29《金光明最勝王經》第10卷）

此條慧琳的案語很明確地指出了"擗地"一詞是一種哀傷痛苦至極而自投身於地，婉轉嚎哭的行爲表現。"擗地"與捶胸毫無關係，也不是無意識的摔倒，而是一種自發行爲，這與文中"欲擗地"之"欲"互相印證。《傷寒論》用"擗地"一詞旨在形容患者痛苦之甚。此外，"擗地"正作"躃地"，三種《音義》條目中有五處寫作"躃地"，三處寫作"擗地"，除了以上一條外，其餘兩處作"擗地"中的"擗"均釋爲撫心、捶胸之義：

〔1〕　徐時儀. 玄應和慧琳《一切經音義》研究［M］. 上海：上海人民出版社，2009：393.

〔2〕　（日）丹波元簡. 傷寒論輯義［M］. 北京：人民衛生出版社，1956：103.

〔3〕　（日）山田宗俊. 傷寒論集成［M］. 北京：人民衛生出版社，1957：110.

　　擗地　上脾役反。撫心也。有作擗，倒。有作僻，匹尺反，邪也。非此義。(《慧琳音義》卷27《妙法蓮花經》《信解品》)

　　擗地　上房益反。《字林》云：擗，撫擊也。《爾雅》云：擗，撫心也。郭注云：謂椎胸也。(《希麟音義》卷7《普遍光明無能勝大明王大隨求陀羅尼經》卷下)

與"投身於地"的説解相應的應是"躃"字，如：

　　躃地　脾役反。謂躃倒也。(《玄應音義》卷2《大般涅槃經》第6卷)

　　躃地　上脾役反。《玉篇》：躃，倒也。(《慧琳音義》卷25《涅槃經》第6卷)

　　躃地　上脾亦反。《韻略》：躃，倒也。《説文》作躄，云人不能行也。從止辟聲也。(《慧琳音義》卷40《如意輪陀羅尼經》)

玄應和慧琳都指出"躃"有倒、仆之義，故"躃"爲正字，"擗"爲通假字。明確了這一點，《傷寒論》中"擗地"的含義也就明確了。

三種《音義》醫學詞彙的材料是相當豐富的，且其處在唐宋的特殊歷史時期，上承秦漢，下啓明清，是當時重要古籍文獻的資料彙編，集文字、音韻、詞彙、訓詁、文獻等價值於一身，不管是對中醫古籍文獻的整理校注，還是對傳統語言文字學的研究，都具有無可替代的重要價值。

第二節　三種《音義》醫學詞彙與詞彙史研究

雖然佛經本身就包含有豐富的詞彙語料，但三種《音義》"集漢文佛典語詞之大成，對這些語料做了爬梳和歸納，既有其所釋佛經的點上的語料，又有各個點間的繫聯綫索，較爲全面地反映了其時共時詞語研究的狀况。因爲在反映語言的演變上，可以説《一切經音義》的記載要比佛經本身的記載更勝一籌，在某種意義上也可以説是對中古漢語詞彙的一個較爲全面的總結，客觀上如實反映了中近古漢語詞彙的發展和演變概貌，使人們從中能真切地瞭解這些處於成長過程中的新的語言成分，觀測到語言的動態變化和新詞義成分的變遷過程。"[1]因此，三種《音義》收載的豐富的詞彙材料爲詞彙史研究尤其是中近古漢語詞彙的發展演變提供了參考。醫學詞彙是漢語詞彙的重要組成部分，對這一部分詞彙進行專門而集中的研究，可以解決詞彙史研究中專業詞彙研究的一大部分難題。

1 單音詞到複音詞的演變

佛經音義的"詮釋對象自東漢至宋遼，囊括了整個佛經翻譯的歷史，而這一段，正是漢語史上漢語從上古轉向中古，又由中古發展至近代的重大歷史時期。在漢語史上，還沒有哪一種語文工具書能像佛經音義那樣完整、客觀地反映這一歷史時期的語言史實，其中特別是漢語雙音化的現象"[2]。由此可見，三種《音義》的記載可爲漢語古今詞彙演變的歷史研究提供豐富的語料綫索。

漢語詞彙複音化是漢語詞彙史上的一大進步，對此後數千年漢語詞彙的發展具有深遠的意義。"古代漢語以單音詞爲主，基本上一個字就是一個詞。這個詞在後來漢語詞彙的發展中往往就變作構成一個新的合成詞的語素（詞素）。由幾千個詞素便能構成數萬乃至數十萬條詞，滿足語言不斷增長的產生新詞的需要。"[3]漢語詞彙複音化建立在單音詞基礎上，"所以絕大部分的新詞都是由原有材料按原有格式的重新組合，是似曾相識的東西"[3]。這就是爲什麼往往只要我們掌握了單音詞的含義，就容易理解由其構成的複音詞的含義。雖然三種《音義》絕大部分以複音詞爲字目，但其注釋卻以單音詞爲主，這在很大程度上印證了構成新詞的這種基本模式，也是漢語詞彙複音化進程的一個重要階段。

漢語詞彙複音化的途徑有很多，"其中，片語的凝固化，也就是由原來

---

〔1〕 徐時儀. 玄應和慧琳《一切經音義》研究 [M]. 上海：上海人民出版社，2009：381.

〔2〕 梁曉虹，徐時儀，陳五雲. 佛經音義與漢語詞彙研究 [M]. 北京：商務印書館，2005：114.

〔3〕 王育林. 中醫古籍閱讀學 [M]. 北京：高等教育出版社，2008：76.

的兩個單音詞作爲詞素複合構成一個新的合成詞，這種情況最爲常見"[1]。
然而兩個單音詞複合構成複音詞仍然是一個複雜的過程，複音詞能否得以
廣泛使用的一個重要因素就在於詞彙是否具有凝固性。"佛經音義從佛經中
收錄的詞語，多以二字爲主，主觀上是爲了便於查找，客觀上則是東漢以
來漢語由單音詞向複音詞發展的趨勢在佛經翻譯中的如實反映。"[2]與玄應
和慧琳《音義》同時期的陸德明《經典釋文》在選詞立目時多選擇單字，
即便是選取複音詞也極爲隨意，沒有一定的標準，甚至沒有考慮詞彙的結
構，不管成不成詞均予摘取。玄應、慧琳、希麟在選詞立目時以雙音節詞
或片語爲主，其中很多合成詞至今沿用，可見他們已經有了詞彙學的概念，
已經充分考慮到詞彙的凝固性。

醫學詞彙複音化同樣也是漢語詞彙複音化的一個縮影，現以"惡露"
一詞爲例說明。

【惡露】

佛經中的"惡露"泛指不乾凈的液體，這種液體不一定來自於人，自
然界中其他不乾凈的液體亦可稱爲"惡露"，如：

> 譬如稻田禾稼具熟，而有惡露災氣，則令善穀傷敗。(《中本
> 起經》[3]卷下)
> 在家者與婦人相見心不樂憙，常懷恐怖，與婦人交接，念之
> 惡露臭處不净潔，非我法也。(《道行般若經》[4]卷6)

"惡露"的這一詞義出現和使用得很早，東漢時期的《金匱要略》中亦
有該詞：

> 産後七八日，無太陽證，少腹堅痛，此惡露不盡，不大便，
> 煩躁發熱，切脈微實，再倍發熱…… (《金匱要略·婦人産後病脈

---

[1] 王育林. 中醫古籍閱讀學 [M]. 北京：高等教育出版社，2008：78.
[2] 梁曉虹，徐時儀，陳五雲. 佛經音義與漢語詞彙研究 [M]. 北京：商務印
書館，2005：442.
[3] 後漢西域沙門曇果共康孟詳譯.
[4] 後漢月支國三藏支婁迦讖譯.

證並治第二十一》）

　　此處"惡露"特指婦女産後胞宫内遺留的血和濁液（亦是不乾净液體的一種）。可見"惡露"一詞至少在東漢時期已經是一個較爲固定的複音詞了，因此，慧琳很自然地摘録了"惡露"作爲字目。

　　　　惡露　上烏故反。《考聲》云：惡猶憎嫌也。《周易》云：愛惡相功。《禮記》云：惡猶臭也。《毛詩傳》云：無見惡於人也。（《慧琳音義》卷54《摩鄧女經》）
　　　　惡露　上烏固反。顧野王云：惡猶憎也。《玉篇》云：惡露，洩漏無覆蓋也。形聲字。經從人作傿露，俗字，非正體。（《慧琳音義》卷75《道地經》）

　　但是慧琳在訓釋中却重點對"惡"進行注釋，而對"惡露"一詞並未做出説明，僅引用《玉篇》言"惡露"指"洩漏無覆蓋"，即暴露之義，而今本《玉篇》無此。這種情况的出現，很可能是由於"惡"字的義項繁多，讀音又有差異，慧琳所釋應該是"惡"字用於"惡露"一詞時的含義。其既認識到"惡露"一詞的凝固性，又關注構成新詞的基本詞素，强調該複音詞的得名之由，這應該是漢語詞彙雙音化進程中的一種自我調適。

　　一般認爲，漢語詞彙複音化與佛經翻譯密切相關，中古時期大量産生的口語新詞也爲雙音化奠定了基礎。梁曉虹等藉助佛經音義的材料對漢語雙音化的表現形式進行了研究，認爲其主要有以下三種表現形式：①因譯經之需而産生的外來詞向雙音化靠攏；②藉佛教傳播而出現的意譯詞以雙音爲主；③應時産生的口語新詞爲雙音化奠基。[1] 前兩者與佛經翻譯相關，而佛經翻譯中突出的口語化現象也爲大量方言俗語詞的溯源提供了綫索。因此，我們又可以從外來詞研究、方言俗語詞研究上認識三種《音義》對詞彙史研究的價值。

---

　　〔1〕梁曉虹，徐時儀，陳五雲. 佛經音義與漢語詞彙研究 ［M］. 北京：商務印書館，2005：123－144.

2　大量收録外來詞

　　中古迄唐的譯經是漢語吸收外來詞的第一次高潮，而佛經音義收録外來詞在古代辭書中可謂首屈一指[1]。隨着佛經中外來語的大量出現和不斷增多，一些梵漢雙語字典和外來語辭典也就産生了，如梁代寶唱的《翻梵語》、唐代義净的《梵唐千字文》、唐代全真的《唐梵文字》等。三種《音義》也收載了不少外來詞，並對這些外來詞進行了解釋説明，在某種程度上也具備了雙語詞典的功能，在外來語研究上具有一定價值。據統計，《慧琳音義》收録外來詞約3200條，約占全書收載詞條總數的12%。其中除玄應一千多條、慧苑一百多條、雲公一百多條、窺基一百多條以外，慧琳自己撰有一千七百多條外來詞，約占《慧琳音義》所收慧琳自撰詞條總數的8%[2]。《希麟音義》收録外來詞約299條，占《希麟音義》所收詞條總數的17%[3]。就醫學詞彙而言，我們在前面論説三種《音義》醫學詞彙的特點時已經提到，三種《音義》也收載和注釋了不少域外養生保健、外來藥物和外來病證等的相關詞彙。這些詞彙既是醫學詞彙的一個組成部分，也是漢語外來詞的重要組成部分，其中一部分或進入醫書中流傳和使用，或發生漢化和俗化，或以不同詞形變體的面貌出現在傳世文獻中。三種《音義》中收載的相關材料可爲這些外來詞的考察提供重要參考，這在後文還有專門論述，此不贅述。

3　方言俗語詞研究

　　蔣禮鴻在談到中古漢語詞彙的特徵時就曾提到漢譯佛經具有研究價值，他説："所謂'中古漢語'，和前漢以上的'上古漢語'有不同的地方，那就是它的語彙的口語化。這個口語化的現象表現在漢譯佛經、小説、書簡等方面。因爲書簡稱心而談，不藉藻飾；佛經譯語和小説則要適應一般市

　　〔1〕　梁曉虹，徐時儀，陳五雲. 佛經音義與漢語詞彙研究 ［M］. 北京：商務印書館，2005：188.
　　〔2〕　徐時儀. 慧琳音義研究 ［M］. 上海：上海社會科學院出版社，1997：84.
　　〔3〕　梁曉虹，徐時儀，陳五雲. 佛經音義與漢語詞彙研究 ［M］. 北京：商務印書館，2005：190.

民的領受能力，需要采用通俗的語言。這都是很自然的。"[1]蔣禮鴻所説的中古漢語的口語化特徵，主要體現在方言俗語詞的研究上，漢譯佛經在這方面研究上的價值是毋庸置疑的。三種《音義》則對這些方言俗語詞進行訓釋，價值巨大，更應得到重視和肯定。不過三種《音義》中的方言俗語詞應該也有時代之分，有些確爲當時的方言俗語詞，有些則是前代使用而在唐五代時期已經成爲通用語的詞彙[2]，而三種《音義》的編纂者大多並未對此做出説明，故還應結合其他文獻考證，仔細甄別。關於三種《音義》與方言俗語詞研究在後文亦有專門論述。

第三節　三種《音義》醫學詞彙與佛教醫學研究

古代學者對域外文獻的整理主要集中在兩個大的時期，其中之一就是隋唐時期。此時期學者們對由印度傳入的佛典進行了翻譯整理。佛典的翻譯，實際上早在後漢桓、靈時期便已有了。佛教自傳入中國以來，就對中國傳統文化產生了巨大的衝擊和深遠的影響。佛典内容非常豐富，包括信仰觀念、道德規範、文學藝術等社會精神文化内容和商業、醫學、生產等物質文化内容，對時代生活有廣泛的涉及[3]。通過對三種《音義》中的醫學詞彙進行研究，我們發現，一方面如前所述，佛經音義收載了許多古籍文獻中對人體生理病理、病因病機、病證表現、藥物功效主治等的記載，可與傳世古醫籍相比勘；另一方面，佛教、佛經和佛醫對中醫學產生的影響不可小覷。三種《音義》可從一個側面幫助我們瞭解這種影響的產生及演變。現以"阿伽陀藥"爲例説明。

【阿伽陀藥】

《千金翼方》卷21《萬病》中有"阿伽陀藥"主諸種病。"阿伽陀藥"以往醫書不載，然三種《音義》記有此藥，並對其加以解説。

---

〔1〕　王雲路. 中古漢語語詞例釋［M］. 長春：吉林教育出版社，1992：1.

〔2〕　如引自楊雄《方言》、服虔《通俗文》的很多方俗語詞在唐五代時已經成爲通用語。

〔3〕　朱慶之. 佛典與中古漢語詞彙研究［M］. 臺北：文津出版社，1992：4.

阿揭陀藥 亦言阿竭陀，或云阿伽陀，梵言訛轉也。此云丸藥。《玄應音義》卷23《攝大乘論》第6卷）

阿揭陀藥 阿，此云普也；揭陀，云去也。言服此藥者，身中諸病普皆除去也。又云阿，無也；揭陀，病也。服此藥已更無有病，故名之耳。(《慧琳音義》卷21《花嚴經》第13卷)

阿伽陀藥 此云無病藥也，謂有藥處必無有病也。(《慧琳音義》卷23《花嚴經》第78卷)

阿竭陀藥 阿云普，竭陀云去，言般此藥普去衆疾。又阿言者無，竭陀云價，謂此藥功高，價直無量。(《慧琳音義》卷25《涅槃經》第6卷)

從以上幾條中可見，"阿伽陀藥"又作"阿揭陀藥"或"阿竭陀藥"。"阿揭陀"（"阿竭陀"）有兩種含義：其一，"阿"指普、普遍，"揭陀"（"竭陀"）指除去，"阿揭陀"（"阿竭陀"）的意思就是諸種疾病普遍都能除去；其二，"阿"指無，"揭陀"（"竭陀"）指價值，"阿揭陀"（"阿竭陀"）的意思就是無價。總而言之，"阿揭陀藥"（"阿竭陀藥"）是一種能除去人身諸種疾病的丸藥。"阿伽陀藥"是梵語音譯所致的不同詞形。"伽"，在《廣韻》中爲群母戈韻；"揭"，在《廣韻》中有六讀，分別爲溪母祭韻、見母月韻、群母月韻、群母薛韻、溪母薛韻和見母薛韻；"竭"，在《廣韻》中有兩讀，爲群母月韻和群母薛韻。則"揭陀"之"揭"或"竭陀"之"竭"當讀爲群母薛韻，與"伽"韻母不同，戈韻與薛韻爲陽入對轉，故玄應言其爲"訛轉"。《千金翼方》中所言其主諸種病實際上就是該藥梵語名稱的得名之由。此外，玄應還明確指出其爲丸藥。

三種《音義》中還有一些體現佛教醫學對人體生理認識的內容，如：

五堆 當果反。其胎中精自分聚五處名之爲堆，或名五疱。……(《慧琳音義》卷75《道地經》)

此條體現了佛醫對胎兒形成過程中某一階段的認識，有點類似於我們今天所説的受精卵的分裂。

類似的例子還有很多，病因病機方面如《諸病源候論》《備急千金要方》《外臺秘要》中都有提到的“四大”病因説，三種《音義》亦有解説。對於佛教文獻的醫學價值，實際上古人早已有所認識，如《本草綱目》不僅介紹了大量外來藥物，而且還廣徵佛書，爲其中許多藥物注出梵文譯名。對於我們今天而言，研究佛經首先就離不開與之相配套的三種《音義》，佛醫的相關内容在三種《音義》中都有所體現。

　　三種《音義》醫學詞彙研究對開展佛教醫學資料的研究具有一定的啓示作用。佛教對我國古代醫學史料保存的貢獻尤其體現在敦煌壁畫和文獻中。敦煌石窟壁畫和藏經洞遺書，保存了大量的醫學史料，遺書中有近百件醫藥文書。其中有已知的我國最早的一幅有關口腔衛生的繪畫，還有不少久已失傳或書目上未見記載的醫書，十分珍貴。[1] 對這些佛教醫學資料進行進一步深入研究同樣是極有意義的。

　　此外，通過佛經音義醫學詞彙與醫書中醫學詞彙的比較研究，我們還可以明顯地感受到，佛教存在一些誇大外來病證預後、外來藥物功效的傾向，常指出某病不可治而某藥能治衆病、解百毒，這可能與佛教講經以物爲喻的特點及其因果報應的教義有關，也與佛教所根植的印度文化有關。[2] 其中的關係有待進一步爬梳。

第四節　三種《音義》醫學詞彙與醫學史研究

　　漢語詞彙研究是我國傳統語言學研究的一項重要内容。漢語醫學詞彙建立在醫學背景之下，其研究涉及醫學領域的專門術語，不僅需要有扎實的語言學基礎，更需要醫學知識、醫學常識和醫學理論等的輔助，因而成爲詞彙研究中被忽視或者不易深入研究的領域。然而漢語醫學詞彙研究又是注釋醫籍不可或缺的準備工作之一。醫籍注釋往往需要通過客觀詮釋文理去正確理解醫理，依據醫理去覈正文理，有文理、醫理兼顧之長。歷史上有成就的醫籍注釋佳作往往出於亦醫亦儒大家之手。漢語醫學詞彙研究

　　〔1〕 方立天. 中國佛教與傳統文化［M］. 北京：中國人民大學出版社，2011：326.

　　〔2〕 李墾華. 隋唐五代醫書與佛經音義醫學詞彙比較研究［D］. 北京中醫藥大學，2017：263－264.

便是解決醫籍注釋文理問題的重要工作，只有從文理上正確理解醫學詞彙的含義，進行醫學詞彙研究，才能更加深刻地闡述醫理，而不是浮於表面地説解。

漢語醫學詞彙研究既涉及醫學領域又涉及語言學領域，是多學科的研究。可惜歷來少有人關注和深入研究之。從20世紀40年代至今，只有余雲岫（1947）《古代疾病名候疏義》、張綱（1997）《中醫百病源流考》、張顯成（2002、2004）《先秦兩漢醫學用語彙釋》和《先秦兩漢醫學用語研究》、陳增岳（2006）《隋唐醫用古籍語言研究》、沈澍農（2007）《中醫古籍用字研究》、崔錫章（2008）《中醫要籍重言研究》等極少的著述。在有限的研究成果中，人們對非醫學文獻中醫學詞彙的研究更爲有限。以上諸書中，除了余雲岫《古代疾病名候疏義》對魏及魏以前五部文字訓詁要籍、十三部儒家經典中的疾病和證候詞彙及其古注進行收集整理外，近代學者普遍較爲關注醫書中的相關材料，而其他傳世文獻中大量散落的醫學詞彙材料少有人涉及和專門系統研究，對三種佛經音義著作中大量人體詞彙、疾病詞彙和藥物詞彙等醫學詞彙的挖掘整理更是寥寥無幾。

醫學詞彙的研究又可以分爲橫向研究和縱向研究兩種途徑。橫向研究主要就古代的某部或某幾部訓詁學著作中的醫學詞彙，或者一個時代或幾個相鄰時代的醫學詞彙進行窮盡性研究，上面所舉的《古代疾病名候疏義》《先秦兩漢醫學用語研究》《隋唐醫用古籍語言研究》等均屬此類。以余雲岫《古代疾病名候疏義》爲例，該書是一部以收集彙編魏及魏以前五部文字訓詁要籍、十三部儒家經典中的疾病和證候詞彙及其古注爲主要目的，並對所收集的資料進行初步梳理，從而爲病證詞彙研究提供文獻資料的義疏體訓詁考據類著作，在系統研究病證詞彙方面具有開創性意義，在疾病史研究上具有重要地位。[1] 縱向研究主要對一個醫學詞彙或幾個醫學詞彙的産生、命名、源流、意義及演變等進行從古至今的全面研究，上面所舉的張綱《中醫百病源流考》即屬此類，其主要研究了狐惑、痧、喝、瘰等一百多個病證名稱的命名緣由、詞義演變等。[2] 此外，還有一些對某些醫

〔1〕　李墾華，王育林. 論余雲岫《古代疾病名候疏義》的主要内容及性質［J］. 中醫學報，2019，34（1）：222－226.

〔2〕　張綱. 中醫百病源流考［M］. 北京：人民衛生出版社，1997.

學詞彙進行研究的單篇論文。[1] 但不論是橫向研究還是縱向研究，在醫史文獻領域各方向研究中所占的比重仍然非常小，而且並非都是全面和透徹的，因此，醫學詞彙還有很大的研究空間。

關於醫學詞彙研究與醫學史研究的關係，余雲岫在編撰《古代疾病名候疏義》時已經有了正確的認識和明確的規劃。他在該書自序中說："我對於醫史的事項，向來有點興趣，本想做一部對於自己的意思稍可滿足的中國醫史，但是頭緒紛繁，謀生迫切，連預備工作還不曾做好。因爲醫史的當中，有相當重要而最難寫的，是疾病史，這部分没有弄好，畢竟不敢動筆。因此，我想把古代書本裏的病名和證候的名稱，以及證候的形容詞，蒐集攏來，憑着我個人的意見，武斷地解釋一番。對於古代醫史，收拾點材料，作爲古代醫史的預備工作。"[2] 由此可見，余雲岫認爲疾病史是醫學史的重要組成部分，而疾病詞彙研究又是疾病史研究的基礎，因而他想先從疾病詞彙入手，對疾病詞彙的相關材料進行收集整理和初步考察，並在此基礎上對疾病史展開研究，進而完成醫學史的編撰。只可惜他在完成《古代疾病名候疏義》一書時年事已高，終未能如願，但該書在醫史、文獻、語言研究上的積極意義以及余雲岫研究思路得到了學界的一致認可。[3] 因此，醫學詞彙研究在某種程度上也可以説是醫學史研究的基礎工作，對醫學史的編纂具有絕對積極的意義。

除了余雲岫整理過的魏及魏以前的五部文字訓詁要籍及十三部儒家經典中的疾病和證候詞彙外，唐五代期間的三種《音義》也收載了豐富的醫學詞彙，又因所涉及的佛經是漢魏以來的譯經，故一方面可以填補這一時期非醫文獻中醫學詞彙研究的空白，一方面又正好與余雲岫整理的文獻有時間上的衘接，可資對照、比勘。因此，對三種《音義》中的醫學詞彙進

---

〔1〕　詳見本書"三種《音義》醫學詞彙概述"一節"漢語醫學詞彙研究現狀概述"。

〔2〕　余雲岫. 古代疾病名候疏義・自序［M］. 張葦航，王育林，點校. 北京：學苑出版社，2012：1.

〔3〕　錢超塵即指出："這些義疏與提供的第一手文獻資料不僅對撰寫中國醫學史不可或缺，就是對於語言學界編纂大型辭書，編寫中醫詞典，撰著中醫訓詁史、中醫文獻史及中醫院校講授研究《内經》《傷寒》等等也具有巨大實用價值。"(《古代疾病名候疏義・序》)

行全面系統的研究，可爲唐五代及其以前的醫學史研究提供重要參考資料。試舉兩例如下。

【扁鵲】

"扁鵲"一名在三種《音義》中出現了五次，現去其重複，摘録如下。

> 扁鵲　蒲顯反。古之良醫也。姓鄭。案，《漢書》韋昭曰：大（太）山小盧人也，名越人，魏桓侯時醫也。（《玄應音義》卷 12《修行道地經》第 1 卷）
>
> 扁鵲　上邊辮反。人姓名。傳從鳥作鶣，非也。（《慧琳音義》卷 81《南海寄歸内法傳》第 3 卷）
>
> 扁鵲　駢面反。《説文》：從户從扁省聲。下搶藥反。案，扁鵲，古之名醫也。本姓盧，六國時人也。（《慧琳音義》卷 90《高僧傳》第 9 卷）

按：扁鵲是正史有記載的第一位醫家，不少學者對他的生活年代、籍貫、生平，甚至"扁鵲"之"扁"的讀音都做過研究探討。《史記·扁鵲倉公列傳》："扁鵲者，勃海郡鄭人也，姓秦氏，名越人。"該篇記載的扁鵲事迹的時間跨度達三百餘年，所以學者多認爲，"扁鵲"一名可能原本指某一位具體的醫家，但由於其醫術精湛，因而在此後一段時間内"扁鵲"成爲醫術高超的名醫的代稱。《史記正義》引《難經·八十一難序》曰："秦越人與軒轅時扁鵲相類，仍號之爲扁鵲。又家於盧國，因命之曰盧醫也。"

根據玄應的注釋，扁鵲姓鄭。此外，玄應還引用了韋昭的注釋，指出扁鵲爲太山小盧人，名越人，是魏桓侯時的名醫。魏桓侯爲春秋時期魏國的君主，傳説公元前 734 年諸侯魏桓侯曾以懷山藥進獻周王。然而根據慧琳的注釋，扁鵲本姓盧，應是春秋末期戰國初期（約 476 年前後）的名醫。韋昭所注和慧琳所注的關於扁鵲的生活年代相差了近三百年，且玄應言其"姓鄭"，慧琳言其"本姓盧"，亦不相同，那麼很可能兩人所説的"扁鵲"不是同一個人。此外，玄應所注讀音爲並母先韻，慧琳所注讀音爲幫母仙韻，二者讀音亦不同。此體現出"扁鵲"一名早已成爲醫術高超的名醫的代稱。

綜上，"扁鵲"曾是歷史上的一位名醫，但由於其醫術精湛，因而在此

後一段時間內 "扁鵲" 一詞成了醫術高超的名醫的代稱，故史書上記載的很多扁鵲的事迹有互相矛盾之處，是由於該名已經泛化，而非特指，我們不當拘泥。

【五運】

"五運" 一詞在三種《音義》中出現 1 次，條文如下。

> 五運　下王問反。《爾雅》云：遷、運，徙也。《史記》云：伏犧以木德，或曰春皇；神農以火德，木生火故也；黃帝以土德，以火生土故；少昊以金德，土生金故；顓頊以水德，金生水故。以木火土金水五行相生，終而復始，謂之五運。又周以木德，漢以火德，秦非正運王，在木火之間也。（《希麟音義》卷 10《琳法師別傳》卷上）

按："五運" 一詞始見於《素問》，在王冰所補的七篇大論及後世所補的兩篇遺篇中，"五運" 一詞反復出現，如《天元紀大論》："夫五運陰陽者，天地之道也，萬物之綱紀，變化之父母，生殺之本始，神明之府也，可不通乎。"《六元正紀大論》："夫五運之化，或從五氣，或逆天氣，或從天氣而逆地氣，或從地氣而逆天氣，或相得，或不相得……" 後世醫家正是在這七篇大論和兩篇遺篇的基礎上建立起了中醫的運氣學說。除此九篇之外，《素問》中僅有《六節藏象論》中出現了 "五運"，其言："五運相襲而皆治之，終期之日，周而復始，時立氣布，如環無端，候亦同法。"

《說文·辵部》："運，迻徙也。" "運" 的本義指運行、運轉。則 "五運" 是五行的運動方式。希麟簡明扼要地指出了 "五運" 的含義是 "以木、火、土、金、水五行相生，終而復始"。根據希麟所釋，"五運" 僅指五行相生的運動方式，與相克、相勝、相負無關。再看古代文獻的記載，《東觀漢記·光武紀》云："自帝即位，按圖讖，推五運，漢爲火德，周蒼漢赤，木生火，赤代蒼，故帝都洛陽。"《舊五代史·梁書·太祖紀》云："是以三正互用，五運相生，前朝道消，中原政散，瞻烏莫定，失鹿難追。" 其中提到的 "五運" 均指五行相生而言，且 "五運" 原是古代據五行生克說推算出的王朝興替的氣運。《素問·六節藏象論》"五運相襲" 的說法也應是指五行相生而言，其後的 "皆治之" 才是指五行相克而言。後世醫家多認爲

"五運"包括五行的所有運動變化，如生克制化、升降出入等，是對"五運"之説的深入和發展。

　　希麟所釋"五運"一詞出自《琳法師別傳》。《琳法師別傳》三卷全稱《唐護法沙門法琳別傳》，亦稱《護法沙門法琳別傳》《釋法琳別傳》《法琳別傳》等，據學者研究，其爲隋末唐初釋彥琮所撰。該書作於《續高僧傳》（645）之後，其中紀年和記事，均可補《續高僧傳·法琳傳》之不足。法琳（572—640）爲隋末唐初高僧。再考原文，《琳法師別傳·卷上》云："法師以論軸初制道俗無聞，若不廣露其情，何以革兹聾俗。因以五年春正月，啓上儲后云：緬尋三元五運之肇，天皇人帝之興，龜圖鳥篆之文，金板丹筍之典，六衡九光之度，百家萬卷之書，莫不遵人倫信義之風。"此處將"三元五運""天皇人帝""龜圖鳥篆""金板丹筍""六衡九光""百家萬卷"六者並列，故此處之"五運"仍然是推算王朝興替的工具。

　　綜上，"五運"是五行的運動方式，本以五行相生爲主；後世醫家多認爲"五運"包括五行的所有運動變化，如生克制化、升降出入等，是對"五運"之説的深入和發展。"五運"之説原是古代據五行生克説推算出王朝興替的氣運的學説，後進入中醫學領域，成爲古代醫家根據金、木、水、火、土五行的運行以推斷氣候變化與疾病發生關係的一門學説。

　　由此可見，三種《音義》中的醫學詞彙材料可以體現出時人對相關醫學知識的認識，將之與其前後時期的其他材料相比勘，有助於發現其中的發展變化，勾勒出一條較爲清晰合理的演變軌迹，從而對醫學史上的各種不同説法和記載能有比較正確的認識。

第三章　三種《音義》
醫學詞彙的文字研究

対医學詞彙進行研究首先離不開文字、音韻、訓詁等小學範疇，而三種《音義》是中古時期傑出的小學著作之一。"在漢語史上，還没有哪一種語文工具書能像《一切經音義》那樣完整、客觀地反映這一歷史時期的語言史實，且玄應和慧琳皆參與譯經，又有語言文字學的獨到造詣，既明曉佛教的教義，又兼通梵漢，更況去古未遠，所釋應有依據，藉其所釋不僅有助於我們弄清佛教文獻語言的獨特之處，而且有助於我們理清漢語古今演變的脈絡。"[1]因此，我們試圖利用三種《音義》中與醫學詞彙有關的材料，就其在文字、音韻、詞彙、詞義、訓詁等方面的價值進行探討，進而對中古時期醫學詞彙的文字形式、構詞方式、命名含義等情況有一個大體的瞭解。

醫學詞彙的用字與其他語詞一樣，存在着許多錯綜複雜的文字現象，不可避免地有很多正俗字、古今字、通假字等問題。馬繼興（1996）指出："研究中醫古代文獻，首先要辨認中醫古代書中的文字。"[2]厘清繁雜的文字現象是閱讀和理解古代醫籍文獻的關鍵之一。佛經的用字在很大程度上反映了漢魏至唐五代用字的實際情況。三種《音義》在訓釋醫學詞彙的過程中，對其異體字（包括俗字和其他異體字）、古今字、通假字、經文誤用

---

〔1〕　徐時儀. 玄應和慧琳《一切經音義》研究［M］. 上海：上海人民出版社，2009：259.

〔2〕　馬繼興. 中醫文獻學（第一版）［M］. 上海：上海科學技術出版社，1996：498.

字等文字形式都進行了辨析厘正。我們下面分異體字、經文誤用字、"六書"三個部分對三種《音義》中的醫學詞彙用字進行探討，並考察三種《音義》編纂者對不同字形産生原因的探析。

第一節　三種《音義》醫學詞彙中的異體字

三種《音義》中的異體字包括了正俗字、古今字、通假字和其他異體字等。各種文字現象之間互有交疊，但三種《音義》往往對其都有明確注釋，因此，我們也分别進行考察。

1　正俗字

正字和俗字是相互對立的兩個概念。漢字史上各個時期與正字相對而言的主要流行於民間的通俗字體稱爲俗字。[1] 同時，正字和俗字又是相輔相成的，没有正字就無所謂俗字。正俗之間的關係並不是一成不變的。隨着時間的推移，它們可能不斷發生着變化，俗字數量會增多、减少，甚至與正字的地位發生轉换。佛經音義是俗字的淵藪。由於佛經纍代傳抄、轉譯、傳播，經歷了唐至遼多個朝代，幾經輾轉，多已非本來面目，而其譯者和抄者甚衆，且文化水準參差不齊，不乏大量文化水準不高者，所以佛經音義類著作中必然保留了歷代佛經藏本中的各種俗字，如：

> **牙齶**　上雅加反。《説文》云：壯齒也。象上下相錯之形。本篆文作𦥑，今隸書作牙。下含感反，上聲字。經作齶，俗字也。《説文》云：頤，齶也。古文本從函（音含）從頁作顄，或作頷，皆古字也。今且從俗。（《慧琳音義》卷35《一字頂輪王經》第1卷）

上條中，慧琳明確指出"齶"爲俗字，其古字、本字當作"顄"或"頷"。但是由於佛經中記載的字形作"齶"，慧琳只能"且從俗"。三種

---

〔1〕　張涌泉. 試論漢語俗字研究的意義［J］. 中國社會科學，1996（2）：162.

《音義》的編纂意在釋讀當時寺廟中所藏佛經經文的字詞，使普通老百姓能够讀懂佛經，以便於佛經在民間廣泛流傳，因此，編纂者們必然要對這些俗字進行説明、辨析和正誤。

三種《音義》醫學詞彙資料中與"正字"相關的格式有"正體""正體字""正作""正合""正字""本作""正從某作某""《説文》正作"等，指出某字爲俗字的格式有"通俗字""俗字""通俗作""俗用字""時用字""俗用""《通俗文》作""俗行用字""時俗共用字""變體俗字"等。試舉例説明如下。

【癥（癥）—癤】

　　癰癤　……下音節。《古今正字》：正體從戳作癥，久廢不行。今時用作癤。《文字典説》云：小癰謂之癤，從广節聲。（《慧琳音義》卷37《佛説七俱知佛母準泥大明陀羅尼經》）

按：慧琳説明了"癥"爲正字，但"久廢不行"，人們多寫作"癤"。今考《玉篇·广部》："癥，子結切。癤也，瘡也。""癤，同上。"《説文·戈部》："戳，斷也。"《康熙字典》："戳，《説文》截本字。"則"戳"爲"截"的本字，《玉篇》中的"癥"就是慧琳所引的"癥"。又，《慧琳音義》卷13《大寶積經》第48卷"痤癤"條："古作癥，音與節同也。""癥"又是古字。《玉篇》將"癥"字放在"癤"字之上，或也暗示了"癥（癥）"爲古字，而"癤"是"癥（癥）"字聲旁替換而成的。

【潰—殨】

　　潰爛　上迴内反，正體字。……（《慧琳音義》卷81《南海寄歸内法傳》第4卷）

按：《説文·水部》："潰，漏也。"《慧琳音義》卷2《大般若波羅蜜多經》第52卷"潰爛"條："回外反。《蒼頡篇》：潰，旁決也。《韻英》：散也。《説文》：漏也。從水貴聲也。"可見"潰"有潰破、潰散之義，最初可能用於指水堤決口。三種《音義》字目中還有一詞作"殨爛"，《慧琳音義》卷15《大寶積經》第96卷"殨爛"條："迴塊反。《韻英》云：殨，肉爛也。從歹從潰省聲也。歹音殘。"以上慧琳所指的"潰"爲正體字，就是針對"殨"而言的。然"殨"又是"潰"的古文，《玄應音義》卷24《阿毗達磨俱舍論》第9卷"潰爛"條："古文殨，同。胡對反。""殨"，《説文·歹部》："爛也。"《慧琳音義》卷15《大寶積經》第96卷"殨爛"條引《韻英》云："殨，肉爛也。"《希麟音義》卷8《根本説一切有部毗奈耶藥事》第12卷"瘡殨"條引《集訓》云："肉爛也。"可見"殨"本義指皮肉潰爛。那麽"潰"指潰爛之義應是作爲"殨"的假借字使用的，因此，"殨"爲"潰"的古字。後來借字興而本字廢，"潰"字吸收了"殨"的皮肉潰爛之義。實際上"殨"在古籍中出現得極少，而"潰"的皮肉潰爛之義在許多出土醫書中可見，如《武威漢代醫簡·第二類簡》："前法三塗，去其故藥。其毋農者，行愈；已有農者，潰。毋得力作，禁食諸采。"於是，借字"潰"又成了正字。

【皰—疱】

　　瘡皰　……下防教反。《切韻》作皰，面瘡也。《説文》正作皰，皮起也。今律文作疱，俗字也。《希麟音義》卷9《根本説一切有部毗奈耶破僧事》第1卷）

　　按：此條中提到了正俗兩字，正字作"皰"，俗字作"疱"。《説文》中有"皰"無"疱"。《説文·皮部》："皰，面生氣也。"希麟指出"皰"爲正字的標準也是《説文》。《慧琳音義》卷6《大般若波羅蜜多經》第503卷"腫皰"條引《考聲》云："面上細瘡也。"《慧琳音義》卷13《大寶積經》第55卷"諸皰"條引《韻詮》云："面瘡也。""皰"本義指面部出現的小細瘡，後又引申泛指皮膚上的瘡瘍，如唐代玄奘《大唐西域記·摩揭陀國上》："功成報命，王聞心懼，舉身生皰，肌膚攫裂，居未久之，便喪没矣。"其中的"皰"很明顯不是特指面部的病證，而是泛指皮膚上的瘡瘍。"疱"，《玉篇·广部》："薄教切。疱瘡也。""疱"亦是一種瘡瘍之疾。由於"皰"詞義的擴大，"疱"與"皰"同義，互爲異體字。希麟本《説文》所收之字爲正字，故言"皰"爲正字，"疱"爲俗字。不僅希麟這麽認爲，玄應和慧琳亦認爲"皰"爲正字，"疱"爲俗字，如《玄應音義》卷20《無明羅刹經》上卷"皰凸"條："輔孝反。《説文》：皰，面生氣也。

經文作皰，俗字也。"《慧琳音義》卷 25《涅槃經》第 9 卷 "創皰" 條：
"……下蒲敦反。又作皰，同。《説文》：面生氣瘡也。經文有作疱字，非正
體也。"此外，《慧琳音義》卷 81《三寶感通傳》下卷 "皰赤" 條："上炮
皃反。《考聲》：正作皰，面上細瘡也。亦作疱。《桂苑珠叢》云：皰，人面
熱氣所生小瘡也。《説文》：從皮包聲也。"慧琳又依《考聲》言 "皰" 爲
正字，與前面卷 25 中 "經文有作疱字，非正體也"相矛盾，且其所引《考
聲》和《桂苑珠叢》均將 "皰" 解釋爲面部所生的小細瘡。三種《音義》
中有 5 處引《考聲》，均爲慧琳所引，其中有 3 處作 "皰，面上細瘡也"；
又有 2 處引《桂苑珠叢》，亦均爲慧琳所引，2 處均作 "皰" 字。然《考
聲》和《桂苑珠叢》今均不傳，無從考證。三種《音義》中存在許多類似
的自相矛盾的地方，我們當旁徵其他古籍文獻，進行仔細甄別。

　　從以上幾例中，我們可以大概瞭解三種《音義》醫學詞彙用字中的正
俗字現象。然而漢字中一字多義的情況普遍存在。醫學詞彙是一類特殊詞
彙，在漢語詞彙中所占的比例不小，但是古人不可能爲每個人體詞彙、疾
病詞彙等醫學詞彙都專門造字，而往往會借用其他現有字形進行表音表意，
或者爲了用字方便，將所用之字與其他常用字形合併，這就使得醫學詞彙
用字中異體字占有一定的數量，這種情況往往又表現在俗字上。對於這種
情況我們當予注意。試舉例説明如下。

【刱—創】【創—瘡】

　　如瘡　楚莊反。俗字也。《玉篇》：從戈從倉作戧。《説文》作
創，亦作刀（刅），或作刱。古文作剏。《韻詮》云：疤疥曰創。
《韻英》：創，瘷也。《説文》：傷也。從也從刀倉聲之也。（《慧琳
音義》卷 2《大般若波羅蜜多經》第 77 卷）

　　創制　初壯反。俗字也。正從井（并）作刱（刱）。《考聲》
云：刱，始也。初也。會意字也。（《慧琳音義》卷 60《根本説一
切有部毗奈耶律》第 1 卷）

　　按：以上兩條中，慧琳指出 "刱" 爲正字，"瘡" 和 "創" 爲俗字。
此外，《慧琳音義》中還有多處指出 "瘡" 爲俗字。以上兩條中的 "瘡"
"刱""創" 三種字形雖有聯繫，但只有 "刱" 與 "創" 是正俗字關係，而

"刅"與"瘡"並非正俗字的關係，三種《音義》中也没有指出"瘡"的正字。《説文》中無"瘡"和"刅"兩種字形，《説文·刃部》："刅，傷也。从刃从一。創，或从刀倉聲。"其訓爲"傷也"的是"刅"字，而"創"又爲"刅"的異體字。"刅"指創傷、傷口。《玉篇·广部》："瘡，楚羊切。瘡痍也。古作創。""瘡"指一種瘡瘍之疾。然"瘡"又可指創傷、傷口。如漢代荀悦《漢紀·宣帝紀三》："身被二十餘瘡。"其中的"瘡"即指傷口。因此，"瘡"和"刅""創"互爲異體字。又，《玉篇·刀部》："創，楚良切。傷也。又楚亮切，始也。"《玉篇》中"創"字的兩讀分别對應兩種不同的解釋。讀作"楚良切"時（今音一聲），"創"指傷口，與《説文》同；讀爲"楚亮切"時（今音四聲），"創"指初始。以上原文第二條中"創制"的"創"讀爲"初壯反"，與《玉篇》中的後一讀同，故當指初始。從慧琳所引的《考聲》中的解釋亦可知此處的"創"即指初始。因此，"刅"在指初始之義時是"創"的正字。"刅"字在字書及文獻中未見指傷口之義，只是由於"刅"與"創"在指初始之義時爲正俗字的關係，慧琳便將"刅"與"瘡""創""刅"等指傷口之義的幾種字形混同，誤矣。《玄應音義》和《希麟音義》中均未出現這種情況，當予注意。

由此我們應該認識到，在利用三種《音義》以及其他辭書材料時，不可以盲目進行歸納，而應在充分分析考證的基礎上對其區别使用，以便更好地利用這些材料。

2　古今字

廣義的古今字可包括兩類：一是古字與今字在字形結構上没有關係，在意義上没有差别，如"吕"和"膂"、"鹽"和"膿"實際上就是異體字；二是今字在古字的基礎上産生，古今字在字形上有聯繫，在意義上有差别，如"包"和"胞"、"要"和"腰"，又稱爲區别字。狹義的古今字概念只包括後者，這裏我們主要討論的也是後者。

三種《音義》中指出某字爲古字的格式有"古文""古文作""古字""古作"等，指出某字爲"今字"的格式有"今作""近字"等。舉例説明如下。

【歙、噏—吸】

呼噏　古文歙、噏二形，今作吸，同。義及反。《廣雅》：噏，飲也，引也。(《玄應音義》卷4《大方便報恩經》第1卷)

大吼歙　下歙急反。《桂苑珠叢》云：吸，内息引氣入口也。《考聲》云：歙猶吸也。《説文》云：歙猶縮鼻吸也。從欠翕聲。吸音歙入反。縮音霜六反。經從口作噏，俗字也。(《慧琳音義》卷55《禪秘要法經》中卷)

按：《玄應音義》中多處指出"歙"和"噏"爲古文，今字均作"吸"。《説文》中有"吸"和"歙"，無"噏"，可見"吸"並非後起字。《説文·口部》："吸，内息也。""吸"指向内納氣。再根據上面《桂苑珠叢》的訓釋知，"吸"是通過口向内納氣。《説文·欠部》："歙，縮鼻也。從欠翕聲。丹陽有歙縣。"即"歙"指收縮鼻子吸氣。"吸"和"歙"所指吸氣的部位不同，一是通過口，一是通過鼻子。但是由於二者同爲吸氣，"吸"與"歙"的含義便逐漸合併，此後，不管通過口吸氣還是通過鼻子吸氣都用"吸"字表示，"吸"便又成了今字。又根據第二條可知，"噏"是"歙"的俗字，"噏"應是"歙"形旁替換的異體字。"噏"和"歙"的含義、用法完全相同，亦同樣被"吸"字合併，故玄應認爲"噏"和"歙"是古文，而"吸"相對而言是今字。

【諐、謇—寋】

謇吃　古文諐、謇二形，今作寋。《聲類》作讓，又作刃，同。居展反。《方言》：謇，吃也。楚人語也。[《周易》：謇者難也。]論文作寋，跛寋也。寋非此義。吃，古文䭇，同。居乞反。氣重言也。《通俗文》：言不通利謂之刃吃。(《玄應音義》卷9《大智度論》第28卷)

按：《説文》無"諐""謇""寋"三形，《玉篇·言部》："謇，居展切。難也，吃也。""諐，同上。""謇"和"諐"都指一種言語不通利的症狀表現。"寋"，《爾雅·釋樂》："徒鼓磬謂之寋。"即擊磬而不伴以其他樂器爲"寋"。那麼"寋"實際上是"謇"的通假字。因而又有如《玄應音義》卷16《善見律》第15卷"齧吃"條云："律文作褰、騫二形，非也。"
即言"褰"非本字，而是通假字。

【顟、聵—頯】

　　聾聵　古文顟、聵二形，同。今作頯，又作睯，同。牛快反。
《國語》：聵不可使聽。賈逵曰：生聾曰聵。一云聾無識曰聵。經
文從肉作膭，胡對反，肥也。膭非經義。《慧琳音義》卷20《華嚴
經》第6卷）

　　按："聵"指耳聾。"顟"，《說文》《玉篇》《廣韻》等辭書中皆無。然
"顟"與"聵"僅形符不同，"頁"部和"耳"部多與人體部位有關。古代
許多俗字、異體字在寫法上，多存在將意義相關的形符互換的情況，故
"顟"和"聵"或互爲異體字。"頯"，《說文·頁部》："癡頯，不聰明也。"
段玉裁云："各本奪頯字，今依《玉篇》《廣韻》補。"徐鉉本《說文解字》
及徐鍇《說文解字繫傳》均無"頯"字。根據段玉裁所補，"頯"指癡呆，
與耳聾之義無明顯聯繫。然《玄應音義》（以上原文爲慧琳轉錄玄應部分）
的年代在《玉篇》《廣韻》之前，《玄應音義》兩處提到"今作頯"。又，
可洪《新集藏經音義隨函錄》（簡稱《可洪音義》）第3冊《大集賢護經》
第4卷"聵頯"條："上郎紅反。下五怪反。正作睩、聵二形。生而自聵曰
頯也。"《可洪音義》亦收載有"頯"字，而其所釋《大集賢護經》爲隋代
譯經，則"頯"或爲隋唐時期通行的俗字，故玄應言其爲今字。至於"頯"
的耳聾義與癡呆義之間的關係，或存在詞義引申的可能，如"聾"即由耳
聾之義引申有愚昧之義[1]，但也可能是通假，尚需更多文獻材料加以
考證。

　　從以上幾例中，我們可以大概瞭解三種《音義》中有關古今字的情況。
此外，書中有些古今字的今字實際上是通假字，如上例"睯"的今字"褰"
就是通假字。這在本節"通假字"部分中還將進行討論，此處不再贅述。
需要強調的是，古今字和正俗字一樣都具有時代性，古今字的範圍是隨着

────────────

〔1〕《左傳·宣公十四年》："鄭昭、宋聾、晉使不害。"杜預注："聾，闇也。"
楊伯峻注："昭謂眼明，聾則耳不聰。此猶言鄭解事，宋不解事。"

時代變化的。我們這裏討論的是三種《音義》中關於古字、今字的問題，故"今"的時代就局限在中古特別是唐五代時期，更確切地説，是中古向近古的過渡時期；"古"主要是指先秦兩漢時期。

3　通假字

通假是指用讀音相同或相近的字來代替本字而使用的現象。本字與借字在意義上没有聯繫，只是同音借用而已。"語言的發展和文字的發展有矛盾，完全做到爲每個詞造專用的字不可能；在古代造字和用字又有矛盾，對每個詞都要辨義用字也不可能，所以文字假借是漢字運用上的必然結果。"[1]三種《音義》對佛經進行注釋時，也十分注意其中的通假現象，收載了不少通假字。瞭解三種《音義》中的通假字有助於我們瞭解當時文獻中的一些特殊的文字現象。

三種《音義》中與通假字有關的格式有"通也""亦通""通用字""借用"等，試舉例説明如下。

【唾—湤】

涕唾　……下土課反。《説文》：口液也。從口從垂省聲也。或從水作湤，亦通。（《慧琳音義》卷5《大般若波羅蜜多經》第414卷）

按："湤"，《説文·水部》："河津也。在西河西。""湤"是古代黄河的渡口名。"湤"指口液、唾沫，爲"唾"的通假字。如清代龔自珍《叙嘉定七生》"一夫摇脣，百夫襄湤"之"湤"爲"唾"之通假字，指唾液。

【髫—齠】

髫齓　上音調。《埤蒼》云：髫，髦也。《考聲》云：小兒剃髮留兩邊髮也。《説文》：從髟召聲。經文作齠，亦通也。髟音必遙反。……《慧琳音義》卷57《天請問經》）

---

〔1〕　洪誠. 洪誠文集·訓詁學［M］. 南京：江蘇古籍出版社，2000：32.

按："髫"指兒童下垂的頭髮；"齠"指兒童換齒，即脱去乳齒，長出恒齒。"髫""齠"古多通用，"齠"作爲"髫"的通假字有指兒童下垂的頭髮之義。如《文選·張協〈七命〉之八》："玄齠巷歌，黄髮擊壤。"李善注："《埤蒼》曰：髫，髮也。髫與齠古字通也。""髫齔"一詞指垂髫換齒之時，即童年。如《後漢書·文苑傳下·邊讓》："髫齔夙孤，不盡家訓。"《晉書》卷53《湣懷太子喪之發》："既表髫齔，高明逸秀。"由於借字行而本字廢，後多作"齠齔"。如《東觀漢記·伏湛傳》："齠齔勵志，白首不衰。"

【臍—齊】

臍輪 上情奚反。《字書》云：當腹之中曰臍。《説文》云：腝臍也。從肉齊聲也。或作齊，亦通。經文單作齊，古文借用也。……（《希麟音義》卷2《新大方廣佛花嚴經》第6卷）

按："齊"，《説文·齊部》："禾麥吐穗上平也。象形。""齊"本義指整齊、平齊。《説文·肉部》："齍，齜齊也。从肉舝聲。""臍"爲"齊"形符位置變換而成的異體字，指肚臍。故經文中用"齊"指肚臍，是將"齊"作爲"臍"的通假字使用的。其他文獻中亦有用"齊"指肚臍的例子。如《左傳·莊公六年》："若不早圖，後君噬齊。"杜預注："若齧腹齊，喻不可及。"《莊子·大宗師》："頤隱於齊，肩高於頂。"劉文典案："齊，《御覽》三百六十四、三百八十二引並作臍，《鶴林玉露》引同，與《人間世篇》合。"《素問·腹中論》："肓之原在齊下。""齊"，《針灸甲乙經》引作"臍"。從這三處均可見"齊"與"臍"通。

從以上幾例中，我們大致可以瞭解三種《音義》中有關通假字的內容。然而事實上，三種《音義》中通假字的情況還是比較複雜的，可分爲以下幾種類型。

（1）書中有些看似指明通假的術語所指的並非都是通假字，有部分是俗字，有部分是古今字，亦有部分是其他異體字，如：

【瞚—眴】

不瞚 下水閏反。《説文》云：瞚，謂目開闔數摇動也。從目寅亦聲也。俗作瞬。古文作眒。今經文從目旬作眴，亦通。《魯史春秋》云：萬世猶如一眴也。（《希麟音義》卷1《大乘理趣六波羅蜜多經》第2卷）

瞬目 上舒閏反。《韻英》云：目搖動也。《說文》作瞚，經本作眴，皆通用。……（《希麟音義》卷2《新大方廣佛花嚴經》第15卷）

按：《說文·目部》："瞚，開闔目數搖也。從目寅聲。""旬，目搖也。從目，勻省聲。眴，旬，或從目旬。""瞚"和"眴（旬）"本是意義不同的兩個字，"瞚"指眨眼，"眴（旬）"指眼珠轉動。此條中希麟指出"瞚"字經文中"作眴，亦通"，然《慧琳音義》卷41《大乘理趣六波羅蜜多經》第2卷"不瞚"條云："經從目從旬作眴（音舜），非也，不成字。案，《說文》眴、旬並音縣。眴，視兒。譯經者音舜，殊不曉字之本源，道聽而途說，錯用也。"慧琳指出"眴"與"瞚"讀音不同，而譯經者言"眴"音舜，爲不知道字的本源，道聽途說而致誤。但由於兩字均有眼動之義，後人又不斷承襲這種錯誤，混用"眴"和"瞚"，故"眴"實際上是"瞚"的俗訛字。

【疣—肬】

瘡疣 ……下有憂反。《蒼頡篇》：疣，病也。或作肬，亦通。古文或作疪也。（《希麟音義》卷5《新譯仁王護國般若波羅蜜多經》卷下）

按：《說文》中無"疣"字。《說文·肉部》："肬，贅肬也。""肬"是一種皮膚上贅生疙瘩的皮膚病。《玉篇·疒部》："疣，羽求切。結病也。今疣贅之腫也。"《玉篇》中的"疣"指疣贅之疾，故"疣"與"肬"互爲異體字，"疣"是"肬"形旁替換的異體字。

（2）有些通假字又成了俗字，如：

【欬—咳】

欬逆 開愛反。《博雅》：欬，逆氣也。從欠亥聲。經從口作

咳，俗字也。（《慧琳音義》卷16《佛説胞胎經》）

按：《説文·口部》："咳，小兒笑也。""咳"本義指小兒笑，用於指咳嗽是作爲"欬"的通假字使用的，而"咳"在當時又成了俗字。

【靨—黶】

有靨　伊琰反。俗字誤用也。正體從黑作黶。《集訓》云：黶，身面上黑子也。《人倫龜鏡》云：凡黶有黑者，有朱色者。赤者爲上福德吉祥之相，黑者其次。生在隱閉衣覆處則吉，顯露或不吉。（《慧琳音義》卷20《寶星經》第4卷）

黑黶　伊琰反。《考聲》云：人身上黑子也。律文從面作靨（靨），亦通。（《慧琳音義》卷60《根本説一切有部毗奈耶律》第26卷）

按：《説文·黑部》："黶，中黑也。"根據《説文》《考聲》《集訓》的注釋，"黶"指黑痣。"靨"，《玉篇·面部》："於協切。《淮南》：靨輔在頰前則好。《楚辭》曰：靨輔奇牙。""靨"指面頰上的微窩，俗稱酒窩。"靨"與"黶"字形相似，故又作爲"黶"的通假字指黑痣。這種通假可能出現的時間較晚，《漢語大詞典》中所引的最早例證出自唐代，唐代鍾輅《續前定録·武居常》："武居常……少時游洛下，人謂爲猴頰郎。以居常頤下有若猿領也，其上有四靨。"《玄應音義》未提此字與"黶"的關係，其條文均作"黶"。慧琳既指出"靨"爲通假字，又指出其是"俗字誤用"，而希麟則已直接言其爲"俗字"，《希麟音義》卷9《根本説一切有部毗奈耶破僧事》第1卷"黶子"條："上於琰反。《切韻》云：面上黑黶子也。《字書》云：從黑厭聲也。有作靨，俗字也。"則"靨"指黑痣开始是作爲"黶"的通假字使用的，後又成了俗字。

（3）有些古今字的今字實際上是通假字。如我們在"古今字"部分中提到的"審"的今字"寋"。又如：

【跖—蹠】

足跖　之石反。跖，足下也。今亦作蹠。經文作跱，非體也。

（《玄應音義》卷20《六度集》第7卷）

按：《説文·足部》："跖，足下也。""跖"指脚掌。"蹢"，《説文·足部》："楚人謂跳躍曰蹢。""蹢"指跳躍。故玄應所説的今字"蹢"實爲"跖"的通假字。

【膥—咢】

喉膥　我各反。俗字。正體從肉從叩（音喧）從屰（音逆）作膥。今通俗作咢，訛也。（《慧琳音義》卷12《大寶積經》第34卷）

按："咢"，《説文·叩部》："譁訟也。從叩屰聲。""咢"指擊鼓而歌。"膥"既可指上下牙内側的肉，又可指口腔的上面部分。如《慧琳音義》卷48《瑜伽師地論》第49卷"齫膥"條："膥，齒内上下肉垠咢也。"《慧琳音義》卷13《大寶積經》第55卷"有齶"條："五各反。變體字也。正作膥。從肉從叩（音喧）從屰（音逆），屰亦聲也。《韻詮》云：膥，齗也。口中上面曰齶齗（音銀）也。"上條原文中"喉膥"之"膥"應指口腔的上面部分。慧琳所謂今字"咢"並無此義，應是"膥"的通假字。

（4）有些看似指明異體字的術語實際上指的是通假字，如：

【噎—饐】

嗌噎　……下煙結反。郭璞注《方言》：咽痛也。《説文》：飯窒也（音貞栗反）。形聲字。《聲類》或作饐字也。（《慧琳音義》卷13《大寶積經》第54卷）

竇噎　上音田。下煙結反。……噎，《説文》云：飯窒也。音珍栗反。《考聲》云：氣塞胸喉。從口壹聲。或從食作饐，亦同也。（《慧琳音義》卷15《大寶積經》第109卷）

按：《説文·口部》："噎，飯窒也。""噎"指食物堵塞喉嚨，又引申泛指咽喉梗塞的症狀表現。以上"嗌噎""竇噎"兩詞均指咽喉梗塞的症狀表現。"饐"字，《説文·食部》："飯傷濕也。""饐"指食物經久腐臭。"饐"用於表示咽喉梗塞是作爲"噎"的通假字使用的。如《吕氏春秋·

蕩兵》："夫有以饐死者，欲禁天下之食，悖。"陳奇猷《吕氏春秋新校釋》引楊樹達曰："饐，《説文》訓飯傷濕，非此文之義。此假饐爲噎，《説文》：噎，飯窒也。噎與饐聲類同，故得通假。"三種《音義》雖言"或作""亦同"，但實際上指明"饐"爲"噎"的通假字，而非異體字。

【愱—僃】

贏愱 ……下音敗，《韻英》云：疲極也。《考聲》：痛甚也。《説文》：憊也。從心葡聲，音同上。或從疒作痛。憊音口糸反。憊亦愱也。經從人作僃，通用字也。（《慧琳音義》卷29《金光明最勝王經》第1卷）

按：《説文》無"僃"字，《説文·心部》："愱，憊也。从心葡聲。"《玉篇·心部》："愱，蒲戒切。極也。""僃，蒲拜切。病也。""戒""拜"均爲怪韻，故"愱""僃"二字讀音相同。然《玉篇》對它們的解釋並不相同，"愱"有極、最之義，而"僃"則泛指疾病。《廣韻·蟹韻》云："愱，疲劣。"《廣韻·怪韻》云："愱，病也。《説文》：憊也。蒲拜切。""僃、痛，同上。"其認爲"愱""僃""痛"在泛指疾病的意義上互爲異體字。"愱"字又另有一讀義指疲憊之極。根據慧琳的訓釋，此條中"愱"指疲憊之極，與"贏"爲類義並列，故"僃"爲"愱"的通假字，而"痛"亦當同爲通假字，而非異體字。

（5）有些看似指明假借的術語實際上指的是通假字，如：

【疲—罷】

疲極 被陂反。賈注《國語》：疲，勞也。《蒼頡篇》：懶也。經文作罷，借用也。古人質朴也。（《慧琳音義》卷16《阿閦佛國經》上卷）

按："罷"，《説文·网部》："遣有辠也。从网、能。网，辠网也。言有賢能而入网，而貫遣之。《周禮》曰：議能之辟。是也。""罷"有免去、解除之義，引申指停止。其用於指疲勞、衰弱，是作爲"疲"的通假字使用的。如《左傳·昭公十九年》："今宫室無量，民人日駭，勞罷死轉，忘

寢與食，非撫之也。"杜預注："罷，音皮；本或作疲。"其即假"罷"爲
"疲"，慧琳此處所言"借用"指的應是通假而非假借。

（6）有些指明訛字的術語實際上指的是通假字，如：

【瘢—槃】
　　瘡瘢　薄寒反。《蒼頡篇》：瘢，痕也。經文作槃，非體也。
（《玄應音義》卷3《小品般若經》第8卷）

　　按："瘢"指瘢痕。"槃"，《説文·木部》："承槃也。""槃"是古代的
一種盛水器具。《莊子·駢拇》："天下莫不以物易其性矣。"晉代郭象注：
"或以槃夷之事，易垂拱之性，而況悠悠者哉。"成玄英疏："槃夷，猶創傷
也。"陸德明《經典釋文》："槃夷，並如字，謂創傷也。依字應作瘢痍。"
可見"槃"可作爲"瘢"的通假字使用。

【痲—淋】
　　痲痢　上力尋反。《切韻》：尿病也。《藥證病源》：痲有五種，
謂冷、勞、氣、食、血也。《玉篇》：痲，小便難也。從疒林聲。
經文從水作淋，以水沃也，非此用。……（《希麟音義》卷6《大
寶廣博樓閣善住秘密陀羅尼經》卷上）

　　按："痲"是一種以小便艱澀为症狀表現的病證。"淋"，《説文·水
部》："以水沃也。從水林聲。一曰：淋淋，山下水也。""淋"指用水澆
灌，或用於形容山水奔流的樣子。《素問·六元正紀大論》："小便黄赤，甚
則淋。"此處"淋"指以小便艱澀为症狀表現的病證，是作爲"痲"的通
假字使用的。故經文中所用之"淋"爲"痲"之通假字。
　　此外，三種《音義》中除了有大部分傳統同音通假字和省形通假字外，
還有一些由於音轉而致的通假字，如：

【蘆菔—蘿蔔、蘿菔、蘿蔔、蘿菔、萊茯】
　　蘆菔　《三蒼》音羅，音稍隱，來都反。下蒲北反。經文作
萊茯，或作蘿蔔，並非體也。（《玄應音義》卷《密迹金剛力士

經》第 3 卷）

蘿薐　上音羅。或作蘆（祿都反）。下蒲墨反。或作蔔根，菜名也。經中有作萊（菜）茯，非也。（《慧琳音義》卷 12《大寶積經》第 11 卷）

蘿蕧　上音羅，下鵬北反。《考聲》云：蘿蕧，菜名也。《説文》：蘆蕧也。似蕪菁也。並從艸，羅、服皆聲也。（《慧琳音義》卷 62《根本毗奈耶雜事律》第 8 卷）

按：《説文・艸部》：“蘆，蘆蕧也。一曰薺根。”“蕧，蘆蕧。似蕪菁，實如小未者。”“蘆”古音爲來母魚部平聲字，“蘿”古音爲來母歌部平聲字，“萊”古音爲來母之部平聲字，三字聲母相同，韻部相近，聲調相同，讀音相近；“蕧”古音爲並母職部入聲字，“茯”爲並母職部入聲字，“蔔”爲並母德部入聲字，三字聲母相同，韻部相近，聲調相同，讀音相近。但前者的三種字形之間以及後者的三種字形之間均没有意義上的聯繫，故前三字、后三字均爲雙聲通假。

從上例可見，這些通假字與語音的變化有關，此可爲我們研究上古時期至中古時期的語音演變提供一些綫索和依據。

4　其他異體字

我們將三種《音義》中讀音和意義完全相同，但既没有明確指出其爲正俗字，也没有明確指出其爲古今字，經考證亦非通假字的一類字歸爲其他異體字。這些異體字基本上都是狹義的異體字，即這些字的音義和用法與其本字完全相同，其中絶大部分都與構件變化或字形訛變有關。

三種《音義》中關於其他異體字的格式有“或作”“同”“亦同”“又作”等。試舉例説明如下。

【痱—疿】

痱瘰　又作疿。同。蒲罪反，下力罪反。小腫也。今取其義。（《玄應音義》卷 3《放光般若經》第 15 卷）

按：《説文》中有“痱”無“疿”。《説文・疒部》：“痱，風病也。”

《玉篇·广部》："痱，扶非、步罪二切。風病也。詩云：百卉具痱。""疿，同上。"可見"疿"是"痱"的異體字，更進一步説，"疿"是"痱"聲符替換的結果。

【糞一壵、堼、壈、壋、壏、攗】

糞掃 分問反。《韻英》云：弃也。或作壵、堼、壈，四形並同也。……（《慧琳音義》卷5《大般若波羅蜜多經》第440卷）

爛壵 ……下夫問反。《韻英》云：糞，弃也。或作壈。經文作糞，俗字。（《慧琳音義》卷6《大般若波羅蜜多經》第506卷）

壵壈 分問反。《考聲》：弃，掃除也。掃音蘇早反。或作壏，亦同。經作糞，俗字也。《説文》：弃，掃除也。從土弃聲也。……（《慧琳音義》卷8《大般若波羅蜜多經》第576卷）

糞屎 上分悶反。俗字也。《説文》作壵。弃，除糞掃也。《韻英》云：穢也。《考聲》作壏（壈），或作攗。……（《慧琳音義》卷14《大寶積經》第56卷）

按：根據以上幾條所載，"糞"的異體字有"壵""堼""壈""壋""壏""攗"等形。其中"壵"爲古文。其他幾種字形均爲"糞"的其他異體字。我們還可以發現，以上幾種形中字形部件多有相似之處，甚至有些字形只是部件位置不同。

【癩一瘷】

癩病 來代反。《韻英》云：癩，惡疾。《博雅》云：風病也。或作瘷。《説文》作癘。經文作癩，俗用字也。（《慧琳音義》卷41《大乘理趣六波羅蜜多經》第3卷）

按：《説文》無"癩""瘷"，根據上條所説，《説文》中該字作"癘"，《説文·广部》："癘，惡疾也。從广，蠆省聲。""癘"是一種惡疾。《玉篇》無"癩""癘"，《玉篇·广部》："瘷，力代切。惡病也。""瘷"亦是一種惡疾。"癘"字從"蠆省聲"，而"癩"和"瘷"均爲"癘"聲符替換的結果，其中"癩"爲俗字，"瘷"且歸爲其他異體字。

　　從以上幾例我們大致可以瞭解三種《音義》醫學詞彙還記載了許多其他異體字。雖然書中沒有標明這些字形的正俗、古今等關係，但它們中也不乏屬於正俗字、古今字關係者，進一步的考證需要結合其他文獻材料進行。

　　此外，值得一提的是，慧琳已經初步具有了異體字的概念，如：

　　　涎唾　上囚延反。通俗字也。《說文》正體作次，口液也。從
　　水從欠。《考聲》云：口津也。束皙作㳂，史籍作㳄，賈逵作㳂。
　　或作㳄，古字也。其上異體字，並云口液也。……（《慧琳音義》
　　卷11《大寶積經》第2卷）

　　此條中慧琳明確使用了"異體字"這個概念，他所舉的"㳂""㳄""㳂""㳄"，出處各不相同，產生時代和構形理據很可能也不同，但它們都是"涎"的異體字，都指唾液、口水。考察三種《音義》中的其他條文發現，其還收錄了"㳂""㳂""㳄""㳂""況""延""㳄""㳄""㳄"等9種"涎"的異體字。

　　通過以上四部分關於異體字的分析，我們可以看出雖然三種《音義》醫學詞彙的用字情況比較複雜，但其中的豐富材料爲我們進行文字學研究提供了很好的參考。這些異體字有的沿用至今，有的早已無從查考。但是"其中大部分是當時民間流行的俗體、省體。這些俗體、省體，向來爲文人學士所輕視，不登於大雅之堂，因而在現存古籍中不易見到"[1]。三種《音義》保留了中古時期漢字使用的實際情況，爲研究很多字形的產生、演變、流傳提供了寶貴綫索。但是由於佛經資料的龐雜，經年編纂的煩瑣，又經反復傳刻，其難免存在一些體例格式不統一、字形錯訛、顧此失彼的情況，想要更好地利用這些材料，就不能盲目進行總結歸納，而要一個個進行詳細的考證。

―――――――――――――

　　〔1〕　徐時儀. 玄應和慧琳《一切經音義》研究［M］. 上海：上海人民出版社，2009：269.

第二節　三種《音義》醫學詞彙中的經文誤用字

在手書時代，訛字幾乎是不可避免的。"訛變是不自覺的文字字形改造，也是文字記録語言功能的一種内在調整。"[1]三種《音義》是古代非常重要的字書，在對佛經字詞進行訓釋的過程中，也同樣注意到經文中使用的一些錯誤字形，且指出並進行了一些必要的説明，對後人整理校注佛經及進行文字學等方面的研究都具有重要的參考價值。徐時儀認爲："《一切經音義》中保存了大量的文字材料，無論是正體還是俗體，甚至寫經人隨意所造的新字，傳抄中的訛誤字，慧琳都一一收録，並加以考釋。所收之字，不見於其他辭書者甚夥。……從文字學的角度來看，《一切經音義》猶如一塊璞玉，客觀上如實保存了文字使用的自然狀態，尤其是反映了漢字隸變楷化演變過程的中間狀態，可供考察文字的古音義和字與字相互間的演變情況。"[2]當然，不僅《慧琳音義》具有這方面的價值，其他兩書也有可供參考的資料。王華權在其《〈一切經音義〉刻本用字研究》一書中對此已經做了比較深入的研究和探討，故我們僅以醫學詞彙爲例，對三種《音義》中提到的經文誤用字做一些補充分析。

1　三種《音義》中與經文誤用字相關的術語

三種《音義》指出經文中某字有誤時使用的術語有"非字體""非也""非此用""非體也""錯用也""不成字""誤用也""謬"等。試舉幾例説明如下。

【瘇—踵】

瘐瘇　《字詁》：今作尰，同。時勇反。《通俗文》：腫足曰

---

〔1〕　陳五雲，徐時儀，梁曉虹. 佛經音義與漢字研究［M］. 南京：鳳凰出版社，2010：247.

〔2〕　徐時儀. 玄應和慧琳《一切經音義》研究［M］. 上海：上海人民出版社，2009：260－261.

瘇。瘇，脚病也。經文從足作踵，非也。(《玄應音義》卷4《觀佛三昧海經》第5卷)

按："瘇"指一種以足部腫大爲症狀的病證。"踵"指脚後跟，與病證無關，故非。

【瘭—螵】

瘭疽 必遙反，下千余反。《廣蒼》：癰成爲瘭疽。瘡名也。經文作螵，字與蜱同，輔支、毗遙二反，蟷蜋子也。螵非此用。(《玄應音義》卷4《觀佛三昧海經》第5卷)

按：《說文》中無"瘭"字，《玉篇·疒部》："瘭，布昭且。瘭疽病。"《玄應音義》卷11《正法念經》第65卷"瘭病"條引《字林》："方遙反。瘭，疽病也。"《玄應音義》卷20《治禪病秘要經》第2卷"瘭疽"條又引《埤蒼》云："瘭，疽也。"《慧琳音義》卷79《經律異相》第50卷"瘭疽"條云："雍腫矬節之類也。""瘭"指一種皮膚病。"螵"，《玉篇·虫部》："毗交切。螵蛸，螳蜋子也。又撫昭切。"玄應亦言其指螳蜋子，則"螵"是一種昆蟲，與"瘭"義不同，指稱病證的應作"瘭"，故經文中的"螵"爲訛字。

【蟨—匿】

痔蟨 直理反，下女力反。後病也。謂濕蟨也。中(蟲)食後病也。經文作匿，非體也。(《玄應音義》卷11《中阿含經》第7卷)

按：《廣韻·職韻》："䘌，蟲食病。女力切。""蟨，上同。"古人認爲"蟨"指一種由蟲食引起的疾病。"痔蟨"則是一種病位在身體後部，病因爲蟲食的病證。《玉篇》中有"䘌"無"蟨"，故"蟨"可能是後起字。"匿"，《說文·匚部》："亡也。""匿"有隱藏之義，與病證無關。故"痔蟨"一詞字當作"蟨"，經文中的"匿"只是音同或音近的誤用字，是訛字。

【瞖—瞖】

目眩瞖 慧絹反。賈逵曰：眩，惑也。《蒼頡》云：視之不明了也。下嬰曳反。經文中作瞖，不成字也。(《慧琳音義》卷5《大般若波羅蜜多經》第429卷)

按： 慧琳指出經文中的"瞖"爲訛字，"瞖"與"瞖"形近，此或爲翻刻傳抄所致訛誤。

【瞖—翳】

翳暗 纓計反。《方言》：翳，薆也。《韻英》：蔽也。《廣雅》：障也。《説文》：華蓋。(《慧琳音義》卷4《大般若波羅蜜多經》第409卷)

瞖膜 上伊計反。眼瞖也。經從羽作翳，亦通，非本字也。《考聲》云：瞖，蔽也，蓋也。下音莫。眼暈膜也。(《慧琳音義》卷13《大寶積經》第51卷)

瞖膜 瞖，於計反。《文字集略》曰：瞖，目障也。經翳膜有從羽作者，非所用也。(《慧琳音義》卷23《花嚴經》第60卷《入法界品第三十九之一》)

按： "瞖"是一種眼病，表現爲眼睛前如有膜遮蓋、視物不清。"翳"，《説文·羽部》："華蓋也。""翳"指用羽毛做的華蓋，引申指遮蔽、遮蓋。由於"翳"有遮蓋之義，與"瞖"含義相類，故二者可通用。從三種《音義》引用的一些訓釋也可見兩字的關係密切，如上面所引《考聲》訓"瞖"爲"蔽也，蓋也"，《玄應音義》卷18《鞞婆沙阿毗曇論》第5卷"若翳"條引《三蒼》云："翳，目病也。"然"翳"的本義畢竟非指眼病，故慧琳又言其"非所用也"。

【癬—疥】

疥癬 上音界。下先剪反。《説文》云：癬，乾瘍也。並從疒，介、解皆聲。經文作疥，非也。瘍音羊。(《慧琳音義》卷40《佛説毗沙門天王成就經》)

　　按："疣"字，《説文》《玉篇》《廣韻》等辭書中均無。"先"（《廣韻·先韻》"蘇前切"，心母先韻）與"鮮"（《廣韻·仙韻》"相然切"，心母仙韻）音近，則"疣"或爲"癬"字聲符替換的結果，爲時人隨意而爲，非正體。

　　通過以上幾例，我們大體可以瞭解三種《音義》中正訛的術語及其概況，但實際上三種《音義》中經文誤用字的情況還是比較複雜的，它們並非都是我們通常認爲的訛謬字，其中還包含一些通假字和俗訛字，因此，我們稱其爲誤用字而非訛字。這些材料還需要我們進一步考證和分析，只有這樣才能更好地利用之。

2　三種《音義》中正訛的具體內容

2.1　三種《音義》提到的經文誤用字的三種情況

　　三種《音義》提到的經文誤用字主要包括三種情況：一爲訛謬字，一爲通假字，一爲俗字。其中，俗字中有一部分本身就是在訛謬字的基礎上演變而來的，即某一訛謬字形由於民間使用的增多，成爲俗訛字而被保留在後世許多字書中。三種《音義》中的記載有利於我們對這些字形的産生、發展和演變有一個比較直觀的認識。

2.1.1　訛謬字

　　經文中出現的訛謬字往往反映了當時民間用字隨意性的一些情況。這些訛謬字主要有形訛、音訛、義訛三種類型。形訛有因隸變而致者，有因字形相似而致者，還有一些更爲複雜的如因移位元而致者、因字形離合而致者等。形訛者如前面提到的"瘭—螵""瘙—踵""臀—臂"等。音訛者多爲音同音近字的誤用，還有一些是聲旁替換的結果。音訛者如前面提到的"癬—疣""蜃—匿"等。義訛者是因義訓相同而誤爲一字者，如前面提到的"臀—臀"等，而這種由於義訛産生的訛字後來又多成爲通假字。

　　訛謬字的情況比較複雜，既有一字訛爲數字者，又有一訛再訛者。此外，同一字的訛謬字之間又互有聯繫；一訛再訛的情況亦很可能牽涉到其他漢字的字形。試舉例説明如下。

【頿—毣】

　　佛頿　子雌反。《說文》云：頿，口上須也。從須此聲。今譜中從洛從毛，非也，本俗字從咨從毛作毣，書人不會，又改從洛，僞中更僞，亦非也。《釋迦譜》從髟作髭，亦俗字也。（《慧琳音義》卷77《釋迦譜》第9卷）

　　按：《說文·須部》："頿，口上須也。从須此聲。""頿"為本字。慧琳指出"毣"為俗字，經文中"從洛從毛"者是該字一訛再訛的訛字。"洛"當為"咨"之形訛。

【匘—膔、膓、腦、𡇒、𡖓】

　　髓匘　……下能老反。《文字集略》云：頭中髓也。《說文》：匘字，從匕從凶（𡇒）。凶（𡇒）音信，小兒匘會也，從巛，巛像髮，匕謂相匕著也。今經作腦字。或作膔、膓、腦、𡇒、𡖓五形，皆訛謬字也。（《希麟音義》卷4《大乘本生心地觀經》第2卷）

　　按："匘"的俗字為"腦"，故其又有從肉旁者；其古字為"𡇒"，從匕從巛。進一步分析希麟提到的五種訛謬字形如下。首先，"腦"為"匘"的形旁訛誤字，"膓"為"𡇒"形旁替換的俗用字。其次，"匘"在一些字形中有作為"垩"的俗寫者，如"惱"又作"恼"，"瘤"又作"瘟"，故"膔"亦為"腦"的俗訛字。再次，"𡖓"又是"膔"的形旁訛謬字。最後，"恩"為"忽"的異體字（《正字通·心部》"恩，隸作忽"），而《慧琳音義》中尚提到"腦"的另一訛字作"膔"，如《慧琳音義》卷2《大般若波羅蜜多經》第52卷"腦膜"條"有作膔，或作腤，或作腦（腦），並非也"，故"膔"為"腦"之變體，为"腦"的訛字。"忽"在一些字形中有時也作"匘"的俗寫，如"惚"是"惱"的俗字，"惚"是"惱"的俗字。故"膔"字從"忽"又為"忽"之訛謬。綜上，希麟提到的五種訛謬字形中，"腦""腦""膔"為形旁之訛，"𡖓""膔"則為一訛再訛者。

2.1.2　通假字

　　三種《音義》中有些指明訛字的術語實際上指的是通假字。這在本章第一節"通假字"部分已有提及，這裏再舉幾例說明。

【疹—軫】

癮疹　於近、之忍反。皮上小起痕迹也。今俗亦謂肉斗腫起爲癮疹，或言𤸷胗。《説文》：胗，瘢也。音丈忍反。論文作隱軫，非體也。（《玄應音義》卷9《大智度論》第77卷）

按："疹"指皮膚上突起的小疙瘩。《説文·車部》："軫，車後横木也。"即"軫"本義指車後横木。《素問》將"癮疹"寫作"隱軫"，《素問·四時刺逆從論》："少陰有餘，病皮痹隱軫。"其即假"軫"爲"疹"。

【肋—勒】

脅肋　力得反。《説文》：脅骨也。字從肉。律文作勒。《説文》：馬頭絡銜者。勒非今用。（《玄應音義》卷14《四分律》第19卷）

按："肋"指肋骨。"勒"，《説文·革部》："馬頭落銜也。"即"勒"本義指帶嚼子的馬絡頭。文獻中有"勒"字作爲"肋"的通假字指肋骨的用例，如《文選·何晏〈景福殿賦〉》："爰有禁楄，勒分翼張。"李善注："《釋名》曰：勒與肋古字通。"故經文亦是假"勒"爲"肋"。

【磁—慈】

磁石　有本作慈，非字體也。（《慧琳音義》卷26《大般涅槃經》第32卷）

按："磁石"類似於今之磁鐵。"慈"，《説文·心部》："悉也。"即"慈"有慈愛、愛惜等義。然文獻中"磁石"又有作"慈石"者，如《吕氏春秋·精通》："慈石召鐵，或引之也。"明代李時珍《本草綱目·金石四·慈石》引陳藏器曰："慈石取鐵，如慈母之招子，故名。"其"慈"均爲"磁"的通假字。

2.1.3　俗訛字

三種《音義》中有些指明訛字的術語實際上指的是當時民間流傳的俗字。舉例説明如下。

【謦—嚌】

謦欬　上輕挻反。《蒼頡篇》：聲也。《説文》：謦亦欬也。從言殸聲。殸音口莖反。……論從口作嚌咳，誤也。（《慧琳音義》卷47《法花論》下卷）

謦欬　上輕挻反。傳從口作嚌，俗字也。……（《慧琳音義》卷83《大唐三藏玄奘法師本傳》第10卷）

按：以上兩條中，前者慧琳言"嚌"爲訛字，而後者慧琳言"嚌"爲俗字。

【匈—胸】

擗匈　……下勗恭反。《説文》：匈，膺也。從包省凶聲也。經文從肉作胸，非也。（《慧琳音義》卷65《五百問事經》）

胭匈　……下勗恭反。《博雅》：匈，臆也。《説文》：膺也。從勹從凶。傳文從匈從肉作胸，俗字通。勹音包。（《慧琳音義》卷74《佛本行讚傳》第2卷）

按："胸"的本字作"匈"，《説文·勹部》："匈，膺也。从勹凶聲。𦞕，匈或从肉。""匈"又寫作"𦞕"，"𦞕"字從肉凶聲。另有一"䯳"字，《慧琳音義》卷41《大乘理趣六波羅蜜多經》第3卷"椎䯳"條："下勗恭反。䯳，膺也。椎䯳者，痛割毀形之儀也。從包省，形聲字。""䯳"字爲從包省，𦞕聲的形聲字。然"胸"字從匈從肉，既非形聲字，也非會意字，不符合"六書"造字的原則，故爲俗訛字，或是"䯳"字的變體。

【歠—啜】

歠糜　古文作㕎，同。昌悦反。《説文》：歠，飲也。歠，欻也。飲音呼荅反。律文作啜，時悦反。啜，茹也，嘗也。啜非今旨。（《慧琳音義》卷65《善見律》第5卷）

啜菽　上川爇反。爇音儒拙反。《説文》：啜，嘗也。或作歠，音同上。傳文作啜，俗字也。……（《慧琳音義》卷94《續高僧傳》第29卷）

　　按：第一條中慧琳認爲"歠糜"之"歠"當用"歠"，"啜"爲訛字；第二條中慧琳又認爲"啜"是"歠"的俗字。"歠"，《説文·欠部》："飲也。从飲省，叕聲。吷，歠或从口从夬。""歠"有飲、喝之義。"啜"，《説文·口部》："嘗也。从口叕聲。一曰喙也。""啜"一指食、吃，一指口。"歠"和"啜"的意義並不相同。"歠糜"一詞中的"糜"指粥，慧琳認爲"啜"指吃，而粥當用喝，故應用"歠"字。"啜菽"一詞在很多文獻中都有記載，如《禮記·檀弓下》："子路曰：傷哉貧也！生無以爲養，死無以爲禮也。子曰：啜菽飲水，盡其歡，斯之謂孝。"《列子·楊朱》："啜菽茹藿，自以味之極。""啜菽"本義指吃豆類，後引申泛指生活清苦。"菽"即豆類，不能用來喝，只能用來吃，故當用"啜"字。然文獻中亦有寫作"歠菽飲水"者，如漢代桓寬《鹽鐵論·孝養》："歠菽飲水，足以致其敬。"《晉書·隱逸傳·翟莊》："晚節亦不復釣，端居蓽門，歠菽飲水。"可能由於"啜"和"歠"兩字讀音相近，又都指一種與口相關的動作，且兩動作之間的聯繫密切，同時"歠菽"後跟"飲水"一詞，人們以爲"歠菽飲水"互文，故將兩字混用。此外，"啜"作爲"歠"的俗訛字可指飲、喝，如《慧琳音義》卷2《大般若波羅蜜多經》第52卷"歠飲"條："經文作嚃，或作啜，皆俗字。"然"歠"一般情況下不用於指吃。

　　由以上幾例可以很明顯地看出，三種《音義》提到的經文誤用字並不簡單地等同於訛謬字，三種《音義》中編纂者均標以"非也""誤也"等術語者，除了有正訛的意義之外，還含有正俗和指明通假的意義。對這些字形進行區分，有助於我們瞭解當時某些通假字、俗字的流傳和使用情況。

第三節　三種《音義》醫學詞彙中的"六書"

　　"六書"是關於漢字構造的理論，一般指象形、指事、會意、形聲、轉注、假借。班固在其《漢書·藝文志》中列出了"六書"的名稱，許慎著《説文》時第一次對各書進行解釋，並運用六書理論，分析了九千多個漢字的結構。丁福保指出："往古高僧皆博通典籍，其於六書音韻之學，亦極深遂。"[1]三種《音義》的編者充分利用傳統的"六書"理論進行正字辨形，並且往往也指出某字爲何"書"。正如景審在爲《慧琳音義》所作的序言中指出，慧琳在"訓解之末，兼辯六書，庶因此而識彼，聞一以知十"[2]。

關於"六書"的界説，歷來説法不一，而"六書"之間又互相牽繞，有的字在"六書"中的歸屬頗有爭議。以指事字爲例，《説文·叙》云："指事者，視而可識，察而見意。上下是也。"對於一些抽象或不能用圖畫表示形象特徵的事物，只能用指事符號表示或標明它的意義。指事字本身的總量並不多，而在三種《音義》醫學詞彙中，基本上没有標注爲指事字者，即便是通常認爲的"刃"是"在象形字基礎上加指事符號的指事字"[3]，三種《音義》也將其描述爲會意字和象形字。然而爭議畢竟有限，我們更應該看到三種《音義》對傳統"六書"理論的認識和實際分析運用，這些内容爲我們研究"六書"理論提供了寶貴資料。

1 三種《音義》醫學詞彙中"六書"的概貌

據我們初步統計，三種《音義》醫學詞彙中標明"六書"的共有179個，詳見表7。

表7 三種《音義》醫學詞彙中的"六書"一覽表

"六書"	醫學詞彙
象形（31）	包（胞）、齒、谷、脊、肩、呂、眉、目、𦜝、肉、胃、心、囟、牙、要（腰）、爪、刃、弱、九、夭、凷、黽、黿、雀、鵲、烏、燕、蠆、蟻、馬、衰
指事（0）	/
會意（14）	谷、筋、睪（睾）、鼽、須、肛、斃、伭、刃、瞽、蠱、劣、憒（憒）、啬
形聲〔122〕	髓、膝、膽、髑、肪、踝、軆、曘、𦜝、尿、捲、顙、腎、髓、痰、惕、唾、睭、胢、刪、脣、脂、蹠、壁、䠆、悴、皺、痤、癲、瘤、飢、饞、饉、疽、欬、僂、膛、僕、齲、胶、痰、嚏、尪、瞷、眩、嗎、瞖、傴、齲、療、脈、侏、儒、蚼、檳、榔、蘿、菔、苜、蓿、莠、躑、躅、梓、珂、鯢、藻、鶉、鵒、鵠、雌、鷄、

〔1〕（唐）釋慧琳，（遼）釋希麟. 正續一切經音義 [M]. 上海：上海古籍出版社，1986：5793.

〔2〕（唐）釋玄應，（唐）釋慧琳，（遼）釋希麟.《一切經音義》三種校本合刊 [M]. 徐時儀，校注. 上海：上海古籍出版社，2008：519.

〔3〕 陳五雲，徐時儀，梁曉虹. 佛經音義與漢字研究 [M]. 南京：鳳凰出版社，2010：330.

續表

"六書"	醫學詞彙
形聲（122）	鳧、鶴、鷥、鶘、鴒、鵂、鷳、鴂、鴝、鷩、鷴、鵒、鴛、鵁、礓、蛆、螫、蝮、蛲、蜋、蜈、蚣、蝎、蜥、螳、蛭、蠍、獶、豹、蝙、蝠、狼、貍、駝、豬、螽、恨、歗、欰、跌、抖、躁、懊、惱、蘽、懭、豚、黜、憒、慘
轉注（8）	髪、菌、鬢、辮、贏、餧、蛭、麝
假借（4）	睛、溺（尿）、矢、中

從上表可見，三種《音義》醫學詞彙中的"六書"以形聲居多，象形居次。此外，這些醫學詞彙中"谷""脑""刃""蛭""憒"四者兼具兩"書"，其餘皆只屬於一"書"。由於三種《音義》醫學詞彙中沒有屬於指事者，故以下我們主要對象形、會意、形聲、轉注、假借五"書"展開討論。

2 三種《音義》醫學詞彙中"六書"的類別

2.1 象形

《説文·叙》："象形者，畫成其物，隨體詰詘。日月是也。"象形指根據事物的形狀，用彎曲的筆劃，描摹出該事物的輪廓。象形字主要包括純體象形字和複體象形字兩類。此外，還有一些爲象形兼他"書"者。三種《音義》醫學詞彙中明確標識爲"象形"的約有 31 個。

【包】

胞胎　上補交反。古文作包，象形字也。爲是胎衣，蔡邕《石經》加肉作胞。《説文》云：兒生衣也。孔注《尚書》云：裹也。《莊子》云：胞者，腹肉衣也。俗音普包反，非也。……（《慧琳音義》卷 2《大般若波羅蜜多經》第 181 卷）

胞胎　上巴交反。古文本作包，象形字也。《石經》作胞，相傳音爲普包反，非也。《説文》云：婦人懷姙而甚反兒生衣也。從勹（音包）從巳（音似），在勹中，象子未成形字也。孔注《尚書》云：包，裹也。……（《慧琳音義》卷 6《大般若波羅蜜多經》第 506 卷）

按：慧琳指出"胞"古文作"包"。《説文·包部》："包，妊也。象人裹妊，⊗在中，象子未成形也。元氣起於子。子，人所生也。男左行三十，女右行二十，俱立於巳爲夫婦。裹妊於巳，巳爲子，十月而生。男起巳至寅，女起巳至申。故男年始寅，女年始申也。"（其中"妊也"二字爲段玉裁所補，徐鉉本《説文解字》和徐鍇《説文解字繫傳》均無。）即《説文》指出"包"爲象形字，象胎兒在胞宫中還未成形的樣子。"包"本義指包裹胎兒的胞衣，後引申泛指包裹，又引申指包含、包圍等；由於"包"後來多作包裹解，且引申出許多其他義項，後人便在"包"的基礎上加肉旁另造一"胞"字，使之分擔了"包"指胎衣的義項，且逐漸變成該義的專用字，故"包"是"胞"的本字，"胞"爲後起本字。[1]

【吕】

脊膂 ……下音吕。古文作吕，象脊骨也。（《慧琳音義》卷85《辯正論》第2卷）

按：慧琳指出"膂"的古文爲"吕"。《説文·吕部》："吕，晋骨也。象形。"《説文》僅指出"吕"爲象形字，而慧琳具體説明了"吕"象脊骨之形。

【目】

治目 莫鹿、莫六二反。《説文》：人眼也。象形。目，視也，亦見也。（《玄應音義》卷2《大般涅槃經》第8卷）

瞖目 ……目字，《説文》云：人眼也。象形。從二，重童子也。（《慧琳音義》卷3《大般若波羅蜜多經》第314卷）

按：《説文·目部》："目，人眼。象形。重童子也。""目"爲純體象形字。

---

〔1〕 李璽華. 三種《一切經音義》醫學名物詞研究 [D]. 北京中醫藥大學，2017：162-164.

【眉】

皺眉　……下美悲反。《説文》：目上毛也。從目。眉之形，上象額理也。（《慧琳音義》卷75《坐禪三昧經》上卷）

顰眚　……下莫丕反。《説文》云：目上毛也。像眉之形也。《玉篇》云：寢眉而聽也。經文從口作嚬，笑也，非顰眉字也。作冒、眉，皆通用已久，時世共傳也。（《希麟音義》卷6《金剛王菩薩秘密念誦儀》）

按："眉"，《説文》作"眉"。《説文・眉部》："眉，目上毛也。從目，象眉之形，上象額理也。""眉"爲象形字，其字體的上部結構象額部的紋理，中間象眉毛，下部爲"目"，故"眉"當爲複體象形字。

【齒】

爪齒　……下昌止反。《説文》：口斷骨也。象口齒形，止聲也。斷音銀。（《慧琳音義》卷2《大般若波羅蜜多經》第52卷）

皓齒　……下昌止反。象形字也。（《慧琳音義》卷13《大寶積經》第41卷）

爪齒　……下蚩止反。《説文》：口斷骨也。象口齒之形，止聲也。（《慧琳音義》卷15《大寶積經》第106卷）

按：《説文・齒部》："齒，口斷骨也。象口齒之形，止聲。""齒"爲象形字，字體的下部結構象口齒之形，上部結構"止"爲聲符，故"齒"爲象形兼形聲字。

【谷】

斷齶　……下齶字。《玉篇》《説文》等諸字書並無此字。俗用音我各反，近代諸家切韻隨俗。或有並從肉号聲，亦是俗字也，已行於世久矣。案，齶者，口中上齶也。《説文》云：口上阿也。從口作谷，音強略反，象形，口上畫重八象其上齶文理也，亦會意字。（《慧琳音義》卷35《一字頂輪王經》第1卷）

按：慧琳指出"齶"的本字當爲"谷"，《説文·谷部》："谷，口上阿也。從口，上象其理。""谷"爲象形字，字體的上部結構象口腔上齶的紋理，而下部結構從"口"，慧琳認爲其亦是會意字。故"谷"爲象形兼會意字。

【刅】

　　創病　楚霜反。《禮記》云：頭有瘡則沐。《説文》云：創，傷也。從刀一，一象内（肉），會意字也。古文作刀（刅），象刀入肉也。（《慧琳音義》卷30《持人菩薩經》第3卷）

　　創疣　楚莊反。《考聲》：聲瘡痍也。或作瘡。《説文》：瘡，傷也。又刃入肉也。從刃一也。象形也。……（《慧琳音義》卷44《千佛因緣經》第1卷）

　　有創　楚霜反。《禮記》云：頭有創則沐。《説文》又作刃，云傷也。從又從一。或從疒作瘡，俗字也。（《慧琳音義》卷45《菩薩善戒經》）

按：《説文·刅部》："刅，傷也。從刃從一。"前面提到，學者通常認爲"刅"字是在象形字基礎上加指事符號的指事字，然此處慧琳指出"刅"當爲象形兼會意字。慧琳對"刅"字的字形分析並不一致，有云"從刀一"者，有云"從刃一"者，亦有云"從刃從一"者。然對於"刅"究竟象何形，慧琳都一致認爲其象刀入肉之形。慧琳指出"一"爲肉之形，"刅"之字形象指刀入肉，故"刅"是複體象形字。然"刅"指創傷、傷口之義，則"刅"又爲會意字。綜上，"刅"或當爲象形兼會意字。

【膋】

　　脊骨　精亦反。《考聲》云：脊，理也。《集訓》：脊，膋也。《字書》云：背骨也。《説文》作膋，象形字也。（《慧琳音義》卷2《大般若波羅蜜多經》第52卷）

　　脊梁　上精昔反。顧野王：脊，背膋也。《毛詩傳》曰：脊，理也。《文字典説》：從肉，上象脅肋之形也。（《慧琳音義》卷50《攝大乘論釋》第2卷）

按："脊",《説文》作"脅",《説文·𡴒部》："脅,背呂也。从𡴒从肉。"《説文》並没有提到"脅"爲象形字。慧琳指出"脅"的上部結構"𡴒"象脅肋之形,而其又從"肉",故"脅"當爲象形兼會意字。

【肩】

　　右肩　音堅。《説文》作肩。肩,髆也。從肉,象形字。(《慧琳音義》卷10《金剛般若波羅蜜經》)

按:慧琳指出"肩"字《説文》作"肩",《説文·肉部》："肩,髆也。从肉,象形。""肩"爲象形字,上部結構象人的肩膀,下部結構從"肉",則"肩"爲象形兼會意字。

以上數例中,有些爲純體象形字,如"包""呂""目";有些爲複體象形字,如"眉";有些則爲象形兼他"書"者,如"齒""谷""劜"。

2.2　會意

《説文·叙》："會意者,比類合宜,以見指撝,武信是也。"會意即把兩個或兩個以上的字組合在一起,構成新的字形,並把它們的字義會合在一起,以顯現一個新義。會意字的出現,衝破了象形字、指事字的局限,擴大了造字法的範圍,標誌着漢字由表形階段發展到了表意階段。

會意字主要可分爲比形會意字和比意會意字兩種類型。三種《音義》醫學詞彙明確標識爲"會意"的約有14個,包括前面提到過的5個象形兼會意字。其中比形會意字較少,僅有"谷""劜""須"3個,其餘均爲比意會意字。

【須】

　　鬚髮　上相逾反。《説文》作須。會意字也。兩字並從彡(彡音必遥反),並轉注字也。(《慧琳音義》卷15《大寶積經》第112卷)

按:"須",《説文·須部》："頤下毛也。从頁彡。"慧琳指出"須"爲會意字。又,《慧琳音義》卷15《大寶積經》第104卷"鬚髮"條:"上相臾反。《考聲》云：髮，須也。《説文》作須，面毛也。從頁（頁，頭也）從彡（象毛也）。……"慧琳此條指出"須"字的右部結構"頁"指頭部，左部結構"彡"象毛髮之形，故"須"爲比形會意字。

【瞽】

盲瞽　……下音古。《釋名》：瞽者，眠也。眠眠然二目平合如鼓皮，因象爲名。《説文》：目但有映（眹）。從目從鼓，會意字也。（《慧琳音義》卷3《大般若波羅蜜多經》第346卷）

按：《説文·目部》："瞽，目但有眹也。从目鼓聲。""瞽"爲一種表現爲眼睛只有眼皮但没有眼珠的病證。然慧琳言其"從目從鼓"，爲會意字。慧琳可能是受《釋名》"眠眠然二目平合如鼓皮"的影響，認爲"瞽"字得名於其表現爲眼皮平如鼓皮。

【蠱】

蠱毒　上音古，又音野，今取上音古。《字林》云：腹中蟲也。蟲癥病害人也。從皿蟲，會意字也。（《慧琳音義》卷18《大乘大集地藏十輪經》第1卷）

按："蠱"，《説文·蟲部》："腹中蟲也。《春秋傳》曰：皿蟲爲蠱，晦淫之所生也。梟桀死之鬼亦爲蠱。从蟲从皿。皿，物之用也。""蠱"指人腹中的寄生蟲。"蠱"字的下部結構"皿"指器物，在這裏象徵腹部，故"蠱"爲比意會意字。

【劣】

羸劣　上力追反。《考聲》：羸，瘦極也。《説文》：瘦也。從羊羸聲也。羸，力臥反。下力輟反。劣，弱也。從少力，會意字也。前經音義第三卷第一百八十一已釋。（《慧琳音義》卷4《大般若波羅蜜多經》第400卷）

按：《説文·力部》："劣，弱也。从力少。"徐鉉本《説文解字》作

"从力少聲"，認爲"劣"爲形聲字。然慧琳指出其"從少力"，爲會意字。弱者往往没有力氣，故"劣"或爲比意會意字。段玉裁所改是也。

【筋】

　　筋骨　上音斤。《説文》云：筋，肉之力也。從肉從力竹者，物之多斤，故從竹，會意字也。(《慧琳音義》卷29《金光明最勝王經》第10卷)

　　按：《説文·筋部》："筋，肉之力也。从肉力，从竹。竹，物之多筋者。""筋"指附着在肌肉上的肌腱或韌帶，即肉中能够用力的部位，故"筋"爲比意會意字。

【擘】

　　交擘　下剜换反。經從肉作腕，俗字也。《説文》云：掌後節也。正從手從叉（古文爪字）從目，會意字也。(《慧琳音義》卷36《毗盧遮那如來要略念誦法》上卷)

　　扼腕　上音厄，正體字也。下烏灌反，手腕也，俗字也。正體古文作擘，會意字也。(《慧琳音義》卷90《高僧傳》第13卷)

　　按："腕"，《説文》作"擘"。《説文·手部》："擘，手擘也。楊雄曰：擘，握也。从手夗聲。"《説文》中"擘"字爲形聲字。然慧琳指出"擘"字"從手從叉從目"，"叉"爲古文爪，認爲"擘"爲會意字。

【齅】

　　恒齅　休又反。《字統》云：以鼻就臭曰齅。會意字也。(《慧琳音義》卷29《金光明最勝王經》第5卷)

　　按：《説文·鼻部》："齅，以鼻就臭也。从鼻臭，臭亦聲，讀若獸牲之獸。""齅"指用鼻子聞味道，故爲比意會意字。

【肊】

臆度　鷹力反。《説文》：臆，匈骨也。從肉意聲。古文正作肊，從肉從乙，會意字也。（《慧琳音義》卷31《大乘入楞伽經》第1卷）

按："臆"，《説文》作"肊"。《説文·肉部》："肊，匈骨也。从肉乙。臆，肊或从意。""肊"指胸骨。段玉裁注云："智臆字古今音皆在職德韻，乙字古今音皆在質櫛韻，是則作臆者形聲，作乙者會意也。从乙者，兒其骨也。魚骨亦有名乙者。"段玉裁指出"乙"象胸骨之形，則"肊"或爲象形兼會意字。

2.3 形聲

《説文·叙》："形聲者，以事爲名，取譬相成，江河是也。"形聲字是由形符（義符）和聲符（音符）兩部分組成的合體字。形符表示該字意義類屬，聲符表示該字讀音。三種《音義》醫學詞彙中明確指出某字爲形聲字的，以《慧琳音義》爲多，《希麟音義》中亦有，如：

兩臏　頻泯反。《韻詮》云：臏，膝脛也。《説文》：膝骨也。正從骨作髕，形聲字也。（《慧琳音義》卷16《佛説胞胎經》）

腠理　上倉奏反。鄭注《儀禮》云：腠，皮膚理也。《考聲》云：皮膚内也。《古今正字》：從肉奏，形聲字也。（《希麟音義》卷10《琳法師別傳》卷上）

肝膽　上古安反。木之精也。《白虎通》云：像木有葉。王叔和云：肝與膽爲府，其候目，故肝實熱，則目赤暗也。下答敢反。《白虎通》云：膽者肝之府。《脈經》云：膽病則神不守是也。二字並從肉，干、詹聲也。詹音占，形聲字也。（《希麟音義》卷3《新大方廣佛花嚴經》第26卷）

髑髏　上同禄反。下勒侯反。《埤蒼》云：頭骨也。《説文》：頂骨也。並從骨，形聲字。經文從頁作顱顟，俗用字，亦通，非正體也。（《慧琳音義》卷75《道地經》）

人髓　綏觜反。《字統》：骨中脂也。《説文》：髓字從骨從隨省

聲也。形聲字。(《慧琳音義》卷4《大般若波羅蜜多經》第398卷)

齟齬 上音助。下音語。《説文》：齟齬，齒不相順值也。高下水不齊平也。巉巌也。並從齒，形聲字也。(《慧琳音義》卷35《佛頂最勝陀羅尼經序》)

侏儒 上音朱。下音乳朱反。鄭注《禮記》云：侏儒者，短人也。《韻英》：趖小也。《古今正字》並從人，形聲字。(《慧琳音義》卷60《根本説一切有部毗奈耶律》第25卷)

飢饉 記宜反。《説文》：餓也。《考聲》云：腹中空也。或作饑。下音近勤豐（反）。《説文》：蔬不熟也。無穀曰饑，無菜曰饉，並形聲字。(《慧琳音義》卷12《大寶積經》第14卷)

癲癇 上典年反。《文字集略》云：賊風入藏謂之癲病。案，癲即狂也。下癇音閑。《文字集略》云：小兒風病也。癲、癇二字並形聲字。前已具釋，故略言耳。(《慧琳音義》卷35《一字奇特佛頂經》上卷)

皴裂 七旬反。《埤蒼》云：皴，皵也。又云：凍裂也。《古今正字》：皴、皵二字並從皮，形聲字也。皵音七藥反。(《慧琳音義》卷62《根本毗奈耶雜事律》第30卷)

癰疽 上迂恭反。司馬彪注《莊子》云：不通為癰。《説文》：癰，腫也。從疒雝聲。雝音同上。疽音七余反。疽，久癰也。形聲字也。(《慧琳音義》卷29《金光明最勝王經》第10卷)

《慧琳音義》常常對形聲字的部位結構進行分析，然有濫言形聲之過，如：

【髓】

髓腦 上雖紫反。《説文》云：骨中脂。形聲字。下那老[反]。《説文》：頭中髓也。象形，亦形聲字。從肉𡿺聲也。《説文》：從匕作𡿺。衛宏單作𡿺也。(《慧琳音義》卷13《大寶積經》第41卷)

𡿺裂 那島反。《説文》：頭髓也。從匕𡿺聲，𡿺音同上。象形，巛象髮。下囟音信，象頭上不合，如小兒囟門。(《慧琳音義》

卷 38《嚩折囉頓挐陀羅尼經》）

按："腦"，《説文》作"𩩲"。《説文·匕部》："𩩲，頭髓也。从匕。匕，相比箸也。巛呂象髮，囟象囟形。"很明顯"𩩲"爲象形字，許慎説明了"𩩲"字中的"巛"象頭髮，"囟"爲小兒囟門未閉之形。慧琳指出"𩩲"爲形聲字，從匕𩩲聲。根據慧琳所釋，"𩩲"之"匕"爲形旁，"𩩲"爲聲旁。《説文·匕部》："匕，相與比叙也。从反人。匕，亦所以用比取飯，一名柶。"段玉裁注："比者，密也。叙者，次弟也。以妣籀作𡚬，祂或作袘，秕或作秕等求之，則比亦可作匕也。此製字之本義。今則取飯器之義行而本義廢矣。"則"匕"爲"比"之本字，有並列、排列之義，引申有連接、靠近之義。故《説文》中所説的"𩩲"字從"匕"或意在指腦是與頭髮和囟門相連接的部位。慧琳言其爲形符，誤矣。

此外，三種《音義》中收載的不少異體字都是形聲字形符或聲符替換的結果，這在"三種《音義》醫學詞彙中的異體字"一節中已述及，此不贅述。

2.4 轉注

《説文·叙》："轉注者，建類一首，同意相受。考老是也。"對此"書"的解釋，歷來衆説紛紜，學界比較統一的觀點是將其與"假借"一同視爲"用字之法"。

裘錫圭在《文字學概要》一書總結了關於"轉注"的九種比較有代表性的觀點：①以轉變字形方向的造字方法爲轉注；②以與形旁可以互訓的形聲字爲轉注；③以部首與部中之字的關係爲轉注；④以在多義字上加注意符滋生出形聲結構的分化字爲轉注；⑤以在已有的文字上加注意符或音符造成繁體或分化字爲轉注；⑥以文字轉音表示他義爲轉注；⑦以詞義引申爲轉注；⑧以訓詁爲轉注；⑨以反映語言孳乳的造字爲轉注。

近年來有學者通過對《慧琳音義》中轉注字的研究，認爲轉注是在轉注原語的基礎上加注意符的一種造字方式，轉注字就是在轉注原語的基礎上加注意符而成的文字。[1] 例如，古人是以"毛"音表示"年老""年八十、九十"和"昏亂"一類意義的，這類意義唐以前的文獻或借用"眊"

---

〔1〕 黄仁瑄. 唐五代佛典音義研究 [M]. 北京：中華書局，2011：117.

"旄""秏" 等字表示，或逕用 "毛" 字表示。因爲這些字各有本義，爲彰顯 "老" 意，遂加注意符 "老" 而成 "耄"，故 "耄" 是 "毛" 的轉注字。這一觀點與裘錫圭列舉的第四點相類，然而裘錫圭指出 "形聲字大部分是通過加注偏旁而形成的，把這種形聲字跟一般的形聲字分開來，是不合理的"[1]，認爲這樣界定的 "轉注" 與 "形聲" 必然有交集。很顯然裘錫圭並不支持關於 "轉注" 的這種認識。因此，"轉注" 的概念問題始終没有得到很好的解决。

三種《音義》醫學詞彙中明確標識爲 "轉注" 的共有 8 個，即 "髪""茵""鬚""躃""臝""餒""蛭""麝"，其均出自《慧琳音義》。我們也對慧琳所説的這些轉注字做了一些初步的探討。

【茵】

茵屎　上詩耳反。《莊子》云：以筐盛茵也。《古今正字》云：茵即糞也。從艸從胃省，轉注字也。或作屎。糞音分問反。艸音草。胃，正胃字。……（《慧琳音義》卷 55《佛説堅意經》）

按：此條中慧琳指出 "茵" 爲轉注字。考《説文・艸部》："茵，糞也。從艸，胃省。"《説文・苹部》："糞，弃除也。從𠬞推苹糞采也。" 段玉裁注云："合三字會意。" 又，《廣雅・釋詁三》："𡕩，除也。""𡕩" 亦即 "糞"，則 "糞" 爲會意字，本義指掃除。"糞" 又可指糞便，目前可見的較早的例證見於雲夢睡虎地秦墓《日書》，云："臧（藏）於糞蔡（柴）中。" 慧琳言 "茵" 字 "從艸從胃"，"胃" 即 "胃"，"茵" 所指糞便爲人或動物的食物殘渣排遺物，則 "茵" 或亦含有會意之義。段玉裁亦云其爲 "會意也"。則《説文・艸部》"茵" 字釋文中的 "糞" 當指糞便，與《説文・苹部》所釋 "糞" 字之義不同。

【鬚、髪】

鬚髪　上相逾反。《説文》作須。會意字也。兩字並從彡（彡音必遥反），並轉注字也。（《慧琳音義》卷 15《大寶積經》第 112 卷）

---

[1]　裘錫圭. 文字學概要 [M]. 北京：商務印書館，1988：102.

按：此條中慧琳指出"鬚""髮"兩字均爲轉注字。《説文》無"鬚"字，慧琳指出其作"須"。《説文·須部》："須，頤下毛也。從頁彡。""須"爲會意字，我們前面已經提過。然慧琳又指出"鬚"爲轉注字，"鬚"字是在"須"的基礎上加"髟"而成的。《説文·髟部》："髟，長髮猋猋也。從長從彡。""髟"形容一種長髮下垂的樣子。

《説文·髟部》："髮，根也。從髟犮聲。"《説文·木部》："根，木株也。從木艮聲。""根"是植物生長於土中或水中吸收營養的部分。《説文》中的"髮"字爲形聲字，從髟犮聲。《説文·犬部》："犮，走犬皃。從犬而丿之。曳其足，則剌犮也。"許慎認爲"犮"指犬跑的樣子，然此義未見文獻用例。又，《慧琳音義》卷5《大般若波羅蜜多經》第416卷"鬚髮"條："或作頒、㲾，此皆古髮字也。"慧琳指出"頒"和"㲾"皆爲"髮"之古字，而這三個字字形中均有"犮"，只是形符不同。

【蹕】

> **蹕絶** 上毗亦反。蹕踊碎身也。從足辟聲，轉注字也。（《慧琳音義》卷78《經律異相》第7卷）

按：此條中慧琳指出"蹕"爲轉注字。《説文》《玉篇》均無"蹕"字。《廣雅·昔韻》："蹕，踣倒。""蹕"有倒、仆之義。又，《説文·辟部》："辟，法也。從卩從辛，節制其辠也；從口，用法者也。"此處"辟"有法度、刑法之義。"蹕踊"又有寫作"辟踊"者，如《禮記·檀弓下》："辟踊，哀之至也。"孔穎達疏："拊心爲辟，跳躍爲踊。孝子喪親，哀慕至懣，男踊女辟，是哀痛之至極也。"《禮記·問喪》："婦人不宜袒，故發胸、擊心、爵踊，殷殷田田，如壞牆然，悲哀痛疾之至也，故曰'辟踊哭泣，哀以送之'。"《淮南子·主術訓》："衰絰菅屨，辟踊哭泣，所以諭哀也。""辟踊"指捶胸頓足，形容哀痛至極。學者普遍認爲"辟"通"擗"，指捶胸。"擗"字《説文》亦無，《玉篇·手部》："擗，拊心也。《詩》曰：寤擗有摽。"然此字今本作"辟"。故義指捶胸的本字或作"辟"，"擗"和"蹕"或爲"辟"字加形旁而成的後起分化字。

【餒】

餒餒　上錢鷹反。《考聲》云：仍歲不熟曰餒。《説文》從草存聲。下奴猥反。孔注《論語》云：餒，餓也。轉注字，從食委聲。（《慧琳音義》卷93《續高僧傳》第12卷）

按： 此條中慧琳指出"餒"爲轉注字。《説文·食部》："餒，飢也。從食委聲。一曰魚敗曰餒。"《説文》字目中無"飢"字，而有"饑"字。《説文·食部》："饑，穀不孰爲饑。從食幾聲。""饑"本義指年成很差或顆粒無收。"餒"除了指飢餓外，還可指魚類腐爛，如《南史·傳昭傳》："郡溪無魚，或有暑月薦昭魚者，昭既不納，又不欲拒，遂餒於門側。"考《説文·女部》："委，委隨也。""委"又有委頓、衰敗之義，如《周禮·考工記·梓人》："爪不深，目不出，鱗之而不足，則必穨而如委矣。"從"委"之字多含有"衰敗"的特徵義，如"餒"指食物腐爛；"萎"指草木枯萎；"痿"指身體某部分萎縮或失去功能；"諉"指推托、推卸；等等。

【羸】

羸惀　上纍追反，杜注《左傳》：羸，弱也。賈注《國語》：病也。《説文》：疲也。從羊羸聲。轉注字也。……（《慧琳音義》卷29《金光明最勝王經》第1卷）

按： 此條中慧琳指出"羸"爲轉注字。《説文·羊部》："羸，瘦也。從羊羸聲。"《疒部》："瘦，臞也。從疒叟聲。"則"羸"指消瘦、瘦瘠。其又引申有衰弱、微弱、疲憊等義。慧琳此條引《説文》釋爲"疲也"，除此之外，三種《音義》中引《説文》注釋"羸"字的既有作"瘦也"者[1]，又有作"疲也"者[2]，不過以前者占絕大多數。此條"羸惀（憊）"應

---

[1] 如《慧琳音義》卷39《不空羂索經》第12卷"羸苦"條："上累危反。杜注《左傳》云：羸，弱也。賈逵注《國語》云：病也。劣也。《廣雅》：極也，疲也。《説文》：瘦也。……"《慧琳音義》卷41《大乘理趣六波羅蜜多經》第5卷"羸劣"條："上力追反。《説文》：羸，瘦也。……"

[2] 又如《慧琳音義》卷17《善住意天子經》中卷"羸劣"條："上力追反。賈注《國語》：羸，病也。杜注《左傳》云：弱也。《説文》：疲也。……"

爲同義並列的複音詞，故此處之"羸"指疲憊。

【蛭】

　　蛭蟲　上音質。《蒼頡篇》云：蛭，水蟲也。《爾雅》：蛭，嚙人，入人皮肉中，飲人血，人不覺痛。其類非一。轉注字也。（《慧琳音義》卷29《金光明最勝王經》第1卷）

　　按：此條中慧琳指出"蛭"爲轉注字。《説文·虫部》："蛭，蟣也。從虫至聲。""蟣，蟲子也。一曰齊謂蛭曰蟣。""蟣"指蟲子，而三種《音義》中的"蛭"指水蛭，此與《説文》訓"蛭"爲"蟣"不同。

【麝】

　　麝香　上常夜反。郭注《山海經》云：麝似麞，腹下齋中有香。《爾雅》：麝父麕足。郭注云：如小麕，雄者齋中有香，雌者即無。轉注字也。（《慧琳音義》卷29《金光明最勝王經》第7卷）

　　按：此條中慧琳指出"麝"爲轉注字。"麝"，《説文》作"麝"。《説文·鹿部》："麝，如小麕，臍有香。""麝"是一種動物，俗稱香獐，形似鹿而小，雄麝臍與生殖器之間有腺囊，能分泌麝香。

　　對以上幾例進行初步分析後，我們再對"轉注"的含義做些探討。首先，以上8個字的被釋詞與訓釋詞之間均不存在互訓的情況，故可先排除前面關於"轉注"的第八種觀點；其次，以上8個字均不存在轉變字形方向的問題，故可排除第一種觀點；再次，第二、第三、第六、第七、第九種觀點顯然於以上幾例亦不符合；最后，第四、第五種觀點可能勉强適用於"鬛""躃"等字，但並不適用於所有情況，因此也難以服衆；此外，對於學者所謂"轉注是在轉注原語的基礎上加注意符的一種造字方式"，以上出自《慧琳音義》的8個字似乎也不符合，如"齒""髮""蛭""麝"去掉意符後的"胃""友""至""射"就都不具備前者的詞義。可見，以上幾種關於"轉注"的說法都仍然沒有把"轉注"這個概念講清楚。

　　儘管學界對"轉注"的意見不一，但是"一般認爲，'轉注'揭示了語言中詞語間的古今和方言關係，由此造成了種種同義詞或同源詞"[1]。裴錫圭指出我們今天研究漢字，"不講轉注，完全能够把漢字的構造講清楚。至於舊有的轉注説中有價值的内容，有的可以放在文字學裏適當的部分去講，有的可以放到語言學裏去講"，因此"没有必要捲入無休無止的關於轉注定義的争論中去"[2]。雖然對三種《音義》中明確指出的轉注字進行研究，有助於我們理解"六書"中的"轉注"究竟爲何，但是必須指出，三種《音義》中並没有對許慎"轉注"觀的專門論説，我們能做的只是爲"轉注"的研究提供一些經過初步整理的參考資料，更加全面的研究還有待來者。

2.5　假借

《説文·叙》曰："假借者，本無其字，依聲托事。令、長是也。"廣義的假借有兩種類型，一種是"本無其字，依聲托事"的假借，一種是本有其字，同音替代的假借。學界把前者稱爲"假借"，後者稱爲"通假"。假借與通假不同，假借是本來没有這個字，就借用一個現成的音同或音近的字來代替，而不另造新字；通假是本有其字的替代。三種《音義》醫學詞彙用字的"通假"現象我們在前面已經討論過了，這裏我們主要討論前者，即本無其字的假借。

玄應、慧琳和希麟在三種《音義》的編纂中已經致力於破假借、求本字，以明經義、通經旨，每每指出經文中的假借字"非經義""不合經意""若執字義，即乖經義"，常用"假借""借字""假借字"等術語進行標示。

三種《音義》醫學詞彙中明確標明"假借"的有 10 個，除去重複字目和條文，實際上只有 4 個字："睛""矢""溺""中"。

【睛】

　　眼睛　積盈反。假借字也，本無此字。案，睛者，珠子也。《纂韻》云：眼黑精也。古人呼爲眸子，俗謂之目瞳子，亦曰目瞳

---

〔1〕陳五雲，徐時儀，梁曉虹. 佛經音義與漢字研究［M］. 南京：鳳凰出版社，2010：332.

〔2〕裴錫圭. 文字學概要［M］. 北京：中華書局，2011：102.

人也。論文謂之眼根，四大所造，净色爲體。（《慧琳音義》卷 4
《大般若波羅蜜多經》第 381 卷）

目精　本從目作睛，是昭睛字，眼目之精也。昭音茗，睛音
精。（《慧琳音義》卷 42《大佛頂經》第 2 卷）

按：慧琳指出"眼睛"的"睛"爲假借字，且明確"本無此字"。《説
文》無"睛"字，《玉篇·目部》："睛，子盈切。目珠子。又七井切。"
《廣韻·清韻》："睛，目珠子也。"《廣韻·静韻》："睛，眳睛不悦目貌，
出《字林》。又音精。"慧琳指出"睛"的本義爲昭睛，故認爲"睛"指眼
珠子是假借字。

【薗—矢】【尿—溺】

屎屍　又作薗，古書亦作矢，同。失旨反。《説文》：薗，糞也。
下又作屍，同。乃吊反。《通俗文》：出脬曰屍。《字林》：屍，小
便也。醫方多作矢溺，假借也。論文作屎，香伊反。殿屎呻吟也。
屎非此義。（《玄應音義》卷 17《阿毗曇毗婆沙論》第 4 卷）

按：《説文·水部》："溺，水。自張掖删丹西至酒泉合黎，餘波入於流
沙。從水弱聲。桑欽所説。""溺"本義爲水名，即弱水。其借用指小便，
如《莊子·知北游》："東郭子問於莊子曰：所謂道，惡乎在？莊子曰：無
所不在。東郭子曰：期而後可。莊子曰：在螻蟻……在屎溺。"作小便義的
本字爲"尿"，《説文·尾部》："尿，人小便也。"故"溺"實際上是通假
字。又《説文·矢部》："矢，弓弩矢也。從入，象鏑栝羽之形。古者夷牟
初作矢。""矢"本義是一種古兵器。其借用指糞便，如《左傳·文公十八
年》："（惠伯）弗聽，乃入，殺而埋之馬矢之中。"《史記·廉頗藺相如列
傳》："廉將軍雖老，尚善飯，然與臣坐，頃之，三遺矢矣。"司馬貞《史記
索隱》："矢，一作屎。"《説文》字目中無"糞"字，作糞便之義的本字爲
"薗"，《説文·艸部》："薗，糞也。從艸，胃省。"故"矢"亦爲通假字。

【中】

中毒　上張仲反。《韻英》云：中，當也。假借字也。下同篤

反。《説文》：害人草往往而生。從中毒（毒）也。毒（毒）音衷
（哀）改反。中音丑列反也。（《慧琳音義》卷3《大般若波羅蜜多
經》第 337 卷）

按：《説文·丨部》："中，内也。從口。丨，上下通。""中"本義指
裏面，與"外"相對。"中毒"的"中"有遭受、受到之義，其作此解或
爲假借字。

通過以上幾例的分析，我們可以看到，三種《音義》中所説的"假借"
有本無其字的假借和本有其字的通假之分。古人記寫某個字時是否已有其
字，有的很難確定，所以對於三種《音義》中提到的其他借字、借用等現
象，都應結合其他文獻、辭書進行考察，如此方可確定其是本有其字的通
假還是本無其字的假借。

此外，三種《音義》醫學詞彙中還有一些借音字和一些標注爲"假借"
但實際上也是借音字的，我們在"三種《音義》醫學詞彙中的方音、俗音、
借音"中另做討論。

三種《音義》中的假借現象比較複雜，"相較而言，玄應所説的假借多
指經文中用字的通假，較爲單一，不易引起混淆，而慧琳所説的假借比玄
應的要複雜，既有'六書'的假借，又有經文中用字的通假，還涉及一些
詞的引申義，與許慎的假借所舉例字'令、長'有相似處"[1]。三種《音
義》中還有一些嚴格意義上並不是假借或通假的現象，有的只是兩者在詞
義上存在一些關聯，作爲詞素構成詞彙時相通，當予注意。

雖然三種《音義》中標明"六書"的地方不少，但是由於漢字的楷變，
三種《音義》中所標識的"六書"未必都準確，也未必都符合"六書"的
實際情況，我們不當拘泥。不過從整體上看，三種《音義》中關於"六書"
的材料仍然對我們今天研究"六書"具有重要的參考意義。

---

〔1〕　徐時儀. 玄應與慧琳《一切經音義》的比較［A］. 徐時儀，陳五雲，梁曉
虹. 佛經音義研究：首屆佛經音義研究國際學術研討會論文集［C］. 上海：上海古籍
出版社，2006：170.

第四節 三種《音義》對不同字形產生原因的探討

三種《音義》還對一些不同字形產生的原因進行了探討，爲研究不同字形的産生提供了綫索和參考。

1 探討異體字形成的原因

三種《音義》編纂者在注釋中指出的異體字形成的原因大致有訛變、時人隨意爲之、加形符或聲符、減省、避諱等。下面我們分別舉例説明。

1.1 訛變

訛變，又稱訛化、異化，是漢字演變過程中的一個特殊現象，在甲骨文時期即已存在，伴隨着漢字發展的各個階段。有的學者認爲訛變是由人們對字的某些部件形義關係的誤解所致。[1] 還有學者把訛變現象歸於漢字的非常規演變。[2] 漢字的訛變對漢字結構的形成有一定的影響，這種影響既有消極的一面，又有積極的一面，學界對此已經進行了大量的研究和闡述。三種《音義》編纂者在注釋中有時候會明確指出某些字形是訛變的結果，這爲我們考察某些異體字產生的原因提供了幫助。

【屎—尿】
屎屎　……下泥吊反。《考聲》云：腹中水也。《説文》：從尾從水。經從尸，訛略也。並形聲字。（《慧琳音義》卷2《大般若波羅蜜多經》第 52 卷）

---

〔1〕　如張桂光《古文字中的形體訛變》："所謂古文字中的形體訛變，指的是古文字形體演變過程中，由於使用文字的人誤解了字形與原義的關係，而將它們某些部件誤寫成與意義不同的其他部件，以致造成字形結構上的錯誤現象。"王夢華《漢字字形的混誤與訛變》："字的訛變指的是由於誤解了字形中的部分筆畫和部件的來源造成的現象。"

〔2〕　如季素彩《漢字形體訛變説》："漢字形體在幾千年的漫長演變過程中，由甲骨文而金文而小篆而隸書，不少字不是按照常規演變的，於是就產生了訛變。"

屎尿 ⋯⋯下泥吊反。《説文》：正體從尾從水。又云：人之小便也。《考聲》云：溺也。腹中水也。經文作尿，俗字省略也。《通俗文》云：出腸曰屎，出脖曰屎。（《慧琳音義》卷5《大般若波羅蜜多經》第414卷）

按：《説文·尾部》："屎，人小便也。從尾水。""屎"字本從尾，而慧琳指出經文中從尸的"尿"字是"屎"字訛略所致的俗字。

【洟—涕】

洟唖 上梯計反。正體從鼻從弟作𠵺。或作嚏，見《韻英》。鼻液也。經中作洟，本音夷。《説文》亦誤也，爲篆書夷字與弟字相亂，有此誤也，遂相效用之。今《玉篇》《考聲》及《韻英》等數家字書並音以脂反。《周易·萃卦》云：齊（齎）咨涕洟。足爲明證也。洟亦是口鼻汁也。⋯⋯（《慧琳音義》卷13《大寶積經》第37卷）

按：《説文·水部》云："涕，泣也。"段玉裁注云："按，泣也二字當作目液也三字，轉寫之誤也。""涕"本義指目液，今多用於指鼻涕。《説文·水部》："洟，鼻液也。"《玉篇·水部》："洟，弋之、他計二切，鼻液也。古爲𣹢。""洟"本義指鼻液。慧琳指出由於"夷"和"弟"的小篆字形相似，人們便將"涕"和"洟"兩字相混而誤。"夷"，古文字作"�""夷"，小篆作"夷"；"弟"，古文字作"𢃀""𢎨"，小篆作"弟"。二者字形確實相近。又，"夷"和"弟"二旁在其他文字中也經常混用，如"稊"又作"稬"，"荑"又作"苐"，段玉裁亦云："古書弟夷二字多相亂。"故"涕"有鼻液之義是由於與"洟"形近而誤。

【涎—㳄】

食次者 中美延反。《説文》云：次，口液也。從水欠聲。或作㳄，古字也。經作涎，變古字易左爲右也。（《慧琳音義》卷38《佛説大孔雀王咒經》）

按：慧琳指出"㳂"爲古字，而"涎"字爲"㳂"的左右部分相互易位而成的變體字。

【吮—吮】

吮乳　上徐充反。《韻英》云：噉也。從口允聲。經作吮，草變字。……（《希麟音義》卷4《大乘本生心地觀經》第2卷）

按：希麟指出經文中出現的"吮"爲"吮"字草書而成的變體字。

1.2 時人隨意爲之

在寫本時代，漢字書寫上的錯訛幾乎是不可避免的。有些異體字的産生是由人們的主觀因素造成的，對於這種情況，三種《音義》編纂者在注釋中往往標以"先賢隨俗語書出""先輩諸儒各隨自意而作字""諸儒隨意作之"等，我們將這些字稱爲時人隨意爲之而産生的異體字。

【谷—腭、齶】

上腭　昂各反。《考聲》從肉作腭。經文從齒作齶，俗字也。《説文》作谷，音强各反，口上河（阿）也。象其文理也。古文本無此字，先賢隨俗語書出，或從肉從齒皆非正。相傳共用音五各反。古云爾。（《慧琳音義》卷36《金剛頂經》第2卷）

按："谷"爲本字，爲象形字，象人上腭的紋理，讀爲"强各反"，爲群母鐸韻。慧琳指出"腭""齶"雖爲俗字，但皆爲前人根據俗語隨意書寫的結果。此二字讀爲"五各反"，爲疑母鐸韻，讀音與"谷"不完全相同，故"腭"和"齶"應是方言俗語詞。

【涎—㳄、漹、㳄】

吐涎　祥延反。俗字也。正作㳄。《説文》云：口中津也。從水從欠。雖正體，爲與次字濫，故時不用。束晳作漹，［賈］誼作㳄，史籀大篆作㳄，此皆先輩諸儒各隨自意而作字也。（《慧琳音義》卷49《大莊嚴論》第6卷）

按："次"指口液，爲正字。"涎"爲俗字。《説文·口部》："唌，語
唌嘆也。""唌"是一種説話時的歎息聲。"淡"是水名。"唌""淡""沕"
均無涎唾之義，慧琳指出"唌""淡""沕"三形均爲前人隨意所作。此外，
慧琳此條還指出由於"次"雖爲正字，但常與"次"字相混，時人爲避免
訛誤多不用之，而多寫作"涎"。故慧琳此條字目亦用俗字"涎"。

【顦顇—憔悴、譙誶、癄瘁、嫶婤、蕉萃】

憔悴 上齊遥反。下情遂反。《考聲》云：憔悴，瘦惡也。亦
從頁作顦顇。《毛詩》從言作譙誶，班固從疒作癄瘁，《方言》從
心作憔悴，漢武帝《李夫人賦》從女作嫶婤，《左傳》從草作蕉
萃。《蒼頡篇》云：憔悴者，憂愁也。亦無定體。諸儒隨意作之，
並行於世，未知孰是。(《慧琳音義》卷60《根本説一切有部毗奈
耶律》第10卷)

按：《説文·頁部》："顇，顦顇也。""顦顇"二字爲該詞的本字，指
形容枯槁瘦弱。《説文·言部》："譙，嬈譊也。""誶，讓也。"《説文·艸
部》："蕉，生枲也。""萃，草貌。从艸卒聲。讀若瘁。"則"譙誶"和
"蕉萃"皆爲通假字。又，《説文》無"憔"字。《説文·心部》："悴，憂
也。""悴"指憂傷、憂愁。《玉篇·心部》："憔，胙遥切。憔悴。""憔"
或爲後起本字。"嫶"，《説文》《玉篇》《廣韻》等辭書中均無。古書中有
"嫶妍"一詞指憂傷消瘦。如《漢書·外戚傳上·孝武李夫人》："嫶妍太
息，歎稚子兮。"顏師古注引晉灼曰："三輔謂憂愁面省瘦曰嫶冥。嫶冥，
猶嫶妍也。"《玉篇·女部》："妍，吾堅切。好也。""妍"指美好，無憔悴
之義。慧琳所注云"漢武帝《李夫人賦》從女作嫶婤"，則"嫶妍"一詞或
本當作"嫶婤"，"妍"字爲後人翻刻傳抄之誤。"癄"，《説文》無。《玉
篇·疒部》："癄，莊校切。物縮也。""瘁"，《説文》除了在上面所引
"萃"字注下曰"讀若瘁"外，無單獨字目。《玉篇·疒部》："瘁，秦醉
切。病也。"則"癄瘁"亦爲通假字。慧琳指出"憔悴""譙誶""癄瘁"
"嫶婤""蕉萃"五形都是"諸儒隨意"所作。

此外，還有"髀—骻—骭—髁—屍—髂"(《慧琳音義》卷78《經律異
相》第21卷"左髀"條)、"腨—踹—蹲"(《慧琳音義》卷75《道地經》

"足腨"條)[1]等。

1.3　加形符或聲符

在本字基礎上加形符或聲符是異體字产生的最常見的途徑之一，三種《音義》也收載了不少這類異體字。

【包—胞】

胞胎　上補交反。古文作包，象形字也。爲是胎衣，蔡邕《石經》加肉作胞。《説文》云：兒生衣也。孔注《尚書》云：裹也。《莊子》云：胞者，腹肉衣也。俗音普包反，非也。(《慧琳音義》卷2《大般若波羅蜜多經》第181卷)

按：《説文·包部》："包，妊也。象人裹妊，𠣠在中，象子未成形也。元氣起於子。子，人所生也。男左行三十，女右行二十，俱立於巳爲夫婦。裹妊於巳，巳爲子，十月而生。男起巳至寅，女起巳至申。故男年始寅，女年始申也。"《玉篇·包部》："包，布交切。裹也。婦人懷妊，元氣起於人子所生也。今作胞。""包"本義指包裹胎兒的胞衣，後引申泛指包裹。"胞"爲"包"指包裹胎兒的胞衣義的後起本字，慧琳指出"胞"是古文"包"加形旁"肉"而成。

【尢—尪】

尪狂　枉王反。正體本作尢，象形，今俗用加王作尪，形聲字也。《韻詮》：尪，弱也。《通俗文》云：短小曰尪。《説文》：跛曲脛也。俗音烏黄反，聲轉訛。(《慧琳音義》卷16《無量清净平等覺經》下卷)

按："尢"，《説文·尣部》："尢，尫也，曲脛人也。从大，象偏曲之形。凡尢之屬皆从尢。尫，篆文从呈。""尢"爲象形字，象人小腿彎曲的樣

---

[1] 李墾華. 隋唐五代醫書與佛經音義醫學詞彙比較研究 [D]. 北京中醫藥大學，2017：415－417.

子。慧琳指出"尩"爲"尢"加聲旁"王"而成的俗字、今字。

1.4　減省

　　字形的減省是現當代簡化字規範的最基本原則之一，不過這種現象不限於現當代，而是在漢字發展的各個階段都曾出現过。三種《音義》中就有一些明確標明"從略""減省"的字形，如：

【顰—嚬】

　　嚬慼　上毗寅反。《考聲》云：嚬，蹙也（音悶）。《字書》云：嚬慼，聚眉也。《説文》：涉水者則嚬慼也。顧野王曰：案，嚬慼者，憂愁思慮不樂之狀也。《説文》正體從卑從瀕，今隸書從略，省涉爲步，又去卑從口作嚬，減省也。……（《慧琳音義》卷11《大寶積經》第2卷）

　　按：《説文·瀕部》："顰，涉水顰蹙。从瀕卑聲。""顰"本義指渡河時將要靠近岸邊却又無法靠岸的情形，引申指憂愁、皺眉等。慧琳指出"嚬"是"顰"字隸定後減省的結果，具體表現爲"省涉爲步，又去卑從口作嚬"。此外，慧琳還指出《説文》中的正字"顰"字"從卑從瀕"，此與今本《説文》有異。

1.5　避諱

　　避諱是在中國權利崇拜、趨利避害、維護等級從屬關係等特殊歷史文化背景下產生的一種字形變化的特殊現象，始於周、秦，盛於唐、宋，下迄清末，對語言文字的發展產生了一定的影響。三種《音義》中也出現了部分避諱字，如：

【惛—惽】

　　惛沉　上呼昆反。孔注《尚書》：惛，亂也。《廣雅》：癡也。《説文》：從民。避廟諱，改民爲氏，或從心，惽下眠字準此。（《慧琳音義》卷3《大般若波羅蜜多經》第304卷）

按："惛"與"惽"爲異體字，慧琳指出由於避唐太宗李世民諱，改"惛"字中的"民"爲"氏"，故"惛"爲正字，"惽"爲俗字、避諱字。慧琳還提示下文中的"眠"字亦同此例。

2 探討經文誤用字產生的原因

三種《音義》編纂者在注釋中指出經文誤用字產生的原因大致有錯用、形近致訛和後人妄作三種情况。

2.1 錯用

三種《音義》編纂者有時候會指出佛經原文中的某些字爲"誤用"，這類經文誤用字以通假字居多，如：

【朋—咽】

　　如孔雀朋　嬰堅反。《考聲》云：朋，喉也。朋，項也。經文從口作咽，乃去聲字誤用也。正體從肉。（《慧琳音義》卷11《大寶積經》第1卷）

按：此條中，慧琳認爲"咽"讀去聲，其義當指吞入、吞食，如《孟子·滕文公下》："井上有李，螬食實者過半矣，匍匐往，將食之，三咽然後耳有聞，目有見。"晉代葛洪《抱樸子·暢玄》："咽九華於雲端，咀六氣於丹霞。""朋"指咽喉。考《大寶積經》第1卷："而此山中生諸軟草，靃靡右旋，色香具足，青綠暉映如孔雀咽。"此句意在説明其青綠的顏色與孔雀咽喉的顏色一樣，故慧琳認爲當用指咽喉的"朋"字。實際上"咽"原本亦可指咽喉，可能由於"咽"兼咽喉和吞咽兩義，後人便改換形符，專造"朋"字用於指咽喉，則"朋"爲"咽"形符替換而成的後起分化字。"朋"字在唐代佛經的撰譯中曾一度代替本字"咽"來使用，但其此義未能被廣泛接受，漸被弃用。[1]

---

〔1〕李墨華. 隋唐五代醫書與佛經音義醫學詞彙比較研究［D］. 北京中醫藥大學，2017：290-294.

【顴—權】

權下　達圓反。非本字，誤用也。正體從頁作顴。《考聲》云：顴，面上頬骨也，眼下耳前是也。《古今正字》云：顴，頗也，頯也。從頁雚聲。雚音歡，頗音準律反，頯音達，皆顴之異名也。（《慧琳音義》卷20《寶星經》第4卷）

按：《説文·木部》："權，黄華木。從木雚聲。一曰反常。""權"本義是一種植物。"顴"即顴骨。此條中"權"指顴骨是作爲"顴"的通假字使用的，故慧琳指出"權"爲經文誤用字。

2.2　形近致訛

形近致訛所産生的經文誤用字在三種《音義》中往往標以"錯書""誤書"，如：

【齗—齗】

齗腭　上魚斤反。經文有作齗，錯書，非也。《韻詮》云：齗，齒根上肉也。……（《慧琳音義》卷39《不空羂索經》第1卷）

按："齗"即牙齦。慧琳指出經文中的"齗"爲誤寫而成的訛字。

【斃—鼈】

必斃　下毗祭反。前第十一卷已訓釋。傳從黽作鼈，錯書也。（《慧琳音義》卷90《高僧傳》第13卷）

按："斃"指仆倒，經文中的"鼈"字應爲形近而訛之字。

【膝—膝】

劑膝　……下息七反。《切韻》：曲膝骹骨也。《説文》：從肉桼聲。經文作膝，誤書也。桼音七，骹音苦交反。《古今正字》：從卩作厀。（《希麟音義》卷5《一字奇特佛頂經》卷中）

按："膝"字在經文中作"脒"，希麟認爲"来"與"㐁"形近而訛，"脒"字是抄經人誤書而成的訛字。

2.3 後人妄作

所謂後人妄作所産生的經文誤用字實際上既有錯用的可能，又有形近致訛的可能，與以上兩種情況均密切相關，可能更多地受到主觀人爲因素的影響。

【眵—脿】

眵聹　上尺支反。《韻詮》云：目汁凝也。經文作脿，檢一切字書並無此脿字，未詳所出，蓋是後人率意妄作耳。《説文》云：眵字從目從侈省聲。……（《慧琳音義》卷5《大般若波羅蜜多經》第414卷）

按："眵"指眼中分泌出的黄色液體。經文中有作"脿"者，慧琳指出"脿"字諸字書均無，大概是後人信手而寫的訛字。據我們考證，"瞳"爲"眵"聲符替換的異體字，而"脿"很可能是由"瞳"形符訛寫所致。[1]

【貍—蝣、鼺】

狄貍　……下貍，音里知反。案，貍即人間野狸獸也，形似鰲猫，口鋭，尾端有白。《説文》云：伏獸也，似貙。從豸里聲。貙音敕俱反。卬即昂，鰲音離。經文從虫作蝣，從鼠作鼺。譯經者妄書，並非本字，率爾而作者也。（《慧琳音義》卷38《金剛光燄止風雨陀羅尼經》）

按："貍"是一種動物，"蝣"和"鼺"均無此義。慧琳指出"蝣"和"鼺"是譯經者妄書而致的訛字。

當然，三種《音義》對字形的分析中也不免有些承襲前人的錯誤説解，

---

〔1〕 李墾華. 隋唐五代醫書與佛經音義醫學詞彙比較研究［D］. 北京中醫藥大學，2017：398－399.

如慧琳對"武"字的説解，亦言其從止從戈（《慧琳音義》卷11《大寶積經》第1卷"鸚鵡"條"武字從止從戈"），誤矣。但是其中的很多探析還是能爲我們今天研究字形産生的原因提供啓發和幫助的。三種《音義》對字形的説解是研究某些異體字、訛字的現成成果，其意義和價值絶不亞於三種《音義》對字詞含義的注釋。

第四章 三種《音義》
醫學詞彙的語音研究

  王力指出"文字本來只是語言的代用品。文字如果脱離了有聲語言的關係，那麼就失去了文字的性質"[1]。洪誠也指出"訓詁學的新發展，是在古音學基礎奠定之後"[2]。由此可見語音研究在訓詁學上的重要作用。

  現存完整注有反切的書首推陸法言的《切韻》和陸德明的《經典釋文》。《切韻》原書已佚，其所反映的語音系統因《廣韻》等增訂本而得以完整地流傳下來。《經典釋文》共收録了漢魏六朝二百三十餘家的各種音切和諸家訓詁，因絶大多數音訓原書都已失傳，該書保存的資料彌足珍貴。此外，顧野王的《玉篇》也有反切注音。《玉篇》原書已佚，現存《大廣益會玉篇》爲宋人在《玉篇》基礎上重修增字的本子，雖對原書有保存，但已非《玉篇》原貌。這幾部韻書都是研究中近古語音的重要材料，但是其中存在着很多共時和歷時的語音問題，僅憑這些材料本身是難以考證清楚的。三種《音義》的時間跨度達三百多年，其成書於中近古語音演變的重要階段，客觀地保存了當時語音的實際情況，爲解釋這些語音問題和語言現象提供了一些寶貴的綫索。我們就其中醫學詞彙的語音情況做了一些簡要的分析。

---

[1] 王力. 中國語言學史［M］上海：復旦大學出版社，2010：129.

[2] 洪誠. 洪誠文集·訓詁學［M］. 南京：江蘇古籍出版社，2000：17.

第一節　三種《音義》中的注音法

三種《音義》編纂者對字詞的注音方法主要有反切法、直音法、四聲法三種。此外，其中還有明引其他辭書、韻書注音者。

1　注音方法

1.1　反切法

反切注音法的産生和發展與佛教關係密切。反切法指將兩個漢字拼合起來爲一個漢字注音的方法。漢語原來的注音方式是讀如某字，而東漢時期佛教的傳入，爲漢語引入了反切這種新的注音方法。三種《音義》大量使用反切注音法，如：

　　　　耵聹　都冷反，下乃冷反。……（《玄應音義》卷20《思惟略要經》）
　　　　聾聵　上禄東反。……下瓦怪反。……（《慧琳音義》卷14《大寶積經》第58卷）
　　　　瘢痕　瘢，薄寒反。痕，戶恩反。（《慧琳音義》卷23《花嚴經》卷第58《離世間品之六》）
　　　　肌膚　上紀宜反。下甫无反。……（《慧琳音義》卷35《菩提場所説一字頂輪王經》第1卷）
　　　　葱蒜　上倉紅反。……下蘇貫反。……（《希麟音義》卷5《菩提場所説一字頂輪王經》第5卷）

1.2　直音法

直音法是一種以同音字來注音的注音方法。直音法早在漢代就已有運用，唐代顏師古（581—645）注《漢書》時徵引了23家注，各家都有用直音法者，其中以漢末服虔、應劭爲最早。直音法與讀如某字相比是注音方法的一種進步，但是漢字畢竟有限，常用易識字又更少，故直音法較反切法有很大的局限。三種《音義》注音多以反切法爲主，有時也用直音法，如：

目眩　玄、縣二音。……（《玄應音義》卷20《陀羅尼雜集經》第8卷）

肪膏　上音方，下音高。（《慧琳音義》卷76《無明羅剎集》）

檳榔　上音賓，下音郎。（《慧琳音義》卷83《大唐三藏法師本傳》第3卷）

跏趺　上音加。下音夫。……（《希麟音義》卷4《大乘本生心地觀經》第3卷）

1.3　四聲法

四聲法指的是不用反切或直音法注音，而是直接用"平聲""上聲""去聲""入聲"等與四聲相關的術語標明字的讀音，又稱爲描寫型注音法。三種《音義》醫學詞彙中運用四聲法注音者凡21見，具體如表8所示。

表8　三種《音義》醫學詞彙注音四聲法一覽表

四聲	醫學詞彙	出處
上聲 (11)	聤	**聤聹**　……下寧挺反，上聲[1]。《文字集略》云：聤聹，耳中垢也。《古今正字》云：從耳寧聲也。（《慧琳音義》卷2《大般若波羅蜜多經》第52卷）
	髁	**腰髁**　誇化反。又上聲，亦通。《考聲》云：髀上骨也。或作𩨖，古字也。《韻英》云：腰下骨也。或作胯，從肉夅聲（夅音與上同）。經作胯，俗字，誤也。（《慧琳音義》卷14《大寶積經》第56卷）
	涕	**涕泣**　上他禮反，上聲字，《玉篇》云：目淚也。若作剃音，鼻汁，非也。泣，欽立反，無聲淚出也。（《慧琳音義》卷25《大般涅槃經音義》卷上《壽命品第一》）
	頷	**牙頷**　……下含感反，上聲字。經作頷，俗字也。《說文》云：頤，頷也。古文本從函（音含）從頁作頤，或作𩑶，皆古字也。今且從俗。（《慧琳音義》卷35《一字頂輪王經》第1卷）
	䶎	**面䶎**　扶武反，上聲字也。《韻英》云：煩骨也。或作頫。（《慧琳音義》卷36《大日經》第6卷）

---

[1]　此處下劃綫爲筆者所加，用以標明詞彙四聲讀音。

續表

四聲	醫學詞彙	出處
上聲（11）	髀	**髀膭** 上音陛，或作髀，皆上聲也。《文字集略》云：股外也。前般若音義已釋。下丑龍反。（《慧琳音義》卷49《菩提資糧論》第5卷）
	愚	**愚騃** 下崖騃反。上聲字也。《蒼頡篇》云：騃謂無所識知也。騃亦愚也。從馬矣聲。（《慧琳音義》卷60《根本説一切有部毗奈耶律》第19卷）
	骹	**脊骹** ……下退猥反。上聲字。《考聲》云：骹，骹也。《玉篇》：骹，髖也。髖音寬。髖，胯骨也。骹音觯米反。妥音唾果反。（《慧琳音義》卷61《苾芻尼律》第3卷）
	倦	**疲倦** ……下權院反。上聲字。經從心作惓，亦通。（《慧琳音義》卷78《經律異相》第18卷）
	很	**很悷** 上痕墾反，上聲字。杜注《左傳》云：很，戾也。《廣雅》云：恨也。鄭注《禮記》云：閩也。《古今正字》云：不廳從也。從彳艮聲。論文從人作佷，錯誤也。……（《慧琳音義》卷66《集異門足論》第3卷）
	胯	**左胯** 誇寡反，上聲字，俗字也。《埤蒼》：胯，腰也。《古今正字》作髁，又作骻，亦作髁，又作髁。經文從客作髂，總無定體。諸儒率意作之，音亦不一，並云腰骨也。方言不同，未知孰是。今並書之。（《慧琳音義》卷78《經律異相》第21卷）
去聲（10）	淡	**痰膿** 徒南反。《字書》云：痰，胸中病。經從水作淡，乃無味，復是去聲字也。下奴工反。《説文》云：癰疽潰血也。從肉農聲。經中作淡，非經義也。（《慧琳音義》卷5《大般若波羅蜜多經》第414卷）
	湩	**淳湩** 誅糉反（龍重反）。《説文》云：乳汁也。江南見今呼乳汁爲湩，去聲。（《慧琳音義》卷12《大寶積經》第11卷）
	治	**對治** ……下音馳。《字書》：治，理也。或去聲。（《慧琳音義》卷14《大寶積經》第67卷）
	瘙	**瘙癢** 上桑刀反，又去聲。《字統》云：瘙，疥也。《廣雅》云：瘡也。《文字典説》：從疒蚤聲。疒音女厄反。下羊兩反。蚛不敢搔也。《説文》作蛘，云搔也。從虫羊聲，亦作痒。（《慧琳音義》卷62《根本毗奈耶雜事律》第14卷）
	憚	**畏憚** 下彈旦反，去聲字也。鄭箋《毛詩》云：憚，難也。又云畏也。《韓詩外傳》：惡也。《廣雅》：驚也，怒也。《説文》：忌也。從心單聲也。（《慧琳音義》卷63《根本説一切有部律攝》第1卷）
	矒	**矒矒** 上騰隥反，下墨塥反。並去聲字。《考聲》云：矒矒，臥初起貌也。矒音棱蹬反。杜注《左傳》云：矒矒，悶也。《文字典説》云：矒矒，目不明也。二字並從夢省，登、目皆聲也。（《慧琳音義》卷66《阿毗達磨發智論》第2卷）

續表

四聲	醫學詞彙	出處
去聲（10）	瞢	**瞢瞢** 上騰隥反，下墨堋反。並去聲字。《考聲》云：瞢瞢，臥初起貌也。瞢音棱蹬反。杜注《左傳》云：瞢瞢，悶也。《文字典説》云：瞢瞢，目不明也。二字並從夢省，登、目皆聲也。（《慧琳音義》卷66《阿毗達磨發智論》第2卷）
	憕	**憕懜** 上登鄧反，下黑（墨）堋反，並去聲字。《考聲》云：懜，精神不爽也，並從心。《止觀》從目作瞪瞢，並非也。堋音北瞢反。（《慧琳音義》卷100《止觀》上卷）
	懜	**憕懜** 上登鄧反，下黑（墨）堋反，並去聲字。《考聲》云：懜，精神不爽也，並從心。《止觀》從目作瞪瞢，並非也。堋音北瞢反。（《慧琳音義》卷100《止觀》上卷）
	欷	**歔欷** 上朽居反，下許既反。《考聲》：悲也。《韻略》云：泣也。顧野王云：歔欷，泣餘聲也。《説文》云：並從欠，虛、希聲也。欷，去聲。（《希麟音義》卷9《根本説一切有部毗奈耶破僧事》第4卷）

從表8可見，三種《音義》醫學詞彙中標有四聲的大多數出自《慧琳音義》，然所標四聲只有"上聲"和"去聲"兩種，其中標有"上聲"的11處，標有"去聲"的10處。這些上聲字都是全濁上聲字，而去聲字也都是全濁去聲字。據學者考證，全濁上聲字在唐代末年已經開始演變爲去聲（"濁上變去"），這種情況僅在以上幾條中即有體現。如"髁""倦"兩字的反切下字均爲去聲，而慧琳却標以"上聲"的字樣，其中"髁"字注爲"又上聲，亦通"，明顯體現出了這種聲調的變化。此外，《慧琳音義》中還有同一個字在不同條文中的反切存在上、去兩種聲調的情況，如"項"字有"珙講反""何講反""學講反"的上聲讀音，亦有"鞏降反"的去聲讀音；"頷"字有"含感反""何感反"的上聲讀音，亦有"合濫反""含紺反"的去聲讀音。這些情況都體現着"濁上變去"的發展演變軌迹。

1.4 引其他辭書、韻書進行注音

三種《音義》中亦有直接引用其他辭書、韻書對字詞進行注音的，對醫學詞彙進行注音所引用的辭書、韻書主要有《字林》《聲類》《韻集》《通俗文》《説文》《玉篇》《三蒼》《爾雅》八種，具體如表9所示。

表9 三種《音義》醫學詞彙引其他辭書、韻書注音一覽表

所引辭書或韻書	醫學詞彙	出處
《字林》	鴛	**鴛鴦** 《字林》：於袁反〔1〕下烏廊反。梵言斫迦羅婆迦。（《玄應音義》卷2《大般涅槃經》第1卷）
	胆	**蟲胆** 《字林》：千余反。《通俗文》：肉中蟲謂之胆。《三蒼》：胆，蠅乳肉中也。經文作蛆，子余反，蚔蛆也。又作疽，久癰也。二形並非此義。（《玄應音義》卷2《大般涅槃經》第13卷） **胆蟲** 《字林》：千餘反。《通俗文》：肉中蟲謂之胆。經文從虫作蛆，子餘反。蚔蛆，蜈蚣也。又作疽，癰也。……（《玄應音義》卷8《大莊嚴法門經》下卷） **胆蟲** 《字林》：千余反。《通俗文》：肉中蟲謂之胆，蠅乳肉中也。論文作蛆，子余反。蚔蛆也。（《玄應音義》卷17《出曜論》第11卷）
	疵	**瑕疵** 古文痄，同。《字林》：才雌反。《説文》：疵，病也。（《玄應音義》卷2《大般涅槃經》第32卷）
	瘦	**諸瘦** 《字林》：力句反。頸腫也，謂此國人多有，因從名焉。（《玄應音義》卷4《密迹金剛力士經》第2卷）
	傴	**背傴** 《字林》一父反。《通俗文》：曲脊謂之傴僂。春秋《宋鼎銘》云：一命而僂，再命而傴，三命而俯。杜預曰：俯恭於傴，傴恭於僂，身逾曲，恭益加也。經文作膒。《字林》：一侯反。幽暗也。非今所取，又作瘟，未見所出，疑傳寫誤出。（《玄應音義》卷6《妙法蓮華經》第2卷） **背傴** 《字林》：一父反。《通俗文》：曲脊謂之傴僂。《切韻》：傴，背曲不伸也。《春秋鼎銘》云：一命而僂，再命而傴，三命而俯。杜預云：俯恭於傴，傴恭於僂，身逾曲恭益加敬也。有作膒。《字林》：一侯反。幽暗也。有作瘟，未詳所出。（《慧琳音義》卷27《妙法蓮花經·譬喻品》）（大乘基撰，慧琳再詳定）
	診	**診病** 《字林》：諸刃反。診，視也。《聲類》：診，驗也。謂看脈候也。（《玄應音義》卷8《大智度論》第55卷）
	瘭	**瘭病** 《字林》：方遥反。瘭，疽病也。經文作螵［字，與蜱同，頻支、］脾遥［二］反。［蜱蛸，蜻蜋子也。］螵非字義。（《玄應音義》卷11《正法念經》第65卷）
	蠱	**厭蠱** 於冉反，下《字林》音固。《説文》：厭，合也。《蒼頡篇》：伏合人心曰厭蠱。《周禮》：庶氏掌除毒蠱。注云：毒蠱，蟲物病害人者也。謂蟲行毒也。律文作固，非也。（《玄應音義》卷15《五分律》第1卷） **厭蠱** 於冉反，下《字林》音固。蠱，惑疾也。經文作猒顧，非體也。（《玄應音義》卷20《陀羅尼雜集經》第7卷）
	惛	**惛寐** 上呼昆反。《考聲》云：不明也。《字林》又音呼困反。昧也。經文單作昏。《爾雅》云：昏强也。《切韻》曰：暮也。非此用。……（《希麟音義》卷3《新大方廣佛花嚴經》第22卷）

―――――――

〔1〕 此處下劃綫爲筆者所加，用以標明辭書、韻書注音。

續表

所引辭書或韻書	醫學詞彙	出處
《聲類》《韻集》	戀	**愚戀**　都絳反。《説文》：愚，癡也。戀，愚也。**《聲類》《韻集》音丑巷反**。（《玄應音義》卷4《十住斷結經》第9卷）
《通俗文》	疛	**疛痛**　諸書作侑，籀文作嶹。案，**《通俗文》：于罪反**。痛聲曰疛，驚聲曰燃。燃音于簡反。律文從口作嘷喂二形，非也。籀音除救反。（《玄應音義》卷15《僧祇律》第13卷）
《説文》	胲	**腦胲**　依字，**《説文》：古才反**。足大指也。恐非今用。案，字義宜作解，音胡賣反，謂腦解也。案，《無上依經》解三十二相中二如來頂骨無解是也。諸經中作頂骨堅實，同，一義也，或古字耳。（《玄應音義》卷2《大般涅槃經》第12卷）
	頽	**頽瘦**　**《説文》：口没反**。《三蒼》云：頭禿無毛也。《通俗文》：白禿曰頽。《廣雅》：頽，髮禿也。今讀口頢反，此非正音，但假借耳。（《玄應音義》卷6《妙法蓮華經》第2卷）
	慘	**慘毒**　惻錦反。《考聲》云：甚也。毒也。**《説文》音千感反**。訓義同。從心㐱（參）聲。經從玉作琛（珍）非也。（《慧琳音義》卷76《龍樹菩薩勸誡王頌》）
《玉篇》	捲	**捲打**　上，**《玉篇》：渠圓反**。顧野王云：無捲無勇也。捲，力也。《切韻》作拳，屈手也。《廣雅》云：拳拳，憂也。……（《希麟音義》卷9《根本説一切有部毗奈耶破僧事》第10卷）
	憺	**憺怕**　上徒濫反。《説文》：憺，安也。静也。謂憺然安樂。**《玉篇》：憺，徒敢反**，恬靖也。亦安也。有作恬，恬靖。有作惔，《説文》：徒甘反，憂也。非此中義。《字書》作倓，亦徒濫反。……（《慧琳音義》卷27《妙法蓮花經·授記品》）（大乘基撰，慧琳再詳定）
《三蒼》	莁	**蜱麻**　字宜作莁、莄二形。案，**《三蒼》：布迷反**。草名也。吕静《韻集》云：莁麻其生似樹者也。經文作蜱，音脾。（《玄應音義》卷2《大般涅槃經》第5卷）
《爾雅》	蝎	**蛇蠍**　上社遮反，下軒謁反。《方言》云：自關而西秦晉之間謂蝪蝛，或謂之蠍。蠍，即四方通語。《釋名》云：蠍，歇也。謂歇其尾也。字從虫歇聲。經文作蝎，**《爾雅》：音曷**，蟠蛴也。（《希麟音義》卷6《佛母大孔雀明王經》卷上）

　　表9的22處條文已除去了慧琳轉錄《玄應音義》的相同部分，其中16處爲玄應所引，1處爲慧琳所引，3處爲希麟所引，2處爲大乘基撰而慧琳再詳定的。許慎的《説文》中並没有注音，而表9中玄應却有2處引用《説文》進行注音。《隋書·經籍志》中載有《説文音隱》4卷，今已不傳。

此外，雖然唐時李陽冰曾經於唐太宗大歷年間（766—779）刊定《說文》，但《玄應音義》早在李陽冰《說文》改本刊行前就已問世，其所引《說文》當爲唐時流傳的原本《說文》。周祖謨在《唐本〈說文〉與〈說文〉舊音》一文考謝靈運《山居賦》注曾稱引《說文》《字林》之音，則南朝宋時《說文》有注音。周祖謨還指出："前人所引《說文》之音實不盡同。蓋《釋文》與《玄應音義》所引爲一系，李善《文選》注、《初學記》、《後漢書》注所引又爲一系，前者多與《字林》音相近，後者多與顧氏原本《玉篇》音相合。"〔1〕可見，唐時《說文》的傳本當不止一種。今存《說文》最早版本爲唐寫本，然僅剩口部殘卷和木部殘卷。其中，唐寫本《說文》木部殘卷則是現在能看到的最早的注音本《說文》，其注音方法以反切爲主而輔以直音。有學者據其研究唇音反切和漢語輕重唇音的分化問題〔2〕，可見系統的《說文》注音唐代已經完善。

玄應、慧琳、希麟靈活運用多種注音方法，以求所注讀音能更加接近當時的實際語音，這爲我們研究中近古時期的語音提供了更多的參考資料。

2 對反切注音字、釋文中難字的再注音

佛經音義的編纂者一般都很重視讀音，三種《音義》的反切注音還有一個特點，就是編纂者對部分反切注音字進行了再注音，如：

腦膜　上猱老反。……猱音奴刀反。（《慧琳音義》卷45《佛說十二頭陀經》）

齵齒　偶侯反。……偶音五苟反。（《慧琳音義》卷61《苾芻尼律》第12卷）

盲瞎　下亨夏反。……亨音赫耕反。夏音聞八反。（《慧琳音義》卷61《苾芻尼律》第12卷）

懵懵　上登鄧反，下黑（墨）坍反，並去聲字。……坍音北

---

〔1〕 周祖謨. 唐本〈說文〉與〈說文〉舊音［A］. 周祖謨. 問學集［C］. 北京：中華書局，1966：736.

〔2〕 梁光華.《唐寫本說文木部殘卷》的唇音反切和漢語輕重唇音的分化完成期［J］. 貴州教育學院學報（社會科學版），1990（3）：56－60.

嗇反。(《慧琳音義》卷100《止觀》上卷)

　　嗋取　上歆急反。……歆音許金反。(《希麟音義》卷1《大乘理趣六波羅蜜多經》第4卷)

此外，三種《音義》對所引用書證和釋文中的難字，甚至某些偏旁和經文誤用字也予以注音，如：

　　嬰咳　於盈反。嬰猶嬰婗也。……婗音烏奚反。婗，五奚反。(《玄應音義》卷9《大智度論》第1卷)

　　處痹　……經文作胇字，與脾同。音鼻尸反。……(《玄應音義》卷20《治禪病秘要法》)

　　青瘀　……《説文》云：積血也。從疒於聲。疒音女厄反。(《慧琳音義》卷66《集異門足論》第6卷)

　　謇澀　……《字書》云：謇澀，語不正也。……謇音初音反。(《希麟音義》卷4《守護國界陀羅尼經》第6卷)

這種現象一方面説明了三種《音義》編纂者認真嚴謹的治學態度，另一方面也使得三種《音義》實際注音的字遠多於字目中出現的字，同時也爲研究字目中未出現的其他字詞的語音提供了寶貴材料。

第二節　三種《音義》醫學詞彙中的方音、俗音、借音

1　方音

漢語各地語音有所不同，編纂者有時也會對三種《音義》醫學詞彙中的一些方音讀法進行標注，或引相關典籍注音。三種《音義》編纂者對方音的標注各有特色，玄應重視東西南北的方音差異，而慧琳則偏於指出秦音和吳音的區別。關於三種《音義》醫學詞彙中的方言方音，今略舉數例爲説。

【螫】

蜂螫　舒亦反。《說文》：蟲行毒也。關西行此音。又呼各反，山東行此音。蛆（蛆），知列反，東西通語也。（《玄應音義》卷2《大般涅槃經》第2卷）

按："舒亦反"所切之"螫"爲書母昔韻，"呼各反"所切之"螫"則爲曉母鐸韻，二音聲韻皆不同，聲母爲異類相轉，韻母爲入聲韻旁轉。

【髀】

柱髀　古文䏶，同。蒲米反，北人行此音。又必尔反，江南行此音。……（《玄應音義》卷2《大般涅槃經》第12卷）

按："蒲米反"所切之"髀"爲並母薺韻，"必尔反"所切之"髀"則爲幫母紙韻，二音聲韻皆不同，聲母爲幫系相轉，韻母爲陰聲韻旁轉。

【疼】

疼痛　又作痋、庝二形，同。徒冬反。《聲類》作瘆。《說文》：痋，動痛也。〔《釋名》：疼，痹也。〕下里間音騰。（《玄應音義》卷14《四分律》第4卷）

按："徒冬反"所切之"疼"爲定母冬韻，"騰"爲定母登韻，二音韻母不同，爲陽聲韻旁轉。

【髯】

䶂髯　子移反，下又作顄，同。而甘反，江南行此音。又如廉反，關中行此音。……（《玄應音義》卷19《佛本行集經》第20卷）

按："而甘反"所切之"髯"爲日母談韻，"如廉反"所切之"髯"則爲日母鹽韻，二音韻母不同，爲陽聲韻旁轉。

【睫】

一睫　《説文》作睞，《釋名》作𥇛，同。子葉反。目旁毛也。山東田睫里間音子及反。（《玄應音義》卷24《阿毗達磨俱舍論》第22卷）

按："子葉反"所切之"睫"爲精母葉韻，"子及反"所切之"睫"則爲精母緝韻，二音韻母不同，爲入聲韻旁轉。

【蠱】

蠱道　姑五反。……或有音野道者，方言不同耳。……（《慧琳音義》卷2《大般若波羅蜜多經》第102卷）

按："姑五反"所切之"蠱"爲見母姥韻，"野"爲以母馬韻，二音聲韻皆不同，聲母爲異類相轉，韻母爲陰聲韻旁轉。

【癉】

癉下　當賴反，又作㾨，同。《字林》：女人赤白癉二病也。關中多音帶。……（《慧琳音義》卷25《涅槃經》第9卷）

按："當賴反"所切之"癉"爲端母泰韻，"帶"爲端母泰韻，二音同。

2 俗音

三種《音義》中除記載正音外，還記載了一些字的俗音，如：

【憃】

癡憃　……下踔巷反。《考聲》云：小兒愚也。或從見作𧡬，亦作覾，俗音卓降〔反〕，恐非也。（《慧琳音義》卷16《佛説胞胎經》）

按："踔巷反"所切之"憃"爲徹母絳韻，"卓降反"所切之"憃"則爲知母絳韻，二音聲母不同，爲同系相轉。

【腭】

　　齗腭　……下腭字。《玉篇》《説文》等諸字書並無此字。俗用音我各反，近代諸家切韻隨俗。或有並從肉罗聲，亦是俗字也，已行於世久矣。案，腭者，口中上腭也。《説文》云：口上阿也。從口作谷（音强略反），象形，口上畫重八象其上腭文理也，亦會意字。(《慧琳音義》卷35《一字頂輪王經》第1卷)

　　按："我各反"所切之"齶"爲疑母鐸韻，"强略反"所切之"齶"則爲群母藥韻，二音聲韻皆不同，聲母爲同系相轉，韻母爲入聲韻旁轉。

【懈】

　　懈墮　上革賣反。《考聲》：懈，怠也。賈注《國語》云：懈，倦也。俗音嫁者，非也。前後經文懈字悉同此音。……(《慧琳音義》卷41《大乘理趣六波羅蜜多經》第1卷)

　　按："革賣反"所切之"懈"爲見母卦韻，"嫁"爲見母禡韻，二音韻母不同，爲陰聲韻旁轉。

　　以上幾例均出自《慧琳音義》。我們可以發現，慧琳在注出某字的俗音後，又往往有"恐非也""非也"等評價，可見其雖然不厭其煩地對這些正音、俗音進行區別標注，但並不提倡這種隨俗的讀音，仍然十分重視正統正音。此外，慧琳還對一些俗音的産生原因進行了探討，如：

【尪】

　　尪狂　柱王反。正體本作尢，象形，今俗用加王作尪，形聲字也。《韻詮》：尪，弱也。《通俗文》云：短小曰尪。《説文》：跛曲脛也。俗音烏（烏）黄反，聲轉訛。(《慧琳音義》卷16《無量清净平等覺經》下卷)

　　尪餘　柱王反。《韻英》云：羸弱也。俗音蝗黄反，聲訛轉也。(《慧琳音義》卷90《高僧傳》第14卷)

　　按：以上兩條中，慧琳指出"尪"的俗音"烏黄反"和"蝗黄反"是聲轉致訛的結果。"枉""烏""蠖"皆爲影母，三者聲母相同。然"王"
爲陽韻，"黃"爲唐韻，兩者爲陽聲韻旁轉。

很顯然，很多俗音的産生都與音轉相關，且實際上所謂俗音多半都是
方音。三種《音義》雖然主張正統，但還是將這種不被正統所接受的俗音、
方音都予注出，這爲研究當時的方音、俗音提供了寶貴材料。

3 借音

三種《音義》中還有一類特殊的注音——借音，如：

【頹】

頹瘦 《說文》：口没反。《三蒼》云：頭禿無毛也。《通俗
文》：白禿曰頹。《廣雅》：頹，髮禿也。今讀口轄反，此非正音，
但假借耳。(《玄應音義》卷6《妙法蓮華經》第2卷)

按：《說文·頁部》："頹，禿也。从頁气聲。"徐鉉本《說文解字》注
"苦骨切"，徐鍇《說文解字繫傳》注"誇訥反"，二者均爲溪母没韻。《廣
韻》注該字讀音爲"苦本切""苦骨切"，又音"口没切"。《玉篇·頁部》：
"口本、口没二切。禿也。"《玉篇》《廣韻》的注音與玄應所引注音相同。
"轄"爲黠韻，"没"爲没韻，則"口轄反""口没反"兩音爲入聲韻旁轉。
徐鉉本《說文解字》、徐鍇《說文解字繫傳》所注音同"口没反"，玄應指
出此音爲正音，"口轄反"爲借音。

【創】

創被 上楚霜反。借音字也。或作瘡，古文作刅也。(《慧琳
音義》卷74《佛本行讚傳》第5卷)

按：《說文·刃部》："刅，傷也。从刃从一。創，或从刀倉聲。""創"
的本義指創傷、傷口。《玉篇·刀部》："創，楚良切。傷也。又楚亮切，始
也。"《玉篇》中"創"字有兩讀，且分別對應兩種不同的解釋：讀作"楚
良切"時（今音第一聲），指傷口，與《說文》所說同；讀爲"楚亮切"
時（今音第四聲），指初始。我們前面已經討論過，義指初始的本字是

"刱"，而"創"是其通假字。然由於借義行而本義廢，"瘡"字又成爲創傷義的後起本字，"創"後來多用於表初始義，讀爲"楚亮切"。故慧琳認爲"創"在此處讀爲"楚霜反"是借音字。

三種《音義》的這種借音實際上很多也是方言俗音。《希麟音義》中也有標注"借音"者，但是没有與醫學詞彙相關的，故這裏没有其中的例子。

第三節　三種《音義》中的梵語音譯

梵語音譯歷來是研究漢語古音的重要材料之一，三種《音義》收載了很多外來音譯詞，編纂者對這些外來語的漢譯及解説同樣是研究中近古語音的重要材料。以藥物詞彙爲例，三種《音義》記載了部分外來藥物在中土的對應名稱，如：

【安闍那—黄連】

安闍那藥　古音亦云安陀，此云根藥。經云能治眼痛，應是黄連也。(《慧琳音義》卷26《大般涅槃經》第38卷)

按：根據慧琳的訓釋，"安闍那"是一種治療眼痛的眼藥。慧琳指出其古音稱爲"安陀"，並認爲它應該就是黄連。黄連具有清熱燥濕，瀉火解毒的功效，《神農本草經》言其"主治熱氣，目痛，眥傷，泣出，明目"，《本草綱目》言其"治目及痢爲要藥"。此外，黄連的藥用部位爲根莖，與慧琳所言"此云根藥"相符，故"安闍那"很可能就是黄連。

【興渠、畢唎祿侯—阿魏】[1]

興渠　此言少訛也。借音嫣蠅反。出烏茶娑他那國，彼土人常所食者也。此方相傳以爲芸薹者，非也。嫣音虚延反。(《玄應音義》卷5《央掘魔羅經》第2卷)

---

〔1〕 李墾華，王育林. "蓭羅""紫鉚""阿魏"考釋 [J]. 中華醫史雜誌，2015，45（1）：7-11.

興渠　此是樹汁，西國取之，以置食中。今有阿魏藥是也。（《玄應音義》卷17《阿毗曇毗婆沙論》第27卷）

興渠　此言訛也，應言興舊。興宜借音嫣蠅反。出闍烏荼娑他那國，彼土人常所食者也。此方相傳以爲芸薹者，非也。嫣音虛延反。〔又云此樹汁似桃膠，西國作食皆着之，今時阿魏藥是也。〕（《玄應音義》卷18《雜阿毗曇心論》第4卷）

興瞿　具俱反。梵語藥名。唐云阿魏也。（《慧琳音義》卷68《阿毗達磨大毗婆沙論》第50卷）

按："興渠"又作"興瞿"，爲音譯所致異名。根據玄應的描述，興渠產自烏荼娑他那國，可食用，藥用部位爲樹汁，唐時中土稱之爲阿魏藥，時人多誤將興渠與芸薹相混。此外，玄應還指出"興渠"音譯有誤，當作"興舊"，此名慧琳轉錄時改作"興虞"，而《本草綱目》中收有"阿虞""形虞"之名，則《玄應音義》中之"興舊"或爲翻刻錯訛，當作"興虞"。玄應還指出"興"是一個借音字，當讀作"嫣蠅反"，而非讀其本音。根據玄應"嫣音虛延反"的注音，"嫣蠅反"讀爲曉母蒸韻，而《廣韻》中"興"有兩讀，一爲曉母蒸韻（虛陵切），一爲曉母證韻（許應切），可見玄應認爲"興"字的本音爲曉母證韻（今音四聲）。因此，玄應才認爲"興"讀爲曉母蒸韻（今音第一聲）爲借音。

"阿魏"一藥《慧琳音義》中亦有記載，《慧琳音義》卷39《不空羂索經》第1卷"畢唎祿俁"條："祿音羊兩反，下音隅。梵語藥名，古云阿魏也。"慧琳指出阿魏又名"畢唎祿俁"，此亦爲梵語音譯。此外，慧琳所說阿魏的藥用部位與玄應所說有不同之處，《慧琳音義》卷100《惠超往五天竺國傳》下卷"薺苨"條："上齊祭反，下泥底反。藥名也。言阿魏根似此藥，而臭如大蒜，煎成阿魏藥。"根據此條的描述可知，阿魏的用藥部位爲根部，其味臭如大蒜，阿魏藥是用阿魏根煎煮而成的。慧琳所言阿魏用根部入藥與玄應所言興渠藥用部位爲樹汁有所差異。可見"阿魏"一名至少可指兩種不同的藥物，一以樹汁入藥，一以根部入藥。

"阿魏"一名在古籍中始見於《隋書》（636—656），《隋書·西域列傳第四十八》："漕國，在蔥嶺之北，漢時罽賓國也。……土多稻、粟、豆、麥；饒象，馬，封牛，金，銀，鑌鐵，氍毹，朱砂，青黛，安息、青木等香，石蜜，半蜜，黑鹽，阿魏，没藥，白附子。”書中記載漕國盛産“阿魏”。漕國位於印度西北境，亦屬於西域地區。“阿魏”一名在古代藥物學著作中則首見於《新修本草》。《隋書》和《新修本草》均成於唐時，可見“阿魏”一名傳入中土的時間不晚於唐代。此外，唐代段成式的《酉陽雜俎》和陳藏器的《本草拾遺》中也記載了“阿魏”一名。《本草拾遺》僅言其“一名興渠”（今人輯復本），而《酉陽雜俎》的記載則較爲詳細。對比《新修本草》《酉陽雜俎》的記載與玄應、慧琳的描述，我們發現了一些問題：①兩書均未提到“興渠”一名，都以“阿魏”的名稱記載此藥；②關於阿魏的歸部，兩書記載不同，《新修本草》將其列入《草部》，而《酉陽雜俎》將其列入《木篇》（《酉陽雜俎》中有《草篇》）；③關於阿魏的藥用部位、炮製方法，兩書同樣有不同的説法，《新修本草》言其藥用部位爲“根”，炮製方法爲“煎”或“曝乾”，且“體性極臭”（這些描述均與慧琳所言相類），而《酉陽雜俎》則言“斷其枝，汁出如飴，久乃堅凝”，“取其汁和米豆屑，合成阿魏”（此與玄應所言“樹汁”相類）。因此，《新修本草》中記載的“阿魏”很可能即慧琳所説的“畢唎禄俣”，而《酉陽雜俎》中記載的“阿魏”則爲玄應所説的“興渠”。

《本草綱目》云：“時珍曰：阿魏有草、木二種。草者出西域，可曬可煎，蘇恭所説是也。木者出南番，取其脂汁，李珣、蘇頌、陳承所説是也。按《一統志》所載有此二種。云出火州及沙鹿、海牙國者，草高尺許，根株獨立，枝葉如蓋，臭氣逼人，生取其汁熬作膏，名阿魏。出三佛齊及暹邏國者，樹不甚高，土人納竹筒於樹内，脂滿其中，冬月破筒取之。或云其脂最毒，人不敢近。每采時，以羊繫於樹下，自遠射之。脂之毒着羊，羊斃即爲阿魏。觀此，則其有二種明矣。”李時珍明確指出“阿魏”一名有草、木兩種之別，蘇敬《新修本草》所説的是草本阿魏，而李珣《海藥本草》、蘇頌《本草圖經》和陳承《重廣補注神農本草並圖經》中所説的是木本阿魏，且木本阿魏的樹汁有毒。故慧琳所説的“畢唎禄俣”爲草本阿魏，玄應所説的“興渠”爲木本阿魏。因此，這也解釋了玄應所説的“興渠”藥用部位爲樹汁，而慧琳所言阿魏的根與薺苨的根相似（薺苨亦爲多年生草本，故與草本阿魏根相似）。

結合唐代幾部古籍和《本草綱目》對阿魏的記載，我們發現兩種阿魏在産地、植物特性、藥用部位、炮製方法、藥物功效等方面均有很大不同。

然此後的藥物學著作中關於阿魏的記載多有混亂。如《海藥本草》卷2：
"阿魏，謹按《廣志》云：生石昆侖國，是木津液，如桃膠狀。其色黑者不
堪，其狀黃散者爲上。其味辛、溫。善主於風邪鬼注，並心腹中冷服餌。
有雲南長河中亦有阿魏，與舶上來者滋味相似一般，只無黃色。"從所引
《廣志》中記載的産地上看此所云當是木本阿魏，但從其記載的功效上看此
所云則應是草本阿魏，而《海藥本草》想要記載的是草本阿魏，故其引
《廣志》有誤。其所云"雲南長河中亦有阿魏，與舶上來者滋味相似一般，
只無黃色"者才是木本阿魏。《本草綱目》中記載的應是草本阿魏，却將其
移入了《木部》。

　　此外，關於"阿魏"一名，李時珍認爲："夷人自稱曰阿，此物極臭，
阿之所畏也。波斯國呼爲阿虞，天竺國呼爲形虞，涅槃經謂之央匱，蒙古
人謂之哈昔尼。"其認爲"阿魏"由於味臭而得名。然"阿魏"實際上是
古吐火羅語的音譯之名，亦譯作"央匱"，而"興渠"應爲梵語音譯之名；
李時珍記載了其在《新修本草》作"熏渠"。木本阿魏梵語音譯爲"興
渠"，而草本阿魏梵語音譯爲"畢唎祿俁"，由此亦足見兩者不同。

　　綜上，"阿魏"一藥有木本阿魏和草本阿魏之別，《玄應音義》中所説
的"阿魏"是木本阿魏，又名"興渠""熏渠""興虞""阿虞""形虞"
"央匱""哈昔尼"等，而《慧琳音義》中所説的"阿魏"是草本阿魏，又
名"畢唎祿俁"。古書中記載了草本阿魏的功效，而木本阿魏有毒，故我們
今天所説的具有藥用價值的是草本阿魏。兩種阿魏傳入中土的時間均不晚
於唐代。此外，今《漢語大詞典》將"阿魏"注釋爲："一種有臭氣的植
物。根莖的漿液乾燥後，中醫用爲幫助消化、殺蟲解毒的藥物。"其不僅未
言草木之別，而且所引例證爲《酉陽雜俎》中關於木本阿魏的記載，然所
載功效却爲草本阿魏之功效，有牛頭馬尾之嫌，誤深矣。

　　以上兩例中，不論是"安闍那"還是"安陀"，"興渠"還是"興虞"，
應該都是梵語音譯所致的不同音譯形式。外來藥物中還有不少這樣的音譯
詞，據我們粗略統計，三種《音義》中外來藥物的中外名稱對譯約有22
種，具體見表10。

表 10　三種《音義》藥物中外名稱對譯

藥物的梵文譯名	對應中土藥物名稱	出處
多伽羅香	根香	**多伽羅香**　此云根香。（《玄應音義》卷 1《大方等大集經》第 4 卷） **多伽羅香**　此云根香。（《慧琳音義》卷 17《大方等大集經》第 4 卷） **多伽羅香**　此云根香。（《慧琳音義》卷 26《大般涅槃經》第 20 卷）
多摩羅跋香、多摩羅	藿葉香、霍香	**多摩羅跋香**　此云藿葉香。（《玄應音義》卷 1《大方等大集經》第 4 卷） **多摩羅**　亦梵語香名也。唐云霍香，古云根香，誤也。（《慧琳音義》卷 3《大般若波羅蜜多經》第 318 卷） **多摩羅跋香**　此云藿葉香。（《慧琳音義》卷 17《大方等大集經》第 4 卷） **多摩羅跋香**　此云藿葉香也。（《慧琳音義》卷 26《大般涅槃經》第 20 卷）
臊陀、叔迦	鸚鵡	**鸚鵡**　於莖反。鵡或作䳇，同。亡甫反。梵言叔迦。（《玄應音義》卷 2《大般涅槃經》第 1 卷） **臊陀**　蘇勞反。梵言鸚鵡鳥名也。（《玄應音義》卷 19《佛本行集經》第 31 卷）
斫迦羅婆迦	鴛鴦	**鴛鴦**　《字林》：於袁反。下烏廊反。梵言斫迦羅婆迦。（《玄應音義》卷 2《大般涅槃經》第 1 卷）
尸利沙	合昏樹、夜合	**尸利沙**　即是此間合昏樹也。其樹種類有二，若名尸利沙者，葉果則大。若名尸利駛者，葉果則小。此樹時生人間，關東下里家誤名娑羅樹是也。（《玄應音義》卷 3《勝天王般若經》第 5 卷） **尸利沙**　此云吉祥，即是合昏樹，俗云夜合，其花甚香。（《慧琳音義》卷 12《大寶積經》第 30 卷）
羯布羅香樹	龍腦香	**龍腦**　案，《西域記》云：羯布羅香樹，松身，異葉，花果亦別。初采既濕，尚未有香。木乾之後，循理而析，其中有香，狀若雲母，色如冰雪。此謂龍腦香者也。（《玄應音義》卷 4《月燈三昧經》第 10 卷）

續表

藥物的梵文譯名	對應中土藥物名稱	出處
失收摩羅、失獸摩羅、室獸摩羅、失奴摩羅、失守摩羅	鱷	**失收摩羅** 或作失守，《善見律》文（云）：鱷魚也。長二丈餘，有四足，似鼉，齒至利，有禽鹿入水，齧腰即斷。或云煞子魚也。（《玄應音義》卷14《四分律》第2卷） **失獸摩羅** 或言失收摩羅，此云煞子魚也。《善見律》譯云鱷魚，廣州土地有之。鱷音五各反。（《玄應音義》卷17《阿毗曇毗婆沙論》第27卷） **室獸摩羅** 形如象也。舊經律中或作失奴摩羅，或作失守摩羅，梵音轉耳。譯云煞子魚也。《善見律》云：鱷魚也。長二丈餘，有四足，似鼉，齒至利，有禽鹿入水，齧腰即斷。廣州土地有之。（《玄應音義》卷24《阿毗達磨俱舍論》第2卷）
多伽婁香、伽樓、多伽留香、多加樓	木香、不沒香	**多伽留香** 又作伽樓，譯云木香樹也。一云不沒香，〔婆利迦香〕。（《玄應音義》卷20《陀羅尼雜集經》第5卷） **多伽婁香** 《釋論》云：木香，此云不沒也。（《慧琳音義》卷26《大般涅槃經》第11卷） **多伽留香** 又作多加樓。譯云木香樹也。一云不沒香，波利迦香也。（《慧琳音義》卷43《陀羅尼雜集經》第5卷）
佉陀羅、羯地羅、軻梨羅	苦楝	**羯地羅** 去謁反。舊言佉陀羅，木名也。（《玄應音義》卷25《阿毗達磨順正理論》第73卷） **佉陀羅山** 《爾雅》曰：軻梨羅，此即木名，謂此方苦楝木也。由彼山中多有此木，故立其名。（《慧琳音義》卷22《花嚴經》第50卷） **佉陀羅炭** 此云坑樹，其木堅實，炭灰墻驗（鹼），洗身必爛。（《慧琳音義》卷26《大般涅槃經》第16卷）
多揭羅、多蘖囉	零陵香	**多揭羅** 梵語香名也。揭音羯。梵音訛也。正云多蘖囉，即零陵香也。囉字轉舌。（《慧琳音義》卷3《大般若波羅蜜多經》第318卷）
迦奢國	蘆葦	**迦奢國** 梵語也。唐言蘆葦也。（《慧琳音義》卷18《大乘大集地藏十輪經》第4卷）
摩伽羅魚、摩竭魚、麼迦羅魚	鯨魚	**摩伽羅魚** 亦云摩竭魚，正言麼迦羅魚，此云鯨魚也。（《慧琳音義》卷20《華嚴經》第58卷）
娑羅娑鳥	白鶴	**娑羅娑鳥** 此云共行，亦云白鶴。（《慧琳音義》卷25《涅槃經》第2卷）
多羅樹	檳榔樹	**多羅樹** 此云重。直龍反。謂葉葉相次也。或云檳榔樹，似梭櫚樹。（《慧琳音義》卷25《涅槃經》第7卷）

續表

藥物的梵文譯名	對應中土藥物名稱	出處
兜羅綿	木綿	**兜羅綿** 此云木綿也。甚細耎，狀似楊柳樹花，若用此綿觸人眼睛淚不出，故知耎。(《慧琳音義》卷 26《大般涅槃經》第 12 卷)
優樓頻螺、鄔盧頻螺	木苽、木瓜	**優樓頻螺** 此云木苽。自在木苽林中證得無學，故以名之。(《慧琳音義》卷 26《大般涅槃經》第 19 卷) **優樓頻螺迦葉** 鄔盧頻螺迦葉波。鄔盧頻，木瓜果也。池中龍名，亦胸前有瘤似木瓜，故以名焉。(《慧琳音義》卷 27《法花音訓序》) **優樓頻螺** 梵語訛略也。具正云鄔盧頻螺迦葉波。鄔盧頻螺，此云木瓜，爲胸前有瘤，似木瓜果，因以爲名。迦葉波，此云飲光，即姓也。(《希麟音義》卷 9《根本説一切有部毗奈耶破僧事》第 7 卷)
瞿陀身	鯪魚	**瞿陀身** 古音云此名鯪魚。鯪，力承反。《玉篇》云：鯪魚，鯉也，有四足，出於南方。謂菩薩潛形利物，作異色魚身，正定形兒也。(《慧琳音義》卷 26《大般涅槃經》第 33 卷)
迦賓闍羅鳥	鶏鳥	**迦賓闍羅鳥** 古音云是鶏鳥也，引《釋論》云似鶡鶄，與象猴爲親友，故知是也。鶏音卓刮反，刮音關八反。(《慧琳音義》卷 26《大般涅槃經》第 33 卷)
安闍那藥、安陀	黃連	**安闍那藥** 古音亦云安陀，此云根藥。經云能治眼痛，應是黃連也。(《慧琳音義》卷 26《大般涅槃經》第 38 卷)
嚧遮那	牛黃	**嚧遮那** 梵語。唐云牛黃。數般藥物名並是持明仙加持相應物也。(《慧琳音義》卷 36《大日經》第 3 卷)
迦箪	藿香	**迦箪** 方尔反。此名藿香也。藿音呼郭反。(《慧琳音義》卷 53《起世經》第 10 卷)
興瞿、興渠	阿魏	**興瞿** 具俱反。梵語藥名。唐云阿魏也。(《慧琳音義》卷 68《阿毗達磨大毗婆沙論》第 50 卷)

　　表 10 中，有不少外來藥物詞彙三種《音義》的編纂者都明確指出其爲
"梵語"，如"多摩羅""叔迦""斫迦羅婆迦""多揭羅""迦奢國""優樓
頻螺"等，此外可能還有一些則是意譯詞。從上所舉"阿魏"一例可見，
外來音譯詞有時候甚至可以幫助我們區分某些本土同名異物的藥物。

　　"由於譯經所據原本是拼音文字，若把原文與漢語音譯詞放在一起聯繫
比較，可以考察出某些漢字在當時的音值，大大促進對古代漢語音系的構
擬。由於音譯詞譯出的年代和地域的差異，在排除原典語音的差異之後，

能爲漢語語音變化提供十分有意義的材料。"[1] 三種《音義》中的音譯外來詞和真言、咒語等保存了大量的梵漢對音材料，這些材料對考定中近古音系的音值頗有參考價值。關於這一方面，近現代學者已經做了大量專門的研究，如黄仁瑄的《唐五代佛典音義中的"楚夏"問題》[2]、尉遲治平等的《梵文"五五字"譯音和玄應音的聲調》[3]都利用三種《音義》中的梵語音譯材料研究漢語語音。

第三，三種《音義》中梵語音譯的材料不僅有助於漢語語音演變的考察，而且對外來詞詞義的考察也有幫助。有些梵語音譯詞的音譯形式較爲相似，可能会造成理解上的混亂，而三種《音義》爲糾正這種錯誤提供了綫索，如：

【菴摩羅、菴摩勒】[4]

菴羅　或言菴婆羅，果名也。案此果花多而結子甚少，其葉似柳而長一尺餘，廣三指許，果形似梨而底鉤曲，彼國名爲王樹，謂在王城種之也。經中生熟難知者即此也。舊譯云奈（柰），應誤也。正言菴没羅，此菴没羅女持園施佛，因以名焉。昔獼猴爲佛穿池、鹿女見千子處皆在園側也。（《玄應音義》卷8《維摩詰所説經》上卷）

菴摩羅樹　梵語果樹名也，此國無。古譯或云菴婆羅，或曰菴羅樹，皆一也。《涅槃經》云：如菴羅樹一年三變，有時生花光色敷榮，有時生葉滋茂蓊鬱，有時雕落狀如枯樹。又云如菴羅樹，花多果少。（《慧琳音義》卷11《大寶積經》第1卷）

菴羅林　菴羅，果名，狀貌似此方㮈，其味如梨也。此翻爲小花樹山，謂此山中多有小白花樹。其花甚香，香氣遠及也。（《慧

[1]　俞理明. 佛經文獻語言 [M]. 成都：巴蜀書社，1993：45.

[2]　黄仁瑄. 唐五代佛典音義中的"楚夏"問題 [J]. 南陽師範學院學報，2010（1）：42－46.

[3]　尉遲治平，朱煒. 梵文"五五字"譯音和玄應音的聲調 [J]. 語言研究，2011，31（2）：70－75.

[4]　李墾華，王育林. "菴羅""紫鉚""阿魏"考釋 [J]. 中華醫史雜誌，2015，45（1）：7－11.

琳音義》卷23《花嚴經》第68卷)

菴羅果　此無正翻，狀如木瓜，其味香甘，經取生熟難分者
也。(《慧琳音義》卷25《涅槃經》第9卷)

菴羅果　上暗含反。案，菴羅者，天竺國果名也。此國亦有，
似梨小於彼國者。爲響梵語，不求字義。(《慧琳音義》卷51《十
二因緣論》))

阿摩勒　此云無垢，《南本經》作呵黎勒，誤也。此方其識，
净三藏云菴摩勒迦，此云苦澀藥，形如小柰。若云菴摩羅、菴没
羅，狀如木苽，大如鵝子，甘美，或生如熟，或熟如生，故經云
生熟難分者也。鞞醯勒者，狀如甘子，味酸，並無正翻也。(《慧
琳音義》卷25《涅槃經》第5卷)

按：“菴羅”，又名“菴婆羅”“菴没羅”“菴摩羅”，皆爲音譯所致異
名，其中“菴没羅”爲正名，是由於菴没羅女掌管此樹林並於林中傳播佛
法而得名。“菴羅”，《可洪音義》中又作“奄羅”“掩羅”等，《可洪音義》
“奄羅”條：“上烏含反。羅菓名也。正作菴。又音掩，悮。”可見“奄”
“掩”應爲字形訛誤所致。綜合玄應和慧琳的描述，“菴羅”的特點主要有：
樹一年三變，花開時節光彩奪目，葉生時節鬱鬱蔥蔥，花葉凋零時節狀如
枯樹；花多而結果少；花色白，形小，甚香，香氣遠播；葉子似柳葉，長
一尺餘，寬三指；果實形似梨，又似木瓜，如鵝卵般大小，果實底部鉤曲，
味道似梨、香甜，果實生熟難分；在天竺王城種植，故又稱爲“王樹”。由
於其果形似柰，因而有將其誤認作“柰”者。此外，慧琳還指出其爲西方
天竺國的一種果子，並指出唐代亦有此果，只是中土的果實小於天竺本地
的果實。今《植物名實圖考》以“檬果”之名收載此物，且據其考證，“菴
羅”即今之芒果。

“菴羅”即《本草綱目》所載的“菴羅果”，在藥物學著作中始見於南
唐時期陳仕良的《食性本草》，較玄應和慧琳所載晚。又，李時珍曰：“按
《一統志》云：菴羅果俗名香蓋，乃果中極品。種出西域，亦柰類也。”即
“菴羅”原産自西域，俗名作“香蓋”。雖然南朝的詩賦中已出現了“菴
羅”一詞，但尚難説明其在當時已有，可以確定的是其傳入中土應不晚於
唐代，故慧琳稱唐時已有。

　　《漢語大詞典》"菴羅"一詞所引最早例證爲南朝宋時謝靈運《山居賦》："羨靈鷲之名山，企堅固之貞林，希菴羅之芳園。"然根據《玄應音義》和《慧琳音義》中"菴羅"一詞所出現的經文情況，有"菴羅"一詞的經文的時代應較南朝更早，如《維摩詰所說經》上卷："一時，佛在毗耶離菴羅樹園，與大比丘衆八千人俱，菩薩三萬二千，衆所知識。"《維摩詰所說經》在中國早有流傳，早在東漢時期就有嚴佛調譯《古維摩詰經》2卷，雖然此譯本已亡佚，但由此已足見此經在東漢已有流傳。又如《涅槃經》爲西晉白法祖所譯，《花嚴經》最早由東晉佛陀跋陀羅翻譯，二者的時代皆早於南朝。"菴羅"在不同譯本中出現的音譯形式可能不盡相同，但其音譯詞出現年代應不晚於東漢。

　　此外，尚有一物名"阿摩勒"，其音譯形式與"菴羅"十分接近。

　　　阿摩勒果　正言菴磨羅果，其葉似小棗，果如胡桃，味酸而甜，可入藥。(《玄應音義》卷8《維摩詰所說經》上卷)
　　　阿末羅　磨缽反。舊言菴磨羅果，亦作阿摩勒果，其葉似小棗，花亦白小，果如胡桃，其味酸而且甜，可入藥分。經中言如觀掌中者也。(《玄應音義》卷21《大菩薩藏經》第15卷)
　　　阿摩勒　此云無垢，《南本經》作呵黎勒，誤也。此方其識，淨三藏云菴摩勒迦，此云苦澀藥，形如小柰。若云菴摩羅、菴沒羅，狀如木苽，大如鵝子，甘美，或生如熟，或熟如生，故經云生熟難分者也。韓勒者，狀如甘子，味酸，並無正翻也。(《慧琳音義》卷25《涅槃經》第5卷)

　　按："阿摩勒"又名"菴磨羅""阿末羅""菴摩勒迦"，亦皆爲音譯所致異名，其中"菴磨羅"爲正名。綜合玄應和慧琳的描述可知"阿摩勒"的特點主要有：葉似小棗；花色白，形小；果實形似胡桃，又似小柰，味酸而甜，可入藥，入藥則味苦澀。

　　"阿摩勒"以"菴摩勒"的形式首載於晉代嵇含的《南方草木狀》中。《新修本草·草木部·中品》："菴摩勒，味苦、甘，寒，無毒。主風虛熱氣。一名餘甘。生嶺南交、廣、愛等州。葉似細，似合歡，花黃，子似李、柰，青黃色，核圓作六七棱，其中仁亦入藥用。"除了花的顏色外，此描述與玄應、慧琳所注大體相同，且《新修本草》還記載了其異名“餘甘”。
《本草綱目·果三·菴摩勒》“釋名”引陳藏器曰：“其味初食苦澀，良久
更甘，故曰餘甘。”陳藏器從味道上探討了“餘甘”一名的由來。《本草綱
目》還收載其異名“菴摩落迦果”“摩勒落迦果”（後者爲引陳藏器所載），
此亦皆爲音譯所致異名。此外，從《新修本草》記載其產地爲嶺南交、廣、
愛等州，諸書亦未言其由外來，可見“阿摩勒”在中土及西域均有，只是
“阿摩勒”爲梵語音譯詞，而中土名爲“餘甘”。

　　綜上，“菴羅”又名“菴婆羅”“菴沒羅”“菴摩羅”“香蓋”，由於菴
沒羅女掌管此樹林並於林中傳播佛法而得名；爲一種植物，花多而結果少，
葉似柳，花色白，形小，甚香，果似梨，味香甜；原產自西域，傳入中土
不晚於唐代，即今之芒果；“菴羅”的音譯形式出現年代則不晚於東漢。
“阿摩勒”又名“菴磨羅”“阿末羅”“菴摩勒迦”“菴摩勒”“餘甘”；爲一
種植物，葉似小棗，花色白，形小，果實形似胡桃，又似小柰，味酸而甜，
可入藥，入藥則味苦澀；中土固有此藥，非從外來。《漢語大詞典》中釋
“菴羅”同“菴摩勒”誤矣，“菴羅”和“菴摩勒”是兩種完全不同的植
物，“菴羅”爲今之芒果，而“菴摩勒”爲今之餘甘子。此外，《漢語大詞
典》中釋“菴摩勒”爲果名欠妥，很顯然其不單爲果名，應是一種植物名。

　　除了源於梵語的外來詞外，三種《音義》也收載了其他語言的外來音
譯詞，如：

　　氈毹　上音瞿，下霜芻反。《考聲》云：織毛爲文彩。本胡語
也。此無正翻。俗曰毛錦，即文屬也（居又反）。或作毲㲣。（《慧
琳音義》卷13《大寶積經》第37卷）

　　于闐　田練反。胡語，國名也，屬龜茲國地乳，即安西之西南二
千餘里，亦名地乳國也。（《慧琳音義》卷31《大乘入楞伽經序》）

　　蘇莫遮冒　……蘇莫遮，西戎胡語也。正云颯磨遮，此戲本出
西龜茲國，至今由有此曲。……（《慧琳音義》卷41《大乘理趣
六波羅蜜多經》第1卷）

　　閣蔑　眠鱉反。崑崙語也。古名林邑國，於諸崑崙國中此國
最大，亦敬信三寶也。（《慧琳音義》卷100《惠超往五天竺國傳》
上卷）

不過三種《音義》醫學詞彙中的外來音譯詞以梵語音譯詞居多，少有
其他語言的音譯詞。

第四節　三種《音義》對不同讀音產生原因的探討

董同龢曾指出"研究漢語語音史，隋唐時期是一個重要的階段"[1]。
因此，三種《音義》注音在漢語語音史研究上的價值可想而知。三種《音
義》的注音多是編纂者根據當時的實際語音進行注釋的，能反映當時的語
音，至少是當時的讀音。玄應和慧琳音切的異同以及慧琳轉錄玄應所釋音
切的改動可以反映初唐至中晚唐語音的演變。同樣的，希麟音切的異同也
是研究唐宋時期語音演變的一個重要資料。此外，三種《音義》還對不同
讀音產生的原因進行了一些探討，並對音義之間的相互制約關係有了一定
的認識，對這些方面的研究亦有重要價值。

1　方音訛轉

由於時間、地域的不同，有些字的語音會產生一定的變化，三種《音
義》對此往往標以"音轉訛""聲轉""訛轉"等，如前面提到的"厎"
字。又如：

【髑—頭、碩，髏、顋—顱】
　　髑髏　上音獨，下音婁。《説文》云：髑髏，頂骨也。《埤蒼》
云：頭骨也。《字書》云：腦蓋也。或作顗顋，或名頭顱，或名頏
（徒各反）顱（音盧），皆一義，亦由楚夏音殊，輕重訛轉耳。
（《慧琳音義》卷5《大般若波羅蜜多經》第414卷）

按：《説文·骨部》："髏，髑髏也。""顋"爲"髏"形旁替換的異體
字，慧琳指出"髑髏"又名"頭顱""頏顱"。（"頏"應爲"碩"字之訛，

〔1〕丁邦新. 近三十年的中國語言學［A］. 董同龢先生語言學論文選集［C］.
臺北：食貨出版社，1981：377.

《廣韻·鐸韻》："碩，碩顱。"）其中"髑"爲定母屋韻，"頭"爲定母侯韻，"碩"爲定母鐸韻，三者聲母相同，"髑"和"碩"爲入聲韻旁轉，"髑"和"頭"爲入聲韻與陰聲韻旁對轉；"顱"爲來母模韻，"髏"爲來母侯韻，兩字聲母相同，韻母爲陰聲韻旁轉。慧琳指出此爲"楚夏音殊，輕重訛轉"，即因楚地區和夏地區語音有異而出現的輕重音的轉變。

【鸅—鵂，猴—鶘—鷗】

鸅猴　上暉運反，下音侯。即此鵂鷗，怪鳥也。晝伏夜飛，鳴以自呼，大如鴟鳶，蒼斑鼇色，紫爪如鷹，眼睛赤銅色，無故忽鳴，必有災怪。方言音訛轉，本無定名，鸅猴、鸅鶘及以鵂鷗，音異義同，共是一鳥，未詳其定，今並出之也。（《慧琳音義》卷38《藥嚕挈王咒法經》）

按：慧琳指出"鸅猴""鸅鶘""鵂鷗"爲異名同物，這些異名是方言音轉的結果。"鵂"爲曉母尤韻，"鸅"爲曉母問韻（《集韻》），"鵂"和"鸅"爲陰陽對轉；"猴"爲匣母侯韻，"鶘"爲匣母模韻，"鷗"爲來母尤韻，"猴""鶘""鷗"爲陰聲韻旁轉。

2　因聲別義

因聲別義是傳統語言學研究的一項重要內容。從三種《音義》醫學詞彙研究中，我們可以看出文字形、音、義三者之間的複雜關係，書中體現最多的是形義之間的相互制約性，但其編纂者也注意到了音義之間的相互制約，如：

【創】

創孔　古文戧、刅二形，今作創，同。初良反。《說文》：創，傷也。《禮記》頭有創則沐，是也。又音楚亮反。創，始也。非今所取。今皆作瘡，近字耳。（《玄應音義》卷14《四分律》第3卷）

按：“創”字的兩讀對應兩義在前面已經分析過了。[1] 玄應此條指出“創”字在此處指傷口、創傷，當讀爲“初良反”；然其又有一讀爲“楚亮反”，讀此音時爲初始之義，與文義不符，故不取。

【眴】

不眴　《列子》作瞬，《通俗文》作眴，同。尸閏反。《説文》：瞚，目開閉數摇也。服虔云：目動曰眴也。（《玄應音義》卷18《鞞婆沙阿毗曇論》第14卷）

不瞚　水閏反。莊周云：終日視而不瞚。《説文》云：開闔目數摇也。從目寅聲也。或作瞬，俗字也。古作眒。經從目從旬作眴（音舜），非也，不成字。案，《説文》，眴旬並音縣。眴，視皃。譯經者音舜，殊不曉字之本源，道聽而途説，錯用也。（《慧琳音義》卷41《大乘理趣六波羅蜜多經》第2卷）

按：玄應注“眴”音爲“尸閏反”，且認爲“眴”與“瞬（瞚）”同。根據其注音，“眴”字讀爲shùn。此字慧琳注爲“玄絹反”“血絹反”“音縣”三種，且指出“眴”與“瞚（瞬）”不同，並直言“譯經者音舜，殊不曉字之本源，道聽而途説，錯用也”。根據慧琳的注音，“眴”字讀爲xuàn。可見玄應與慧琳對“眴”字的認識是完全不同的。考察《慧琳音義》中讀作“玄絹反”、“音縣”的還有“眩”字，如《慧琳音義》卷2《大般若波羅蜜多經》第128卷“眩瞖”條：“上玄絹反。”《慧琳音義》卷25《涅槃經》第2卷“愐眩”條：“麪縣二音。”又，《玄應音義》卷11《增一阿含經》第4卷“眩惑”條“古文迿、眴二形，同”指出“眴”是“眩”的古文。揚雄《劇秦美新》：“臣嘗有顛眴病。”李善注：“眩惑也。眴與眩古字通。”此亦云“眴”和“眩”古字通用。“眩”指眼目昏花，視物不明，“眴”與“眩”在此義上是可通用的。可見，慧琳對“眴”的認識體現的是“眴”與“眩”通用的另一層意思。

[1] 參見本書“三種《音義》醫學詞彙中的異體字”一節“刅—創、創—瘡”條。

【涕】

涕泣　上他禮反，上聲字，《玉篇》云：目淚也。若作剃音，鼻汁，非也。……（《慧琳音義》卷 25《大般涅槃經音義》卷上《壽命品第一》）

按：慧琳指出"涕"字讀作"他禮反"時指眼淚，讀作"剃音"時指鼻涕。考《廣韻·薺韻》："涕，目汁。他禮切。"《廣韻·霽韻》："涕，涕淚。他計切。"其兩音對應兩義與慧琳所説相同。

三種《音義》中有關因聲別義的材料有助於補正現代大型語文辭書中多音字的注音釋義。

【嗽】

欶乳　又作嗽，同。所角反。《三蒼》云：欶，吮也。《通俗文》：含吸曰嗽。經文作嗽，此俗字也。（《玄應音義》卷 2《大般涅槃經》第 39 卷）

欶太　又作嗽，同。所角反。吮也。《通俗文》：含吸曰嗽。律文作嗽，俗字也。（《玄應音義》卷 14《四分律》第 4 卷）

欶指　又作嗽，同。所角反。《通俗文》：含吸曰嗽。戒文作嗽，俗字也。（《玄應音義》卷 16《僧祇戒本》）

按："嗽"，《漢語大詞典》釋爲："shù，《集韻》：雙遇切，去遇生。①使狗聲。②吸。"然根據以上幾條可知，三種《音義》中有多處記載"嗽"指吮吸義時是"欶"的俗字，故"嗽"第二個義項的音義當爲：shuò，同"欶"，吮吸。

【涎】

舌唌　又作涎、次、㳄三形，同。似延反。《說文》：慕欲口液也。（《玄應音義》卷 10《緣生論》）

涎沫　又作次、㳄、涎、唌四形，同。似延反。[案，《江賦》：濆浪飛㳄。時有本作涎。《說文》作次，或作㳄、㳄二形。]慕欲口液也。[賈誼《新書》：垂㳄相告。束晳《餅賦》曰：行人

失唌於下風。郭璞注《爾雅》云：唌，沫也。並作延。〕（《玄應音義》卷14《四分律》第42卷）

涎洟 諸書作次、㳂、唌、溵四形，同。詳延反。《字林》：慕欲口液也。亦小兒唾也。（《玄應音義》卷25《阿毗達磨順正理論》第59卷）

按： "溵"，《漢語大字典》注音釋義爲："yán，《龍龕手鑑·水部》：溵，音延。《字彙補·水部》：溵，餘賢切，出《篇韻》。"然根據以上幾條可知，"溵"是"涎"的異體字，故"溵"的音義當爲：xián，同"涎"，唾液、口水。

"語音不是孤立現象，形、音、義是一個整體。解決音的問題是求索詞義的前提。"[1]音義關係的研究到清代才有了較大的發展，但是早在唐宋時期的三種《音義》就已經體現出編纂者對音義關係有比較正確的認識，其注重因聲別義，十分可貴。

---

〔1〕 陳炳迢. 辭書編纂學概論［M］. 上海：復旦大學出版社，1991：124.

第五章 三種《音義》
醫學詞彙的詞彙學研究

詞彙是語言中最活躍、發展最迅速的要素，詞彙研究也是語言學研究中的重點和難點。醫學詞彙是詞彙中的一類專科詞彙，具有詞彙的共性和自身的特性。三種《音義》中包含數以百計的人體詞彙、疾病詞彙、藥物詞彙、性狀詞等醫學詞彙。這些材料反映了中古時期醫學詞彙的語言特點，可藉以瞭解醫學詞彙的源流及演變軌迹，在漢語詞彙學史和訓詁學史上具有重要的價值。

第一節 三種《音義》醫學詞彙的結構類型

漢語詞彙的構成是循着由單音節到複音節的方向發展的。先秦上古漢語單音詞占絕對優勢，而現代漢語則以複音詞（主要是雙音詞）爲主，這早已是普遍的共識。然而處在這之間的中近古時期便是漢語詞彙由以單音詞爲主向以複音詞爲主轉變的關鍵時期。三種《音義》醫學詞彙以複音詞居多，其所反映的構詞方式、命名理據、文字形式，以及由於這三個因素異同和變化造成的同名異物、異名同物現象的規律，有助於醫學詞彙考據和漢語詞彙學史、語言學史的研究。本節先從詞彙的結構類型上對三種《音義》中的醫學詞彙做一些整理。

1 單音詞

三種《音義》的字目以複音詞爲主，但其中還是有不少單音詞，見表 11。

表 11　三種《音義》醫學詞彙中的單音詞

醫學詞彙	三種《音義》條文	佛經原文
臍	臍　音齊。或作齊。諸真言先來各自有音，所以不音，但音經而已。（《慧琳音義》卷 35《蘇悉地羯囉經》卷上）	從腋至頂爲上，從臍至腋爲中，從足至臍爲下。（《蘇悉地羯囉經》卷上《請問品第一》）
腋	腋　盈益反。兩腋也。（《慧琳音義》卷 35《蘇悉地羯囉經》卷上）	從腋至頂爲上，從臍至腋爲中，從足至臍爲下。（《蘇悉地羯囉經》卷上《請問品第一》）
睫	睫　煎葉反。又作睞。（《慧琳音義》卷 23《花嚴經》第 75 卷《入法界品之十六》）	眼目紺青，睫如牛王，眉間毫相，頂上肉髻，皮膚細軟，如真金色。（《花嚴經》第 75 卷《入法界品之十六》）
腎（髓）	膂　音許規反。（《慧琳音義》卷 19《大集譬喻王經》下卷）	或復舍頭手足眼耳，或舍皮肉筋骨髓心，或舍子女妻妾宅舍村城聚落國土王都。（《大集譬喻王經》下卷）
額	額　五伯反。《説文》作頟。（《慧琳音義》卷 27《妙法蓮花經·隨喜功德品》）	脣舌牙齒悉皆嚴好，鼻修高直面貌圓滿，眉高而長額廣平正。（《妙法蓮花經》第 6 卷《隨喜功德品》）
踝	踝　華瓦反。（《慧琳音義》卷 35《菩提場所説一字頂輪王經》第 4 卷）	以二大指各柱無名指根，是名如來踝印。（《菩提場所説一字頂輪王經》第 4 卷）
頰	頰　兼愜反。（《慧琳音義》卷 23《花嚴經》第 75 卷《入法界品之十六》）	身相端直，頸文三道，頰如師子，具四十齒，悉皆齊密。（《花嚴經》第 75 卷《入法界品之十六》）
脾	脾　普計反。（《慧琳音義》卷 22《花嚴經》第 45 卷《阿僧祇品》）	／
疽	疽　七余反。亦癰病也。（《慧琳音義》卷 27《妙法蓮花經·譬喻品》）	水腫、乾痟、疥癩、癰疽如是等病。（《妙法蓮花經·譬喻品》）
皴	皴　七旬反。皮細裂坼也。（《慧琳音義》卷 26《大般涅槃經》第 12 卷）	復於門外更見一女，其形醜陋，衣裳弊壞，多諸垢膩，皮膚皴裂，其色艾白。（《大般涅槃經》第 12 卷）

續表

醫學詞彙	三種《音義》條文	佛經原文
蠱	蠱　孤五反。《左傳》云：皿蟲爲蠱（蠱）。晦望之所生也。又枭磔死之鬼亦蠱。《說文》：從蟲從皿。皿者，物之内也。（《慧琳音義》卷29《金光明經》第1卷）	衆邪蠱道，變怪相續。（《金光明經》第1卷）
	蠱　音古。（《慧琳音義》卷37《襄廞梨童女經》）	我此真言能解世間一切諸毒，蟲毒、魅毒、蠱毒、藥毒等不能爲害。（《襄廞梨童女經》）
羸	羸　力爲反。弱也。（《慧琳音義》卷27《妙法蓮花經·信解品》）	又以他日，於窗牖中、遥見子身，羸瘦憔悴，糞土塵坌，污穢不净。（《妙法蓮花經·信解品》）

　　從表11可見，三種《音義》中出現的單音詞中的人體詞彙幾乎都是在原文中與前後字詞不能複合成複音詞者，而疾病詞彙則都可與前後字詞複合成詞。值得一提的是，如"臀"字條，原文中"皮肉""筋骨"皆可成詞，而"髓"與其後的"心"是兩種不同的事物。從語義場角度分析，"髓"与"心"所屬語義場不同，上級語義場亦不同，不可複合成詞。這些單音詞的出現，一方面反映了三種《音義》編纂者收詞的隨意性，另一方面則反映了三種《音義》在選詞上已經充分考慮到詞彙的凝固性，有了詞彙學的概念。

2　複音詞

　　漢語在發展中不斷地豐富着詞彙以滿足思想表達的需要，詞彙的複音化就是漢語豐富詞彙的一個重要的途徑。"據統計，公元前2世紀，複音詞占10%；公元前2世紀到公元5世紀，複音詞約占20%；公元6世紀到19世紀，複音詞占40%～70%；現代漢語中複音詞占70%～80%。所以説，詞彙的複音化是漢語詞彙發展的趨勢。"[1]從字目上看，三種《音義》中複音詞占有相當大的比例，其中有詞，也有片語，還有一些不固定結構和自由短句。複音詞中又以雙音節合成詞爲主，醫學詞彙亦然。書中釋義或

---

〔1〕　王育林. 中醫古籍閲讀學［M］. 北京：高等教育出版社，2008：78.

對單音語素訓釋，或對整個複音詞訓釋，從訓詁家認知的角度反映了這些醫學詞彙在從單音向雙音發展歷史進程中漸進與交錯的環節。試舉一例。

【衄—鼻衄—衄鼻】

《説文·血部》："衄，鼻出血。從鼻丑聲。""衄"本義指鼻出血，後又引申泛指其他器官或部位出血，如《金匱要略·婦人產後病脈證治第二十一》："若去血過多，崩傷内衄不止，加地黄六兩、阿膠二兩，合八味，湯成内阿膠。"此處"内衄"指婦人產後血崩之證。又，《諸病源候論》："但吐血有 3 種：一曰内衄，二曰肺疽，三曰傷胃。内衄者，出血如鼻衄，但不從鼻孔出，是近心肺間津出，還流入胃内。"此處"内衄"指人體内的器官或部位出血。這兩處"内衄"之"衄"都泛指出血。爲了區别"衄"的本義和引申義，人們便在"衄"字前加上表部位的"鼻"字作"鼻衄"，用於表示鼻出血之義。"鼻衄"一詞在《肘後備急方》中出現了 1 次，《肘後備急方·治時氣病起諸勞復方第十四》："大病瘥後，小勞便鼻衄。"在此後的《諸病源候論》中"鼻衄"一詞約出現 15 次，且書中多處提到"衄者，鼻出血也""衄者，血從鼻出也"。可見，雖然其有"内衄"一詞，但當時的"衄"仍主要指鼻出血。"鼻衄"一詞作爲字目在三種《音義》中出現 2 次，其中 1 處爲慧琳轉録的《玄應音義》的内容。

> 鼻衄　女六反。《説文》：鼻出血也。今呼鼻血爲衄鼻也。
> （《玄應音義》卷 10《大莊嚴經論》第 14 卷）

"衄"即"衄"，《玄應音義》除摘録了"鼻衄"一詞外，還指出時人稱鼻血爲"衄鼻"。考《素問》《靈樞》《傷寒論》《諸病源候論》諸書中均無"衄鼻"一詞，其作"衄"或"鼻衄"。《千金翼方》中則有 3 處有"衄鼻"，如其"生地黄"條："墮墜，折，瘀血，留血，衄鼻，吐血，皆搗飲之。"其"車前子"條："主金瘡，止血衄鼻，瘀血血瘕，下血，小便赤，止煩下氣，除小蟲。"其"大、小薊根"條："主養精保血。大薊主女子赤白沃，安胎，止吐血，衄鼻。"然而"鼻衄"在《千金翼方》中出現 17 次，可見"衄鼻"一詞的使用頻率明顯較"鼻衄"低。又，唐代段成式《酉陽雜俎》卷 5《怪術》："僧又趨下，自投無數，衄鼻敗顙不已。"《玄應音義》《千金翼方》《酉陽雜俎》皆爲唐代古籍，可見"衄鼻"一詞確曾在唐代流傳一時，然其使用頻率遠不及"鼻衄"廣泛，故後世文獻中鮮見。

上例中，"衄"本指鼻出血，後引申泛指其他器官或部位的出血，人們在實際使用中爲了避免歧義，很自然地加上部位限定詞"鼻"，用"鼻衄""衄鼻"專門指鼻出血。這是詞義發展的結果，而"鼻衄""衄鼻"兩者的存廢則是歷史選擇的結果。三種《音義》客觀地反映了東漢以降漢語雙音化的史實。

複音詞的結構模式一般可分爲單純詞和合成詞兩大類，我們亦從這兩個方面對三種《音義》醫學詞彙中的複音詞做一些整理。

2.1　單純詞

單純詞主要包括聯綿詞和重疊詞。三種《音義》醫學詞彙中聯綿詞數量較少，重疊詞數量較多，而重疊詞以性狀詞居多。三種《音義》醫學詞彙中的重疊詞約有 18 個[1]。

2.1.1　聯綿詞

聯綿詞又作連綿詞，是由兩個音節聯綴成義而不能分割的詞。它雖由兩個字組成，却只有一個語素。這兩個字有的是聲母相同，如"慷慨""唏噓"；有的是韻部相同，如"窈窕""彷徨"；還有的兩個音節沒有什麼關係，如"嘀咕""蝴蝶"。三種《音義》醫學詞彙中有少部分聯綿詞，如：

【侏儒】

"侏儒"一詞作爲字目在三種《音義》中凡 7 見，釋義去其重複，摘録如下。

> 侏儒　之于、而于反。《通俗文》：侏儒曰𢯱。謂極短人也。（《玄應音義》卷 15《僧祇律》第 23 卷）
>
> 侏儒　上音朱。下音乳朱反。鄭注《禮記》云：侏儒者，短人也。《韻英》：𢯱小也。《古今正字》並從人，形聲字。（《慧琳音義》卷 60《根本説一切有部毗奈耶律》第 25 卷）

按："侏儒"指人的身材矮小。"侏""儒"二字的讀音玄應分別注爲

---

[1]　參見本書"三種《音義》醫學詞彙概述"一節表 7。

"之于（反）""而于反"，慧琳分別注爲"朱""乳朱反"，反切下字均同，很顯然"侏儒"爲疊韻聯綿詞。

【抖擻】

"抖擻"一詞作爲字目在三種《音義》中凡 19 見，又寫作"斗藪""斗擻""抖藪""抖揀""斝藪"，釋義去其重複，摘録如下。

> 斗藪　又竺擻，同。蘇走反。《方言》：斗擻，舉也。《周成難字》：斗擻，縶縶也。音都穀反。下蘇穀反。經文作抖揀二形，音同極策，並非字體。（《玄應音義》卷 5《中陰經》上卷）
>
> 十（斗）擻　又作藪，同。蘇走反。郭璞注《方言》曰：斗擻，舉也。《難字》曰：斗擻，縶縶也。江南言斗擻，北人言縶縶。音都穀反。下蘇穀反。律文作抖揀二形。抖與拯字同。下揀，音戍，縛揀也。又作抖（科），之庚反，〔勺〕抖（科）也。揀，山厄反。揀（棟），木名也。並非字義。（《玄應音義》卷 14《四分律》第 33 卷）
>
> 斗藪　又作藪，同。蘇走反。《通俗文》：斗藪謂之縶縶也。律文作抖揀，非體也。縶音都穀反，縶音速。（《玄應音義》卷 15《僧祇律》第 22 卷）
>
> 抖藪　上得口反。下桑厚反。《考聲》：抖藪者，振衣也。《説文》：上舉振之也。從手斗聲。梵云杜多，或云頭陀，唐云抖藪。沙門釋子行遠離行，少欲知足，不貪不著，節身苦行也。經文作揀，非也。從手，形聲字也。（《慧琳音義》卷 17《善住意天子經》下卷）
>
> 抖揀　上音斝，下桑狗反。《考聲》云：抖擻，振動衣物令去塵垢也。此二字無定體。譯經者隨意作之。（《慧琳音義》卷 60《根本説一切有部毗奈耶律》第 2 卷）

按："抖擻"指以手舉物而振拂。"抖"爲端母厚韻，"擻"爲心母厚韻，故"抖擻"爲疊韻聯綿詞。

【芙蓉】

"芙蓉"一詞作爲字目在三種《音義》中凡 8 見，又寫作"扶蓉"，釋義去其重複，摘録如下。

　　芙蓉　又作扶，同。附俱反。《説文》：扶渠花未發爲菡萏，花已發者爲芙蓉。(《玄應音義》卷8《維摩詰經》下卷)

　　芙蓉　上防無反，下餘封反，即荷蓮也。《爾雅》曰：荷，芙渠。郭注云：別名芙蓉，江東呼荷。《毛詩傳》云：未開者曰芙蓉，已開者曰菡萏也。(《希麟音義》卷7《金剛手光明無動尊大威怒王念誦儀》)

　　按："芙蓉"爲荷花未開時的別稱。"芙"爲並母虞韻，"蓉"爲以母鐘韻。"芙蓉"爲非雙聲疊韻聯綿詞。

　　聯綿詞一般不能拆開使用，也不能拆開解釋，如"侏儒""芙蓉"。此外，雙聲詞語其中一字可獨立成義，另一字不能獨立成義，也被歸入聯綿詞行列，因爲這些詞也只有一個語素，如"抖擻"，"抖"可以獨立成義，"擻"不能獨立成義，則"抖擻"也是聯綿詞。

　　聯綿詞是漢語詞彙中的特殊部類，是漢語特有的一種詞彙現象。聯綿詞形成的原因相對複雜，歷來爭論不一。有的實際上是合成詞，如"侏儒"，有學者通過考察該詞的源流認爲"侏儒"實際上是字各有義的合成詞[1]。有的是按表意方式造字，如"芙蓉"一詞中的"艸"部就是標示詞義的協助工具，而寫作"扶容"時則不具有表意性；又"抖擻"一詞中的"扌"部也是標示詞義的協助工具，而寫作"斗藪""尉藪"時則不具有表意性。

　　傳統詞彙學將聯綿詞歸入單純詞之中，然而近代已經不斷有學者對此提出質疑，認爲其應是包括單純詞和合成詞在内的混合體。聯綿詞作爲漢語詞彙的一種特殊詞類，還有很多待解決的問題。

2.1.2　重疊詞

　　這一類型的醫學詞彙多出現在症狀描述語中，屬於重疊式結構的醫學詞彙有"殗殜""暓暓""眇眇"等。又如：

---

〔1〕 尚振乾．"蜘蛛""侏儒"考［J］．咸陽師範學院學報，2005，20（3）：89-90．

【憒憒】

"憒憒"一詞作爲字目在三種《音義》中凡2見，摘録如下。

> 憒憒　迴對反。《考聲》：憒憒，憂悶也。《説文》：亂也。從心從貴。(《慧琳音義》卷55《佛説堅意經》)
>
> 憒憒　瓌内反。《蒼頡篇》云：憒憒，亂兒也。《説文》云：從心貴聲。(《慧琳音義》卷92《續高僧傳》第7卷)

按：慧琳引用《考聲》《蒼頡篇》和《説文》對其進行訓釋，其中《考聲》和《蒼頡篇》均對重疊式複音詞進行注釋，而《説文》則對單字進行注釋。根據以上注釋可知，《素問·至真要大論》"憒憒欲吐"、《傷寒論》"若發汗則躁，心憒憒，反讝語"諸句之"憒憒"是一種憂悶而心中煩亂的症狀。

【歍歍】

"歍歍"一詞作爲字目在三種《音義》中凡4見，釋義去其重複，摘録如下。

> 歍歍　於滑反。《通俗文》：大咽曰歍。《説文》：咽中氣息不利也。經文作嗢嗢，非也。(《玄應音義》卷11《正法念經》第24卷)
>
> 歍歍　於滑反。《説文》：咽中氣息不利也。律文作胐，非也。(《玄應音義》卷15《僧祇律》第22卷)

按：《玉篇·欠部》："歍，於骨切。咽中氣甚不利也。""歍"指咽喉中氣息不通利。"歍"字今辭書多不收，尚未見其文獻用例，更未見"歍歍"一詞。然三種《音義》中既有保存，有待進一步考證。

2.2　合成詞

合成詞的結構又可分爲並列、偏正、支配、補充、主謂等類型，這些類型三種《音義》均有涉及，下面分別舉例説明。

2.2.1　並列式

並列式結構的複音詞，最初大多是兩個單音詞的臨時組合。王力認爲最初某些單音詞的組合没有固定的形式，幾個單音詞可以自由搭配，甚至可以顛倒，且古人對這一類同義詞組合常常加以區別。[1] 三種《音義》醫學詞彙中並列式複音詞占了複音詞中的大多數，這些並列式複音詞的詞素、用字和詞素位置很多都是靈活多變，並不完全固定的。以含有詞素"瘡"的醫學詞彙爲例，其疾病名稱有"癰瘡""疽瘡""瘺瘡""癩瘡"等，症狀名詞有"瘡痕""瘡瘢""瘡痍""瘡屚"等。其中又有詞素顛倒者，如"瘡皰"又作"皰瘡"，"瘡皰"亦作"皰瘡"。從嚴格意義上説，這些詞可能都是不合格的；但是複音詞的形成與發展的過程，就是由不穩定逐步走向穩定的過程。[2] 當這些臨時組合的複音詞以固定的形式保存在以後的古籍文獻中時，它便成了成熟的複音詞。醫學詞彙尤其如此，現在很多疾病詞彙、人體詞彙、藥物詞彙等中的並列式複音詞，都曾經歷由臨時組合到趨於穩定成熟的過程。

並列複音詞根據語素的意義、性質可分爲同義並列、近義並列、類義並列和反義並列四大類。三種《音義》醫學詞彙中的並列式複音詞以前三者居多，反義並列結構複音詞鮮見。

2.2.1.1　同義並列、近義並列

同義並列結構的複音詞，"萌發於遠古，生長於上古，在先秦漢語複合詞就被公認爲數量較多的類型之一，中古更是得到迅速發展"[3]。同義複音詞與近義複音詞的界限不好劃分，同義並列複音詞兩字的意義很可能最初並不是完全等同的，但是隨着使用的廣泛，兩者的詞義逐漸不再有所區別，並且二者常常以片語的形式出現。近義並列複音詞兩字的意義又必然在某個方面相類，甚至相同。醫學詞彙中的同義、近義並列複音詞以疾病詞彙居多，如"疢癖""瘵癥""僵僕"等，試舉幾例説明如下。

【潰爛】

"潰爛"一詞作爲字目在三種《音義》中凡6見，又寫作"殨爛"，釋義去其重複，摘録如下。

---

〔1〕　王力. 古代漢語·第一册 ［M］. 北京：中華書局，1962：86.

〔2〕　趙克勤. 古代漢語詞彙學 ［M］. 北京：商務印書館，2010：36.

〔3〕　梁曉虹，徐時儀，陳五雲. 佛經音義與漢語詞彙研究 ［M］. 北京：商務印書館，2005：163.

　　潰爛　古文殨，同。胡對反。《蒼頡篇》：潰，旁決也。《説文》：潰，漏也。(《玄應音義》卷24《阿毗達磨俱舍論》第9卷)

　　潰爛　回外反。《蒼頡篇》：潰，旁決也。《韻英》：散也。《説文》：漏也。從水貴聲也。(《慧琳音義》卷2《大般若波羅蜜多經》第52卷)

　　殨爛　迴塊反。《韻英》云：殨，肉爛也。從歹從潰省聲也。歹音殘。(《慧琳音義》卷15《大寶積經》第96卷)

　　潰爛　上迴內反，正體字。下闌彈反。(《慧琳音義》卷81《南海寄歸內法傳》第4卷)

　　按："潰"的本義指潰破、潰散，"殨"的本義指皮肉潰爛。後來"潰"字吸收了"殨"的皮肉潰爛之義，作爲"殨"的借字使用。借字興而本字廢，古籍文獻中指皮肉潰爛時多作"潰"，如《五十二病方·牝痔》："痔之入竅中寸，狀類牛幾三□□然，後而潰出血，不後上鄉（向）者方：取弱（溺）五斗，以煮青蒿大把二，鮒魚如手者七，冶桂六寸……"《素問·五常政大論》："其氣散，其用靜定，其動瘍湧，分潰癰腫……"於是"潰"又成爲正字，指皮肉潰爛。那麼"潰"與"爛"合用就屬於同義並列式複音詞。早期的古籍指皮肉潰爛時多用"潰"字表示，"潰爛"一詞的出現體現了漢語詞彙從單音詞向合成詞，尤其是複音詞的轉變。

　　【胸臆】

　　"胸臆"一詞作爲字目在三種《音義》中凡8見，又寫作"胷臆""匈臆""胷肊"，釋義去其重複，摘録如下。

　　胷臆　上香邕反。《説文》：胷，膺也。案，膺即臆也。或作匈，亦通。下應力反。《説文》：臆亦胷骨也。從肉從億省聲也。經從月，誤也。(《慧琳音義》卷1《大般若波羅蜜多經》第1卷《初分緣起品之一》)

　　胷肊　上音凶。下於力反。《古今正字》云：肊，胷骨也。《説文》：亦胷也。從肉乙聲。或從意作臆，亦通。經文或從骨作髄，古字也。(《慧琳音義》卷37《牟梨曼陀羅咒經》一卷)

　　胸臆　上晶恭反。《説文》：胸，膺也。下音憶，胸骨也。古

文作肕。(《慧琳音義》卷62《根本毗奈耶雜事律》第12卷)

　　胸臆　上香邕反。《説文》云：臆也。膺即臆。或作匈，亦通。下應力反。《説文》：臆亦臆骨也。從肉億省聲也。(《希麟音義》卷2《新大方廣佛花嚴經》第9卷)

　　臆臆　上香邕反。《説文》：臆，膺也。案，臆亦臆也。或作匈。下應力反。《説文》：臆，臆骨。從肉意省聲也。(《希麟音義》卷4《大乘本生心地觀經》第1卷)

　　臆臆　上許容反。《説文》云：胸，膺也。下於力反。《切韻》：胸，臆也。臆亦膺也。或作臆，謂臆骨也。亦作匈字。(《希麟音義》卷10《琳法師別傳》卷上)

按："胸""膺""臆"都可泛指胸部，故"胸臆"一詞爲同義並列結構的複音詞。

【喘息】

　　喘息　上川夈反。《桂苑珠叢》云：人氣息謂之喘也。《説文》云：息也。而從口耑聲。耑音端而爲之。(《慧琳音義》卷57《佛説大安般守意經》上卷)

　　喘息　川兗反。(《慧琳音義》卷83《大唐三藏玄奘法師本傳》第10卷)

按：根據慧琳所釋，"喘"指人的氣息，則與"息"義同。故"喘息"指呼吸，爲同義並列結構的複音詞，如《素問·陰陽應象大論》："視喘息，聽音聲，而知所苦。"《後漢書·張綱傳》："若魚游釜中，喘息須臾之間耳。"此外，"喘息"還可指急促的呼吸，如《淮南子·精神訓》："今夫繇者，揭钁臿，負籠土，鹽汗交流，喘息薄喉。"此時"喘息"便成爲補充式結構的複音詞，且爲偏義複詞。

【救療】

　　救療　《説文》：療，或作療，同。力照反。《三蒼》：療，治病也。(《玄應音義》卷6《妙法蓮華經》第2卷)

按："療"指治病，"救"亦有醫治之義，如《呂氏春秋·勸學》："夫弗能兌而反說，是拯溺而硾之以石也，是救病而飲之以堇也。"高誘注："救，治也。"《宋書·隱逸傳·宗炳》："宗居士不救所病，其清履肥素，終始可嘉。"故"救療"爲並列結構的複音詞。

【欬嗽】

"欬嗽"一詞作爲字目在三種《音義》中凡7見，寫作"欬瘶""欬嗽"或"欬遬"，釋義去其重複，摘録如下。

　　欬瘶　苦戴反。《說文》：逆氣也。下作欶，同。蘇豆反。《蒼頡篇》：齊部（郡）謂欶曰欬。（《玄應音義》卷15《僧祇律》第17卷）

　　欬嗽　上開愛反。《月令》云：國多風欬。顧野王云：欬亦嗽也。《說文》：欬，逆氣也。從欠亥聲。下蘇奏反。《周禮》云：冬時有遬上氣疾也。《考聲》：氣衝喉也。《古今正字》：從口欶聲。欶音同。（《慧琳音義》卷20《寶星經》第10卷）

　　欬遬　上開愛反。《說文》：氣逆也。從欠亥。經文從口作咳，音孩，小兒笑也。非此義也。下叟奏反。《考聲》云：氣衝喉也。經中亦從口作嗽，俗用，非正體也。（《慧琳音義》卷35《一字奇特佛頂經》下卷）

　　欬瘶　上苦槩反。《說文》云：謦欬也。從欠亥聲也。下蘇奏反，肺病也。《說文》：從疒欶聲。疒，女厄反。欶音同上。經文從口作咳嗽二形，皆非本字。（《希麟音義》卷6《一字頂輪王念誦儀軌》）

按："欬"與"嗽"同義（"嗽"爲"欶"之異體，本指吮吸，後用爲"瘶"的借字，此處爲論述之便作"嗽"），均指一種表現爲逆氣上沖咽喉的病證，病因爲寒邪或寒熱之邪侵襲，病位在胸膈中。玄應引《蒼頡篇》說明"欬"與"嗽"只是不同地方的不同稱謂。"欬嗽"一詞可見於《素問》《靈樞》，如《素問·五藏生成》云："欬嗽上氣，厥在胸中，過在手陽明、太陰。"《靈樞·論疾診尺》："秋傷於濕，冬生咳嗽。"漢代董仲舒《春秋繁露·五行順逆》："民病喉欬嗽，筋攣，鼻鼽塞。""欬嗽"作爲一個常見的病名，通常指外感六淫、藏府內傷影響於肺所致的有聲有痰之證。

【傴僂】

"傴僂"一詞作爲字目在三種《音義》中凡 9 見，釋義去其重複，摘録如下。

　　傴僂　於矩、力主反。《通俗文》：曲脊謂之傴僂。經文作迂遷二形。音字俱反，迂，避也。下力侯反。《説文》：連邊也。並非字義。（《玄應音義》卷 11《正法念經》第 58 卷）

　　傴僂　上紆禹反。下蔞主反。《博雅》云：傴僂，曲脊短小也。《考聲》：曲腰也。《説文》並從人，區、婁皆聲也。（《慧琳音義》卷 24《大悲經梵天品》第 1 卷）

　　傴僂　上紆雨反。前《第一義法勝經》已釋。下良主反。杜注《左傳》云：傴僂，身曲也。《考聲》：曲腰也。《説文》：從人婁聲也。（《慧琳音義》卷 32《大威燈光仙人問疑經》）

　　傴僂　上紆矩反。《廣雅》云：傴、曲，屈也。顧野王云：傴，身愈曲恭益加也。《説文》：傴，僂也。從人區聲。下龍乳反。杜注《左傳》云：僂，上傴也。《考聲》：俯身也，即傴僂，曲也。《古今正字》：從人婁聲。經作瘻，俗字也。（《慧琳音義》卷 55《佛説五苦章句經》）

　　傴僂　上紆禹反，下録主反。顧野王云：傴僂，身曲恭益加也。《廣雅》：背曲也。《説文》云：傴僂，尪也。二字並從人，區、婁皆聲。區音驅，婁音樓也。（《慧琳音義》卷 93《續高僧傳》第 16 卷）

按："傴""僂"均有曲背彎腰之義，兩字同見於《左傳》，《左傳·昭公七年》："一命而僂，再命而傴，三命而俯，循牆而走，亦莫余敢侮。"從文義上看，此處"僂"所指曲背彎腰的程度似較"傴"輕。《説文·人部》："傴，僂也。""僂，厄也。"《素問》中"傴""僂"是分開使用的，如《素問·刺禁論》："刺脊間中髓爲傴。"《素問·生氣通天論》："開闔不得，寒氣從之，乃生大僂。"《素問·脈要精微論》："膝者筋之府，屈伸不能，行則僂附，筋將憊矣。""傴""僂"連用則見於《靈樞·厥病》："厥心痛，與背相控，善瘈，如從後觸其心，傴僂者，腎心痛也。"三種《音義》引用的《通俗文》《廣雅》、《左傳》杜預注等均將兩字作爲一個片語進行注釋。可能最初"傴""僂"兩字是有區別的，但由於二者詞義相近、用法相似，後人漸漸等同視之，因此，三種《音義》便將它們作爲一個片語進行注釋。

【癰疽】

"癰疽"一詞作爲字目在三種《義》中凡 6 見，寫作"癰疽""瘫疽"或"癰疽"，釋義去其重複，摘録如下。

> 瘫疽　上億恭反。《莊子》曰：瘭疽疥癰。司馬彪注云：浮熱爲瘭，不通爲癰。《説文》：腫也。從疒雍也。或作癰。下七余反。《説文》云：久癰爲疽。從疒且聲，且音子余反。且《説文》從月（几）二從一。經從且，訛略之也。（《慧琳音義》卷 2《大般若波羅蜜多經》第 181 卷）

> 瘫疽　上音雍。下七余反。瘡腫病。（《慧琳音義》卷 13《大寶積經》第 55 卷）

> 癰疽　上紆恭反。司馬彪注《莊子》曰：不通爲癰。《説文》：腫也。下七余反。《莊子》注曰：浮熱爲疽。《説文》：疽亦癰也。從疒從且。且音即餘反。（《慧琳音義》卷 64《四分尼羯磨》上卷）

> 癰疽　上又作癰，同。於恭反。《字書》云：癰，癤也。《玉篇》：腫也。從疒雍聲。下七余反。顧野王云：疽亦癰也。《説文》：從疒且聲。音子余反。（《希麟音義》卷 6《佛母大孔雀明王經》卷中）

按：《説文·疒部》："癰，腫也。从疒雝聲。""疽，久癰也。"則"癰""疽"義近。"癰"是一種氣機壅塞不通所致的疾病，表現爲體表有薄膜包裹膿水，有光澤且易破潰。廣義的"癰"泛指一類疾病，狹義的"癰"則特指該病的一個階段。"癰"的含義有廣狹之分，而"疽"則無。狹義的"癰"和"疽"分別指稱廣義的"癰"這類疾病的不同病程階段，狹義的"癰"指病程中期，已成膿而易破潰，病位尚淺；"疽"指病程後期，膿破潰浸淫，筋骨良肉皆無，病位較深，病情較重。[1]《素問》《靈樞》二書中"癰疽"十餘見，可分爲二義。第一，泛指癰疾。如《素問·通評虛實論》："所謂少針石者，非癰疽之謂也，癰疽不得須時回。"《靈樞·寒熱病》："精泄則病甚而恇，致氣則生爲癰疽也。"二者並稱"癰"和"疽"。《靈樞·癰疽》中記載了"癰"和"疽"的區別："黃帝曰：夫子言癰疽，何以別之？岐伯曰：營衛稽留於經脈之中，則血泣而不行，不行則衛氣從之而不通，壅遏而不得行，故熱。大熱不止，熱勝則肉腐，肉腐則爲膿。然不能陷骨髓，不爲焦枯，五藏不爲傷，故命曰癰。黃帝曰：何謂疽？岐伯曰：熱氣淳盛，下陷肌膚，筋髓枯，内連五藏，血氣竭，當其癰下，筋骨良肉皆無餘，故命曰疽。"第二，中醫古籍也有以"癰疽"偏指"疽"的。如《諸病源候論》卷32《癰候》："腫一寸至二寸，癤也；二寸至五寸，癰也；五寸至一尺，癰疽也；一尺至三尺者，名曰竟體癰，癰成，九竅皆出。"其中的"癰疽"指病程的後期，偏指"疽"。

【癲癇】

"癲癇"一詞作爲字目在三種《音義》中凡12見，寫作"癲癇"或"瘨癇"，釋義去其重複，摘録如下。

　　癲癇　又作瘨，同。都賢反。《廣雅》：瘨，狂，風病也。下核間反。《聲類》：小兒瘨也。（《玄應音義》卷5《孔雀王神咒經》下卷）

　　癲癇　上丁堅反。《廣雅》：癲，狂也。《聲類》：大風疾。《説文》又作瘨。下限姦反。《聲類》：小兒病也。《説文》云：癇，風病也。從疒間聲也。姦音間也。（《慧琳音義》卷2《大般若波羅蜜多經》第181卷）

　　癲癇　上丁堅反。《廣雅》：癲，狂也。《毛詩箋》曰：癲，病也。《聲類》云：癲，風病也。或作瘨，亦作瘨。下音閑。《集訓》云：小兒瘨病也。《説文》云：風病也。從疒女厄反從間聲也。或作癇，亦通也。（《慧琳音義》卷6《大般若波羅蜜多經》第514卷）

---

[1]　王育林，李墨華. "癰"及相關病名考 [J]. 北京中醫藥大學學報，2012，35（8）：517，520.

癲癇　上典年反。《文字集略》云：賊風入藏謂之癲病。案，癲即狂也。下癇音閑。《文字集略》云：小兒風病也。癲、癇二字並形聲字。前已具釋，故略言耳。（《慧琳音義》卷35《一字奇特佛頂經》上卷）

按：除了"癲癇"一詞外，三種《音義》中尚有一處作"癇癲"，一處作"癇瘨"。"癲"和"癇"均為風邪所致，其中發於小兒的稱"癇"，發於成人的稱"癲"。"癲"，在馬王堆漢墓醫書中作"瘨"，《足臂十一脈灸經》："足太陽脈……其病：足小指廢……數瘨（癲）疾。"《五十二病方》中亦載有"瘨疾"之名。《素問》《靈樞》作"癲疾"，如《素問·厥論》："陽明之厥，則癲疾欲走呼，腹滿不得臥，面赤而熱，妄見而妄言。"《靈樞·癲狂》："癲疾始生，先不樂，頭重痛，視舉目赤，甚作極，已而煩心。""癇"，馬王堆漢墓醫書作"間"，《五十二病方》中載有"嬰兒病間""人病馬不間""人病羊不間"等。其還記有關於症狀的描述："間（癇）者，身熱而數驚，頸脊強而復（腹）大。"《素問》《靈樞》中即有關於"癇"的記載，如《素問·大奇論》："心脈滿大，癇瘛筋攣；肝脈小急，癇瘛筋攣。"《靈樞·經筋》："足少陰之筋……病在此者，主癇瘛及痙，在外者不能俛，在內者不能仰。"雖然《五十二病方》提到了"嬰兒病間（癇）"，然《素問》《靈樞》似乎並沒有言及"癲"和"癇"有成人患病或小兒患病之別。"癲癇"之名以"瘨癇"的形式較早可見於《神農本草經》中："蛇床子……利關節，瘨癇，惡瘡。"《諸病源候論》卷2《風病諸候下》指出癲癇的主要症狀是"發則仆地，吐涎沫，無所覺是也……發時眼目相引，牽縱反強，羊鳴，食頃方解"，並指出"癇者，小兒病也。十歲以上為癲，十歲以下為癇"。《備急千金要方》卷14也記載了"癲癇"病證名。《外臺秘要》卷15《風癲方》亦載有"癲癇"病證名："又，天門冬酒，通治五藏六府……冷熱諸風，癲癇惡疾。"巢元方、孫思邈之後，多數醫家都以"癲癇"稱謂本病，有關癲癇病的病因、症狀及區分兩者的論述在此時已經形成了。隋唐以後的醫家如朱丹溪等又在前人的基礎上發展了癲癇病的病因病機、證候診斷及治療等，如今中醫已將癲癇的病理因素歸納爲風、痰、火、瘀。[1]

以上所舉數例中，雖然"欬""嗽"同義，且"欬嗽"一詞較早就有比較固定的搭配應用，但三種《音義》仍將其視作二詞分開注釋；雖然"傴""僂"有區別，且在早期的古籍文獻中"傴僂"合用遠算不上廣泛，但三種《音義》的引書及作者本身多將其視爲一詞進行注釋。此二例涉及單音詞與複音詞的區分。從中可見，直至中古時期，在同義、近義並列結構中，詞與非詞的界限仍很難斷定，同義單音詞連用和同義複音詞的確定比較困難。單音詞和複音詞的區分在當時還没有一個固定的標準，存在較大的主觀性。醫學中伴隨的這種情況，直接導致了我們今天對這一時期醫學詞彙的歸類、選取困難，所以我們只能根據古籍文獻中的收載，結合辭書中的注釋，采取從寬的原則進行處理。

"癧""疬"在三種《音義》的注釋中互訓却不完全相同，兩者有廣義狹義之別，因而"癧疬"一詞仍有偏指"癧"或"疬"與兼指"癧疬"二義；"癲"與"癎"可以是同一種疾病由於患者年齡不同而産生的不同稱謂，也可以混用無別，因而"癲癎"一名基本上僅在述及患者年齡時才作區分，而在論述病因病機、症狀、方藥時多合而用之。此二例涉及醫學詞彙詞義的分析。大多數同義、近義單音詞組合雙音化以後，都會使其意義從含混變得確切，如"深"本義指從水面到水底的距離大，引申泛指從上到下或從外到内距離大，又有距離、凹陷、深奧等義；"奧"本義指室内西南隅，引申泛指室内，又有隱秘處、深處、深奧等義。"深"與"奧"都是多義詞，但它們以"深奧"的並列複音詞形式出現時，便僅有幽深、高深的意思。醫學詞彙則不然，從"癧疬""癲癎"二例可見，即便是同義、近義並列結構的醫學詞彙，即便其各自只有一到兩種義項，其組合後的詞彙内涵都不會是兩者簡單的疊加或重合；若將組合後的詞彙置於不同的語言環境中，則其意義仍會存在較大的區別。

2.2.1.2　類義並列

類義並列結構的複音詞一般由兩個意義不同但類屬相同的片語組成，如"尸骸""胚胎""盲聾""筋脈""頭頸""髭鬚""髩齔""股肱"等。

〔1〕王育林，李墾華，于雷. 論《正續一切經音義》病證名兼考"癲癎""痰飲"〔J〕. 北京中醫藥大學學報，2011，34（3）：159－163.

舉例説明如下。

【癮疹】

"癮疹"一詞作爲字目在三種《音義》中凡4見，又寫作"癮胗"，條文如下。

癮疹　於近、之忍反。皮上小起痕迹也。今俗亦謂肉斗腫起爲癮疹，或言癮朋。《説文》：朋，瘢也。音丈忍反。論文作窨軯，非體也。(《玄應音義》卷9《大智度論》第77卷)

癮疹　於近、之忍反。《纂文》云：癮疹，捶痕也。經文作朕，非也。(《玄應音義》卷13《阿蘭若習禪法經》下卷)

癮疹　於近、之忍反。皮上小起痕迹也。今俗亦謂肉斗腫起爲癮疹，或言癮朋。《説文》：朋，瘢也。音丈忍反。論文作隱軯，非體也。(《慧琳音義》卷46《大智度論》第77卷)

癮疹　上殷謹反。下真忍反。《考聲》曰：癮疹，皮上風起也。《説文》：從疒從彡。傳文從肉作臏、朋，非也。疒音女厄反。彡音真忍反。(《慧琳音義》卷74《佛本行讚傳》第2卷)

按：《説文》中無"癮""疹"二字。《玉篇·疒部》："癮，於近切。病也。""疹，之忍切。癮疹，皮外小起也。《説文》曰：籀文眹（朕）。"《玉篇》此處指出《説文》中"疹"的籀文爲"朕"，然今本《説文》未見。慧琳亦引《説文》"從疒從彡"，則《説文》或原有"疹"字，並指出其籀文作"朕"。《玉篇》還解釋了"癮疹"是一種皮膚上有小突起的症狀表現。玄應的訓釋雖與此相似，但又添"痕迹"一詞。"癮疹"一詞《玄應音義》釋文又作"癮朋"。"朋"，《説文·肉部》："瘢也。從肉引聲。一曰遽也。""朋"指創口或瘡口愈合後留下的痕迹。又，《玉篇·肉部》："朋，徐忍切。脊肉也。又丈忍切。"此與《説文》有異。《廣韻·軫韻》："朋，直引切。杖痕腫處。《説文》音酺，瘢也。""朋，徐刃切。當脊肉也。"《廣韻·震韻》："朋，羊晉切。脊肉。又直忍切。"其有三種讀音分別對應兩種解釋，此處當取"杖痕腫處"之解，則"朋"指杖刑後留下的紅腫的痕迹，與《説文》的注釋相呼應，故此處之"朋"指一種外傷導致的傷痕。

　　關於"癮疹"的含義，玄應特別指出"今俗亦謂肉斗腫起爲癮疹"。綜合諸書的注釋，"癮疹"是一種表現爲皮膚上有小突起的症狀。又，《説文·肉部》："胗，唇瘍也。""胗"特指嘴唇的潰瘍。《素問》中有"胗"字。《素問·氣交變大論》："復則炎暑流火，濕性燥，柔脆草木焦槁，下體再生，華實齊化，病寒熱瘡瘍痱胗癰痤……""復則大風暴發……物疏璺，肌肉胗發……"《素問·至真要大論》："病胕胗瘡瘍、癰疽痤痔，甚則入，肺，咳而鼻淵。""少陽司天，客勝則丹胗外發。"從以上幾例中可見，"胗"又可泛指皮膚上突起的小疙瘩，與"疹"同。如果王冰所補的這兩篇確爲先秦遺作，那麼其就可與《玉篇》中"籀文胗"相呼應。由於"疹"亦有瘢痕之義，故在這一意義上其可與"朋"通用。但"朋"非指皮膚病之瘢痕，而是指外傷導致的傷痕，故慧琳指出經文作"臆朋"有誤。

　　"癮疹"在古醫籍中始見於《傷寒論》，寫作"隱軫"。《傷寒論·平脈法第二》："脈浮而大，浮爲風虛，大爲氣强，風氣相搏，必成隱軫，身體爲癢。"至《備急千金要方》中則專門列有"癮疹"一章，其所説的"癮疹"是指表現爲皮膚上有小突起的一種病證。後世醫書中所説的"癮疹"基本上都是此義，如《醫宗金鑒·痘疹心法要訣·癮疹》："心火灼肺風濕毒，隱隱疹點發皮膚。"注："癮疹者，乃心火灼於肺金，又兼外受風濕而成也。發必多癢，色則紅赤，隱隱於皮膚之中，故名曰癮疹。"又，"朋"字在《靈樞》中出現1次，《靈樞·陰陽二十五人》："火形之人，比於上徵，似於赤帝。其爲人，赤色，廣朋，脱面，小頭，好肩背髀腹，小手足，行安地，疾心，行摇，肩背肉滿。"此處之"朋"當訓爲"脊肉"，"廣朋"即言其人背闊，與下文"肩背肉滿"相呼應。

　　綜上，"朋"本義指創口或瘡口愈合後留下的痕迹，後借用指脊肉；"胗"本義指嘴唇的潰瘍，又可泛指皮膚上突起的小疙瘩。"癮疹"是一種表現爲皮膚有小突起的病證，又寫作"隱疹""隱軫"等形。"癮疹"一詞《漢語大詞典》所引最早例證爲《醫宗金鑒·痘疹心法要訣·癮疹》"心火灼肺風濕毒，隱隱疹點發皮膚"注："癮疹者，乃心火灼於肺金，又兼外受風濕而成也。發必多癢，色則紅赤，癮癮於皮膚之中，故名曰癮疹。"所引例證之年代明顯偏晚。

【膏肓】

"膏肓"一詞作爲字目在三種《音義》中凡2見，條文如下。

膏肓　上告刀反，下音慌光反。杜注《左傳》云：病在心下曰膏，在胸膈曰肓也。《說文》云：膏肓二字並從肉。高、亡皆聲。膈音隔也。（《慧琳音義》卷86《辯正論》第7卷）

膏肓　上音高，下音荒。杜注《左傳》云：肓，隔也。顧野王云：胸之肓心之上也。《說文》：從心上隔也。從月從亡聲。（《慧琳音義》卷87《甄正論》卷下）

按："膏"和"肓"均是人體內的某一部位，"膏肓"一詞爲類義並列結構的複音詞。

【瞬息】

"瞬息"一詞作爲字目在三種《音義》中凡8見，又寫作"瞚息""眴息"，釋義去其重複，摘録如下。

瞚息　式閏反。《韻英》云：動目也。經作瞬，通用。開闔目數摇也。從目寅。案，瞬目者，一斂目也。息，一息氣也。言極迅促也。《吕氏春秋》曰：萬世猶如一瞬目者也。（《慧琳音義》卷3《大般若波羅蜜多經》第341卷）

眴息　上音舜。《說文》正作瞚，云：開闔目數摇也。從目寅聲。俗作瞬字也。（《慧琳音義》卷95《正誣論》）

按："瞬"指瞬目，"息"指呼吸，"瞬""息"都是人體的正常生理活動，"瞬息"爲類義並列結構的複音詞。

【涕泣】

"涕泣"一詞作爲字目在三種《音義》中凡5見，摘録如下。

涕泣　他禮反。《字林》：涕，泣也。無聲而淚曰泣。（《玄應音義》卷2《大般涅槃經》第1卷）

涕泣　上他禮反，上聲字，《玉篇》云：目淚也。若作剃音，鼻汁，非也。泣，欽立反，無聲淚出也。（《慧琳音義》卷25《大般涅槃經音義》卷上《壽命品第一》）

涕泣　上他禮反。《毛詩》：涕泗滂沱。《傳》曰：目出淚曰

涕。《説文》：無聲出淚曰泣。（《慧琳音義》卷27《妙法蓮花經·化城喻品》）

涕泣　上他禮反。《毛詩》：涕泗滂沱。注曰：目出淚也。《説文》：目液。下欽立反。《説文》：眼出淚之也。（《慧琳音義》卷74《佛本行讚傳》第2卷）

涕泣　上他禮反。《韻集》云：目汁也。《古今正字》：從水弟聲也。下去急反。《切韻》：哭泣也。《集訓》云：無聲出涕曰泣也。（《希麟音義》卷7《五字陀羅尼頌》）

按：《説文·水部》："涕，泣也。""涕"本義指眼淚，然至漢代就有用於指鼻涕的義項，如漢代王褒《僮約》："咋索仡仡，扣頭兩手自搏，目淚下落，鼻涕長一尺。"以上5條中，慧琳將"涕"釋爲眼淚，則"涕泣"爲同義並列結構的複音詞。《素問·解精微論》："夫涕之與泣者，譬如人之兄弟，急則俱死，生則俱生，其志以早悲，是以涕泣俱出而橫行也。夫人涕泣俱出而相從者，所屬之類也。"此處"涕"和"泣"明顯不同，則"涕"指鼻涕，"涕泣"則爲類義並列結構的複音詞。

【䯏髀】

䯏髀　又作臗，同。苦桓、苦昆二反。《埤蒼》：䯏，尻也。《廣雅》：臗，豚也。下古文踔，同。蒲米反。《説文》：股外也，北人用此音。又方尓反，江南行此音。或作膞，俗字也。（《玄應音義》卷24《阿毗達磨俱舍論》第22卷）

䯏髀　上款官反。《埤蒼》云：臗，尻也。《考聲》云：䯏，胜骨也。《説文》：䯏，在髀上也。從骨寬聲也。亦從肉作臗，同。尻音考高反。胜音陛。下瓶米反。《韻詮》云：髀即股也。内曰股，外曰髀。《禮記》云：無厭髀也。《説文》云：髀，在股外也。從骨卑聲。亦作踔，古文也。俗作膞。（《慧琳音義》卷72《阿毗達磨顯宗論》第29卷）

按：根據三種《音義》的注釋，"䯏"一指臀部，一指組成骨盆的䯏骨；"髀"既可特指大腿外側，又可指大腿，亦可泛指腰部以下膝蓋以上部位。"髖髀"一詞可見於《素問·氣交變大論》:"民病胸中痛,脅支滿,……甚則屈不能伸,髖髀如別,上應熒惑辰星,其穀丹。"《漢書·賈誼傳》:"至於髖髀之所,非斤則斧。"顏師古注:"髀,股骨也。髖,髀上也。言其骨大,故須斤斧也。髖音寬。髀音陛。又音必爾反。""髖髀"屬於類義並列的複音詞,由於"髖"和"髀"本身都是多義詞,"髖髀"一詞就可以有兩種意義,一指髖骨和股骨,一指臀部與大腿。前一義項兩者均指骨頭而言,後一義項兩者均泛指部位而言。由於"髖"與"髀"的結構關係密切,"髖髀"一詞又可引申用於比喻互相勾結、勢力強大的諸侯王,《漢書·賈誼傳》:"今諸侯王皆衆髖髀也,釋斤斧之用,而欲嬰以芒刃,臣以爲不缺則折。"其中的"髖髀"當取其比喻義。

以上所舉數例中,雖然"瘕"和"疹"症狀表現相似,自古就有連用,但是我們很難斷言它們是同病異名,還是兩種不同的病證,還是病證名稱的急呼緩呼,所以暫且將這類詞彙歸入類義並列結構中。此外,我們還可以發現,類義並列結構的醫學詞彙的含義既可以是兩者含義的疊加,又可以是比原義更生動抽象的引申義、比喻義,類似的還有"股肱""輔車"等。

2.2.2　偏正式

這一構詞方式在疾病詞彙和藥物詞彙上主要體現爲"屬差＋種名",如"白皖""青瘀""蟲齲"等;在人體詞彙上除了"屬差＋種名"的形式外,還有很大一部分爲"數量或方位＋種名",如"兩須""左腋"等。三種《音義》一般只訓釋種名,抓住了該醫學詞彙的關鍵詞素,有助於瞭解該詞的上一級概念,從而準確地把握醫學詞彙的含義。試舉幾例說明如下。

【白墡】

"白墡"一詞在三種《音義》中凡3見,又寫作"白墰",條文如下。

> 白墰　字體作墡,《字林》音善。土名也,即白土也,亦名堊。案,《吳普本草》云:白堊,一名白墡。是也。(《玄應音義》卷《阿毗曇毗婆沙論》第7卷)
>
> 白墰　《字林》音善。墰,土名也,即白土也,亦名堊。案,《吳譜本草》云:白堊,一名白墡。是也。(《慧琳音義》卷59《四分律》第52卷)

白墡 字體作墡，《字林》音善。土名也，即白土也，亦名
堊。案，《吴普本草》云：白堊，一名曰（白）墡。是也。（《慧
琳音義》卷67《阿毗曇毗婆沙論》第7卷）

按：玄應指出"墡"爲正體字。"白墡"即"堊"，"堊"或是顔色爲
白色的一種"墡"[1]。人們在本已含有顔色定義的"堊"字前又加了一
"白"字，故其爲偏正式的複音詞。

【眼睫】

"眼睫"一詞作爲字目在三種《音義》中凡15見，又寫作"眼瞛""瞛
眼"，釋義去其重複，摘録如下。

眼瞛 又作睫，《釋名》作趀，同。子葉反。《説文》：目旁毛
也。[《史記》目見毫毛二不見瞛，是也。]（《玄應音義》卷9《大
智度論》第5卷）

眼睫 又作瞛，同。子葉反。目毛也。經文作氎、氎二形，非
也。（《玄應音義》卷11《增一阿含經》第28卷）

眼瞛 下尖葉反。或從建作睫，並同。《史記》云：目見毫毛
而不見睫。《考聲》云：眼瞼上毛也。《釋名》作趨，俗字也。劉
熙云：睫，插也，接也。插於目匡而相接。論文從妄作睫，亦俗字
也。《説文》：目傍毛也。從目夾聲也。建音潛葉反。（《慧琳音
義》卷49《菩提資糧論》第5卷）

眼睫 尖葉反。《説文》：目傍毛也。從［目］建聲。譜文作
睫，或作瞛，並俗字。建音捷。《説文》作瞛。（《慧琳音義》卷77
《釋迦譜序》第1卷）

眼睫 精葉反。《説文》：正體作瞛，目旁毛也。從目夾聲也。
夾音甲。案，眼睫，眼瞼毛也。《釋名》作趀，俗字也。解云：
睫，插也，接也。插於目匡而瞛（相）接也。《通俗文》：從妄作
睫。解云：目毛曰睫。《史記》云：目見毫毛而不見瞛。插音楚洽
反。（《慧琳音義》卷6《大般若波羅蜜多經》第469卷）

---

[1] 參見本書"三種《音義》所引藥物學著作研究"一節"《吴普本草》"條。

　　映眼　上僭葉反。《字書》正作睫。《莊子》云：映，目毛也。
《文字集略》：從毛作趑。《文字典説》云：映，目傍毛也，從目夾
聲。趑音同上。（《慧琳音義》卷94《續高僧傳》第25卷）

　　按：《説文·目部》：“映，目旁毛也。”“映”是眼睛旁邊的毛，又作
“睫”“睞”等形。慧琳又用通俗的語言補充説明了“眼睫”指眼瞼上的毛。
“眼睫”一詞《漢語大詞典》所引最早例證爲宋代沈作喆《寓簡》卷六：
“無令一眼睫許，壞人佳思。”所引例證的年代明顯偏晚。

【白癩】

“白癩”一詞作爲字目在三種《音義》中凡3見，摘録如下。

　　白癩　來大反。《考聲》云：大風疾也。或作癘也。（《慧琳音
義》卷12《大寶積經》第16卷）

　　白癩　下來帶反。《文字集略》云：癩，病也。《説文》作屬，
惡疫也。《文字典説》：從疒賴聲也。（《慧琳音義》卷32《藥師琉
璃光如來本願功德經》）

　　白癩　盧大反。《文字集略》云：癘，風病也。《字統》：惡病
也。《説文》：從萬作癘。從疒從萬省聲也。經從賴，亦通。（《慧
琳音義》卷64《四分羯磨》）

　　按：以上幾條均只注釋了“癩”字，並引用了《考聲》《文字集略》
《文字典説》《字統》和《説文》的注文。《説文·疒部》：“癘，惡疾也。”
慧琳言“癘”即“癩”，則“癩”是一種疫癘，病因爲風邪。“癩”字，
《素問》《靈樞》均不載，《傷寒論·平脈法第二》：“脈浮而大，浮爲風虛，
大爲氣强，風氣相搏，必成隱疹，身體爲癢。癢者名泄風，久久爲痂癩。”
《素問·風論》：“癘者，有榮氣熱胕，其氣不清，故使其鼻柱壞而色敗，皮
膚瘍潰。風寒客於脈而不去，名曰癘風，或名曰寒熱。”根據中醫古籍中的
描述，“癩”和“癘”指的均是一種皮膚病，“癩”或爲“癘”之異體字，
指惡瘡。[1]“白癩”一詞可知的較早記載見於晉代葛洪《肘後備急方·治

---

　　[1] 李墾華，王育林. 疾病詞“癘”“痱”“胅”“瘑”等考證 [J]. 長春中醫
藥大學學報，2015，31（6）：1303–1306.

卒得癩皮毛變黑方第四十》，其記載了治療“白癩”的藥物：“療白癩：苦參五斤，酒三斗，漬，飲勿絶。並取皮根，末，服，效驗。”此外，《諸病源候論》記載了該病的症狀，《諸病源候論》卷2《白癩候》：“凡癩病，語聲嘶破，目視不明，四肢頑痹，肢節火燃，心裏懊熱，手脚俱緩……手足隱疹起，往往正白在肉裏，鼻有息肉，目生白珠，當瞳子，視物無所見。此名白癩。”《肘後備急方》記載的是該病的治療藥物，《諸病源候論》揭示的是該病的症狀，而《音義》揭示的是該病的病因，三者可以互爲補充。

“真正能够標誌詞彙發展的是語素系統，包括語素的規則，即構成一切詞的構詞材料和規則。無論表層的新舊詞的交替如何頻繁，變化如何迅速，深層的語素系統總是呈現一種穩定的狀態。”[1]以上所舉三例中，“墰”在複合成合成詞“白墰”之後，“睫”在複合成合成詞“眼睫”之後，“癩”在複合成合成詞“白癩”之後，其中心詞義並没有改變。然而“白墰”“白癩”沿用至今，“眼睫”一詞却被廢弃不用，而“睫”又多以“睫毛”的補充式合成詞的形式出現，因此，從某種意義上説，合成詞的傳承具有一定的偶然性。

偏正式結構的醫學詞彙中與病證相關的詞彙具有較大的研究價值，雖然三種《音義》僅注釋了該病證的種名，但這些詞彙的收載爲研究病證分類及病證特點提供了綫索，爲明確病證下一級分類産生的時間提供了證據。

2.2.3　支配式

支配式又稱動賓式、述賓式，先秦相對較少，魏晉有所發展。屬於支配式結構的醫學詞彙有“拊膺”“患痔”“絞頸”“歐糜”“噏氣”“拍髖”等。又如：

【椎胸】

“椎胸”一詞作爲字目在三種《音義》中凡6見，又寫作“槌胸”“椎膂”“椎肎”，條文如下。

　　　　槌胸　墜追反。俗字也。正作椎，從木。下昷恭反。《字書》：槌胸者，心懷悲恨自毁其身也。（《慧琳音義》卷4《大般若波羅

〔1〕　劉英軍．“語言隨社會發展而發展”質疑［J］．河北師範大學學報（社會科學版），1995，18（4）：78－82．

蜜多經》第 398 卷）

椎胸　上長追反。從木。下音凶。從肉，以拳椎膺也。（《慧琳音義》卷 15《大寶積經》第 112 卷）

推（椎）胸　墜追反。以拳撫膺也。從木從佳。下勖恭反。《字書》：胸即膺也。或作匈，亦通。古字也。（《慧琳音義》卷 29《金光明經》第 10 卷）

椎膏　上長縲反，從木。下勖恭反。膏，膺也。椎膏者，痛割毀形之儀也。從包省，形聲字。（《慧琳音義》卷 41《大乘理趣六波羅蜜多經》第 3 卷）

椎肏　上术追反。前《苾蒭尼律》第六卷中已釋。下勖邕反。《文字典説》云：肏，膺也。從肉肏聲。律文從勹作膏，俗用字也。（《慧琳意義》卷 63《根本説一切有部律攝》第 5 卷）

槌膏　上直追反，俗字也，正作椎。《説文》：擊也。從木佳聲。下勖恭反。《説文》：膺也。亦作匈。《字書》云：椎胸者，悲恨之極，自毀其身也。（《希麟音義》卷 4《大乘本生心地觀經》第 4 卷）

按：《説文·木部》："槌，關東謂之槌，關西謂之柹。""槌"是一種器具。《木部》："椎，擊也。""椎"指捶擊。"椎胸"指用拳頭捶擊胸口，是心裏十分悲痛的一種表現。"椎胸"爲支配式結構的複音詞。

【皺眉】

皺眉　上側瘦反。《韻詮》：面皮聚也。《説文》：從皮芻字，音楚拘反，芻聲也。下美悲反。《説文》：目上毛也。從目。眉之形，上象額理也。（《慧琳音義》卷 75《坐禪三昧經》上卷）

按："皺眉"爲雙眉攢聚不舒，表示憂慮或不悦的樣子。"皺眉"爲支配式結構的複音詞。

【厭食】

"厭食"一詞作爲字目在三種《音義》中出現 2 次，條文如下。

厭食　上伊焰反。《考聲》：厭，飽也，倦也。《説文》：從肉從曰古甘字也。正從犬。犬甘肉也。或作猒，亦同也。（《慧琳音義》卷1《大般若波羅蜜多經》第3卷）

厭食　伊焰反。顧野王曰：厭，飽足也。《説文》：猒，飽也。《禮記》曰：獨樂其志不猒其道也。《説文》：從甘從肉從犬，會意字也。厂音罕。前經第三卷中已釋。（《慧琳音義》卷4《大般若波羅蜜多經》第402卷）

按："厭食"一詞在今天是一個很常用的症狀描述語詞，臨床上亦可作爲病名使用，指較長期的食欲減退或消失。"厭"古時有飽足、滿足、厭煩等義，許慎指出飽足爲其本義。慧琳這兩條對"厭食"中"厭"字的注釋以本義飽足爲主，如果按此義解釋"厭食"一詞，則其義與今義有異。

【割胜】

割胜　上正割字。《爾雅》云：割，裂也。《韻集》：割，剥也。又斷截也。下傍禮反。俗字也。正作髀。《切韻》：股也。從骨坒聲。坒音比。（《希麟音義》卷8《根本説一切有部毗奈耶藥事》第1卷）

按："割"本義指用刀分解牲畜的骨肉，引申泛指切割、分割。"髀"（"胜"爲"髀"的異體字）既可特指大腿外側，又可指大腿，亦可泛指腰部以下膝蓋以上部位[1]。"髀"是"割"的行爲對象，"割"與"髀"的關係是前一個成分支配後一個成分，所以"割髀"是支配式結構的複音詞。

2.2.4　補充式

補充式結構的複音詞先秦亦較少，然漢代有所增加。屬於補充式結構的醫學詞彙有"疝病""津液""瞤目""髭毛"等。又如：

【胞胎】

"胞胎"一詞在三種《音義》中凡14見，釋義去其重複，摘録如下。

---

[1]　李墨華. 隋唐五代醫書與佛經音義醫學詞彙比較研究［D］. 北京中醫藥大學，2017：404-411.

胞胎　補交反。《説文》：胞，兒生裏也。《爾雅》：胎，始養也。(《玄應音義》卷1《大方廣佛華嚴經》第29卷)

胞胎　上補交反。古文作包，象形字也。爲是胎衣，蔡邕《石經》加肉作胞。《説文》云：兒生衣也。孔注《尚書》云：裏也。《莊子》云：胞者，腹肉衣也。俗音普包反，非也。下他來反。《廣雅》：婦人孕二月爲胎。《説文》云：婦孕二月也。《蒼頡篇》云：女人懷妊未生曰胎。從肉台聲也。裏音果。(《慧琳音義》卷2《大般若波羅蜜多經》第181卷)

胞胎　上音包。司馬彪注《莊子》云：胞，腹内兒衣也。《漢書》：同胞之徒。如淳曰：胞，親兄弟也。《説文》：生兒裏衣也。從肉包聲。下他來反。《爾雅》：胎，始也。《廣雅》：婦孕三月爲胎。《蒼頡篇》：兒未生曰胎。《説文》：婦孕三月也。從肉台聲。(《慧琳音義》卷16《佛説胞胎經》)

按：《説文・包部》："包，妊也。象人裏妊，𠂤在中，象子未成形也。元氣起於子。子，人所生也。男左行三十，女右行二十，俱立於巳爲夫婦。裏妊於巳，巳爲子，十月而生。男起巳至寅，女起巳至申。故男年始寅，女年始申也。"《玉篇・包部》："包，布交切。裏也。婦人懷妊，元氣起於人子所生也。今作胞。""胞"爲"包"的後起本字，指包裹胎兒的胞衣。"胞"又可指子宫，如《素問・評熱病論》："月事不來，胞脈閉也。""胎"，《説文・肉部》："婦孕三月也。""胎"指婦人懷孕三個月時的胎兒。"胎"又有孕育之義，如宋代蘇軾《東坡志林・本秀非浮圖之福》："稷下之盛，胎驪山之禍。""胞胎"可指胎衣，如晉代葛洪《抱樸子・釋滯》："得胎息者，能不以鼻口噓吸，如在胞胎之中，則道成矣。""胞胎"當爲補充式結構的複音詞。

【拇指】

"拇指"一詞作爲字目在三種《音義》中凡5見，釋義去其重複，摘録如下。

拇指　上矛厚反。《蒼頡篇》云：拇，將指也。賈逵注《國語》云：拇，大指也。《説文》云：從手母聲。經本從木作㧶

（栂），非也。（《慧琳音義》卷20《寶星經》第2卷）

　　栂指　上莫補反。《古今正字》云：足大指也。從手母聲也。（《慧琳音義》卷38《佛説大孔雀王咒經》）

　　栂指　上謨譜反。《韻英》云：栂，手足大指也。（《慧琳音義》卷41《大乘理趣六波羅蜜多經》第10卷）

　　栂指　上莫譜反。《韻英》云：栂謂手足大指。《説文》云：從手母聲。母字從女，中二點，像母兩乳形。有作母（毋），音無，止之辭。母、母（毋）全別。（《希麟音義》卷1《大乘理趣六波羅蜜多經》第10卷）

按："栂"指手或足的大指，則"栂指"一詞爲補充式結構的複音詞。

2.2.5　附加式

附加式結構的醫學詞彙在三種《音義》中亦可見。有名詞"子"作後綴的，如"屪子""菾子""瘑子""椰子"；有名詞"焉"作後綴的，如"懵焉"。此外還有一些是病證修飾語詞，有與"然"結合的形容詞、副詞、動詞，如"芒然""嘿然"；有"爾""忽"作後綴的，如"瞠爾""慌忽""怳忽"等。

【瞳子】

　　瞳子　上動東反。《尚書大傳》：舜目重瞳也。《埤蒼》云目珠子，是也。《考聲》云：目中瞳子也。《古今正字》：從目童聲也。（《慧琳音義》卷57《佛説罵意經》）

　　瞳子　徒公反。《埤蒼》云：瞳，目珠子也。《尚書大傳》：舜目有重瞳子。《説文》：從目童聲。（《慧琳音義》卷68《阿毗達磨大毗婆沙論》第9卷）

按："瞳"即眼珠子，"瞳子"亦然。

【瘑子】

　　瘑子　上牋切反。《廣雅》：瘑，癰也。《埤蒼》：痤也。《考聲》：小腫也。或作瘍。《古今正字》：從疒節聲也。疒音女厄反。

（《慧琳音義》卷50《業成就論》）

按：作爲病證名稱的"癧"一指瘡瘍之疾，與"痤"同，即指皮膚表面生出的小瘡疹；一指癭腫之小者[1]。隨着後綴的出現，"癧子"逐漸取代"癧"來指稱此類病證，如《備急千金要方》有"治癧子方"，《肘後備急方·治癰疽妒乳諸毒腫方第三十六》有"療小兒癧子，尤良"。現代醫學將"癧子"作爲一個專屬的病證名稱，並定義爲由葡萄球菌或鏈球菌侵入毛囊內引起的皮膚病。

【惙爾】

　　惙爾　知劣反。《聲類》云：惙，短氣貌也。惙惙亦憂也。
（《慧琳音義》卷48《瑜伽師地論》第89卷）

按：《説文·心部》："惙，憂也。从心叕聲。《詩》曰：憂心惙惙。一曰意不定也。""惙"本義指憂愁。此處言"惙"指短氣貌，文獻中亦有用例，如唐代陸龜蒙《奉酬襲美先輩吳中苦雨一百韻》："其時心力憒，益使氣息惙。"《南史·荀伯玉傳》："比出，二人飢乏，氣息惙然，切齒形於聲貌。"

　　從上舉數例可見，三種《音義》對附加式結構的醫學詞彙進行訓釋時，基本上都是略去其中的虛語素，直接對主要詞素進行訓釋。在漢語雙音化的過程中，這種附加式結構的複音詞似乎更容易得到普及。這類詞中的醫學詞彙，尤其是疾病詞彙，也常常變成專業的病證名稱或規範的症狀描述語流傳下來。此外，值得一提的是，三種《音義》中有相當一部分有虛語素作後綴的詞目，它們並不是複音詞，而只是片語或結構，如"盲者""聾者""瞎者"等。

2.2.6　主謂式

　　主謂式結構的詞彙先秦未見，兩漢也極爲罕見。[2] 其發展較爲緩慢。三種《音義》中屬於主謂式結構的醫學詞彙有"背傴""顁痛""臚脹"

---

　　〔1〕 王育林，李墾華．"癧"及相關病名考 [J]．北京中醫藥大學學報，2012，35（8）：517，520．

　　〔2〕 趙克勤．古代漢語詞彙學 [M]．北京：商務印書館，2010：45．

"指攬""齶痛""瘡殖""腹潰""腳趺"等。三種《音義》中主謂式結構的醫學詞彙既有比較固定的，亦有臨時組合的；其對這類醫學詞彙的注釋既有對每個詞素均注的，又有僅注釋重點詞素的。

【喉痹—喉閉】

"喉痹"和"喉閉"作爲字目在三種《音義》中各出現2次，《玄應音義》中各1處；《慧琳音義》中亦各1處，且爲慧琳轉錄的《玄應音義》的內容，然有部分改動。條文如下。

> **喉痹** 俾利反。癰痹，暴屬之疾也，亦言喉閉。閉猶塞也。（《玄應音義》卷5《七佛神咒經》第4卷）
>
> **喉閉** 閉猶塞也。經文作痹，俾利反。醫方：痹，喉病也。（《玄應音義》卷11《中阿含經》第7卷）
>
> **喉痹** 俾利反。癰庳，暴屬之疾。言喉痹，猶閉塞也。（《慧琳音義》卷42《七佛神咒經》第4卷）
>
> **喉閉** 閉猶塞也。經文作痹，俾利反。冷痹濕病也。醫方多作痹，喉病也。（《慧琳音義》卷52《中阿含經》第7卷）

按："痹"有阻塞之義，"閉"亦有閉塞之義，故玄應指出"喉痹"和"喉閉"實爲一義，都指一種咽喉處有閉塞之感的症狀表現，只是用字不同。

【腹脹】

> **腹脹** 上方六反。《切韻》：心、腹也。《爾雅》云：竺、腹，厚也。顧野王云：脾爲腹，所以容重也。亦五藏也。從肉复聲。复音復。下猪亮反。《切韻》：脹，滿也。《左傳》：痛也。《字書》作痕，同上音。（《希麟音義》卷8《根本説一切有部毗奈耶藥事》第12卷）

按：三種《音義》對"腹"和"脹"都做了注釋。"腹脹"一詞在中醫古籍中普遍可見，如《素問·診要經終論》："少陰終者，面黑齒長而垢，腹脹閉，上下不通而終矣。"《素問·腹中論》："有病膺腫，頭痛，胸滿，腹脹，此爲何病?"《靈樞·本神》:"脾藏營，營舍意，脾氣虚則四肢不用，五藏不安；實則腹脹，經溲不利。"更早的馬王堆漢墓醫書及張家山漢簡《脈書》作"腹張"。《足臂十一脈灸經》:"足泰（太）陽陰（脈）……病足大指廢，胻内兼（廉）痛，股内痛，腹痛，腹張（脹），復□……"《脈書》:"在腸中，痛，爲血叚肘，其從脊胸起，使腹張，得氣而少可，氣叚殴。"可見其早已成爲一個固定的病證名詞彙，而《漢語大詞典》僅收"腹痛"，未收"腹脹"，欠妥。

【涎流】

涎流　似延反。賈誼《新書》作漾（漾）。《説文》作次。口液也。形聲字。(《慧琳音義》卷13《大寶積經》第47卷)

唌流　祥延反。或作涎，並俗字也。《説文》:正作次。時人不審知，爲與次字相濫，諸儒隨意競作不同。束晳作唌。賈誼作漾。史籀大篆作欪，從二水，最太古不入時用。《説文》本作次。從水從欠。《集訓》云:唌者，口中滓液。今依《説文》，餘皆不取。(《慧琳音義》卷100《止觀》上卷)

按: "涎"指從口中排出的液體，早期的古籍文獻中並没有固定的動詞與其搭配，《素問·咳論》:"腎咳之狀，咳則腰背相引而痛，甚則咳涎。"《靈樞·口問》:"人之涎下者，何氣使然?"僅《諸病源候論》中有"涎流出"的説法，後世通常作"流涎"。可見，"涎流"這一片語當屬於臨時組合者。

以上幾例，"痺""閉""脹""流"表示行爲，"喉""腹""涎"表示行爲的主體，它們之間的關係類似於語法上主語謂語的關係，所以"喉痺""喉閉""腹脹""涎流"是主謂式結構的複音詞。

三種《音義》對醫學詞彙中的複音詞進行注釋時仍以注釋單音節語素爲主，使得這些複音詞的詞義仍然不够明晰，且其摘録的複音節片語——包括以上所舉的例子——未必都是成熟的複音詞。但是其能將長期以單音詞面目出現在辭書中的醫學詞彙以複音詞的形式摘録出來，就已經對醫學詞彙的複音化做了很大的貢獻。此外，其對這些複音詞的單音節語素進行注釋時，都是以釋其凝固在詞彙中的意義爲主，很少摻雜該詞的其他義項，這也爲我們理解這些複音詞的詞義提供了便利。

第二節　三種《音義》醫學詞彙中的方言俗語詞

　　方言俗語詞是近年來研究的新方向和新熱點。"因爲人們已經意識到：如果不加强對漢語史上所存在的口俗語詞彙進行比較全面的研究，就難以寫成真正全面的漢語詞彙史，難以對現代漢語詞彙的形成做出科學的全面的説明。"[1]古代文人對方言俗語詞、俗字、方音這些"俗文化"的内容，向來嗤之以鼻，認爲其難登大雅之堂，因此，這些内容往往不被正統辭書和古籍文獻所收録，造成歷史上有些詞彙的含義一直以來頗受争議，難以斷論。"漢譯佛經的語言在一定程度上反映了漢末以後數百年間漢語的實際情況，彌補了這一時期其他漢語典籍中方俗口語材料的不足，提供了研究漢語實際語言變化的寶貴材料。"[2]三種《音義》收載了大量東漢至唐宋時出現的方言俗語詞，是研究這一時期方言俗語詞的寶貴材料。

1　方言詞

　　方言詞和通語既有共時的範疇屬性，又有歷時的範疇屬性。某些方言詞當使用的人群數量增多了，很可能就會變成以後的通語；某些方言詞的存在則是方音的不同造成的。醫學詞彙中的方言詞同樣存在類似的情況。

1.1　三種《音義》指出方言詞使用地域

　　三種《音義》關於方言詞的記載往往直接指出其爲何處方言用語，如：

【謇吃】

　　謇吃　居展反。《通俗文》：言不通利謂之謇吃。《周易》：謇，

---

〔1〕　梁曉虹，徐時儀，陳五雲. 佛經音義與漢語詞彙研究［M］. 北京：商務印書館，2005：95.

〔2〕　徐時儀. 玄應和慧琳《一切經音義》研究［M］. 上海：上海人民出版社，2009：393.

難也。《方言》：謇，吃也。楚語也。郭璞曰：亦北方通語也。
（《玄應音義》卷 19《佛本行集經》第 26 卷）

　　謇吃　古文謇、謇二形，今作謇，同。居展反，下居乞反。
《方言》：謇，吃。楚語也。謇，難也。吃，重言也。（《玄應音
義》卷 22《瑜伽師地論》第 15 卷）

　　謇吃　上建偃反。《周易》云：謇，難也。《方言》云：謇，
吃，語澀也。郭注云：亦北方通語。亦作謇。《古今正字》：從言
寒聲。經作謇，跋也，非經義。寒音僧則反。下斤乞反。《聲類》
云：吃，重言也。《說文》：語難也。從口乞聲。（《慧琳音義》卷
57《佛說分別善惡所起經》）

按： “謇”義同“吃”，即指口吃，表現爲言語不通利，說話時字音不
斷重複或詞句時時中斷。根據三種《音義》中的注釋可知，“謇”一詞來源
於楚語，後成爲北方通用語詞。

【癬】

　　若癬　又作瘑，同。先善反。《說文》：乾瘡也。今有乾濕兩
止種也。《釋名》：瘑，徙也。侵淫移處曰廣之也，故青徐人謂癬
爲徙也。（《玄應音義》卷 14《四分律》第 42 卷）

按： “癬”是一種皮膚病，《說文·广部》：“癬，乾瘍也。”玄應引
《釋名》指出青徐方言將“癬”讀爲“徙”。“癬”上古音爲心母元部，
“徙”上古音爲心母支部，三種《音義》所說青徐人讀“癬”爲“徙”反
映了漢代青州和徐州方言撮口呼多讀爲齊齒呼的特點。

【額—鄂、訝】

　　額廣　雅格反。從客作額，俗字也。《方言》：額，顙也。《釋
名》云：幽州人謂額爲鄂。今江外吳音呼額爲訝，並邊方訛也。
《說文》：從頁從格省聲也。（《慧琳音義》卷 4《大般若波羅蜜多
經》第 381 卷）

按：考《釋名·釋形體》："額，鄂也，有垠鄂也。故幽州人則謂之鄂也。"則漢時幽州人稱"額"爲"鄂"，當時的幽州大約相當於今北京、河北北部、遼寧南部以及朝鮮西北部。慧琳又説明了唐時江南稱"額"爲"訝"。因此，額頭在北方、中原和江南地區的稱呼各不相同。

以上三例方言詞，一例引楊雄《方言》；一例引劉熙《釋名》；最後一例除了引《釋名》外還有慧琳自己的注釋。三種《音義》還引有其他典籍收載的方言詞，如"瘵"。《説文·疒部》："瘵，病也。"《詩·大雅·瞻卬》："邦靡有定，士民其瘵。"《毛詩故訓傳》："瘵，病。"《玄應音義》卷10《攝大乘論》第14卷"瘵其"條："側界反。《爾雅》：瘵，病也。《三蒼》云：今江東呼病皆曰瘵，東齊曰瘼。"玄應引《三蒼》指出"瘵"是江東對病的稱謂，而東齊則稱病爲"瘼"。類似的例子還有不少。

1.2 三種《音義》指出方言區域劃分情況

根據玄應提到的一些方言差異，還可以大致瞭解唐初時期方言區域劃分情形，如：

【守宫】

守宫　此在壁者也。江南名蝘蜓，山東謂之蝾螈，陝以西名爲壁宫。在草者曰蜥蜴。東方朔言非守宫即蜥蜴，是也。蝘音烏殄反。蜓音殄。蝾，此亦反。（《玄應音義》卷6《妙法蓮華經》第2卷）

此條中玄應提到的就有江南、山東、陝以西三大方言區域，此爲玄應注文而非引文，因此反映的很可能就是唐初方言區域的劃分情況。

1.3 三種《音義》提出醫學詞彙詞義的不同與方言有關

三種《音義》還提到某些醫學詞彙詞義的不同與方言有關，如：

【頔】

三頔　直追反。《説文》：額出也。今江南言頔頭胅額，乃以頔爲後枕高胅之名也。經文作腿，未見所出。（《玄應音義》卷5

《太子須大拏經》）

按：《説文·頁部》："頯，出頟也。""頯"指前額突出。玄應此條除了引《説文》此義外，還指出江南以"頯"爲枕後高骨之名。因此，"頯"字在江南方言中的含義與其一般詞義不同。

同一個詞在不同方言中的所指部位不同可能與方言使用記音字有關，這種情況比較特殊，當予注意。

2 俗語詞

"在整個漢語史的研究中，關於詞彙史的研究是最薄弱的環節，而在詞彙史的研究中，關於俗語詞的研究又幾乎等於零。"[1]三種《音義》所包含的豐富的口語詞彙資料除了方言詞外，還有很多東漢以來的俗語詞。尤其是《慧琳音義》，其徵引的資料特別豐富，郭在貽就曾指出："今天我們研究六朝隋唐時期的俗語詞，這部書（《慧琳音義》）有極大的利用價值。"[2]當然，《玄應音義》和《希麟音義》對於研究俗語詞的價值同樣不可小覷。

三種《音義》中關於俗語詞的格式有"俗呼爲""俗號""俗談非典語""非典語""俗語""俗曰""俗謂之""時俗語"等，如：

【疒】

　　青瘀　於據反。《説文》：積血也。從疒（女厄反）於聲也。時人呼疒云病脚，俗談非典語也。經文從水作淤，非也。淤，青泥也。（《慧琳音義》卷11《大寶積經》第3卷）

按：《説文·疒部》："疒，倚也。人有疾痛也，象倚箸之形。""疒"爲象形字，象體虛之人臥床之狀，本義是人患疾病。據慧琳記載可知，當時人們稱"疒"爲"病脚"，猶今之稱"病扇兒"。

---

〔1〕　郭在貽. 訓詁學〔M〕. 北京：中華書局，2011：100.

〔2〕　郭在貽. 訓詁學〔M〕. 北京：中華書局，2011：129.

【隆侯子、侯】

創疣　下音尤。《考聲》云：皮上風結也。贅肉也。或從肉作肬。俗呼爲隆侯子等。（《慧琳音義》卷15《大寶積經》第113卷）

小疣　有求反。《埤蒼》云：疣，病也，皮上結也。《莊子》云：附贅懸肬。《山海經》云：諸毗之冰有滑魚焉，食之已肬。或作默。今俗謂之侯。《説文》作肬，云：贅也。……（《慧琳音義》卷20《寶星經》第4卷）

按："疣"是一種皮膚病，表現爲皮膚上出現跟正常的皮膚顏色相同的或黃褐色的突起。三種《音義》記載"疣"在當時有"隆侯子""侯"的稱謂。考之古醫籍，明代申斗垣的《外科啓玄》中有"瘊子"一名，其卷7："千日瘡，一名疣瘡，又名悔氣瘡。此瘡如魚鱗，生於人手足上。又名瘊子。生一千日自落，故名之。"又，《康熙字典》引《正字通》："疣小者，俗謂之瘊子。"故《外科啓玄》中的"瘊子"即三種《音義》中的"隆侯子"，亦指疣之小者。"侯"或爲方言記音字，"瘊"爲其後起本字，故《説文》中無"瘊"字。《玉篇·疒部》："瘊，胡鉤切。疣病也。"《廣韻·侯韻》："瘊，疣瘷。"兩書則均收"瘊"字，均釋之爲疣。"瘊子"指皮膚上長的小瘤子。此名在更早的沈括的《夢溪筆談》中即有記載，《夢溪筆談·器用》："（鍛甲）末留筋頭許不鍛，隱然如瘊子……今人多於甲劄之背隱起，僞爲瘊子，雖置瘊子，但元非精鋼，或以火鍛爲之，皆無補於用，徒爲外飾而已。""瘊子"即疣，在今河南等地仍有此稱法。

【髎】

髎骨　力遥反。《字林》：八髎也。《通俗文》：尻骨謂之八髎。論文作膋，脂膏也。膋非此用。（《玄應音義》卷18《雜阿毗曇心論》第8卷）

按：玄應引《通俗文》言"尻骨"即"八髎"。"尻骨"即今之尾骶骨，位於臀部。"八髎"始見於《素問》，《素問·骨空論》："腰痛不可以轉搖，急引陰卵，刺八髎與痛上，八髎在腰尻分間。""八髎"是中醫經穴中上髎、次髎、中髎、下髎的合稱，分別位於解剖學上的第一、二、三、四骶後孔中，亦位於臀部附近。因此，有將"尻骨"稱爲"八髎"者。

【馬蚑】

水蛭　下之日反。《本草》云：水蛭，一名蚑也。一名至掌。俗呼馬蚑。《博物志》云：水蛭三段而成三物。《字林》音猪秩反，訓義同。（《希麟音義》卷5《菩提場所説一字頂輪王經》第2卷）

按：希麟指出"水蛭"俗名"馬蚑"，今考《中華本草》未收載此異名，而"水蛭"有異名"馬蟥"，則"蚑"和"蟥"爲音近通假。

【歌女】

蚯蚓　上音丘，下音引。案，周公《時訓》云：立夏冬五日蚯蚓出，冬至之日蚯蚓結。《爾雅》亦名蟪蟥。江東謂之歌女，蓋方俗語也。（《慧琳音義》卷14《大寶積經》第56卷）

按：慧琳指出"蚯蚓"俗呼"歌女"，今考《中華本草》未收載此異名。其他文獻中亦有"歌女"之名，如晉代崔豹《古今注·魚蟲》："蚯蚓，一名蜿蟺，一名曲蟺。善長吟於地中，江東謂之歌女，或謂之鳴砌。"

從以上幾例可見，三種《音義》醫學詞彙中的俗語詞主要有典籍記載的和編者收錄的兩種。這些收載俗語詞的典籍很多已經亡佚。如東漢服虔的《通俗文》是我國第一部俗語詞詞典，此書《隋書·經籍志》有著錄，惜已亡佚，而三種《音義》則保存了其中的部分俗語詞資料，尤爲珍貴。編纂者自己收錄的俗語詞更是當時流傳較廣的詞彙，同樣具有歷時研究價值。

不過，俗語詞和方言詞的界限有時候很模糊，有些俗語詞也是方言詞，如前面提到的"蚯蚓"在江東地區稱爲"歌女"，故"歌女"一詞就既是方言詞，也是俗語詞。又如：

蟾蜍　之鹽反，下以諸反。《爾雅》：蟾蟷。郭璞曰：似蝦蟇，居陸地。淮南謂之去父，此（山）東謂之去蚥。蚥音方可反。江南俗呼蟾蟷。蟷音食餘反。（《玄應音義》卷10《般若燈論》第12卷）

蠲除　占玄反。《方言》：南楚疾愈謂之蠲。郭璞曰：蠲，除也。方俗語異耳。（《玄應音義》卷22《瑜伽師地論》第49卷）

此外，三種《音義》中還有一些沒有明確標出是“俗語”，但實際上是當時口俗語詞的，當結合其他文獻材料進行考察。

第三節　三種《音義》醫學詞彙中的外來詞

在漢語詞彙發展中複音節詞占有極大優勢，其在發展過程中吸收了大量的外來詞，這是形成這一優勢的重要原因之一。外來詞極大地豐富了漢語詞彙。外來詞有狹義和廣義之分，我們通常所説的外來詞是指狹義外來詞，即專指音譯詞，也包括含有音譯成分的語詞。[1]

自漢代佛教傳入中國以來，大量來自梵文或巴厘文的音譯和意譯佛教用語就被漢語所吸收，其中有的融入方言，有的則與漢語成分結合成詞。據統計，漢語外來詞中，佛教的外來詞至少占90%，且基本上是合成詞。外來詞根據譯借方式不同可以分爲音譯詞、意譯詞、音意兼譯詞、形譯詞等類別。[2] 在各種類型的外來詞中，音譯詞是最典型、最常見的。

佛經的内容和佛經音義的編纂主旨決定了三種《音義》必然要收録和訓釋外來詞。漢譯佛經的最大特色就是含有大量的音譯名詞。作爲訓釋佛經語詞的辭書，三種《音義》的一大特點就是對外來梵語詞彙的收載和訓釋。據徐時儀統計，僅《慧琳音義》就收録外來詞約3200條，其約占全書詞條總數的12%。又，《希麟音義》中共收字目1790條，其中外來詞字目有299條，占全書詞條總數的17%。[3]。三種《音義》收録的外來詞中同樣包括了部分醫學詞彙，如：

---

〔1〕　楊錫彭. 漢語外來詞研究［M］. 上海：上海人民出版社，2007：32.

〔2〕　楊錫彭. 漢語外來詞研究［M］. 上海：上海人民出版社，2007：前言1.

〔3〕　梁曉虹，徐時儀，陳五雲. 佛經音義與漢語詞彙研究［M］. 北京：商務印書館，2005：82.

【俱瑟祉羅—俱祉羅—俱絺羅—瑟祉】

俱瑟祉羅經 敕里反。舊言俱絺羅，譯云膝也。言膝骨大也。此即舍利弗舅長瓜梵志是也。（《玄應音義》卷23《大乘成業論》）

俱祉羅 敕里反。舊言摩訶俱絺羅，此云大膝。膝骨大故也，即舍利子舅長爪梵志也。（《玄應音義》卷25《阿毗達磨順正理論》第57卷）

瑟祉 敕里反。舊言俱絺羅，譯云膝也。言膝骨大也。（《慧琳音義》卷48《瑜伽師地論》第62卷）

按：根據以上條文可知，"俱瑟祉羅""俱祉羅""瑟祉"舊譯爲"俱絺羅"，其義相當於膝。

【瞿拉坡】

瞿拉坡 上具愚反，次郎答反，下普波反。梵語也。此謂兩臀肉也。臀，徒魂反。（《慧琳音義》卷12《大寶積經》第35卷）

按：慧琳指出："瞿拉坡"爲梵語，指兩臀肉。

【鳩盤荼】

鳩盤荼 此云陰囊，亦曰形卵，謂此之類陰囊狀如冬苽，行時擎置肩上，坐時即便據之，由斯弊狀，特異諸類，故從此爲名。舊云冬苽。神者以其事猥略而不顯，故使人謬解耳。（《慧琳音義》卷21《花嚴經》第1卷）

按：慧琳指出："鳩盤荼"即陰囊；該詞舊譯爲冬瓜；由於陰囊形似冬瓜，所以冬瓜有指陰囊之義。

【安繕那】

安繕那 市戰反。舊言安禪那，此云眼藥也。（《玄應音義》卷22《瑜伽師地論》第56卷）

安膳那 梵語眼藥名也，此藥石類也。深青色兼有紫紺之色，

亦似金精。(《慧琳音義》卷 12《大寶積經》第 35 卷)

　　安繕那藥　繕，時戰反。其藥色似青黛，可以和合眼藥，然今所明自據別法也。(《慧琳音義》卷 23《花嚴經》第 78 卷)

　　安闍那藥　古音亦云安陀，此云根藥。經云能治眼痛，應是黃連也。(《慧琳音義》卷 26《大般涅槃經》第 38 卷)

　　安膳那　音善。唐云眼藥。似礦石，青黑色。亦似金精石，藥也。(《慧琳音義》卷 36《大日經》第 3 卷)

　　按：根據三種《音義》中的訓釋，"安繕那"是一種治療眼痛的眼藥，呈青黑色，形似礦石或金精石，慧琳認爲它應該就是黃連。黃連具有清熱燥濕，瀉火解毒的功效，《神農本草經》言其"主治熱氣，目痛，眥傷，泣出，明目"，《本草綱目》言其"治目及痢爲要藥"。故"安繕那"很可能就是黃連。

　　醫學詞彙中的外來詞以外來藥物詞彙最具特色也最爲典型，三種《音義》收載了豐富的外來藥物，如：

　　胡荾　又作荾，《字苑》作葰，同。私隹反。《韻略》云：胡荾，香菜也。《博物志》云：張騫使西域得胡綏，今江南謂胡荽，亦爲葫荾，音胡祈。閭里間音火孤反。(《玄應音義》卷 16《薩婆多毗尼毗婆沙》第 5 卷)

　　藥名阿藍婆　此云汁藥。其藥出香山及雪山中，天生在於石臼內。或云得喜，謂得此藥者皆生歡喜也。(《慧琳音義》卷 23《花嚴經》第 78 卷)

　　苜蓿　上音目，下音宿，草名也。本出罽賓國，大宛馬嗜之。《漢書》云：張騫使西國，迴持其種，播植於此國，以飼騕馬。……(《慧琳音義》卷 29《金光明經》第 7 卷)

　　緊池果　上經引反。梵語也。西國大毒藥名也。此果端正，人見生愛，愚夫執之，觸着即死，故喻塵毒也。(《慧琳音義》卷 41《大乘理趣六波羅蜜多經》第 8 卷)

　　蓽茇　上音必。蕃語西國藥名也。本出波斯及婆羅門國，形如桑椹，緊細且長，味極辛辣。(《慧琳音義》卷 60《根本説一切

有部毗奈耶律》第 24 卷）

　　從以上幾條可見，三種《音義》記載了這些外來藥物的傳入途徑、性味功效、原産地、外部特徵等，爲外來藥物的研究提供了一定的參考，且這些外來藥物中有很多已經成爲我們今天的常用藥。此外，由於外來語音譯的特殊性，編纂者還對同一外來藥物的不同音譯名稱進行了辨析，這在前文"三種《音義》中的梵語音譯"一節中已論及，此不贅述。

　　近年來學者關於三種《音義》中外來詞的研究以研究與佛教相關的文化詞爲主，對醫學詞彙方面的内容很少涉及，然而我國傳統醫學在一定程度上曾經受到佛教佛理的影響，並且外來藥物中亦有許多從古印度隨着佛教的傳播進入中土，成爲我們中醫中藥不可或缺的組成部分。因此，對這些外來醫學詞彙進行系統的整理研究，也是十分必要和緊迫的。

第四節　三種《音義》醫學詞彙與詞義演變

　　詞具有語言義和言語義。言語義是詞語在不同語境中體現出的具體意義，是語言義的基礎。語言義是通過這些言語義概括提煉出來的義項，而掌握詞的語言義又是理解具體語境下詞的言語義的前提。雖然三種《音義》的字目都是從佛經中摘録的，與語境有一定的關係，但是三種《音義》的辭書性質決定了我們這裏所説的詞義還是以語言義爲主，兼顧言語義。詞義通常是概念的體現，但詞義並不等同於概念。詞義也不一定是内涵。詞義是"全社會對事物的一種共同認識和評價"，"也就是對事物某些特徵（不一定就是事物的本質屬性）的一種選取"[1] 也就是説，詞義所反映的是所指事物的某些特性，它來源於人們對客觀世界的感知。通過研究三種《音義》中收載的醫學詞彙的詞義，我們可以瞭解古人對這些醫學名物的認識和感知。

---

〔1〕　張聯榮. 古漢語詞義論［M］. 北京：北京大學出版社，2007：7.

1　三種《音義》醫學詞彙反映的古今詞義差異

古漢語詞彙詞義研究的重點之一是古今詞義的差異。古今詞義的異同體現了漢語詞彙的繼承與發展。三種《音義》醫學詞彙反映的古今詞義差異，一方面體現在書中訓釋的詞義與該詞本義有異，另一方面體現在書中訓釋的詞義與該詞今義有異。

1.1　三種《音義》醫學詞彙所釋詞義與其本義的差異

三種《音義》醫學詞彙中有些詞的詞義較其本義已經發生變化，如：

【皰】
　　牙皰　彭孝反。《説文》：面生熱氣也。今取其義。論文作電，非也。（《玄應音義》卷18《尊婆須蜜所集論》第2卷）
　　後皰　又作皰，同。蒲孝反。小腫起也。《説文》：皰，面生氣也。（《玄應音義》卷24《阿毗達磨俱舍論》第18卷）

按：《説文·皮部》：“皰，面生氣也。”“皰”的本義爲面部的皰疹。上面第二條中玄應訓其爲“小腫起也”，沒有限定部位，即玄應認爲“皰”應泛指皮膚上出現的皰疹。第一條中雖然引用的是《説文》的注文，但字目中“牙皰”的組合形式也暗示了“皰”的詞義已經從特指面部的皰疹轉變爲泛指皮膚上出現的皰疹。又，唐代玄奘《大唐西域記·摩揭陀國上》：“功成報命，王聞心懼，舉身生皰，肌膚攫裂，居未久之，便喪没矣。”從此處“舉身生皰”之文同樣可以看出其詞義範圍發生了變化。

【聾】
　　聾者　禄東反。《左傳》云：耳不聽五音之和謂之聾。杜預曰：聾，暗也。《説文》：［無聞］聾也。（《慧琳音義》卷1《大般若波羅蜜多經》第1卷《初分緣起品之一》）

按：《説文·耳部》：“聾，無聞也。”“聾”本義指耳朵聽不見，慧琳所引《左傳》中之“聾”亦爲此義。然後面杜預的注文“聾，暗也”則與其本義有所不同，指“聾”有愚昧、昏昧之義，其他文獻亦有用例，如《左傳·僖公二十四年》：“即聾從昧，與頑用嚚，姦之大者也。”漢代陳琳《爲曹洪與魏文帝書》：“昔鬼方聾昧，崇虎讒凶，殷辛暴虐，三者皆下科也。”唐代元稹《立部伎》：“工師盡取聾昧人，豈是先王作之過。”其中的“聾”均爲愚昧之義，此義應爲本義的引申義，語義場發生了變化。

1.2 三種《音義》醫學詞彙所釋詞義與其今義的差異

三種《音義》醫學詞彙中有些詞的詞義又與其今義不同，如：

【劣】

羸劣 ……下力輟反。劣，弱也。從少力，會意字也。前經音義第三卷第一百八十一已釋。（《慧琳音義》卷4《大般若波羅蜜多經》第400卷）

按：《説文·力部》：“劣，弱也。从力少。”慧琳指出“劣”爲會意字，本義指弱小、柔弱等，如三國時期曹植《辨道論》：“壽命長短，骨體强劣，各有人焉。”其詞義的感情色彩應屬於中性。如今“劣”多用爲貶義詞，有惡劣、頑劣等義，其詞義發生了變化，詞義的感情色彩亦發生了變化。

【喘】

喘息 上川耎反。《桂苑珠叢》云：人氣息謂之喘也。《説文》云：息也。而從口耑聲。耑音端而爲之。（《慧琳音義》卷57《佛説大安般守意經》上卷）

按：《説文·口部》：“喘，疾息也。”《説文·心部》：“息，喘也。”“喘”“息”互訓，又稍有不同。《釋名·釋疾病》：“喘，湍也。湍，疾也。氣出入湍疾也。”則“喘”指急促的呼吸，如《足臂十一脈灸經》：“少陰眽（脈）……【是動則病】：恂（喝）恂（喝）如喘，坐而起則目瞙（瞙）如毋見，心如縣（懸）……”《素問·經脈别論》：“是以夜行則喘出於腎，淫氣病肺；有所墮恐，喘出於肝，淫氣害脾；有所驚恐，喘出於肺，淫氣傷心；度水跌仆，喘出於腎與骨。"《漢書·丙吉傳》："吉前行，逢人逐牛，牛喘吐舌。" 然根據慧琳所釋，"喘" 可指人的氣息，即呼吸，如《東觀漢記·敬隱宋皇后傳》："聞有兒啼聲，憐之，因往就視。有飛鳥，紓翼覆之，沙石滿其口，鼻能喘，心怪偉之。" 其中的 "喘" 即指呼吸。故《說文》訓 "息" 爲 "喘也"，蓋 "息" 和 "喘" 均可指人的呼吸。古醫書多將 "喘息" 連用指人的正常呼吸，如《素問·陰陽應象大論》："視喘息，聽音聲，而知所苦。"《後漢書·張綱傳》："若魚游釜中，喘息須臾之間耳。" 故此條中 "喘息" 爲同義並列的複合詞。我們今天多認爲 "喘" 爲急促的呼吸，其詞義發生了變化。

【哯】

　　哯出 古文呀，同。下胡典反。《說文》：不歐而吐也。今謂小兒吐乳而哯。(《慧琳音義》卷59《四分律》第14卷)

　　按："哯" 有嘔吐之義，慧琳指出時人稱小兒吐乳爲 "哯"，則 "哯" 從泛指變成特指，詞義範圍縮小。《玉篇》未收此義，曰："哯，乎典切。不顧而吐也。" 然《廣韻·銑韻》兼收兩義，曰："哯，小兒歐乳也。又不顧而吐。"《脈經》中已有 "哯" 字，其卷9《平小兒雜病證》云："身熱而脈亂，汗不出，不欲食。食輒吐哯者，脈亂無苦也。" 又，《諸病源候論》卷47《小兒雜病諸候》中有 "吐哯候"，其云："小兒吐哯者，由乳哺冷熱不調故也。" 這兩處均將 "吐哯" 合用，根據文義，此時的 "哯" 尚泛指嘔吐。《本草綱目》卷41 "蘆蠹蟲" 條引陳藏器曰："乳飽後哯出者，爲哯乳也。" 其中的 "哯" 則特指小兒吐乳。陳藏器亦爲唐時人，故很可能 "哯" 指小兒吐乳是其時的通用語。此後醫書中仍有沿用者，如《證治準繩·幼科準繩·脾藏部（上）·傷乳吐》："凡吐乳直出而不停留者，謂之哯乳。" 其中的 "哯" 亦指小兒吐乳。

1.3　詞義之間的聯繫

　　以上幾例中古今詞義雖然發生了變化，但仍多有聯繫，如 "皰" 由本義指面部的皰疹引申泛指皮膚上出現的皰疹，"聾" 由本義指耳朵聽不見引申指愚昧、昏昧，"喘" 由泛指呼吸詞義縮小爲特指急促的呼吸，"哯" 由泛指嘔吐詞義縮小爲特指小兒吐乳。這些詞彙的古今詞義之間均有密切聯繫。然而也有古今詞義在意義上完全没有關聯者，如：

【瘖】

瘖瘻　烏合反。菩薩名也。依字，病短氣曰瘖也。（《玄應音義》卷8《無量清净平等覺經》上卷）

按：玄應指出"瘖瘻"爲菩薩名，但"瘖"字亦可指一種表現爲氣短的病證，故將之一起注出。考《説文·广部》："瘖，跛病也。"《玉篇·广部》："瘖，於盍切。跛病也。"《説文》《玉篇》均將"瘖"釋爲跛病，則其是一種肢體筋絡的疾病，與短氣無關。然《廣韻·合韻》："瘖，短氣。"《廣韻·盍韻》："瘖，短氣也。"《廣韻》中其有兩讀，但二者詞義相同，均言"瘖"指短氣。段玉裁亦云："《廣韻》曰：瘖，短氣也。此今義也。""瘖"的跛足之義和短氣之義之間並没有明顯聯繫，故余雲岫認爲："瘖之訓跛，於古無可證，闕疑可也！""瘖"的詞義有待進一步挖掘考證。

1.4　藥物詞彙詞義演變中的特殊情况

與人體詞彙、疾病詞彙不同的是，藥物詞彙的詞義演變主要是同一藥物詞彙由於時間或地域的差别，或者品種的細化等，所指的藥物種類不同，或泛化成屬名，或偏指某種藥物。下面以"豆蔻"爲例説明。

【豆蔻】

"豆蔻"作爲字目在三種《音義》中凡8見，寫作"豆蔻""豆薆""豆蔲"等形，條文如下。

豆蔲　吼搆反。藥名也。（《慧琳音義》卷35《蘇悉地羯囉經》卷上）

豆蔲　吼搆反。《本草》云：味辛，無毒。能治心腹痛，亦療口臭。生南海交趾。苗似薑，花白，苗根及子亦似杜若。此即是木，上者子如彈丸。别有草豆蔻，出外國。子小，白色，如小酸棗也。味辛，甚香。每食含嚼，令人口香，治胃鬲氣。（《慧琳音義》卷38《摩醯首羅天數迦婁羅王阿尾奢法》）

豆蔻　呼候反。《本草》云：豆蔻生南海，味溫澀，無毒，止腹痛嘔吐，去口臭氣也。《異物志》云：豆蔻生交阯，如薑子，從根中生，形似益智，皮小厚，如石榴，辛且香也。《古今正字》：從草寇聲。（《慧琳音義》卷64《四分尼羯磨》）

豆蔲　下吼遘反。《本草》云：豆蔲生南國也。《異物志》云：豆蔲生交阯北海隅，如薑子，從根中生，形似益智，皮小厚，如安石榴，辛且委也。《古今正字》：從草宼聲。蔲音口搆反。（《慧琳音義》卷66《集異門足論》第4卷）

荳蔲　上音豆，下訶搆反。《南方異物志》云：荳蔲，辛香可食，出交阯郡。《古今正字》二字並從草，豆、寇皆聲。（《慧琳音義》卷81《南海寄歸內法傳》第1卷）

荳蔲　呼遘反。（《慧琳音義》卷83《大唐三藏法師本傳》第3卷）

豆蔲　下訶遘反。藥名也，出交阯郡。（《慧琳音義》卷91《續高僧傳》第4卷）

荳蔲　上徒候反，下呼候反。《切韻》：豆蔲，藥名也。《本草》云：實如李實，味辛而香，可食，令人益氣止瀉。二字並從草，豆、寇皆聲。經文單作豆，乃穀豆之字，非藥名也。（《希麟音義》卷6《金剛頂經一字頂輪王念誦儀》）

按：三種《音義》引用了《本草》《南方異物志》《切韻》對“豆蔲”進行注釋。此外，慧琳又指出還有另一種“草豆蔲”，“子小，白色，如小酸棗也。味辛，甚香。每食含嚼，令人口香，治齎鬲氣”，當與其所説“豆蔲”不同。“草豆蔲”出外國，而三種《音義》中引用的《本草》和《異物志》均言“豆蔲”產自南海交阯。據史料記載，公元前111年，漢武帝滅南越國，並在今越南北部地方設立交阯、九真、日南三郡，實施直接的行政管理。在之後的一千多年時間裏，越南北部交阯地區雖然屢有反抗，但是大體上一直受中國政權的直接管轄。937年，越南實際獨立，但直到1885年《中法新約》簽訂之前，越南一直是中國的藩屬國。所以“豆蔲”在當時算是國產的，而“草豆蔲”則是從國外進口的。此外，我們還注意到，慧琳對“豆蔲”的訓解中言“此即是木”，則慧琳所説“豆蔲”似爲木本植物。他隨後提到"別有草豆蔻"，這很可能暗示了"草豆蔻"因爲草本植物而得名。今考《中華本草》中以"豆蔻"命名的藥物共有四種，一爲肉豆蔻，一爲草豆蔻，一爲白豆蔻，一爲紅豆蔻。此外，草果的異名之一也爲"豆蔻"，然此異名出於清代，故暫可不論。這四種藥物中只有肉豆蔻的原植物是喬木植物，其他三種的原植物均爲草本植物。因此，慧琳所說的"豆蔻"很可能是肉豆蔻。

我們再對三種《音義》引用的《本草》和《異物志》中的文句進行進一步考察。最早收載"豆蔻"的藥物學著作爲南朝梁時陶弘景的《本草經集注》，其卷7《果部·上品》載："豆蔻，味辛，溫，無毒。主溫中，心腹痛，嘔吐，去口臭氣。生南海。味辛烈者爲好，甚香，可恒含之。其五和糝中物皆宜人：廉薑最溫中，下氣；益智，熱；枸櫞，溫；甘焦、麂目並小冷耳。"此後，《新修本草》在全文收引《本草經集注》的內容後，又增"［謹案］豆蔻，苗似山薑，花黄白，苗根及子亦似杜若。枸櫞，性冷，陶景云溫者，誤矣"之文。根據新增的案語可知，《新修本草》所記載的應是草本豆蔻，然慧琳却予引用，一方面可見當時已經存在了草、木兩種豆蔻，一方面也可見時人對其經常不加區分，都是以"豆蔻"稱之，極易造成混亂。

《異物志》爲東漢時期楊孚所作，其載："豆蔻生交趾，其根似薑而大，從根中生，形似益智，皮殼小厚，核如石榴，辛且香。"其似乎說的也是草本豆蔻，"從根中生"的描述，與今之白豆蔻"穗狀花序2至多數，自莖基處抽出"的形態更加相似，其他幾種均無此特點。三種《音義》中的引用與原文稍有不同，如《異物志》云"其根似薑而大"，而慧琳兩處引均作"如薑子"；又《異物志》云"核如石榴"，而慧琳兩處引亦均無"核"字。

因此，《異物志》記載的是今之白豆蔻，慧琳描述的是今之肉豆蔻。此外，對於慧琳提到的"草豆蔻"，根據其"子小，白色，如小酸棗也。味辛，甚香"，可先排除今之紅豆蔻，而其更像今之白豆蔻，只是因爲是草本植物才被慧琳冠以"草豆蔻"之名。那麼，《新修本草》所載的"豆蔻"只有可能是今山薑屬的草豆蔻，此也與《新修本草》新增的案語"苗似山薑"暗合。此外，慧琳言"白豆蔻"當"出外國"，而《異物志》說"白豆蔻"爲國產，這可能是東漢和唐朝交趾行政區劃不同所致。慧琳所說的"外國"或指的是唐朝的藩屬國，而南海交趾在當時正是唐朝的藩屬國。

　　再從其他古代文獻的角度看，"豆蔻"之名早在東漢時期楊孚的《異物志》中即有記載。此後，其在魏晉時期的文獻中又有了較多的記載。晉代嵇含（262—306）《南方草木狀·草類》："豆蔻花，其苗如蘆，其葉似薑。其花作穗，嫩葉捲之而生。花微紅，穗頭深色，葉漸舒，花漸出。舊説此花食之破氣消痰，進酒增倍。泰康二年，交州貢一笥，上試之有驗，以賜近臣。"此外，其"千歲子"條下提到了"肉豆蔻"一名，言："乾者殼肉相離，撼之有聲，似肉豆蔻。出交趾。"李珣的《海藥本草》"肉豆蔻"條載："謹按《廣志》云：生秦國及崑崙。"《廣志》亦出西晉，爲西晉時期郭義恭所作，然檢今本無此條，無法確定其在《廣志》中是否是以"肉豆蔻"的名稱出現的。此外，崔豹《古今注》中亦有一處提到"豆蔻"，《古今注·草木第六》："酒杯藤，出西域。藤大如臂，葉似葛，花實如梧桐。實花堅，皆可以酌酒，自有文章，映徹可愛。實大如指，味如豆蔻，香美消酒……"葛洪（284—363）《肘後備急方》中則出現了"草豆蔻"之名，《肘後備急方·治卒心腹煩滿方第十一》："附方：《千金方》治心腹脹，短氣。以草豆蔻一兩，去皮爲末。以木瓜生薑湯下半錢匕。"《肘後備急方·治卒胃反嘔方第三十》講治療"人忽惡心不已"時又提到："又方，但多嚼豆蔻子，及咬檳榔，亦佳。"北魏時期賈思勰的《齊民要術》（約544年前後成書）載："《南方草木狀》曰：豆蔻樹，大如李。二月花色，仍連着實，子相連累。其核根芬芳，成殼。七月、八月熟。曝乾，剥食，核味辛香，五味。出興古。劉欣期《交州記》曰：豆蔻似杬樹。環氏《吳記》曰：黄初二年（221），魏來求豆蔻。"根據以上記載我們又可補充一些資訊。

　　（1）晉代除了有"豆蔻"的名稱外，還有"豆蔻花""草豆蔻""豆蔻子"等名稱。

　　（2）《南方草木狀》記載的"豆蔻花"原植物屬草本植物。此外，它還記載了泰康二年（281）交州進貢了豆蔻花的歷史事件。交州包括今越南北、中部和我國廣西的一部分，與《本草經集注》《異物志》中"豆蔻"的産地南海交趾郡接近。書中還提到了"豆蔻花"苗葉的基本特徵及功效，其植物形狀爲"苗如蘆，其葉似薑。其花作穗，嫩葉捲之而生。花微紅，穗頭深色，葉漸舒，花漸出"，功效爲"破氣消痰，進酒增倍"，此與《本草經集注》的描述有所不同。但花序呈穗狀者，或爲白豆蔻，或爲草豆蔻。又據其所述"花作穗，嫩葉捲之而生""葉漸舒，花漸出"，其所述之"豆蔻花"更像是花序有鱗片包裹的白豆蔻,故《南方草木狀》所載"豆蔻花"的原植物與《異物志》所載"豆蔻"的原植物同爲今之白豆蔻。因此,白豆蔻早在晉代就已經從南方傳入北方中原地區。此外,從《南方草木狀》在"千歲子"條下提到的"肉豆蔻"可以看出"肉豆蔻"的殼與肉是相分離的,搖動時有聲響。

(3)李珣在"肉豆蔻"條引《廣志》言"生秦國及昆侖",秦國大概在今陝西省西部,而昆侖當指昆侖山脈,其橫貫新疆、西藏,並延伸至青海境内。《廣志》記載的這一産地與《本草經集注》和《南方草木狀》中的都不同,可見《廣志》所載植物極可能與前兩者所載不同,故其所載"豆蔻"很可能既不是草豆蔻,也不是白豆蔻。

(4)《古今注》提到的"味如豆蔻,香美消酒",指出了"豆蔻"之香。

(5)葛洪既記載了"草豆蔻"能治療心腹脹、短氣等病證,又記載了"豆蔻子"能治療惡心等病證。

(6)雖然《齊民要術》中記載的内容今本《南方草木狀》中無,但很明顯其所載的是屬於木本植物的肉豆蔻,與《南方草木狀》中的"豆蔻花"品種不同。其所述"豆蔻樹"的性狀也與今之肉豆蔻的性狀相似。肉豆蔻的産地爲"興古",即今雲南東南部,然交州亦有。此外,它還記載了"黄初三年,魏來求豆蔻"的歷史事件,可見早在三國時期,肉豆蔻已經從南方傳入北方中原地區。

綜上,又可將古籍中關於白豆蔻、草豆蔻和肉豆蔻的特徵描述歸納如下。

(1)白豆蔻:"生交趾,其根似薑而大,從根中生,形似益智,皮殼小厚,核如石榴,辛且香。""子小,白色,如小酸棗也。味辛,甚香。每食含嚼,令人口香,治胃冷氣。""豆蔻花,其苗如蘆,其葉似薑。其花作穗,嫩葉捲之而生。花微紅,穗頭深色,葉漸舒,花漸出。舊説此花食之破氣消痰,進酒增倍。"

(2)草豆蔻:"苗似山薑,花黄白,苗根及子亦似杜若。"

(3)肉豆蔻:"此即是木,上者子如彈丸。""豆蔻樹,大如李。二月花色,仍連着實,子相連累。其核根芬芳,成殼。七月、八月熟。曝乾,剝食,核味辛香,五味。出興古。""豆蔻似杬樹。"

　　此後，南北朝劉宋時期的《雷公炮炙論》中首次出現了"肉豆蔻"和"草豆蔻"兩種名稱。《雷公炮炙論·草下》："肉豆蔻，雷公云：凡使，須以糯米作粉，使熱湯搜裹豆蔻，於煻灰中炮，待米團子焦黃熟，然後出，去米，其中有子，取用。勿令犯銅。"《雷公炮炙論·果上》："豆蔻，凡使，須去蒂，並向裹子後取皮，用茱萸同於鏊上緩炒，待茱萸微黃黑，即去茱萸，取草豆蔻皮及子，杵用之。"其中後一處雖僅冠以"豆蔻"之名，但句中提到了"草豆蔻"，則這一處"豆蔻"當指"草豆蔻"。《雷公炮炙論》將"草豆蔻"歸入果部，與《新修本草》同，但其却將"肉豆蔻"歸入草部而非木部。

　　到了唐代，甄權（約541—643）《藥性論》中同時出現了"肉豆蔻""紅豆蔻"和"草豆蔻"三種藥物，且"紅豆蔻"之名始見於此。《藥性論·草木類》："肉豆蔻，君，味苦，辛。能主小兒吐逆，不下乳，腹痛，治宿食不消，痰飲。"《藥性論·草木類》："紅豆蔻，亦可單用，味苦、辛。能治冷氣腹痛，消瘴霧氣毒，去宿食，温腹腸，吐瀉痢疾。"《藥性論·果菜米穀類》："草豆蔻，可單用，能主一切冷氣。"甄權對三者的性味功效都做了描述。此後，陳藏器（約687—757）《本草拾遺》中則同時出現了"肉豆蔻"和"白豆蔻"兩種名稱，且"白豆蔻"之名始見於此。《本草拾遺·草部卷第三》："肉豆蔻，大舶來即有，中國無之。""縮砂密，味酸，主上氣咳嗽，奔豚鬼疰，驚癇邪氣，似白豆蔻子。"根據陳藏器的描述，"肉豆蔻"是從外傳入的；當時的"中國"指中原地區，故其所謂"中國無之"應是指中原地區沒有肉豆蔻，它是從其他地區傳來的。此與慧琳所言"出外國"和《異物志》所載"爲國產"的兩種不同説法類似。《本草綱目》"白豆蔻"條下另有"藏器曰：白豆蔻出伽古羅國，呼爲多骨。其草形如芭蕉，葉似杜若，長八九尺而光滑，冬夏不凋，花淺黃色，子作朵如葡萄，初出微青，熟則變白，七月采之"的記載，今人輯復本《本草拾遺》則無"白豆蔻"條。但是相似的內容出現在段成式（803—863）的《酉陽雜俎》中，《酉陽雜俎·廣動植之三·木篇》："白豆蔻，出伽古羅國，呼爲多骨。形似芭蕉，葉似杜若，長八九尺，冬夏不凋，花淺黃色，子作朵如葡萄。其子初出微青，熟則變白，七月采。"此處所載的"白豆蔻"應該就是今之白豆蔻，然段成式將其歸入木篇，這可能是古人對草木進行分類的標準與今不同所致。根據書中的記載，"白豆蔻"來自外國，此與慧琳所述相同。其音譯名爲"多骨"。在"豆蔻"名稱之前加上"肉""紅""草""白"等詞綴，也反映了時人已經意識到有必要對各種不同的"豆蔻"進行區分，以便於人們更好地區分使用之，避免混淆。

《備急千金要方》中有三處作"豆蔻"，如卷26《果實第二》載"豆蔻，味辛溫澀，無毒，溫中，主心腹痛，止吐嘔，去口氣臭"；有一處作"草豆蔻"，卷5《少小嬰孺方下·咳嗽第六》載"又方：半夏（二斤，去皮，河水洗六七度完用）、白礬（一斤末之）、丁香、甘草、草豆蔻、川升麻、縮砂（各四兩，麄搗）"。此方用於治療大人小兒咳逆上氣。

《外臺秘要》中則有"豆蔻""豆蔻子""豆蔻仁""肉豆蔻"等名稱，歸納如下。

（1）"肉豆蔻"出現2次。卷15《頭風旋方七首》："又療頭面熱風，頭旋眼澀，項筋急強，心悶，腰腳疼痛，上熱下冷，健忘方：肉豆蔻（十顆去皮）；人參、犀角（屑）、枳實（炙，各六分）……"卷25《冷痢方二十二首》："近效療冷痢方：肉豆蔻（五顆，合皮碎）；甘草（二兩，炙）。"

（2）"豆蔻仁"出現3次。卷8《痰飲食不消及嘔逆不下食方九首》："廣濟療心頭痰積宿水嘔逆不下食，前胡丸方：前胡、白术、甘草（炙，各五分）；旋復花、豆蔻人（各三分）……"卷31《古今諸家散方六首》："崔氏五香散，療痒忤邪氣，或熱或寒，時氣在骨節間，似差似劇，兼主百病方：沉香、丁香、麝香、薰陸香、鬼箭羽、當歸、豆蔻人（各四分）……"卷31《古今諸家煎方六首》："廣濟阿魏藥煎方：阿魏（四分）；豆蔻人（七顆，細研）；生薑（十二分）；人參（八分）……"

（3）"豆蔻"出現7次。除了《藥所出州土一首》中有一處言及"豆蔻"的産地爲"峰州"外，其餘分別出現在治療膿痢、心腹脹滿及痢白膿、口臭、鬼疰心痛、産後赤白痢等病證的方中。

（4）"豆蔻子"出現10次，分別出現在治療腸痢、痢後藥補、乾濕冷然霍亂、嘔逆不下食、冷氣心痛、口臭及身臭等病證的方中。

詳細考察這些記載可以發現，"豆蔻""豆蔻子""豆蔻仁"和"肉豆蔻"四種並不存在交叉使用或混用的情況，然四種藥物功效主治相類，其中"肉豆蔻"能溫；"豆蔻仁"善於治療痰飲所致病證；"豆蔻"和"豆蔻子"均可療口臭、身臭等病證。此外，"豆蔻"又善治"膿"、治"痢"，"豆蔻子"還能"補"，因此，前者可能指燥濕功效較強的"草豆蔻"，後者則指性味功效較爲温和的"白豆蔻"。

此外，宋代《本草圖經》載"肉豆蔻"："出胡國，今惟嶺南人家種之。春生苗，花實似豆蔻而圓小，皮紫緊薄，中肉辛辣。"在唐代，"胡"主要是用於稱呼西方人，特別是用於指稱波斯人、大食人及天竺人、羅馬人。[1] 宋代的行政區劃與此相類，則胡國指的是西域地區的國家，此與《廣志》中所載"秦國及昆侖"的地理位置更爲接近，則《廣志》中所載之"豆蔻"應該就是《海藥本草》所引之"肉豆蔻"，亦即今之肉豆蔻。

綜上，《慧琳音義》中描述的"豆蔻"是今之肉豆蔻；所載"草豆蔻"是今之白豆蔻，只是因爲是草本植物才被慧琳冠以"草豆蔻"之名。《廣志》《海藥本草》《齊民要術》所載亦爲今之肉豆蔻。《異物志》《南方草木狀》《本草經集注》中記載的是今之白豆蔻。《新修本草》所載的是今之草豆蔻。古書中記載的肉豆蔻的産地爲今雲南東南部，交州亦有。至少在三國時期，肉豆蔻已經從南方傳入北方中原地區。白豆蔻原産於南海交趾，即今越南。至少在晉代，白豆蔻就已經從南方傳入北方中原地區。歷代藥物學著作及其他古籍對白豆蔻和草豆蔻的原植物説法不一，記載殊多混淆，此或可作爲參考。

總之，古今詞義變化的情形很複雜，有的詞古今意義完全不同，有的詞古今意義有同有異。古今意義完全不同的詞彙又可分爲兩種：一種是儘管古今意義不同但有内在聯繫者；另一種是古今意義毫無聯繫者。我們下面將分別進行具體分析。

2 詞義的演變

詞義的演變是造成古今詞義差異的根本原因。詞義演變主要包括義位的變化和語義場的演變兩種情況。

2.1 義位的變化

義位是指語義系統中能獨立存在的基本語義單位。從漢字産生至今，漢語的語義發生了很大的變化，除了部分基本詞的義位没有變化外，大部

---

〔1〕 黄雲鶴，李方達. 《太平廣記》中的唐代胡商文化 [J]. 古籍整理研究學刊，2005（6）：48.

分詞的義位都發生了變化。義位的變化即詞的指稱物件的改變。義位變化造成詞義演變主要有兩種情況，一爲義位的深化，一爲義位範圍的變化。

2.1.1 義位的深化

賈彥德認爲義位的深化即義位的量變，"是指義位的指稱物件、指稱範圍没有變，但是義位對該物件本質屬性的反映發生了一些變化，由不科學或不够科學變得更加科學，由不够深刻、準確變得比較深刻、比較準確"[1] 義位的深化在有關藏府的人體詞彙中反映得尤爲明顯，如：

> 心肝　《白虎通》云：心者，禮也。南方火之精也。象火色赤鋭而有辦（辮），如未敷蓮花形。王叔和《脈經》云：心與小腸、大腸合爲府，其藏神，其候口，故心有病則失音不能言。《説文》云：象形字也。下古安反。《白虎通》云：肝者，仁也。東方木之精也。仁者好生，象木形而有葉，色青。王叔和云：肝與膽合爲府，其神魂，其候目，故肝實熱則目赤暗。《説文》：從肉干聲。鋭音聿惠反，辮音白慢反。（《慧琳音義》卷2《大般若波羅蜜多經》第52卷）

> 脾膽　上婢彌反。《白虎通》云：脾者，信也。中央土之精也，象土，色黃。《脈經》云：脾與胃合爲府，其神意，其候舌，故脾有熱則舌病唇不能收。《説文》：從肉卑聲也。下答敢反。《白虎通》云：膽者，肝之府也。主仁，是以仁者有勇。王叔和《脈經》云：膽之病則精神不守。《説文》：從肉詹聲也。詹音止兼反。（《慧琳音義》卷2《大般若波羅蜜多經》第52卷）

> 肺腎　上芳廢反。《白虎通》云：肺者，義也。西方金之精也，象金，色白。王叔和《脈經》云：肺與膀胱合爲府，其神魄，其候鼻，故肺有瘡則鼻不聞香臭。《説文》：從肉宋聲也。宋音肥味反。下臣忍反。《白虎通》云：腎者，智也。北方水之精也。色黑陰，其形偶。《脈經》云：腎與三焦合爲府，其神志其耳，故腎虚則耳聾。《説文》：從肉臤聲。臤音啓絃反，偶音五苟反。（《慧琳音義》卷2《大般若波羅蜜多經》第52卷）

---

[1]　賈彥德. 漢語語義學［M］. 北京：北京大學出版社，1999：375.

以上幾條中慧琳對心、肝、脾、膽、肺、腎六者的解釋都是先引《白虎通》之文，再引王叔和《脈經》。通過兩書對這些藏府的描述，我們可以看到，《白虎通》對藏府的認識基於五行配伍和聲訓關係，而《脈經》對藏府的認識則與人體的生理病理相聯繫，顯然較前者深刻。

義位的深化雖然並没有改變事物本身，但反映出該事物的詞義本身已有了一些改變。義位深化所造成的詞義的改變是人們認識不斷深入的結果。

2.1.2　義位範圍的變化

賈彦德認爲義位範圍的變化即義位的質變，並將其分爲擴大、縮小和轉移三類[1]。其中義位的擴大和縮小屬於義位範圍的變化無可厚非，我們對將義位轉移歸入此類則持保留意見。我們認爲義位範圍的變化不應伴隨語義場的變化，而義位轉移中有部分詞義的語義場已經發生了變化，故不應將其歸入此類。

2.1.2.1　義位範圍的擴大

義位範圍的擴大指變化後的義位指稱範圍大於並包含原先的義位指稱範圍，如：

【髀】

兩髀　鼙米反。《考聲》云：股也。《説文》作髀，從骨卑聲。經本作陛，非也。(《慧琳音義》卷40《金剛頂瑜伽秘密三摩地念誦法》)

觸骽　毗禮反。《韻英》云：骽，股外也。即兩股是也。腰已下膝已上總名爲腔，從骨坐聲也。律文從肉作腔，或作髀，並俗字也。(《慧琳音義》卷60《根本説一切有部毗奈耶律》第18卷)

按："骽"即"髀"，《説文·骨部》："股外也。"段玉裁注云："各本無外，今依《爾雅音義》《文選·七命注》、元應書、《太平御覽》補。"綜合以上兩條，"髀"既可特指大腿外側，亦可泛指大腿，後又進一步引申爲腰部以下膝蓋以上部位的總稱[2]。此三義的範圍不同，但它們所指都屬

---

〔1〕　賈彦德. 漢語語義學［M］. 北京：北京大學出版社，1999：378.

〔2〕　李墾華. 隋唐五代醫書與佛經音義醫學詞彙比較研究［D］. 北京中醫藥大學，2017：404－411.

於人體部位，且均爲人體的下肢部位，語義場沒有發生變化，因此，這屬於詞義演變中義位範圍的擴大。

【聵】

矇聵　莫公反。有眸子而無見曰矇。下牛聵反。生聾曰聵。聵亦無知也。聵音苦怪反。（《玄應音義》卷5《太子墓魄經》）

按："聵"本義指生而耳聾者。又，《説文·耳部》："聵，聾也。"其引申泛指耳聾。語義場沒有發生變化，只是其義位範圍擴大了。

【矇、瞽、盲】

矇聵　莫公反。有眸子而無見曰矇。下牛聵反。生聾曰聵。聵亦無知也。聵音苦怪反。（《玄應音義》卷5《太子墓魄經》）

癡瞽　公户反。《三蒼》：無目謂之瞽。《釋名》云：瞽目者眠眠然目平合如鼓皮也。（《玄應音義》卷1《大方廣佛華嚴經》第1卷）

盲者　陌彭反。《説文》云：目無眸子曰盲。從目亡聲。經作肓，或作盲，皆俗字也。（《慧琳音義》卷1《大般若波羅蜜多經》第1卷《初分緣起品之一》）

按："矇""瞽""盲"均指眼睛看不見，然"矇"爲有眸子但看不見，而"瞽"爲無目朕之盲，即眼睛沒有縫隙而看不見，"盲"則爲沒有眸子而看不見。[1] 三者本義有別，但都引申泛指眼睛看不見。其本義與引申義的語義場沒有發生變化，只是其義位範圍擴大了。

2.1.2.2　義位範圍的縮小

與義位範圍的擴大相反，義位範圍的縮小則指變化後義位的指稱範圍小於並被包含於原先的義位指稱範圍之内，如：

---

〔1〕 李塈華，王育林. "盲""矇""瞽""瞁""瞍""瞎"等疾病詞考［J］. 長春中醫藥大學學報，2017，33（5）：846 - 849.

【臭】

鼻齅 休救反。《韻英》：鼻取氣也。《説文》：以鼻就殠曰齅。從鼻臭聲。古人只用臭作齅。(《慧琳音義》卷6《大般若波羅蜜多經》第461卷)

按："臭"，《説文·犬部》："禽走，臭而知其迹者，犬也。""臭"本義爲聞氣味，又可指氣味，如《詩經·大雅·文王》："上天之載，無聲無臭。"鄭玄箋："耳不聞聲音，鼻不聞香臭。"《孟子·盡心下》："口之於味也，目之於色也，耳之於聲也，鼻之於臭也，四肢之於安佚也，性也。"今用"臭"指臭氣、穢惡之氣。"臭"的語義場並沒有改變，只是其義位範圍縮小了。

【診】

診病 《字林》：諸刃反。診，視也。《聲類》：診，驗也。謂看脈候也。(《玄應音義》卷8《大智度論》第55卷)

按：《説文·言部》："診，視也。""診"本義指察看、省視，如《水經注·漾水》："是以經云：漾水出氐道縣，東至沮縣爲漢水，東南至廣魏白水。診其沿注，似與三説相符而未極西漢之源矣。"《舊五代史·梁書·太祖紀二》："是時，昭宗纍遣使齎朱書御劄賜帝，遣帝收軍還本道。帝診之曰：此必文通、全誨之謀也。皆不奉詔。"這裏的"診"均爲察看之義。然"診"後來專門指診病，玄應言其爲"看脈候"，可見"診"的語義場沒有發生改變，只是其義位範圍縮小了。

2.1.2.3　語義場相同的義位轉移

我們認爲從語義場的角度上看，義位的轉移可以分成語義場相同的義位轉移和語義場不同的義位轉移。前者是指詞義從 A 變爲 B 之後，雖然 A、B 的義位範圍發生變化，但實際上其仍從屬於同一個更大的語義場，即 A、B 被包含於同一個語義場；後者則指詞義從 A 變爲 B 之後，不僅 A、B 的義位範圍發生變化，而且其語義場亦發生演變，即 A、B 不被包含於同一個語義場。前者屬於義位範圍的變化，後者則屬於語義場的演變。

語義場相同的義位轉移在古漢語中並不是很多，"表示的往往是那些在構造上可以加以分割的事物，其中最突出的是有關身體各部位的詞"[1]。也就是説，人體部位名稱在這方面占了相當大的比重，最經典的例子就是"涕"和"脚"。"涕"字本指眼淚，後來則用於指鼻涕。眼淚和鼻涕是人體的兩種不同的分泌物，其產生機制和分泌部位都不同：眼淚是由眼眶外上方淚腺窩中淚腺分泌，通過淚道排出的，而鼻涕是由鼻腔内的黏液腺分泌，通過鼻腔排出的。雖然眼淚有時可能通過鼻淚管排入鼻腔，但從本質上看，眼淚和鼻涕是截然不同的，因此，"涕"的詞義發生了轉移。然而我們從更大的語義場上説，眼淚和鼻涕都屬於人體分泌的液體，仍然屬於同一個語義場，因此，"涕"的詞義演變屬於語義場相同的義位轉移。"脚"字本指小腿，後來則用於指足部。小腿和足部是人體的不同部位，小腿是膝蓋以下脚踝以上的部分，而足部是脚踝以下、人體與地面接觸的部分，因此，"脚"的詞義發生了轉移。但是同樣的，我們從更大的語義場上看，小腿和足部都屬於人體的下肢部位，仍然屬於同一個語義場，因此，"脚"的詞義演變屬於語義場相同的義位轉移。又如：

【腭】

唇齫　又作腭、咢二形，同。五各反。齒内上下肉也。(《玄應音義》卷10《菩薩善戒經》第9卷)

有腭　五各反。變體字也。正作腭。從肉從叩(音喧)從屰(音逆)，屰亦聲也。《韻詮》云：腭，齗也。口中上面曰齶齗(音銀)也。(《慧琳音義》卷13《大寶積經》第55卷)

齗腭　……下腭字。《玉篇》《説文》等諸字書並無此字。俗用音我各反，近代諸家切韻隨俗。或有並從肉咢聲，亦是俗字也，已行於世久矣。案，腭者，口中上腭也。《説文》云：口上阿也。從口作谷(音强略反)，象形，口上畫重八象其上腭文理也，亦會意字。(《慧琳音義》卷35《一字頂輪王經》第1卷)

按：玄應指出"腭"爲上下牙内側的肉，似指牙齗，此與慧琳所引《韻詮》"腭，齗也"同。慧琳又云"口中上面曰齶齗也"，似"腭"與

---

〔1〕　張聯榮. 古漢語詞義論〔M〕. 北京：北京大學出版社，2007：239－240.

"齗"同。然第三條中，慧琳又指出"腭者，口中上腭"，且指出其本字當作"谷"。"谷"爲象形兼會意字。故"腭"指口腔中的上面部分，其詞義有所變化。

【臆】

臆皺　上於力反。胸前也。下鄒瘦反。《考聲》：皮聚也。經文作皴，謬略也。從芻皮也。（《慧琳音義》卷13《大寶積經》第55卷）

臆度　鷹力反。《説文》：臆，匈骨也。從肉意聲。古文正作肊，從肉從乙，會意字也。（《慧琳音義》卷31《大乘入楞伽經》第1卷）

蹴其臆　上秋育反。《集訓》云：以足逆蹹曰蹴。下應力反。《考聲》云：臆，胸也。古文作肊。（《慧琳音義》卷82《大唐西域記》第6卷）

按：以上三條中，"臆"一訓爲"胸前"，一訓爲"匈骨"，一訓爲"胸"。從嚴格意義上來説，這三種注釋指的是三種含義，一指胸的前面，一特指胸骨，一泛指整個胸部。"臆"特指胸骨在古文中鮮有用例，但《説文·肉部》："肊，匈骨也。从肉乙。臆，肊或从意。"文獻中較多的則是用"臆"泛指胸部，如漢·焦贛《易林·咸之比》："爲矢所射，傷我胸臆。"《文選·王粲〈登樓賦〉》："氣交憤於胸臆。"又有"臆肉"一詞指胸前的肉，如北魏·賈思勰《齊民要術·炙法》："範炙：用鵝鴨臆肉。"石聲漢注："胸前肉。"由於《説文》以説解字之本義爲主，"臆"的本義很可能是指胸骨；後來其引申指胸前，甚至泛指整個胸部。胸骨是人體的一塊骨頭，而胸前、胸部指人體部位，所以"臆"的詞義發生了轉移。然而骨骼和人體部位都屬於人體名物，且都在軀幹上部，仍屬於同一個更大的語義場，所以"臆"的詞義演變屬於語義場相同的義位轉移。

【脛、胻】

脛骨　又作踁，同。下定反。《説文》：脛，脚胻也。胻音下孟反。今江南呼脛爲胻，山東曰胻敞。敞音丈孟反。脛胻俱是膝

下兩骨之名也。《釋名》：脛，莖也。直而下如物莖也。（《玄應音義》卷18《雜阿毗曇心論》第8卷）

脛胻 上形定反。孔注《論語》云：脛，脚也。《說文》：脛，脚胻也。從肉巠聲。胻音衡更反，巠音公冷反。下地頂反。鄭注《禮記》：胻，直也。何注《公羊》云：胊申曰胻。《古今正字》：從肉廷聲。胊音渠俱反。（《慧琳音義》卷57《佛説罵意經》）

按：第一條中玄應指出"脛"和"胻"都是膝以下兩根小腿骨的名稱，即我們今天講的脛骨和腓骨。第二條中慧琳引用了孔安國的注文"脛，脚也"，則"脛"當泛指小腿。文獻中亦有此用例，如《素問·平人氣象論》："面腫曰風，足脛腫曰水。"此外又有"胻"泛指小腿的用例，如《史記·龜策列傳》："壯士斬其胻。"又，《素問·標本病傳論》："脾病身痛體重，一日而脹，二日少腹腰脊痛，脛痠……"《素問·刺熱》："腎熱病者，先腰痛胻痠，苦渴數飲，身熱。""脛痠"和"胻痠"實際上都指小腿痠痛，只是用字不同而已，可見"脛"和"胻"既可指小腿骨，又可泛指小腿。"脛"和"胻"詞義的範圍發生變化，但其兩個義項仍屬於同一個更大的語義場，因此，"脛""胻"的詞義演變屬於語義場相同的義位轉移。

【腿】

脊腿 ……下土餒反。兩脛也。膝已上，腰已下，兩股名腿。從肉退聲。（《慧琳音義》卷60《根本説一切有部毗奈耶律》第3卷）

按：我們通常認爲"腿"爲脛和股的總稱。俗稱脛爲小腿，股爲大腿。《漢語大詞典》中"腿"的最早例證爲明代馮夢龍《精忠旗·書生扣馬》："伸開腿往南飛跳，這封書定索回報。"《備急千金要方》中亦有"腿"字，其卷7《論風毒狀第一》："又風毒之中人也，或見食嘔吐，憎聞食臭……或脛腿頑痺，或時緩縱不隨，或復百節攣急，或小腹不仁，此皆脚氣狀貌也，亦云風毒脚氣之候也。"《説文》無"腿"字，《玉篇·广部》："腿，他偏切。腿脛也。本作骽。""骽，他罪切。骽股也。"則"骽"爲"腿"的本字。然《玉篇》關於"腿"和"骽"的注釋有所不同："腿"與"脛"相關，“髖”與“股”相關。慧琳則明確指出“腿”爲膝蓋以上、腰以下部位，即兩側大腿稱爲“腿”。此外，《慧琳音義》卷14《大寶積經》第57卷“腿足”條引《考聲》：“髖，髀也，股也。”即《考聲》亦釋之爲大腿。所以，“腿”的詞義發生了變化。其本字“䯏”指大腿，後來詞義發生轉移，又指小腿，如《肘後備急方》卷3《治風毒脚弱痹滿上氣方第二十一》：“《簡要濟衆》治脚氣連腿腫滿，久不瘥方。”“腿”是“䯏”形旁、聲旁均替換的結果。“腿”既可指大腿，又可指小腿，後引申爲大小腿的總稱。

除此之外，還有：“腓”，本義指小腿肚，今被現代醫學藉以指稱小腿骨，即腓骨；“臂”，本義指手臂從肘到腕的部分，即前臂，後引申泛指手臂；“項”，多特指脖子的後面部分，亦可泛指脖子；“頸”，既可指脖子，又可特指脖子的前面部分；“顔”，本義指前額，後泛指整個面部；等等。

除了人體詞彙外，部分疾病詞彙也同樣有這種語義場相同的義位轉移，如：

【痂】

痂痏　古遐反。下于軌反。《廣雅》：痂，瘡也。痏，毆傷青黑腫也。(《慧琳音義》卷34《賢劫經》第1卷)

按：《説文·广部》：“痂，疥也。”“痂”本義是一種瘡瘍之疾，後又引申指痂皮、瘡殼，段玉裁注云：“按，痂本謂疥。後人乃謂瘡所蛻鱗爲痂，此古義今義之不同也。蓋瘡鱗可曰介，介與痂雙聲之故耳。”瘡瘍屬於一種疾病名稱，而瘡殼是一種病證表現，兩者的義位範圍不同，但兩者都屬於瘡瘍類疾病，語義場並没有發生改變，因此，“痂”的詞義演變屬於語義場相同的義位轉移。

蔣紹愚在《古漢語詞彙綱要》中將詞義演變的這種情況稱作“易位”：“易位是指一個義位中心義素不變，但限定義素發生了變化，因此這個義位的變化没有改變語義場，而只是在同位義之間的變易。”[1]蔣紹愚也強調，因爲轉移前的語義場和轉移後的語義場是没有變化的，這種類型的詞義演

〔1〕　蔣紹愚. 古漢語詞彙綱要 [M]. 北京：商務印書館，2005：81.

變與語義場發生變化的詞義轉移截然不同，當予明確。但是我們認爲"易位"含有更替、替代之義，是轉移後的詞義對轉移前的詞義的完全替代，相當一部分人體詞彙如"涕""脚""臆"等的詞義均屬於這種情況。但如"脛""項"等字，其轉移前後的詞義至今仍存在，只是使用頻率的多少與原來有異，還没有出現被完全替代的情況，故我們還是暫且將其通俗地稱爲"語義場相同的義位轉移"。

此外，需要説明的是，這裏所謂的"更大的語義場"應是相鄰的上一級語義場，我們不能無限制地擴大語義場的範圍。如上面提到的"臆"字，除了指胸骨、胸前和胸部外，還可指心裏、心間，如南朝梁時劉勰《文心雕龍·神思》："神居胸臆，而志氣統其關鍵。"宋代葉適《朝請大夫陳公墓誌銘》："余客錢塘，不擇晨暮過，疑難填臆，至其舍，論辨從横。"但是此義的語義場相較於胸骨、胸前、胸部的語義場已經發生了轉移。雖然兩者都是人體所具有的，但心裏、心間是人的思維意識空間，屬於抽象事物，而胸骨、胸前、胸部是人體名物，屬於具體事物，它們的相鄰的上一級語義場不同，因此，其詞義演變屬於語義場的演變。

2.2　語義場的演變

語義場是指"義位形成的系統"，"如果若干個義位含有相同的表彼此共性的義素和相應的表彼此差異的義素，因而連結在一起，互相規定、互相制約、互相作用，那麼這些義位就構成一個語義場"[1]　我們又將語義場演變造成的詞義演變分爲兩種情況，一爲語義場演變造成的詞義引申，一爲語義場不同的義位轉移。

2.2.1　語義場演變造成的詞義引申

我們通常認爲，詞義的引申就是從本義所具有的特點出發，根據事物之間的聯繫，通過合理的聯想而派生新的詞義的現象。從語義場的角度分析，詞義引申有一部分屬於義位範圍變化的結果，有一部分則是語義場演變的結果。義位範圍變化造成的詞義引申，即我們前面討論過的義位範圍擴大、義位範圍縮小和語義場相同的義位轉移三種情況。我們這裏要討論的則是語義場演變造成的詞義引申，如：

---

〔1〕　賈彦德. 漢語語義學［M］. 北京：北京大學出版社，2012：149.

【擘】

指擘　下補革反。《三蒼》云：擘，大拇指也。陸氏《釋文》
云：手足大指俱名擘也。今經云大如指擘，即形段如大拇指也。
(《希麟音義》卷5《不動使者陀羅尼秘密法》)

按：《說文·手部》："擘，撝也。从手辟聲。"此處"擘"指分裂、分
開，這與希麟所注不同。又，《玉篇·手部》："擘，補革切，擘裂也。"
《廣雅·釋言》："擘，剖也。"《廣韻·麥韻》："擘，分擘。"其中之"擘"
字均爲分裂、分開之義。然"擘"作大拇指解可見於早期文獻，如《孟
子·滕文公下》："於齊國之士，吾必以仲子爲巨擘焉。"《爾雅·釋魚》：
"蝮虺，博三寸，首大如擘。"關於"擘"的這兩義之間的關係，我們認爲
可能與大拇指在剖分的動作中起了主要作用有關，此種情況與"指"字的
詞義演變相似，"指"既可指手指，又可指用手指揮、用手分開等。故
"擘"字可能本義指大拇指，後引申指以大拇指爲主的剖分動作。前者爲人
體名物，後者屬於動作範圍，兩者語義場不同，但詞義的引申存在密切聯
繫，因此，這屬於語義場演變造成的詞義引申。

【跟】

兩跟　岡恩反。《字統》云：足後曰跟。《說文》：足踵也。從
足從根省聲也。踵音腫也。(《慧琳音義》卷1《大般若波羅蜜多
經》第1卷《初分緣起品之一》)

按："跟"本義指脚的後部，引申指跟隨、跟從，又進一步引申表聯合
關係，相當於和、與。跟隨、跟從爲動詞，和、與爲連詞，這兩義與"跟"
的本義詞性不同。詞義的語義場發生演變，但詞義的引申存在密切聯繫，
因此，這屬於語義場演變造成的詞義引申。

從以上兩例中我們可以看到，語義場演變造成的詞義引申有時候伴隨
詞性的改變和内涵的深化。其引申的途徑和模式較義位範圍變化造成的詞
義引申的途徑和模式更爲複雜，基本模式有輻射式和連鎖式兩種，但純粹
的輻射式和連鎖式的引申很少，絕大多數語義場演變造成的詞義引申都是

兩種模式結合或交叉進行，其排列組合後的模式則不勝枚舉。

2.2.2　語義場不同的義位轉移

語義場不同的義位轉移，顧名思義，即其義位範圍和語義場都發生了變化，是一種最爲徹底的詞義演變。既然義位範圍和語義場都發生了變化，那麼不同詞義之間是如何聯繫起來的呢？

首先，文字的假借可以造成這種語義場不同的義位轉移，如我們在"三種《音義》醫學詞彙中的'六書'"部分提到的假借字"睛"。它的昭明、光亮之義和眼睛之義的義位範圍和語義場完全不同，也不存在引申關係，其詞義演變即屬於這一類型的詞義轉移。又如"北"字，其原本爲"背"的初文，爲象形字，象兩人背靠背之形，又借用作方位名詞而指北方，這兩義的義位範圍和語義場亦完全不同，也不存在引申關係，其詞義演變亦屬於這一類型的詞義轉移。

其次，我們發現這種情況也普遍發生在詞的本義和比喻義中，如：

【腋】

　　一腋　羊益反，又章亦反，二音並通。《埤蒼》云：腋，胳也，在肘後肩下也。《古今正字》：從肉從液省聲也。胳音各，液音亦。（《慧琳音義》卷7《大般若波羅蜜多經》第 561 卷）

按："腋"的本義指人的腋窩，今又有"腋芽"一詞指植物的葉與莖相連的兩側。這是一種擬人化的比喻義，與前者的義位範圍和語義場均不同。

【股】

　　兩股　又作骲，同。公户反。《説文》：股，髀也。脛本曰股也。（《玄應音義》卷10《地持論》第 10 卷）

按："股"指人的大腿，而文獻中又有用其指車輻近轂之處者，如《周禮·考工記·輪人》："參分其股圍，去一以爲骹圍。"賈公彦疏："其輻近轂麤處謂之股，若人髀股。""股"又可指磬的上端設懸處，如《周禮·考工記·磬氏》："磬氏爲磬，倨句一矩有半，其博爲一，股爲二，鼓爲三。"鄭玄注："鄭司農云：股，磬之上大者；鼓，其下小者，所當擊者也。玄謂股，外面；鼓，內面也。"這些都是"股"擬人化的比喻義，皆與其本義從屬於不同的語義場。

以上兩例都是將人體詞彙用於描述其他事物時產生的擬人化的比喻義。本義和比喻義的義位範圍不同，語義場亦不同。同樣的，還有一些其他事物詞彙在用於描述人體部位時可產生比喻義，如：

【闕】

闕庭　眉間也。《釋名》云：闕在門兩旁，中央闕然爲道。眉今像此，因以名焉也。(《慧琳音義》卷38《海龍王經》第2卷)

按："闕"本義指宫門、城門兩側的高臺，中間有道路，臺上起樓觀。"闕庭"又作"闕廷"，指樓闕庭院，如《逸周書·月令》："塗闕庭門閭，築囹圄，此所以助天地之閉藏也。"由於人面部兩眉之間與這種構造有相似之處，故人們又用"闕庭"指代兩眉之間。

【輔】

右輔下牙　《左傳》宫之奇曰：虞，號（虢）之表也。猶輔車相依，脣亡齒寒。杜注曰：輔，頰也。車，牙車也。又注曰：輔頰，車骨也。(《慧琳音義》卷22《花嚴經》第48卷《如來十身相海品》)

按："輔"的本義指車輪外旁增縛夾轂的兩條直木，用以增强輪輻載重支力。"輔車"的本義是指車夾木與車輿。由於"輔"與"車"的結構關係和人體"頰骨"與"牙床"的結構關係相類似，故將人體"頰骨"與"牙床"複雜的結構關係比喻爲"輔車"。故"輔"又指面頰。爲了與人體名物相對應，人們又造"酺"字指面頰，但顯然"酺"字不如"輔"實用，故人們還是習慣性地寫作"輔"和"輔車"。

從廣義上説，這種本義和比喻義的義位轉移亦包含於語義場演變造成的詞義引申範圍中，因爲在這種義位轉移發生後，前後詞義的關係同樣十分密切，其反映的事物具有高度的相似性。但兩者畢竟没有直接的引申關係，往往是人們想像的結果，具有一定的文學色彩和獨立的特徵，因此，我們還是將其另歸一類。

3 言語義

三種《音義》除了對詞的語言義進行訓釋外，還對一些詞的言語義進行辨析。換句話説，三種《音義》還對某詞在某語境下使用的正誤做了辨析。這種辨析往往體現在編纂者的案語中，使用的相關術語有"甚乖經旨""非經義"等，如：

【蹁】

　　蹁地　毗壁反。《集訓》云：蹁也。從足辟聲也。經文從人作偏，非也，乃便僻字也。《考聲》云：不長不短，舉止輕易也。非蹁倒字也。又音匹亦反。僻側字也，甚乖經旨也。（《慧琳音義》卷 15《大寶積經》第 106 卷）

按：此條中慧琳指出"僻"是諂媚逢迎、善於言辯或偏向一邊之義，與經文中"蹁"的倒仆之義不同，故經文用"僻"字爲誤。

【矬】

　　矬人　才戈反。《廣雅》：矬，短也。《通俗文》：侏儒曰矬。經文作痤。《説文》：痤，小腫也。痤非經義。（《玄應音義》卷 2《大般涅槃經》第 14 卷）

按：玄應指出"痤"指皮膚上突起的小疙瘩，而經文中"矬"是指身材矮小，故經文用"痤"字誤矣。

【顱】

　　頭顱　又作髗，同。力胡反。腦蓋也。經文作臚，吕居法，腹臚也，皮臚也。臚非此義。（《玄應音義》卷 3《光讚般若經》第 7 卷）

按：玄應指出"臚"是肚腹或皮膚之義，而"顱"指頭蓋骨，故經文用"臚"字誤矣。

【蓖】

蓖麻油　上閉迷反。《考聲》：蓖麻，藥名也。子斑螫，形似狗蜱，故以爲名。或作萆。經從豆作豍。《説文》：豍，留豆也。非經義也。(《慧琳音義》卷19《大集須彌藏經》下卷)

按：慧琳指出"豍"即豍豆，非蓖麻義，故經文用"豍"字誤矣。

三種《音義》對詞的言語義的辨析，與前面提到的其對經文誤用的訛謬字的分析有許多交集，故此處僅舉數例爲説。

以上是三種《音義》醫學詞彙中詞義的大致情況。詞義研究是辭書編纂的基礎，對文獻中的言語義的研究固然十分重要，但其畢竟缺乏概括性，而深入研究古代辭書中詞義，有助於彌補這方面的不足，故若將兩者結合起來，則有助於我們今天大型語文辭書的編纂。

第五節　三種《音義》醫學詞彙與詞源探求

洪誠指出："語言是隨歷史發展的，訓詁必須掌握語言的歷史情況，才可能有正確的解釋。解釋古語，要懂得語義的歷史演變情況；解釋現代書面語，有時也需要懂得語義的歷史演變情況。因爲現代書面語吸收了不少的古詞語，如果尋語源不清楚，瞭解就不够透徹，甚至於誤解。"[1]詞源研究是語言研究的重要内容之一。能够瞭解一個詞的得名之由及使用源頭，對於正確使用和理解它大有裨益，也可糾正一些以訛傳訛的觀點。詞源研究主要包括探求事物的得名之由和追溯語詞使用的源頭。中醫學中的理、法、方、藥是一脈相承的系統，探求語源對於醫學詞彙便有着特殊的意義。我們就三種《音義》對部分醫學詞彙詞源的探討進行整理研究，希望通過探討詞源爲深入研究醫學詞彙做一探索。

---

1 三種《音義》醫學詞彙反映的詞源探求的方法

三種《音義》主要用"因以爲名""因以名""故名""故以名"等術語對某些醫學詞彙的詞源相關内容進行標示和探討。其主要方法如下。

1.1 繼承前人相關觀點

三種《音義》對醫學詞彙詞源的探討多引用前人觀點，這些内容一方面體現了編纂者對前人某些觀點的認同，一方面也保存了很多亡佚的珍貴資料。

1.1.1 明確標示引用了前人觀點

（1）引用了《釋名》。東漢時期劉熙的《釋名》是歷史上一部探求事物名源的重要著作。劉熙解釋名源，采用的是聲訓的方式。所謂聲訓，就是用聲音相同或相近的字來解釋詞義。聲訓的方法在先秦典籍中已有采用，但全書的名物語詞都用聲訓來解釋，則《釋名》爲第一書。這是劉熙的獨創，爲訓詁上的因聲求義法開闢了道路。三種《音義》中引用《釋名》探求詞源的地方較多，如：

癡瞖　《釋名》云：瞖目者眠眠然目平合如鼓皮也。（《玄應音義》卷 1《大方廣佛華嚴經》第 1 卷）

多嘔　《釋名》云：嘔，傴也。將有所吐脊曲傴也。（《玄應音義》卷 1《法炬陀羅尼經》第 20 卷）

嬰咳　《釋名》曰：胸前曰嬰，投之嬰前，以乳養之，故曰嬰兒。（《玄應音義》卷 9《大智度論》第 1 卷）

懸臃　《釋名》云：臃，擁也。謂氣至擁塞也。（《玄應音義》卷 1《大威德陀羅尼經》第 1 卷）

若癬　《釋名》：癬，徙也。侵淫移處日廣之也，故青徐人謂癬爲徙也。（《玄應音義》卷 14《四分律》第 42 卷）

肬贅　《釋名》云：肬，丘也。出皮上，聚高如地之有丘也。贅，屬也。撗（横）生一肉屬着體也。（《玄應音義》卷 20《無明羅刹經》下卷）

痔病　《釋名》：痔，食也。中蟲食之也。（《玄應音義》卷

14《四分律》第 3 卷）

九㿗　《釋名》：陰腫曰㿗，氣下㿗也。（《玄應音義》卷 15
《十誦律》第 21 卷）

疫癘　《釋名》云：癘（癘），病氣流行。中人如塵癘傷物
也。（《玄應音義》卷 21《大乘十輪經》第 1 卷）

皷腫　《釋名》云：腫，鍾也，謂熱所鍾也。（《希麟音義》
卷 9《根本説一切有部毗奈耶破僧事》第 4 卷）

瞖瞙　《釋名》云：瞙，幕也。如隔障幕也。（《希麟音義》
卷 6《能除一切眼疾陀羅尼經》）

（2）引用了《聲類》。《聲類》爲三國時魏人李登所著，今已亡佚。從
書名上看，其當屬韻書。三種《音義》除了引用《釋名》外，還引用《聲
類》探求詞源，這種探討也與聲訓相關，如：

食芋　于附反。《聲類》：大葉着根之菜，見之驚人，故曰芋。
大者謂之蹲鴟，甚可蒸食也。（《玄應音義》卷 3《勝天王般若經》
第 4 卷）

（3）引用了異物志類文獻。三種《音義》還引用其他文獻進行詞源探
求，如唐代房千里所撰的《南方異物志》：

翡翠　扶畏反，且醉反。雄赤曰翡，雌青曰翠，出鬱林。《南
方異物志》云：翡大於鷸，小於烏，腰身通黑，唯匈前背上翼後
有赤毛；翠通身青黄，唯六翮上毛長寸餘。其飛即羽鳴翡翡翠翠，
因以名焉。……（《玄應音義》卷 16《善見律》第 6 卷）

《南方異物志》一書已佚，其佚文散見於《本草綱目》《太平御覽》等
書中。[1] 又如：

---

〔1〕　王晶波，《異物志》的編纂及其種類 ［J］. 社科縱橫，1993（4）：65－68.

　　鯧魚　且各反。薛珝《異物志》云：鐍鯧有橫骨在鼻前，狀如斧斤。江東呼斧斤爲錯，故謂之鐍錯也。此類有二十種，各異名。如鋸鯧等齒利如鋸，即名鋸錯也。鐍音府煩反。珝音虛矩反。（《玄應音義》卷2《大般涅槃經》第36卷）

　　薛珝所撰的《異物志》史書未載，不過其弟薛瑩撰有《荆揚以南異物志》。

1.1.2　没有明確標示，但實際上引用了前人觀點

　　蠲除　古玄反。《方言》：南楚疾愈謂之蠲。蠲亦除也。（《玄應音義》卷23《攝大乘論》第6卷）

　　按：考《玄應音義》卷22《瑜伽師地論》第49卷"蠲除"條："占玄反。《方言》：南楚疾愈謂之蠲。郭璞曰：蠲，除也。方俗語異耳。"則上條中"蠲亦除也"的注釋實際上應是引用了郭璞的注文。
　　從以上幾例可以看出，三種《音義》承襲的前人的探討詞源的方法以聲訓爲主。對於聲訓，學界歷來褒貶不一，但不可否認其對探求部分詞彙的詞源而言，是一種行之有效的方法。

1.2　編纂者自身對詞源的探討

　　三種《音義》中還有一些編纂者對詞源進行探討的内容，如：

　　馬腦　梵言摩娑羅伽隸，或言目娑邏伽羅娑，此譯云馬腦。案，此實或色如馬腦，因以爲名，但諸字書旁皆以石作碼碯二字，謂石之次玉者事也。（《玄應音義》卷2《大般涅槃經》第1卷）
　　礓石　居良反。形如薑也。《通俗文》：地多小石謂之礓礫。……（《玄應音義》卷10《三具足論》）
　　韭山　音九，菜名也。因山造寺名也。（《慧琳音義》卷85《辯正論》第3卷）
　　荻苗　上徒歷反，亦西域國名。彼國多出此草，因以爲名焉。（《希麟音義》卷8《根本説一切有部毗奈耶藥事》第2卷）

2 三種《音義》詞源探求的具體内容

三種《音義》對醫學詞彙詞源的探討,除了承襲前人以聲訓爲主的成果外,還更重視從其他不同角度進行探討,且對外來詞和聯綿詞的詞源也有正確的認識,在一定程度上反映了中古時期詞源研究的進展。

2.1 從不同角度探求詞源

(1)從顔色探求詞源,如"馬腦"得名於其色如馬腦[1]。

(2)從功能、性狀探求詞源,如:

【痃】

痃癖 上現堅反。俗用字。諸字書總無此字,亦無本字。案,痃病,即腹中冷氣病也。發即脈脹牽急如似弓弦,故俗呼爲痃氣病也。(《慧琳音義》卷66《阿毗達磨法蘊足論》第6卷)

按: 慧琳指出"痃"得名於"弦",其症狀表現爲發病時血脈脹痛,有如弓弦牽引作痛之感。"痃"和"弦"均爲匣母先韻,二字音同。

【項很】

項很 胡講反。謂很人强項難迴,因以名也。即《郁伽羅越問經》云强項人、《無量清净平等覺經》云項很愚癡,是也。《大品經》中作增上慢。(《玄應音義》卷3《放光般若經》第9卷)

按: 玄應指出由於"很人"的頸部强硬,活動不便,不能回轉頭,故有"項很"之名。實際上"項很"的含義不僅僅局限在指頸部强硬,活動不便,不能回轉頭的表現,其意在指人難以回頭、不肯悔悟的心理狀態。

---

[1] 詳見本書"三種《音義》醫學詞彙概述"一節"馬腦"條。

【末達那果】

末達那果　或云摩陀那，又言摩陀羅，此云醉果，甚堪服食，能令人醉，故以名焉。(《玄應音義》卷23《廣百論》第5卷)

按：玄應指出"末達那果"的意思是"醉果"，由於食後能令人醉而得名。

(3) 從歷史、來源及相關事物探求詞源，如：

【瘻】

諸瘻　《字林》：力句反。頸腫也，謂此國人多有，因從名焉。(《玄應音義》卷4《密迹金剛力士經》第2卷)

按：玄應指出"瘻"是由於該國人多有此病而得名。

【息】

子息　思力反。兒子曰息。息者，氣在人身中所稟以生也。《東觀漢記》云此蓋我子息，是也。今人出錢生子亦曰息，義一也。(《玄應音義》卷25《阿毗達磨順正理論》第18卷)

按："息"，本義指呼吸，引申指兒子，如《戰國策·趙策四》："老臣賤息舒祺，最少，不肖。"玄應指出時人出錢生兒子的行爲亦稱爲"息"，蓋由其引申義而得。

(4) 從外形探求詞源，如"礓石"得名於其形狀似薑，"鐯"得名於"錯"(江東稱斧頭爲"錯")。[1]

(5) 從聲音探求詞源，如：

【翡翠】

翡翠　扶畏反，且醉反。雄赤曰翡，雌青曰翠，出鬱林。《南方異物志》云：翡大於鷰，小於烏，腰身通黑，唯匈前背上翼後

---

[1] 詳見本書"三種《音義》醫學詞彙概述"一節"礓石"條、"鐯"條。

有赤毛。翠通身青黄，唯六翮上毛長寸餘。其飛即羽鳴翡翡翠翠，因以名焉。……（《玄應音義》卷16《善見律》第6卷）

按：玄應引《南方異物志》指出"翡翠"得名於該鳥飛時發出的聲音。

【鶹鶹】

　　鶹鶹　上音依，下音留。即晝伏夜飛，以鳴聲爲名也。或曰鷅鶹，怪鳥也。並形聲字。（《慧琳音義》卷72《阿毗達磨顯宗論》第4卷）

　　鶹鶹　上朽尤反，下音留。《考聲》云：怪鳥也。《集訓》云：鶹鶹，即鷅鶹，惡鳥也。《爾雅》云：鶹，鶹鵋。郭注云：今江東呼鶹鶹爲鶹鵋也。鶹音格，鶹音忌，鵋音欺。案，此鳥晝伏夜飛，鶹鶹、鷅鶹皆取所鳴爲名也，形如角鷹，蒼黑色，好食蛇鼠也。（《希麟音義》卷9《根本説一切有部毗奈耶破僧事》第15卷）

按：慧琳和希麟均指出"鶹鶹"得名於該鳥鳴叫時發出的聲音。

從以上幾例可見，不同於《釋名》完全從聲訓上探討詞源，三種《音義》更加重視以客觀事實爲依據探討名物的得名之由，這種探討減少了臆斷的可能，更加合理，是十分可貴的。

2.2　三種《音義》也注意到外來詞和聯綿詞的詞源

（1）三種《音義》訓釋了大量的外來詞，指出了它們的語源在外語，且不從本族語來探求其詞義和詞源。如前面提到的"末達那果"，玄應並没有從其音譯詞的字面意義上探求詞源，而是從其梵語意義上指出名源。又如：

　　尸利沙　梵語也。此翻爲吉祥，即合昏樹也。俗名爲夜合樹也。（《慧琳音義》卷8《大般若波羅蜜多經》第571卷）

　　蓽茇　上音必。蕃語西國藥名也。本出波斯及婆羅門國，形如桑椹，緊細且長，味極辛辣。（《慧琳音義》卷60《根本説一切有部毗奈耶律》第24卷）

　　瞿拉坡　上具愚反，次郎答反，下普波反。梵語也。此謂兩臀肉也。臀，徒魂反。(《慧琳音義》卷 12《大寶積經》第 35 卷)

　　迦末羅病　梵語。舊云迦摩羅病，此云黄病，或云惡垢，言腹中有惡垢，即不可治也。(《慧琳音義》卷 47《顯揚聖教論》第 11 卷)

（2）三種《音義》對聯綿詞的詞源大多有正確的認識，例如：

　　踟躕　上雉知反。下柱誅反。《考聲》云：踟躕，猶俳徊也。或作躊躇。上音籌，下音除。《廣雅》：躊躇，猶豫也。《考聲》云：躊躇，不即行也。《毛詩傳》曰：躊躇，猶躑躅也。踟躕與躊躇，方言輕重有異。其心疑未定，其義一也。二字並從足，形聲字也。(《慧琳音義》卷 14《大寶積經》第 62 卷)

　　躇步　上佇猪反。《博雅》云：躊躇，猶豫也。《考聲》云：不即行也。《古今正字》：從足著聲。(《慧琳音義》卷 74《僧伽羅刹集》上卷)

　　芙蓉　又作扶，同。附俱反。《説文》：扶渠花未發爲菡蓞，花已發者爲芙蓉。(《玄應音義》卷 8《維摩詰經》下卷)

　　斗藪　又作擻，同。蘇走反。《通俗文》：斗藪謂之榖榖也。律文作抖挕，非體也。榖音都穀反，榖音速。(《玄應音義》卷 15《僧祇律》第 22 卷)

　　從以上幾例可見，三種《音義》的編纂者已經認識到聯綿詞不可分釋的特點，能够正確注釋其詞義。然而其中也不免有承襲歷代錯誤者，如其對"猶豫"一詞的訓釋就頗受學者詬病。

2.3　三種《音義》對某些詞的詞源進行了暗示

　　有時候三種《音義》雖然没有明確指出詞彙的詞源，但在一定程度上暗示了其詞源。例如：

【盲】

　　盲者　莫庚反。鄭衆曰：無目曰瞍。瞽瞍亦盲也。瞍音蘇走

[反]。瞍，《説文》云：目無眸子曰盲。從目亡聲也。又釋亡字，凵猶逃也。從人從乙，音隱。隱由匿也。人隱曰凵。經作亡，非也。前經第一卷中已具釋。（《慧琳音義》卷4《大般若波羅蜜多經》第401卷）

按：慧琳此條指出"凵"有隱匿之義，而"盲"字從"凵"，有"目無眸子"之義，此暗示了"盲"的詞源在"凵（亡）"。

【紫礦】

紫礦 古猛反。波羅奢樹汁也。其色甚赤，用染皮氈等是也。（《玄應音義》卷5《不空羂索經》）

波羅奢樹 此云赤花樹。樹汁淬極赤，用之爲染，今紫礦是也。（《玄應音義》卷23《廣百論》第2卷）

按：此處暗示了"紫礦"是由於其"色甚赤"，"樹汁淬極赤，用之爲染"，即顏色紅得發紫而得名。

【櫁】

櫁木 上民畢反。《埤蒼》云：櫁，香木名也。案，櫁木似白檀香，木可以取香，皆當預斫，其木久而乃可香出。其銘曰：櫁之木，其樹甚大，欲取其香，必彌年歲。《文字典說》亦香木也。從木蜜聲。經本從必作櫁，亦通，俗用也。（《慧琳音義》卷38《金剛光燄止風雨陀羅尼經》）

按：此處暗示了"櫁"得名於蜜，取其氣味芳香。

2.4 三種《音義》爲我們研究詞源提供了一些綫索

三種《音義》中記載的一些異體字及其注釋也爲我們研究詞源提供了一些綫索。我們比較熟悉的例子如"鯨"和"鱷"互爲異體字，其所從之"京"和"畺"皆有極、大之義；"鴟"和"雎"互爲異體字，其所從之"隹"和"鳥"皆指鳥類。又如：

【腨、踳】

腨骨　時兖反。《説文》：腓腸也。［腓］，扶非反。腨即腸也，或作踳字，用亦同。(《慧琳音義》卷26《大般涅槃經》第12卷)

按：慧琳指出"腨"的異體字作"踳"，"耑""專"都包含有"圓"的特徵義，以其爲聲旁的字如"端""團""傳""轉""湍"等皆含有此義。

【蒙、矇、曚、懞、矒】

蒙昧　字體作矇，同。莫公反。下莫對反。《易》云：蒙者矇也。謂矇覆不明。……(《玄應音義》卷3《摩訶般若波羅蜜經》第1卷)

蒙昧　鄭玄注《周禮》曰：蒙，冒也。……(《慧琳音義》卷22《花嚴經》第27卷)

蒙昧　字體作矇，同，莫公反。……《易》云：蒙者，懞也，謂懞覆不明也。……(《慧琳音義》卷51《大乘五蘊論》第1卷)

矒矒　木紅反。《毛詩傳》云：目有眸子而無見曰矒。《説文》云：矒矒，不明也。從目蒙聲也。(《慧琳音義》卷55《佛説八師經》)

按：從以上條文中可以看出，"蒙""矇""曚""懞"四者存在混用的情況。考《説文》："蒙，王女也。"段玉裁注："王或作玉誤。《釋艸》云：蒙，王女。又云：唐蒙，女蘿，兔絲。"《本草綱目·草部·菟絲子》："孫炎釋《爾雅》云：唐也，蒙也，女蘿也，菟絲也，一物四名，而本草唐蒙爲一名。"故"蒙"的本義是草藥女蘿，俗稱"菟絲子"。"冡"本義指覆蓋，從"冡"得聲的字有些含有因有所遮蓋而不明的特徵義，如"曚"指日光不明，"朦"指月不明，"懞"有昏昧無知之義，"濛"指毛毛細雨等。故"蒙""矇""曚""懞"四者常混用，皆指蒙覆不明。然而"矇"應指因眼睛瞳仁爲翳膜所覆蓋而看不清楚[1]。

---

[1] 李塈華，王育林."盲""矇""瞖""瞔""瞍""瞎"等疾病詞考 [J]．長春中醫藥大學學報，2017，33（5）：846－849．

第六章　三種《音義》所引古醫籍研究

三種《音義》以徵引古籍中的内容爲主對字詞進行訓釋，其中《玄應音義》徵引了 241 種古籍，《慧琳音義》徵引了 425 種古籍，《希麟音義》徵引了 172 種古籍。[1] 其徵引的内容在古籍的輯佚、考訂等方面都有重要價值，清代的學者已經注意到三種《音義》在這方面的價值，此後不斷有學者利用其中的材料進行古籍的整理研究，成果斐然。

三種《音義》中出現的古醫籍主要有《吳普本草》《蘇敬本草》《食療本草》《本草》、王叔和《脈經》、《藥證病源》《明堂圖》，其中前 4 種爲藥物學著作。我們擬就這七種古醫籍進行分別考察，進而對三種《音義》中引用古醫籍的情况做一簡略説明。

第一節　三種《音義》所引藥物學著作研究

1　《吳普本草》

吳普是後漢名醫華佗的弟子，其所著《吳普本草》在《七録》和《唐志》等書中均有記載，原書早佚，但唐宋以前的很多文獻都還保存有其佚文。三種《音義》中共有 3 處徵引《吳普本草》，且此三處用之訓釋同一詞彙——"白堊（墙）"。其中《慧琳音義》中有 1 處引有《吳普本草》的内

〔1〕　黄仁瑄. 唐五代佛典音義引《文選》述 [J]. 古漢語研究，2010，89（4）：75.

容收録自《玄應音義》，且基本無改動，故實際上三種《音義》中只有 2 處徵引《吳普本草》，一爲玄應所引，一爲慧琳所引。具體條文如下。

白墡　字體作墠，《字林》音善。土名也，即白土也，亦名堊。案，《吳普本草》云白堊一名白墠，是也。（《玄應音義》卷《阿毗曇毗婆沙論》第 7 卷）

白墠　《字林》音善。墠，土名也，即白土也，亦名堊。案，《吳譜本草》云白堊一名白墡，是也。（《慧琳音義》卷 59《四分律》第 52 卷）

白墡　字體作墠，《字林》音善。土名也，即白土也，亦名堊。案，《吳普本草》云白堊一名曰（白）墠，是也。（《慧琳音義》卷 67《阿毗曇毗婆沙論》第 7 卷）

《吳普本草》一名在《慧琳音義》中又寫作《吳譜本草》。玄應指出"墠"爲正體字，"墡"爲異體字。《説文·土部》："墠，野土也。从土單聲。"《説文·裏部》："野，郊外也。"則"墠"指一種郊外的土。如《詩經·鄭風·東門之墠》："東門之墠，茹藘在阪。"鄭玄箋："城東門之外有墠，墠邊有阪，茅蒐生焉。""堊"字，《説文·土部》："白涂也。从土亞聲。"這裏的"涂"同"塗"，則"堊"指一種白色的泥土。那麼"白墠"即"堊"，"堊"或是顏色爲白色的一種"墠"。然"墠"又可用於指供祭祀用的經清掃的場地，如《禮記·祭法》："是故王立七廟，一壇一墠。"鄭玄注："封土曰壇，除地曰墠。""墠"亦可指清掃場地，如《公羊傳·宣公十八年》："歸父使於晉，還自晉，至檉，聞君薨家遣，墠帷，哭君成踴。"何休注："掃地曰墠。"後世文獻中"墠"的其他意義多見，而許慎所説的本義逐漸少用，故人們便用"堊"專指這種白色的土。"墡"爲"墠"的聲旁替換字。

"白堊"一詞早在《山海經》中即有記載，《山海經·中山經》："葱聾之山，其中大谷，多白堊，黑、青、黄堊。"《雷公炮炙論》也記載了"白堊"的炮炙方法，《雷公炮炙論·玉石下》："白堊，勿用色青並底白者。凡使，先單搗令細，三度篩過了，又入鉢中研之，然後將鹽湯飛過，浪乾。每修事白堊二兩，用白鹽一分，投於斗水中，用銅器物內沸十餘沸了，然後用此沸了水飛過白堊，免結澀人腸也。”

《備急千金要方》中多處用到“白堊”，多用之治療婦科疾病。《千金翼方》專門載有“白堊”一藥，其卷 2《玉石部下品》：“白堊，味苦、辛，温，無毒。主女子寒熱，癥瘕，月閉，積聚，陰腫痛，漏下，無子，瀉痢。不可久服，傷五藏，令人羸瘦。一名白善。生邯鄲山谷，采無時。”此處又有異名作“白善”，“善”“堊”均爲常母獮韻，故“善”當爲“堊”的同音通假字。然李時珍曰：“土以黄爲正色，則白者爲惡色，故名堊。後人諱之，呼爲白善。”此蓋由於不明“善”爲“堊”的同音通假字而致的臆斷。

此外，今人輯復本《吴普本草》此條正參考了《慧琳音義》卷 59“白堊”條和卷 67“白墡”條的記載[1]，而保存有《吴普本草》内容的其他古籍中均無此條。

2　《蘇敬本草》

《蘇敬本草》即《新修本草》，是 657—659 年（顯慶二年至顯慶四年）唐政府在蘇敬修訂增補陶弘景《本草經集注》一書的基礎上集體編纂的一部藥典性著作，世稱《唐本草》，又稱《英公本草》，有“中國最早的藥典”之稱，也是世界上最早的國家藥典。原書已佚，但其内容尚可散見於宋代《證類本草》中。原書共 54 卷，包括本草、本草圖、圖經三部分，共收載藥 850 種。[2]

三種《音義》中所引内容以“《蘇敬本草》”形式標示的僅有 1 處，現試將其與今人輯復本《新修本草》原文相比較。

〔1〕（魏）吴普. 吴普本草［M］. 尚志鈞，等，輯校. 北京：人民衛生出版社，1987：12.

〔2〕馬繼興. 中醫文獻學［M］. 1 版. 上海：上海科學技術出版社，1996：207.

表 12 　《慧琳音義》所引《蘇敬本草》與《新修本草》（輯復本）相關內容比較

藥物名稱	三種《音義》	《新修本草》（輯復本）
芋	**或芋**　于遇反。《韻英》：芋，蹲鴟草也。《蘇敬本草》云：芋，一名茨菰，約有六種差別，所謂青芋、紫芋、真芋、白芋、連禪芋、野芋，並皆有毒。其中唯野芋最甚，食之煞人，以灰水煮之乃可食也。《史記》云岷山之下蹲鴟得之至老不飢，是也。《說文》：大葉實根駭人，故謂之芋。從草于聲也。（《慧琳音義》卷 8《大般若波羅蜜多經》第 570 卷）	芋，味辛，平，有毒。主寬腸胃，充肌膚，滑中。一名土芝。 　　錢塘最多，生則有毒蔹，不可食，性滑，下石，服餌家所忌。種芋三年不采，成梠芋。又別有野芋，名尤芋，形葉相似如一根，並殺人。人不識而食之，垂死者，他人以土漿及糞汁與飲之，得活矣。〔謹案〕芋有六種，有青芋、紫芋、真芋、白芋、連禪芋、野芋。其青芋細長，毒多，初煮要須灰汁易水煮，熟乃堪食爾。白芋、真芋、連禪芋、紫芋，並毒少，正可蒸煮啖之，又宜冷啖，療熱止渴。其真、白、連禪三芋，兼肉作羹，大佳。蹲鴟之饒，蓋謂此也。野芋大毒，不堪啖也。（《新修本草·草果部》）

　　從以上兩處的對比中可以看出，慧琳在引用《蘇敬本草》時並沒有全盤照抄，而是根據自己的理解擇其要者錄之，且所引之文的大意與輯復本《新修本草》原文的意思基本相同。但兩者也稍有不同，如提到"野芋（毒）最甚"時，《慧琳音義》中還有"以灰水煮之乃可食也"的內容，而輯復本《新修本草》則是在提到"青芋"時才講"初煮要須灰汁易水煮"。然由於《新修本草》原書已佚，正誤未可斷言。"野芋"又稱"獨角蓮"，今之"白附子"即用其加工而成；其雖有毒，但臨床上合理使用之亦可治療毒蛇咬傷、瘰癧、跌打損傷，及風痰所致的中風口眼喎斜、中風痰壅、半身不遂、破傷風等病證。

　　此外，慧琳所引《蘇敬本草》中"芋"的異名爲"茨菰"，而輯復本《新修本草》中其異名爲"土芝"。又，《慧琳音義》卷 64《四分尼羯磨》第 1 卷"蔗芌"條："……下于句反。《本草》：芌味辛。一名土芝。不可多食，動宿冷病。《說文》：芌，葉大，實根堪食。二字並從草，庶、亏皆聲也。"此處引《本草》云"一名土芝"者的爲"芌"。"芋"，小篆作"芌"，《說文·艸部》"從艸亏聲"，故"芋"即"芌"，只是後人將其分作兩形罷了。再考《新修本草》中異名爲"茨菰"的是"烏芋"："烏芋，味苦、甘，微寒，無毒。主消渴，痹熱，溫中，益氣。一名藉姑，一名水萍。二月生葉，葉如芋。三月三日采根，曝乾。……〔謹案〕此草，一名槎牙，一名茨菰……生水中，葉似鉀箭簇，澤瀉之類也。"　"烏芋"即"荸薺"，與"芋"無關，其異名"茨菰"爲四川等地方言俗語，故慧琳可能是將《新修本草》中"烏芋"的異名誤當成了"芋"的異名。

3　《食療本草》

《食療本草》爲唐代孟詵（621—713）所撰，約撰於 7 世紀末，在 8 世紀初又經張鼎增補 89 種，共有條目 227 條[1]《食療本草》原書早佚，僅有殘卷及散見於《醫心方》《證類本草》等書中的佚文，但各本所存佚文出入很大。1907 年敦煌出土的該書殘卷，存藥 26 種。

《希麟音義》中有 1 處徵引了《食療本草》。

歐逆　上烏口反。《切韻》：吐也。又作嘔，同。《食療本草》云：豬膽止乾嘔也。（《希麟音義》卷 8《根本説一切有部毗奈耶藥事》第 1 卷）

希麟此條引《食療本草》記載了豬膽汁有止乾嘔的功效。"豬膽汁"一藥在《傷寒論》中就多有運用。如《傷寒論·辨陽明病脈證並治法第八》："大豬膽一枚，瀉汁，和少許法醋，以灌穀道中，如一食頃，當大便出宿食惡物，甚效。"其用豬膽汁通便。又，《傷寒論·辨少陰病脈證並治第十一》云："少陰病，下利脈微者，與白通湯。利不止，厥逆無脈，乾嘔煩者，白通加豬膽汁湯主之。"此處所用豬膽汁即有止乾嘔之效。然《本草綱目》並未記載豬膽有止乾嘔之功。

由於此條在其他保存有《食療本草》佚文的文獻以及敦煌殘卷中均未有，故今人輯復本《食療本草》中並無"豬膽止乾嘔"的内容[2]，或可據此補入。

〔1〕　馬繼興. 中醫文獻學 [M]. 1 版. 上海：上海科學技術出版社，1996：290.

〔2〕　（唐）孟詵，（唐）張鼎. 食療本草 [M]. 尚志鈞，輯校. 合肥：安徽科學技術出版社，2003：118–119.

4　《本草》

　　三種《音義》中引用的冠以"本草"之名的古醫籍除了前面所講的《吳普本草》《蘇敬本草》和《食療本草》外，絕大多數都是單稱《本草》。《本草》曾經在一段時期内是《神農本草經》的一種古稱，而"在《本草》的書名上冠以'神農'字樣稱爲《神農本草經》，應當是繼《本草》之後有人投名於上古傳説人物而出現的"[1]。然馬繼興也指出："《本草》與《神農本草經》二稱一直被人們混同引用作爲同一書的別名，這種情況尤多見於漢代的一些文獻中。直到隋唐之後，'本草'二字才逐漸失去了狹義的書名的意義，成爲後代醫家泛指藥物學著作的統稱。"[1]可見，隋唐時期是"本草"一詞專指某部書名和泛指藥物學著作的分水嶺，因而三種《音義》中的"本草"有可能指《神農本草經》，也有可能指另外一部藥物學著作的簡稱，還有可能泛指藥物學著作。

　　《漢書·藝文志》中没有以"本草"命名的古籍。然而《隋書·經籍志》中以"本草"命名的古籍則有二三十種，其中大多早已不傳。傳世的以及今人輯復的以"本草"二字命名的藥學著作中，成書於《希麟音義》（987年成書）以前的主要有《神農本草經》《吳普本草》《本草經集注》《新修本草》《本草拾遺》《食療本草》《食性本草》。其中《神農本草經》《本草經集注》和《新修本草》關係密切：《本草經集注》是陶弘景將流傳的《神農本草經》中的365種藥物詳加考訂，結合魏晉以來發現的新藥物及當時藥學研究的新成就編輯而成的；《新修本草》是唐政府在蘇敬修訂增補陶弘景《本草經集注》一書的基礎上編纂而成的。故《本草經集注》基本上保存了《神農本草經》中的内容，而《新修本草》中又基本上保存了《本草經集注》中的内容，因此，三者具有相承性。

　　首先，需要明確的是，《新修本草》的成書時間與《玄應音義》相當，所以玄應很可能没有看到《新修本草》。此外，《食療本草》和《本草拾遺》的成書年代均較《玄應音義》晚。因此，《玄應音義》所引的《本草》不可能是《新修本草》《食療本草》和《本草拾遺》。其次，三種《音義》的成書年代之間均具有150年左右的時間跨度，而在這些間隔時間内，藥物

─────────────

　　〔1〕　馬繼興. 中醫文獻學〔M〕. 1版. 上海：上海科學技術出版社，1996：245.

學著作以及其他古醫籍的數量也在增加，因此，我們認爲對其分別進行研究更有利於發現問題。我們可以將《玄應音義》《慧琳音義》和《希麟音義》中可能是徵引自《本草》的内容摘録出來，將其與以上6種藥物學著作中的記載進行比較，尋找内容相關的相對較早的文獻資料。如果以上6種書中均無相關内容，則再求證於其他符合時間邏輯的醫籍文獻。此外，在各種藥物學著作的輯復工作中，近現代許多學者都已經做了大量的考證研究，且成果顯著，故我們選取藥物學著作時以今人輯復本爲主，再參考其他古籍進行比對。具體見表13—15。

表13 《玄應音義》所引《本草》與其他文獻記載的比較

藥物名稱	《玄應音義》中的記載	《玄應音義》成書前的相關文獻記載
龍目	《本草》云：一名益智。其大者似檳榔，生南海山谷。（《玄應音義》卷13《舍頭諫經》） 《本草》云：一名益智，其大者似檳榔，生南海山谷。（《慧琳音義》卷54《舍頭諫經》，慧琳转録《玄應音義》内容）	《本草經集注》："龍眼……一名益智。其大者似檳榔。生南海山谷。"（卷3《草木上品》）
蕤	《本草》作蕤，今桜核是也。（《玄應音義》卷14《四分律》第16卷）	《神農本草經》《本草經集注》均作"蕤核"。 《吳普本草》作"桜核"。（《草木類》）

表14 《慧琳音義》所引《本草》與其他文獻記載的比較

藥物名稱	《慧琳音義》中的記載	《慧琳音義》成書前的相關文獻記載
桂	《本草》云：桂有菌、牡二種。並出交、廣州及桂林山。（《慧琳音義》卷1《大唐三藏聖教序》）	《神農本草經》《本草經集注》和《新修本草》中均有"牡桂""菌桂"。 《本草經集注》："生交阯、桂林山谷岩崖間。""交阯屬交州，桂林屬廣州。"（卷3《草木上品》）
藕	《本草》：一名水芝丹，一名蓮。甘，可食。（《慧琳音義》卷8《大般若波羅蜜多經》第570卷）	《本草經集注》："味甘。""一名水芝丹，一名蓮。"（卷7《果菜米穀有名無實》）
蓋草	《本草》云：蓋草可以染流黄作金色，生蜀中也。（《慧琳音義》卷9《光讚般若經》第1卷）	《本草經集注》："可以染黄作金色。"（卷5《草木下品》） 無載："生蜀中也。"

藥物名稱	《慧琳音義》中的記載	《慧琳音義》成書前的相關文獻記載
蝦蟇	《本草》云：蝦蟇一名蟾蜍，一名鼀鼃，一名去蚑（蚊），一名田父，一名胡孟，一名青蛙，一名耿猛，一名長股，皆蝦蟇方域之異名。（《慧琳音義》卷11《大寶積經》第2卷）	《本草經集注》："一名蟾蜍，一名鼀，一名去甫。"（卷6《蟲獸三品》） 無載："一名去蚑（蚊），一名田父，一名胡孟，一名青蛙，一名耿猛，一名長股。"
蜈蚣	《本草》云：蜈蚣，毒蟲也。能噉諸虵，殺鬼物老精魅。出江南，亦所在皆有，生於腐爛積草中。性能制虵，直上虵背，噉其腦。頭赤足赤者最良，足黃者不堪。若噛人，以桑汁白鹽和塗即愈。（《慧琳音義》卷38《金剛光燄止風雨陀羅尼經》）	《神農本草經》："有毒。""噉諸蛇、蟲、魚毒，殺鬼物老精。"（卷4） 《本草經集注》："黃足者甚多，而不堪用。""其性能制蛇，忽見大蛇，便緣而噉其腦。""蜈蚣亦螫人，以桑汁白鹽塗之即愈。"（卷6《蟲獸三品》） 無載："出江南，亦所在皆有，生於腐爛積草中。""頭赤足赤者最良。"
羊躑躅	《本草》云：羊躑躅有大毒。三月采花，其花黃色或五色。羊誤食其花葉，躑躅而死，因以爲名。（《慧琳音義》卷38《金剛光燄止風雨陀羅尼經》）	《神農本草經》："有大毒。"（卷4） 《本草經集注》："三月采花。""花黃似鹿蔥，羊誤食其葉，躑躅而死，故以爲名。"（卷5《草木下品》） 無載："（其花）或五色。"
薏苡	《本草》云：藥名也。薏苡實食而益氣也。（《慧琳音義》卷38《文殊師利根本大教王經》）	《神農本草經》："治筋骨拘攣，不可屈伸。"（卷2） 《本草經集注》："久服輕身益氣。"（卷3《草木上品》） 《食療本草》："薏苡仁，性平。"（卷2《果實部》）
豆蔻	《本草》云：味辛，無毒。能治心腹痛，亦療口臭。生南海交趾。苗似薑，花白，苗根及子亦似杜若。（《慧琳音義》卷38《摩醯首羅天數迦婁羅王阿尾奢法》） 《本草》云：豆蔻生南海，味溫澀無毒，止腹痛嘔吐，去口臭氣也。（《慧琳音義》卷64《四分尼羯磨》1卷） 《本草》云：豆蔻生南國也。（《慧琳音義》卷66《集異門足論》第4卷）	《本草經集注》："味辛，溫，無毒。""心腹痛，嘔吐，去口臭氣。生南海。"（卷7《果菜米穀有名無實》） 《新修本草》："苗似山薑，花黃白，苗根及子亦似杜若。"（卷17《果部》） 無載："豆蔻生南國也。"

續表

藥物名稱	《慧琳音義》中的記載	《慧琳音義》成書前的相關文獻記載
胡麻	《本草》云：胡麻粒大黑者爲巨勝。（《慧琳音義》卷 50《攝大乘論》第 2 卷）	《本草經集注》："淳黑者名巨勝。"（卷 7《果菜米穀有名無實》）
礠石	《本草》云：礠石，一名玄石，一名處石。若有孔，孔中赤色者名慈石，無孔青黑色名玄石。生慈州之山陰，能吸鐵，好者虛懸三四針，能消鐵毒。（《慧琳音義》卷 51《大乘五蘊論》）	《本草經集注》："**一名玄石**，一名處石。生大山川谷及慈山山陰。""其好者，能懸吸針，虛連三、四、五爲佳，殺鐵物毒。"（卷 2《玉石三品》） 無載："若有孔，孔中赤色者名慈石，無孔青黑色名玄石。"
甘蔗	《本草》云：蔗味甘，利大腸，止渴，去煩熱，解酒毒。（《慧琳音義》卷 64《四分尼羯磨》第 1 卷）	《本草經集注》："味甘。""利大腸。"（卷 7《果菜米穀有名無實》） 《備急千金要方》："利大腸，止渴去煩，解酒毒。"（卷 26《果實第二》）
芋（芌）	《本草》：芌味辛。一名土芝。不可多食，動宿冷病。（《慧琳音義》卷 64《四分尼羯磨》第 1 卷）	《本草經集注》："味辛。""一名土芝。"（卷 7《果部中品》） 《備急千金要方》："不可多食，動宿冷。"（卷 26《果實第二》）
蕤	《本草》有葳蕤，草也。（《慧琳音義》卷 64《四分律刪補隨機羯磨》中卷） 《本草》：葳蕤草，即今藥名也。（《慧琳音義》卷 86《辯正論》第 7 卷）	《本草經集注》作"萎蕤"。（卷 3《草木上品》）
雲母	《本草》：雲母一名磷石。言其薄而且明也。（《慧琳音義》卷 81《大唐西域求法高僧传》上卷）	《神農本草經》："一名磷石。"（卷 2） 無載："言其薄而且明也。"
署預	《本草》：署預一名土藷，亦名山芋。（《慧琳音義》卷 81《大唐西域求法高僧傳》下卷）	《神農本草經》："一名山芋。""鄭、越名土藷。"（卷 2） 《本草經集注》："鄭、越名土薯。"（卷 3《草木上品》）

續表

藥物名稱	《慧琳音義》中的記載	《慧琳音義》成書前的相關文獻記載
藦蕪	《本草》云：藦蕪，芎藭苗也。（《慧琳音義》卷86《辯正論》第6卷） 《本草》云：即芎藭苗也。（《慧琳音義》卷98《廣弘明集》第13卷）	《本草經集注》："芎藭苗也。"（卷3《草木上品》）
菀	《本草》云：紫菀也。一名青菀。（《慧琳音義》卷99《廣弘明集》第24卷）	《神農本草經》："一名青菀。"（卷3）

表 15　《希麟音義》所引《本草》與其他文獻記載的比較

藥物名稱	《希麟音義》中的記載	《希麟音義》成書前的相關文獻記載
稻米、粳米	《本草》云：秔米主益氣，止煩泄。稻米主溫中，令人多熱。（《希麟音義》卷3《新華嚴經》第19卷） 《本草》云：粳米止煩泄，稻米主溫中，令人多熱。（《希麟音義》卷5《大威力烏樞瑟摩明王經》卷上） 《本草》云：粳米主益氣，止煩泄。稻米主溫中，令人多熱。（《希麟音義》卷8《根本說一切有部毗奈耶藥事》第4卷） （秔米）《本草》云：炊作乾飯，食之止痢。（《希麟音義》卷9《根本說一切有部毗奈耶破僧事》第13卷） 《本草》云：稻米主溫中，令人多熱。秔米主益氣，止煩泄。（《希麟音義》卷10《續開元釋教錄》卷上）	《本草經集注》："粳米……主益氣，止煩，止泄。"（卷7《果菜米穀有名無實》）"稻米……主溫中，令人多熱。"（卷7《果菜米穀有名無實》） 《食療本草》："粳米，主益氣，止煩泄。""倉粳米：炊作乾飯，食之止痢。"（卷1《米穀蔬菜部》）
醍醐	《本草》：治熱毒，去衆風疾。涼藥也。（《希麟音義》卷4《大乘本心地觀經並序》）	《食療本草》："主風邪。""性冷利。"（卷3《獸禽蟲魚部》） 無載："治熱毒。"
蝦蟇	《本草》云：蝦蟇，一名蟾，一名去甫。（《希麟音義》卷4《大乘本生心地觀經》第6卷）	《本草經集注》："一名蟾蜍，一名䘏。"（卷6《蟲獸三品》）

續表

藥物名稱	《希麟音義》中的記載	《希麟音義》成書前的相關文獻記載
羊躑躅	《本草》云：羊躑躅也。葉花皆有大毒。三月采花，其花色黄，亦有五色者。羊誤食其花葉，躑躅而死，因以爲名。（《希麟音義》卷5《大威力烏樞瑟摩明王經》卷上）	《神農本草經》："有大毒。"（卷4）《本草經集注》："三月采花。""花黄似鹿葱，羊誤食其葉，躑躅而死，故以爲名。"（卷5《草木下品》）無載："（其花）亦有五色。"
紫鉚	《本草》云：出西戎。以樹皮葉共煎成也。可入藥用也。（《希麟音義》卷5《大威力烏樞瑟摩明王經》卷上）《本草》云：出西域。以樹皮葉及膠煎成，入藥用。亦堪膠黏寶鈿珠璣等物。（《希麟音義》卷5《一字奇特佛頂經》卷中）	《新修本草》："紫色如膠，作赤麖皮及寶鈿，用爲假色，亦以膠寶物。"（卷4《玉石等部中品》）無載："出西域。以樹皮葉及膠煎成，入藥用。"
蘿菔	《本草》：蘿菔性冷，利五藏，除五藏中惡氣，服之令人白净肌細。（《希麟音義》卷5《觀自在多羅菩薩經》）《本草》云：性冷，利五藏，能除五藏中惡氣，服之令人白净。又制麪毒，若飲食過度，可生食之。（《希麟音義》卷7《大聖天雙身毗那夜迦法》）	《食療本草》："冷，利五藏。""練五藏中惡氣。""服之令人白净肌細。"（卷1《米穀蔬菜部》）無載："又制麪毒，若飲食過度，可生食之。"
水蛭	《本草》云：水蛭，一名蚑也，一名至掌。俗呼馬蚑。（《希麟音義》卷5《菩提場所説一字頂輪王經》第2卷）	《本草經集注》："一名蚑，一名至掌。"（卷6《蟲獸三品》）無載："俗呼馬蚑。"
麝香	《本草》：甲亦獸，甲煎而成香。（《希麟音義》卷5《菩提場所説一字頂輪王經》第3卷）	無載
蒜	《本草》云：蒜，性熱，除風，殺蟲，久服損眼目也。（《希麟音義》卷5《菩提場所説一字頂輪王經》第5卷）	《本草經集注》："性熱。"（卷7《果菜米穀有名無實》）《食療本草》："熱，除風，殺蟲。""久服損眼傷肝。"（卷1《米穀蔬菜部》）
豆蔻	《本草》云：實如李實，味辛而香，可食，令人益氣止瀉。（《希麟音義》卷6《金剛頂經一字頂輪王念誦儀》）	《齊民要術》："《南方草木狀》曰：豆蔻樹，大如李。""核味辛香，五味。"無載："實如李實，味辛而香，可食，令人益氣止瀉。"

藥物名稱	《希麟音義》中的記載	《希麟音義》成書前的相關文獻記載
薏苡	《本草》云：薏苡性平，主筋骨拘攣不可伸屈者，又益氣。（《希麟音義》卷7《文殊師利根本大教王經金翅鳥王品》）	《神農本草經》："治筋骨拘攣，不可屈伸。"（卷2）《本草經集注》："久服輕身益氣。"（卷3《草木上品》）《食療本草》："薏苡仁，性平。"（卷2《果實部》）
菖蒲	《本草》云：菖蒲，藥名。八月采根百節者爲良也。（《希麟音義》卷8《根本説一切有部毗奈耶藥事》第1卷）	無載
柿	《本草》云：乾柿厚腸胃，建（健）脾，消宿血。又，紅柿補氣續經脈。又，酥柿澀下焦，建（健）脾，能化面上黑黚，久服甚良。（《希麟音義》卷8《根本説一切有部毗奈耶藥事》第9卷）	《食療本草》："乾柿，厚腸胃。""健脾胃氣，消宿血。又，紅柿，補氣，續經脈氣。又，酥柿澀下焦，健脾胃氣。""療……面上黑點，久服甚良。"（卷2《果實部》）
蘪蕪	《本草》云：蘪蕪，即虵牀也。（《希麟音義》卷10《琳法師別傳》卷下）	《新修本草》："［謹案］此有二種：一種似芹葉，一種如蛇牀。"（卷7《草部上品之下》）

注：上表中用粗體標出的是《神農本草經》中亦有的内容，由於後世或《本草經集注》，或《新修本草》增補後的記載更接近三種《音義》所引的内容，故取後者。

  從表13—15我們可以發現以下三點内容。

  （1）《玄應音義》所引《本草》的内容與《本草經集注》更爲接近，因此，《玄應音義》很可能主要參考了《本草經集注》。

  （2）《慧琳音義》所引《本草》的内容與《本草經集注》相似的部分更多。然《慧琳音義》中描述"豆蔻"一藥的"苗似薑，花白，苗根及子亦似杜若"，似出自《新修本草》。《慧琳音義》中其他與《本草經集注》相似的部分，《新修本草》都有收載。此外，雖然關於"芋"的"不可多食，動宿冷病"的内容在這6種書中均未見，然《本草綱目·菜部》云："芋子……恭曰：多食動宿冷。"蘇恭即蘇敬，那麼《新修本草》中很可能是有這個記載的。又，對於"甘蔗"一藥，慧琳所引"止渴，去煩熱，解酒毒"的内容雖然可見於《備急千金要方》，但《本草綱目·果部》云："蔗……《別録》：利大小腸，消痰止渴，除心胸煩熱，解酒毒。"《別録》

即《名醫别録》。陶弘景在《神農本草經》和《名醫别録》的基礎上編撰了《本草經集注》，如果李時珍所引無誤，那麽《本草經集注》和《新修本草》中也應當有此記載。《備急千金要方》集唐代以前診治經驗之大成，在編纂時也參考了許多其他古籍。因此，《慧琳音義》很可能主要參考了《新修本草》。

（3）《希麟音義》所引《本草》的内容與《新修本草》及《食療本草》相似的部分較多。因此，《希麟音義》很可能主要參考了《新修本草》和《食療本草》。

由此可見，三種《音義》的編纂者在對藥物詞彙進行訓釋的過程中，選取的參考資料不盡相同，這可能與當時文獻的使用、流傳、實用性等複雜情況有關，或者是由編纂時的實際條件造成的。但有一點可以肯定，三種《音義》所引《本草》内容的來源是不同的，不可一概而論。雖然三種《音義》所據藥物學著作各有側重，但由於今人輯復本與原本必然存在差距，並且三種《音義》在流傳過程中可能出現種種錯訛，我們仍不可輕易斷言其所謂的“本草”指某一部古籍。如果不能明確這種複雜情況的存在，就可能在利用三種《音義》進行某些藥物學著作的輯復時出現錯誤。

馬繼興認爲《慧琳音義》所引《本草》以《神農本草經》爲主：“其所引《本草》佚文凡 24 例，但均雜以《别録》及陶弘景注文，而《本經》佚文也多節略。”[1] 除此之外，他還認爲《希麟音義》所引的《本草》亦爲《神農本草經》。如其在“羊躑躅”條下補“八月采花，陰乾”六字，並注云：“《一切經音義》卷三十八‘躑躅花’條引《本草》作‘三月采，其花黄色或五色’。《續一切經音義》卷五‘躑躅葉’條引《本草》大同。”又在“蝦蟇”條下補“一名蟾蜍，一名醜，一名去甫，一名去苦鼃”，並注云：“《一切經音義》卷十一‘繫蝦蟇’條引《本草》：‘一名蟾蜍。一名鼀醜，一名去蚊。一名田父。一名胡孟。一名青蛙。一名耿猛。一名長股。皆蝦蟇方域之異名。’《續一切經音義》卷四‘蝦蟇’條引《本草》：‘一名蟾。’”然而根據我們前面比對的結果，很難斷定兩書引用的《本草》是否均爲《神農本草經》。

此外，三種《音義》的編纂者在對藥物進行注釋的時候，也綜合了古

〔1〕　馬繼興. 神農本草經輯注 [M]. 北京：人民衛生出版社，1995：814.

醫籍和其他文獻的内容。如關於"蘆菔"一藥,《希麟音義》卷 7《大聖天雙身毗那夜迦法》"蘿蔔"條:"上音羅,下蒲北反,俗字也。《爾雅》作蘆菔。郭璞注云:蘆菔,蕪菁屬也,紫花大葉。根可啖也。《本草》云:性冷,利五藏,能除五藏中惡氣,服之令人白净。又制麪毒,若飲食過度,可生食之。"其中"能除五藏中惡氣,服之令人白净"與《食療本草》中"練五藏中惡氣""服之令人白净肌細"的記載相似,《慧琳音義》中亦有言及。然而有關"制麪毒"的功效,不僅《慧琳音義》中没有出現,而且其之前的存世文獻中亦未有相似的内容。至《本草綱目》,藥物學著作中才有"萊菔"能"制麪毒"的確切記載:"《唐本》:練五藏惡氣,制麪毒。""頌曰:萊菔功同蕪菁,然力猛更出其右……尤能制麪毒。"雖然根據李時珍所言,《新修本草》中似已有此内容,但畢竟原著早已不全,李時珍所徵引文字的真實性和準確性難以確定。然《希麟音義》中的這些記載或可彌補早期古籍亡佚的一點遺憾,因爲希麟所注的内容必然也是根據某些古籍的記載或者民間實用經驗而作的。因此,我們認爲,大可將三種《音義》中關於藥物方面的内容看作關於這些藥物資訊的另一種記載、整理和補充,並加以利用,使之成爲我們的藥物學研究的參考資料。

第二節　三種《音義》所引王叔和《脈經》

《脈經》是西晉時期王叔和所撰。王叔和主要生活在三國時期,爲魏末晉初之人。《脈經》共 10 卷,其中卷 3 主要論述五藏六府的生理、病理、脈候及診斷,三種《音義》所引有關藏府的注釋多出於此卷。我們將三種《音義》中標有"《脈經》"或"王叔和云"等字樣的文字摘録出來,並將之與今本《脈經》進行比勘,见表 16。

表16 三種《音義》所引王叔和《脈經》與今本《脈經》相關内容比較

醫學詞彙	三種《音義》中的引文	《脈經》中的記載
肝	王叔和云：肝與膽合爲府，其神魂，其候目，故肝實熱則目赤暗。（《慧琳音義》卷2《大般若波羅蜜多經》第52卷） 王叔和《脈經》云：肝主於目，故肝病而目不明也。（《慧琳音義》卷5《大般若波羅蜜多經》第414卷） 王氏《脈經》云：肝與膽合爲府，其神魂，其候目，故肝熱則目赤。（《希麟音義》卷1《大乘理趣六波羅蜜多經》第2卷） 王叔和云：肝與膽爲府，其候目，故肝實熱，則目赤暗也。（《希麟音義》卷3《新大方廣佛花嚴經》第26卷）	肝象木（肝於五行象木），與膽合爲府（膽爲清净之府）。……其神魂（肝之所藏者魂），其主色，其養筋（肝氣所養者筋），其候目（肝候出目，故肝實則目赤），其聲呼，其色青，其臭臊（《月令》云：其臭羶）。……（卷3《肝膽部第一》） 無載："肝主於目，故肝病而目不明也。"
心	王叔和《脈經》云：心與小腸、大腸合爲府，其藏神，其候口，故心有病則失音不能言。（《慧琳音義》卷2《大般若波羅蜜多經》第52卷） 王叔和《脈經》云：心與小腸、大腸合爲府，其藏神，其候口，故心有病則失音不能言。（《希麟音義》卷1《大乘理趣六波羅蜜多經》第2卷） 王叔和《脈經》云：心如未敷蓮花，與大腸、小腸合爲府也。（《希麟音義》卷10《琳法師别傳》卷上）	心象火，與小腸合爲府（小腸爲受盛之府也）。……其藏神（心之所藏者神也），其主臭，其養血（心氣所養者血），其候舌，其聲言。……（卷3《心小腸部第二》） 無載："心與小腸、大腸合爲府。""其候口，故心有病則失音不能言。""心如未敷蓮花。"
脾	《脈經》云：脾與胃合爲府，其神意，其候舌，故脾有熱則舌病唇不能收。（《慧琳音義》卷2《大般若波羅蜜多經》第52卷） 王氏《脈經》云：脾主唇也。（《慧琳音義》卷5《大般若波羅蜜多經》第414卷） 王氏《脈經》云：脾與胃合爲府，其候舌。故脾有熱則舌病唇不收。（《希麟音義》卷1《大乘理趣六波羅蜜多經》第2卷）	脾象土，與胃合爲府（胃爲水穀之府）。……其神意，其主味，其養肉，其候口……（卷3《脾胃部第三》） 無載："其候舌，故脾有熱則舌病唇不能收。""脾主唇也。"

續表

醫學詞彙	三種《音義》中的引文	《脈經》中的記載
肺	王叔和《脈經》云：肺與膀胱合爲府，其神魄，其候鼻，故肺有瘤則鼻不聞香臭。（《慧琳音義》卷2《大般若波羅蜜多經》第52卷） 王叔和《脈經》云：肺主鼻，肺有瘤則鼻臭也。（《慧琳音義》卷5《大般若波羅蜜多經》第414卷） 王叔和《脈經》云：肺與膀胱合爲府，其神魄，其候鼻，故肺有病則鼻不聞香臭。（《希麟音義》卷1《大乘理趣六波羅蜜多經》第2卷）	肺象金，與大腸合爲府（大腸爲傳導之府也）。……其神魄，其主聲，其養皮毛，其候鼻……（卷3《肺大腸部第四》） 無載："肺與膀胱合爲府。""肺有瘤則鼻不聞香臭。"
腎	《脈經》云：腎與三焦合爲府，其神志其耳，故腎虛則耳聾。（《慧琳音義》卷2《大般若波羅蜜多經》第52卷） 王叔和《脈經》云：腎主耳，故腎虛則耳聾。以所主爲候。（《慧琳音義》卷5《大般若波羅蜜多經》第414卷） 《脈經》云：腎與三焦合爲府，其候耳，故腎虛則耳聾。（《希麟音義》卷1《大乘理趣六波羅蜜多經》第2卷）	腎象水，與膀胱合爲府（膀胱爲津液之府）。……其神志（腎之所藏者志也），其主液，其養骨，其候耳……（卷3《腎膀胱部第五》） 無載："腎與三焦合爲府。""腎虛則耳聾。"
膽	王叔和《脈經》云：膽之病則精神不守。（《慧琳音義》卷2《大般若波羅蜜多經》第52卷） 王叔和《脈經》云：膽主神，膽之有病則精神不守，故知也。（《慧琳音義》卷11《大寶積經》第2卷） 王氏《脈經》云：膽之病則精神不守。（《希麟音義》卷1《大乘理趣六波羅蜜多經》第2卷） 《脈經》云：膽病則神不守是也。（《希麟音義》卷3《新大方廣佛花嚴經》第26卷）	無載

續表

醫學詞彙	三種《音義》中的引文	《脈經》中的記載
胕	王氏《脈經》云：胕囊受九升三合，胕轉即小便不通。（《慧琳音義》卷2《大般若波羅蜜多經》第52卷） 王叔和《脈經》云：胕囊受五升三合，胕病則小便不通也。（《慧琳音義》卷5《大般若波羅蜜多經》第414卷）	無載："胕囊受九升三合，胕轉即小便不通。""胕囊受五升三合，胕病則小便不通也。"

從表16中我們可以發現以下幾個問題。

（1）三種《音義》中僅慧琳和希麟曾引用《脈經》或"王叔和云"的內容，《玄應音義》則未曾引用。

（2）慧琳和希麟徵引的以上藏府的病證在今本《脈經》中基本上均無相似記載。

（3）心與小腸及大腸、肺與膀胱、腎與三焦的配屬在歷代古籍中沒有明確記載，但有些醫家也曾試圖述及其中的關係，如明代李梴《醫學入門·藏府總論》引《五藏穿鑿論》云："肺與膀胱相通，肺病宜清利膀胱水，後用分利清濁，膀胱病宜清肺氣爲主，兼用吐法。"《名醫類案》卷9《淋閉門》："肺爲上焦，膀胱爲下焦，上焦閉則下焦塞，如滴水之器，必上竅通而後下竅之水出焉。"三種《音義》所引《脈經》內容則將心與大腸及小腸、肺與膀胱、腎與三焦相配屬，一則與傳世本《脈經》不同，二則與傳世醫書亦不同。

（4）其中關於心候口、脾候舌的記載與今本《脈經》相反，而《素問》亦言"心主舌""脾主口"。

（5）慧琳和希麟所引均爲"腎虛則耳聾"，然《脈經·平人迎神門氣口前後脈第二》中"腎實"所致病證中有"耳聾"一證，而"腎虛"所致病證中則無此證。

（6）關於膀胱（胕囊）的容積問題，《難經·四十二難》云："膀胱重九兩二銖，縱廣九寸，盛溺九升九合。"此與慧琳所引"九升三合"更加接近，那麼《慧琳音義》卷5中的"五升三合"可能是傳抄錯訛。

此外，《慧琳音義》中還有1處作"《脈決》"。

> **脾膽** ……下都敢反。《白虎通》云：膽者。肝之府也。肝主仁，是以仁者必有勇，故知肝之府也。《脈决》云：膽之有病，精神不守。(《慧琳音義》卷5《大般若波羅蜜多經》第414卷)

成書時間可能在《慧琳音義》之前以"脈决"命名的僅有敦煌出土的《青烏子脈訣》和《王叔和脈訣》兩種古籍。前者經學者考證認爲，或爲六朝人肖吉所著，約成書於六朝末年。後者簡稱《脈訣》，用長短歌訣寫成，共二百餘首。此書書名見於《難經集注》《郡齋讀書後志》《遂初堂書目》《文獻通考》《宋史·藝文志》等書中，然以上幾書均出於宋代。宋代以來的學者多認爲該書係六朝高陽生托名所作，但高陽生生卒年代、籍貫、生平等俱不可考，因此也有不少人對此持異議，如《醫籍考》卷17《診法(一)》云："高陽生，不審何代人，劉元賓熙寧、元祐間注此書，則知爲宋以前人。而此書隋、唐《志》不著於録，且其辟理庸俗，決非成於六朝時者。其稱五代高陽生者，近是，然亦未見何據。"劉元賓爲宋代人，著有《通真子補注王叔和脈訣》一書。其成書於元祐五年(1090)，因而《王叔和脈訣》一書應成於宋熙寧以前。有學者認爲"六朝以五言詩流行，七言詩至唐始興。此書以七言訣爲主，故成於六朝的可能性甚小"[1]，這種分析亦有道理。又有學者通過對敦煌莫高窟出土的《七表八裏三部脈》和《青烏子脈訣》兩部書的研究，發現其內容與《王叔和脈訣》的大部分內容相同，從而證明《王叔和脈訣》的內容在六朝時已存在，其成書年代不晚於唐初。[2]

《慧琳音義》中出現的"《脈决》"，亦可爲《王叔和脈訣》成書不晚於唐初的推論提供參考。然三種《音義》中僅有這一處記載，且"膽之有病，精神不守"非五言詩、七言訣的格式，又在後人補注的《通真子補注王叔和脈訣》《潔古老人注王叔和脈訣》等書中均找不到與之類似的語句，故也不能排除傳抄錯訛的可能，使用時當慎重。

---

[1] 沈炎南，杜同仿.《脈經》《脈訣》《脈訣刊誤》《瀕湖脈訣》介紹 [J]. 中醫雜誌，1984 (9)：72.

[2] 王淑民. 敦煌莫高窟中的脈訣著作 [J]. 上海中醫藥雜誌，1988 (7)：40.

第三節　三種《音義》所引《藥證病源》

《藥證病源》一書歷代史籍均無著録，其在三種《音義》中出現了 3 次，且均爲希麟所引。

瞬息　……下相即反。《藥證病源》云：凡人晝夜共一萬三千三百息，一息有差即爲病矣。梵云阿那鉢那。此云出息入息也。（《希麟音義》卷 3《新譯十地經》第 5 卷）

痃癖　……下芳辟反。《玉篇》：腹病也。《藥證病源》云：恣飡生冷魚肉雜果，晝眠夜食，胃冷脾虛，不消化，因茲結聚爲癥塊，發即築心吐酸水也。（《希麟音義》卷 5《大威力烏樞瑟摩明王經》卷上）

痲痢　上力尋反。《切韻》：尿病也。《藥證病源》：痲有五種，謂冷、勞、氣、食、血也。……（《希麟音義》卷 6《大寶廣博樓閣善住秘密陀羅尼經》卷上）

從該書的書名可見，《藥證病源》應是一部集理、法、方、藥爲一體的綜合性古醫籍。再從希麟所引的内容看，此書中至少有關於病因的記載，如"凡人晝夜共一萬三千三百息，一息有差即爲病矣""恣飡生冷魚肉雜果，晝眠夜食，胃冷脾虛，不消化，因茲結聚爲癥塊"；有關於病證表現的記載，如"發即築心吐酸水也"；有關於病證分類的記載，如"痲有五種，謂冷、勞、氣、食、血也"。我們又將這些内容與早期古醫籍中的相關記載進行了比對。

（1）關於"息"的論述與同期醫書相關内容的比較，見表 17。

表 17　《希麟音義》所引《藥證病源》關於"息"的論述與同期醫書相關内容的比較

文獻名稱	相關記載
《藥證病源》	凡人晝夜共一萬三千三百息，一息有差即爲病矣。（《希麟音義》卷 3）
《難經》	人一日一夜，凡一萬三千五百息，脈行五十度，周於身。（《一難》）
《脈經》	一刻百三十五息，十刻千三百五十息，百刻萬三千五百息，二刻爲一度，一度氣行一周身，晝夜五十度。（卷 4《診損至脈第五》）

　　按：《藥證病源》記載每個人一天呼吸 13300 次，平均每分鐘呼吸約 9 次。《難經》和《脈經》均言正常人一天呼吸 13500 次，平均每分鐘呼吸約 10 次，此與《藥證病源》所載次數相近。

　　（2）關於"癖"的論述與同期醫書相關內容的比較，見表 18。

表 18　《希麟音義》所引《藥證病源》關於"癖"的論述與同期醫書相關內容的比較

文獻名稱	相關記載
《藥證病源》	恣飡生冷魚肉雜果，晝眠夜食，胃冷脾虛，不消化，因茲結聚爲癥塊，發即築心吐酸水也。（《希麟音義》卷 5）
《靈樞》	寒氣客於腸外，與衛氣相搏，氣不得榮，因有所繫，癖而内着，惡氣乃起。（《水脹》）
《諸病源候論》	夫五藏調和則榮衛氣理，榮衛氣理則津液通流，雖復多飲水漿，不能爲病。若攝養乖方，則三焦痞隔。三焦痞隔，則腸胃不能宣行，因飲水漿過多，便令停滯不散，更遇寒氣，積聚而成癖。癖者，謂僻側在於兩脅之間，有時而痛是也。其湯熨針石，別有正方，補養宣導，今附於後。（卷 21《癖病諸候》）

　　按：早在《靈樞》中就有關於"癖"的病因病機的論述，其認爲"癖"由寒氣凝滯所致。此後《諸病源候論》專門設立了《癖病諸候》一章，對"癖"病做更爲全面的論述。其將"癖"病分爲"久癖候""癖結候""癖食不消候""寒癖候""飲癖候""痰癖候""懸癖候""酒癖候""酒癖宿食不消候""飲酒人瘀癖菹痰候"十種證型進行分析，雖然各型的具體病因有所不同（如寒凝、水飲、痰結、飲酒等），各型的症狀表現亦有不同，但其總的病機是相同的，其形成與飲食不節有關。《藥證病源》僅用一句話就簡明扼要地概括了"癖"的病因、病機、症狀表現：其病因爲恣食生冷魚肉雜果，晝眠夜食；病機爲胃冷脾虛而不運化水穀，飲食水穀結聚成癥塊；病證表現爲心悸、吐酸水。即《藥證病源》重點强調的也是飲食不節，此與《諸病源候論》的記載相近。

　　（3）關於"痳"的論述與同期醫書相關內容的比較，見表 19。

表 19　《希麟音義》所引《藥證病源》關於"痳"的論述與同期醫書相關內容的比較

文獻名稱	相關記載
《藥證病源》	痳有五種，謂冷、勞、氣、食、血也。（《希麟音義》卷 6）
《諸病源候論》	又有石淋、勞淋、血淋、氣淋、膏淋。（卷 14《淋病諸候·諸淋候》）

續表

文獻名稱	相關記載
《備急千金要方》	凡氣淋之爲病，溺難澀，常有餘瀝，石淋之爲病。莖中痛，溺不得卒出，治之如氣淋也。膏淋之爲病，尿似膏自出，治之如氣淋也。勞淋之爲病，勞倦即發，痛引氣冲下，治與氣淋同。熱淋之爲病，熱即發，甚則尿血，餘如氣淋方。凡人候鼻頭色黃，法小便難也。（卷21《淋閉第二》）
《外臺秘要》	《集驗》論五淋者，石淋、氣淋、膏淋、勞淋、熱淋也。（卷27《五淋方三首》）

　　按：《諸病源候論》將淋證歸納爲石、勞、血、氣、膏五種，《備急千金要方》和《外臺秘要》均將淋證歸納爲石、氣、膏、勞、熱五種。《藥證病源》則將其歸納爲冷、勞、氣、食、血五種，其中勞、氣、血三種與《諸病源候論》分類相同，而歷代醫籍中均無有關"食淋"的記載，蓋"食"恐爲"石"之訛。"冷淋"在《希麟音義》之前的古醫籍中未見記載。雖然《中藏經》將淋證分爲冷、熱、氣、勞、膏、砂、虛、實八種，其中有"冷淋"一證，但《中藏經》畢竟爲宋人所編，不足爲信。《聖濟總錄》和《太平聖惠方》中亦有關於"冷淋"的記載，但二書均爲宋代的著作。《希麟音義》所引的《藥證病源》應是最可信的較早明確記載有"冷淋"一病的古醫籍。

第四節　三種《音義》所引《明堂圖》及其他

　　三種《音義》中有1處提到《明堂圖》，條文如下。

　　肺俞　下庚朱反。案，諸方書《明堂圖》：肺俞、心俞、肝俞者，皆針灸之穴也。……（《慧琳音義》卷54《治禪病秘要法經》）

　　考《漢書·藝文志》中未見以"明堂圖"命名的書，《隋書·經籍志》載有"《神農明堂圖》一卷"，此書今不傳。然唐代劉餗《隋唐嘉話》卷中："太宗閱醫方，見《明堂圖》，人五藏之系咸附於背……乃詔不得笞背。"此處記載唐太宗曾讀過《明堂圖》。"據814年（日本弘仁五年）萬多親王的《新撰姓氏録》記載，在 6 世紀中期（540—571 年頃，即日本欽明天皇朝）中國的吳國主後代智聰（原文是：'出自吳國主照淵孫智聰也'）曾隨日本使臣'大伴佐弓比古'，'持内、外典，藥書，《明堂圖》等百六十四卷'及佛像等物東渡日本。其中有'《明堂圖》一（卷）'被放置在'大寺'内。"[1] 可見三國至隋唐時期，或曾有繪有圖像的《明堂經》傳世，而時人稱此書中標明人體經絡、穴位之圖爲《明堂圖》。此後，《新唐書·藝文志》中又載有甄權《明堂人形圖》1 卷。該書早佚，但其佚文分別收録於《備急千金要方》《千金翼方》中。《備急千金要方》卷 29《明堂三人》："舊《明堂圖》年代久遠，傳寫錯誤，不足指南，今一依甄權等新撰（《明堂圖》）爲定云耳。"可知唐代舊《明堂圖》和甄權《明堂人形圖》均存，然因舊《明堂圖》年代久遠，時人往往以甄權《明堂人形圖》爲參。甄權（541—643）的生活年代與《慧琳音義》的成書年代相近，但較《慧琳音義》的成書年代早，那麼慧琳完全有可能看到甄權《明堂人形圖》。又，《千金翼方》卷 26《取孔穴法第一》："今所述針灸孔穴，一依甄公《明堂圖》爲定。"可知甄權《明堂人形圖》又簡稱爲《明堂圖》。馬繼興指出："如將《明堂圖》殘卷内容與兩種《千金方》相對照，可知在兩種《千金方》中有關經穴部位及主治的記文有很多相同或相似之處。這説明不論是舊《明堂圖》還是甄權的新《明堂圖》都是在《黃帝明堂經》基礎上發展而産生的。"[2] 三種《音義》中僅有慧琳此條引用了《明堂圖》，且其僅僅羅列了 3 個穴位名稱，故不足以據之考據慧琳所引此書究竟是舊《明堂圖》還是甄權《明堂圖》。但三種《音義》所載醫學詞彙中鮮有針灸方面的内容，而此條文又反映出佛經中並非沒有針灸方面的内容。

除了以上討論的 7 種古醫籍外，尚有學者認爲三種《音義》中引用的醫家類古籍還有《醫方》一書[3]。金代張元素（1151—1234）著有《醫方》，然其時代較三種《音義》晚，故三種《音義》所引"醫方"非張元素所作之《醫方》。在此之前，《隋書·經籍志》載有"《醫方論》七卷"，

〔1〕　馬繼興. 中醫文獻學［M］. 1 版. 上海：上海科學技術出版社，1996：296.

〔2〕　馬繼興. 中醫文獻學［M］. 1 版. 上海：上海科學技術出版社，1996：298.

〔3〕　徐時儀.《一切經音義》引書探論［A］. 徐時儀，陳五雲，梁曉虹. 佛經音義研究——第二屆佛經音義研究國際學術研討會論文集［C］. 南京：鳳凰出版社，2011：312.

其作者不詳。此外無其他名爲《醫方》者。"醫方"一詞在文獻中多用於指醫書和醫療處方，如《北史·藝術傳下·許智藏》："祖道幼，常以母疾，遂覽醫方，因而究極，時號名醫。"唐代劉餗《隋唐嘉話》卷中："太宗閲醫方，見《明堂圖》，人五藏之系咸附於背……乃詔不得笞背。"以上兩書皆成於唐代，可見至少在唐代，"醫方"一詞已可泛指醫書和醫療處方。我們再看三種《音義》醫學詞彙中出現的"醫方"：

淡陰　徒甘反。謂匈上液也。醫方多作淡飲。（《玄應音義》卷14《四分律》第35卷）

屎屁　又作菌，古書亦作矢，同。失旨反。《説文》：菌，糞也。下又作屏，同。乃吊反。《通俗文》：出脬曰屏。《字林》：屁，小便也。醫方多作矢溺，假借也。論文作屎，香伊反。殿屎呻吟也。屎非此義。（《玄應音義》卷17《阿毗曇毗婆沙論》第4卷）

立尿　又作溺，同。奴吊反。《字林》：尿，小便也。《通俗文》：出脬爲尿。醫方多作溺，古字假借耳。（《玄應音義》卷23《廣百論》第8卷）

懸癰　醫方皆作臂，謂喉中肉也。（《慧琳音義》卷58《十誦律》第34卷）

喉閉　閉猶塞也。經文作痹，俾利反。冷痹濕病也。醫方多作痹，喉病也。（《慧琳音義》卷52《中阿含經》第7卷）

由此可以看到，三種《音義》中"醫方"一詞後多有"多作""皆作"等字眼，顯然"醫方"不是某一部具體的醫書，而應該是一類醫書的總稱。故我們認爲，三種《音義》中的"醫方"不是某一部特定的古醫籍，而只是醫書的通稱。

第七章 三種《音義》
醫學詞彙與大型語文辭書編纂

辭書編纂是一項繁雜却十分重要的工作，現行的大型辭書如《漢語大詞典》《漢語大字典》《辭海》《詞源》等都是大量專家學者不辭辛勞考證的集大成之作，是集體智慧的結晶，已經具有相當高的水準。但用更高的水準衡量，其難免存在一些不足與失誤。字典辭書在釋義、收詞上存在不足和錯漏是在所難免的，而許多新的研究成果可以爲其在修訂時的增改和完善提供參考和依據。這些成果可以糾正辭書在釋義上的謬誤，考索和補充被漏略了的義項，抉發詞的意義結構間的内部聯繫[1]

除了辭書編纂理論體系本身的問題外，佛典及佛經音義中的材料没有得到充分重視和運用也是原因之一。"玄應的《一切經音義》在六朝人同類辭書的基礎上，廣釋佛經文字，體例略如《經典釋文》，而注釋加詳。慧琳的《一切經音義》繼之而作，包羅更廣，其中徵引了漢魏六朝許多失傳的古字書，内容非常豐富……這兩部《一切經音義》既講單字音義，亦釋語詞，融合《説文》《爾雅》於一編，爲後世的詞典編者提供了借鑒。"[2]三種《音義》徵引了許多古佚辭書，保存了大量俗字俗詞，在大型歷史語文辭書編纂中具有重要的參考價值。然而，現在多數大型辭書如《漢語大詞典》《漢語大字典》《辭海》《詞源》等徵引古辭書以《説文》《玉篇》《廣韻》等存世辭書爲主，對三種《音義》所存古籍資料徵引得不够全面準確，

---

〔1〕 郭在貽. 訓詁學 [M]. 北京：中華書局，2011：35–39.

〔2〕 劉葉秋. 略談漢語辭書的演進 [J]. 辭書研究，1985（3）：7.

結果造成引證偏晚、義項不全以及釋義不確等諸多問題。不少學者已經通過研究三種《音義》中的一般詞彙爲大型辭書的編纂提出了有價值的建議。我們對其中的醫學詞彙進行專門整理研究，亦同樣可爲補充和糾正辭書中這方面詞彙及其釋義提供一些經初步整理的文獻語言材料和經過初步思考的參考意見。此外，大型中醫辭書如《中國醫學大辭典》等徵引古籍基本以中醫古籍爲主，較少引用古辭書和古代典籍文獻，對三種《音義》中的醫學資料更是缺乏關注，我們的整理研究或許也能對完善大型中醫辭典有所裨益。

《漢語大詞典》是一部能够代表和反映當代語彙研究最高水準的大型語文辭書[1]，不過其引證以例證爲主，只有缺乏例證者才引書證。《漢語大字典》的引證既有書證又有例證，且《漢語大字典》是中華人民共和國成立以來對形音義收錄最完備、規模最大的一部漢語字典[2]。因此，我們這裏主要綜合《漢語大詞典》（以下簡稱"《大詞典》"）和《漢語大字典》（以下簡稱"《大字典》"）中的字目、義項等，對目前大型語文辭書編纂中存在的問題做一些舉例説明，以期對這些辭書的日臻完善有所補益。

第一節　三種《音義》醫學詞彙與大型語文辭書的立目拾遺

新版《大字典》共收楷書單字 60370 個，是當今收集漢字單字最多的一部漢語字典，但其在近代漢字尤其是疑難俗字的輯錄、整理、考辨方面還存在不少缺憾[3]，而三種《音義》中的文字材料恰可對大型字典的編纂起到積極的作用。三種《音義》收載了大量俗字異體，其中有些是《大字典》中所未收載的，可以補充《大字典》中的字目。

---

〔1〕　王雲路. 從《漢語大詞典》看六朝詩歌的漢語史研究價值〔A〕. 王雲路. 漢語詞彙論稿〔C〕. 北京：北京語言文化大學出版社，2002：112.

〔2〕　鄭賢章. 從疑難字看新版《漢語大字典》的缺失〔J〕. 中國語文，2013（5）：467-475.

〔3〕　韓小荆. 《可洪音義》與大型字典編纂〔J〕. 古漢語研究，2007（3）：63.

【㰦】

涎唾　上囚延反。通俗字也。《説文》：正體作次，口液也。從水從欠。《考聲》云：口津也。来哲作唌，史籀作㰦，賈逵作㳄。或作㳄，古字也。其上異體字並云口液也。……（《慧琳音義》卷11《大寶積經》第2卷）

按："㰦"爲"涎"的異體字，指唾液、口水。《大字典》未收"㰦"字，可據《慧琳音義》補充字目。

【踆】

皴腫　上七綸反。《説文》云：皴，皮細起也。或作踆，同。律文從足作踆。《説文》云：退也。非此用。……（《希麟音義》卷9《根本説一切有部毗奈耶破僧事》第4卷）

按：以上條文中，希麟指出"皴"的異體字作"踆"。《大字典》未收"踆"字，可據《希麟音義》補充字目。

【攣、孿】

癴躄　上劣員反。《聲類》云：癴，病也。顧野王云：癴謂身體拘曲也。《考聲》云：手足病也。《文字典説》：從疒䜌聲。《字書》從手作攣，或從舛作孿，音義並同。傳文從足作躄，俗，非字也。……（《慧琳音義》卷92《續高僧傳》第10卷）

孿躄　上力傳反，下卑亦反。不具足也。前已訓也。（《慧琳音義》卷93《續高僧傳》第11卷）

按：以上條文中，慧琳收載了"攣""孿"兩個俗字，二者皆爲"癴"之異體字。《大字典》未收此二字，可據《慧琳音義》補充字目。

第二節　三種《音義》醫學詞彙與大型語文辭書的釋義勘誤

　　辭書的釋義往往具有高度概括性，但是由於詞義本身界限模糊、材料不足等原因，辭書中難免有一小部分字的釋義存在爭議，或釋義不當，或遺漏某些義項，或多個義項分合不當，或音義不合，等等。對三種《音義》醫學詞彙的深入考察，有助於糾正某些不當釋義，補充遺漏的義項，進一步完善辭書義項。

1　糾正不當的釋義

1.1　現代大型語文辭書中醫學詞彙的釋義不準確

　　"釋義是字典編纂的靈魂，一部字典的優劣，在很大程度上取決於釋義的品質。"[1]釋義是辭書的中心内容，釋義是否精準恰當是衡量一部辭書好壞的根本標準。在考察三種《音義》醫學詞彙的過程中，我們發現有些醫學詞彙在現代大型語文辭書中的釋義不够準確，有必要給予糾正。我們先來看一些常用詞彙釋義不當的問題。

【皺】

　　"皺"，在《大字典》中有五個義項，其中第一個義項爲皮膚皺裂，所引書證爲《説文新附》；第二個義項爲物體表面粗糙、有皺褶，所引書證爲《玉篇》和《玄應音義》卷20所引《埤蒼》。《大詞典》中相應的釋義爲：①肌膚粗糙或受凍開裂；②物體表面有皺紋，毛糙。兩者的釋義尤其是第一個義項有所不同。

　　　黃皺　七旬反。《字略》云：皺，皮細起也。（《玄應音義》
卷22《瑜伽師地論》第84卷）

───────────

〔1〕 趙振鐸. 字典論稿·有關釋義的幾個問題 [J]. 辭書研究, 1991（2）: 69 –77.

皴　七旬反。皮細裂坼也。（《慧琳音義》卷26《大般涅槃經》第12卷）

按：《説文新附・皮部》：“皴，皮細起也。”“皴”指皮膚粗糙或受凍開裂。《玉篇・皮部》：“皴，七旬切。散也。”《玄應音義》卷20《無明羅刹經》上卷“皴剥”條：“且旬反。《埤蒼》：皮皴散也。又樹皮甲錯粗厚亦曰皴散。散音思亦反。”則“皴”又引申泛指物體表面粗糙皴裂。因此，“皴”指皮膚粗糙或受凍開裂，《大字典》釋義不够準確，且其所引書證爲《説文新附》，而《玄應音義》所引《字略》中已有書證，可據以修訂義項及提前書證。

【躃、蹩】

《大詞典》“蹩”字下云“同躃”，“躃”字下云“亦作蹩”，其認爲“躃”與“蹩”兩字爲異體字，並列出四種義項：①足不能行；②仆倒；③方言，躡手躡脚地行走；④用同“擗”，捶胸。然其在“躃”字下所引的例證中，多作“蹩”字。

《大字典》中“蹩”字釋義爲“瘸腿；足不能行”，所引書證爲《玉篇》和《慧琳音義》。《大字典》中“躃”有兩義，第一個爲仆倒，所引書證爲《廣韻》《龍龕手鑑》和《集韻》；第二個爲同“蹩”，足跛，所引書證爲《篇海類編》《字彙》和《正字通》。

很顯然，兩部辭書對“蹩”“躃”兩字的認識存在分歧，《大詞典》認爲二者爲完全異體字（在任何情況下讀音和意義都一樣），而《大字典》則視其爲部分異體字（只在某些情況下才相通）。

躃地　上陴亦反。《韻略》：躃，倒也。《説文》作躄，云人不能行也。從止辟聲也。（《慧琳音義》卷40《如意輪陀羅尼經》）

躄跛　並癖反。《考聲》云躄，足偏枯不任行也。《韻略》：跛，不能行也。《説文》：從止辟聲。經從足作躃，誤也。或作蹩，通用。（《慧琳音義》卷45《菩薩投身餓虎起塔因緣經》）

攣躄　……下並癖反。顧野王云：躄謂足瘸枯不能行也。《説文》：亦不能行也。從止辟聲。從足作蹩，俗字通用也。（《慧琳音義》卷78《經律異相》第22卷）

　　按：慧琳認爲，"躄"指倒、仆，而"躄"指足偏枯不能行，異體字作"躄"，兩者不同義。較早指出"躄""躄"互爲異體字的辭書可能是明代《篇海類編》，《篇海類編·身體類·足部》："躄，跛甚。亦作躄。"《龍龕手鑑》《廣韻》中兩字的釋義不同，且其皆未將兩字視爲異體字。可見，二者互爲異體字得到廣泛認同的時間不會太早。此外，《篇海類編》認爲二者互爲異體字的基礎是指足偏枯不能行，並非在所有義項下二者均互爲異體字。故《大詞典》的釋義不當，當予糾正。

【晡】

　　"晡"，在《大字典》中有兩個釋義。第一個釋義爲：申時，即午後三時至五時，所引最早書證爲《廣韻》。第二個釋義爲：夜；晚。其在《大詞典》中除了有以上兩個義項外，尚有第三個義項，即指太陽西移至晡時的視覺位置。

　　"晡"作爲字目在三種《音義》中凡 15 見，其中有 2 處作"晡沙"、2 處作"晡刺挐"，此二者爲外來詞；又有 1 處"晡嘍"，1 處"晡囉"，此二者爲佛教用語；其餘作"晡時""下晡""晨晡""朝晡"；釋義去其重複，摘録如下。

　　　　晡時　補胡反。《淮南》云：日行至於悲谷爲晡時。謂加申時也。（《玄應音義》卷 8《大智度論》第 4 卷）

　　　　下晡　補胡反。《淮南子》云：日行至於悲谷爲晡時。謂加申時也。（《玄應音義》卷 18《鞞婆沙阿毗曇論》第 13 卷）

　　　　晡時　補謀反。申時也。（《慧琳音義》卷 13《大寶積經》第 55 卷）

　　　　晨晡　《爾雅》曰：晨，早也。《玉篇》曰：晡，伽申也。（《慧琳音義》卷 23《新譯大方廣佛花嚴經》第 67 卷《入法界品之八》）

　　　　晡時　上補胡反。許注《淮南子》：日行至申爲晡時。悲谷者，日入處也。顧野王云：悲谷是日加申時也。《説文》：從日甫聲也。（《慧琳音義》卷 34《文殊師利巡行經》）

　　　　朝晡　上張遙反，下補烏反。顧野王云：日加申時也。《説文》：從日甫聲也。（《慧琳音義》卷 45《菩薩內戒經》）

晡時　補胡反。《淮南子》云：日行至於非（悲）谷也。今日
加申時是也。（《慧琳音義》卷59《四分律》第3卷）

按：《說文》中無"晡"字。《玉篇·日部》："晡，布胡切。申時也。"
即"晡"指申時。根據三種《音義》中的注釋，玄應所注2處均作"加申
時"，慧琳所注則有"申時"和"日加申時"兩種。此外，慧琳引《玉篇》
作"伽申"，此與今本《玉篇》不同；又引顧野王云作"日加申時"。根據
慧琳所釋，"悲谷"指的是日落的地方，那麼"晡時"就是太陽行至日落的
地方，亦即太陽臨近悲谷，落下之前的那段時間。

《說文·力部》："加，語相增加也。""加"又引申有增加、超過之義，
"加申時"便是超過申時，即超過五點。我們知道，一年四季太陽落山的時
間並不相同。那麼，"晡時"所指的太陽臨近悲谷，落下之前的這段時間便
也隨四季更替而有所不同。因此，"晡時"的具體時刻應是不確定的，古人
認為只要太陽臨近悲谷，落下之前的這段時間就是"晡時"，也許秋冬太陽
落下得早，"晡時"便與"申時"相近，而春夏太陽落下得晚，"晡時"便
在"申時"之後。"晡時"的不確定性與根據十二地支劃分的十二時辰的固
定性是截然不同的。如此，不管是"申時"還是"加申時"的訓釋都沒有
錯，我們不應將兩種不同的時間劃分方式混為一談。

至於"日加申時"的說法，"日"本義指太陽，又引申指時間，如
《左傳·昭公元年》："趙孟將死矣。主民，翫歲而愒日，其與幾何?"《文
選·司馬長卿〈上林賦〉》："朕以覽聽餘閒，無事弃日。"李善注："言聽
政既有餘暇，無事而虛弃時日也。"其中的"日"均是指時間。故"日加申
時"可以理解為時間超過了五點，這裏的"日"正將這種目測感知的時間
與固定的十二時辰相區別。我們認為"加申時"和"日加申時"可能只是
古人的不完全相同的表述方式而已，並不存在本質上的差異，其含義是完
全相同的。

《說文》中另有一"餔"字與此有關。"餔"，徐鉉本《說文解字》和
徐鍇《說文解字繫傳》的訓釋為："餔，日加申時食也。"段玉裁則刪去
"日加"兩字，改作"申時食也"，注云："各本申時上有日加二字，今依
《廣韻》《類篇》《韻會》正。"《玉篇·食部》："餔，補胡切。日加申時食
也。亦作脯、䐑。"則"餔"指的是在晡時進食。《說文》中無"晡"而有

"餔"字，則"晡"字出現的時間可能比"餔"晚。幾部出土的古醫籍中也只有"餔"字，而無"晡"字，似乎印證了這種推測。如《武威漢代醫簡》中有5處作"餔"，均指吃，如《武威漢代醫簡・第一類簡》："治腐齏□□□言方：术、方風、細辛、薑、桂、付子、蜀椒、桔梗，凡八物，各二兩，並冶合，和以方寸匕。先餔飯米。"《武威漢代醫簡・木牘》："治痹手足雍種方：秦瘳五分，付子一分，凡二物冶合，和。半方寸匕一，先餔飯，酒飲，日三。"《睡虎地秦簡》中有1處作"餔"，《睡虎地秦簡・到室》："庚辛戊巳壬癸餔時行，有七喜。"此處"餔時"即後來的"晡時"，則"餔"或爲"晡"的本字，既可指某一特定的時間，又可指在某一特定的時間吃飯。後來爲了將兩義進行區別，另造一"晡"字專門承擔其指時間的含義。又，馬王堆出土的古醫籍中也有1處"餔"字，《養生方》："以蓳堅稠節者爨之，令大潰（沸）一，即□□□去其宰（滓），以其清煮黑騭犬卒歲以上者之心肺肝□，以蓳堅稠節□□□□□□□□□英□□□□□五物□□以□□□□□□以餔食食之，多少次（恣）☑。"此處的"餔食"疑當作"餔時"，指時間，否則就與其後的"食之"重複。

　　"晡"字最早見於漢代的文獻，除了三種《音義》所引的《淮南子》外，《漢書》中亦有之，如《漢書・昌邑哀王劉髆傳》："其日中，賀發，晡時至定陶，行百三十五里，侍從者馬死相望於道。"《素問》《靈樞》中均有"晡"字，如《素問・藏氣法時論》："肝病者，平旦慧，下晡甚，夜半靜。"《靈樞・病傳》："冬雞鳴，夏下晡。"因為兩者成書時間一直延續到漢代，又經後人屢次傳抄、翻刻及校訂，所以其中存在"晡"字是完全有可能的，並不能因此就將"晡"字出現的年代提前。

　　綜上，"申時"指的是下午三點至五點，其劃定的方法是古人用十二地支將一天分爲十二時辰。"晡時"則是另一種時間劃分方式的結果，指的是太陽行至日落的地方，落下之前的那段時間。此外，"餔"本義既可指太陽行至日落的地方，落下之前的那段時間，又可指在這段時間內進食。則"餔"或爲"晡"之本字，"晡"爲後起分化字。《大字典》《大詞典》對"晡"的釋義不够準確，可據以補正。

1.2　現代大型語文辭書中專科語條語詞的釋義水準不高

　　現代大型語文辭書中專科詞條語詞的釋義水準不高是一個突出的問題，

往往表現爲釋義過於籠統和缺乏知識性，如我們在"三種《音義》中的梵語音譯"一節中討論"阿魏""菴摩勒"時，就對《大詞典》中的釋義進行了糾正[1]。語文辭書不用像專科辭書那樣專業，但也不可失之膚淺。三種《音義》在彌補這方面的不足上也有一定作用，如：

【瘨痪】

"瘨痪"，《大詞典》和《大字典》均釋爲"病貌"。對於其究竟爲何病，讀者並不清楚。

> 瘨痪　相承敕典、敕斷反。髮病也。未詳音字所出。（《玄應音義》卷11《正法念經》第65卷）
>
> 瘨痪　上天典反。下湍卵反。案，瘨痪，俗語，熱毒風髮落之狀也。字書並無此字也。並從疒，典、夋皆聲。夋音喚。（《慧琳意義》卷63《根本說一切有部百一羯磨》第1卷）

按："瘨""痪"二字，《說文》《玉篇》皆無。《廣韻·銑韻》："瘨，瘨痪，病貌。"《廣韻·緩韻》："痪，瘨痪貌。"其僅言"瘨痪"爲病貌，却没有指出具體症狀表現。《康熙字典》又引《正字通》釋"痪"字云："癱痪，四體麻痺不仁，皆因風寒暑濕所致。"然根據以上兩條可知，"瘨痪"是一種由於感受熱毒風導致頭髮脫落的症狀表現。再考《四分律》卷35："有三種人非受具足戒。裸形瞋恚强與人受具足戒者，是謂三種人非受具足戒。如是截手、截脚、截手脚……或頭髮瘨痪。"《根本說一切有部百一羯磨》卷1："丈夫身中有如是病，謂癩病瘻病，癬疥疱瘡，皮白瘨痪，頭上無髮。"由此亦可見，"瘨痪"是一種與頭髮有關的症狀。慧琳還指出其爲"俗語"。《大詞典》亦釋其爲"病貌"，過於籠統，可據此補正。

【嗽】

"嗽"，《大詞典》釋爲"咳嗽聲"，《大字典》釋爲"咳嗽"，皆不準確。

---

[1] 參見本書"三種《音義》中的梵語音譯"一節"阿魏"條、"菴摩勒"條。

　　謦欬　空頂、苦代二反。《通俗文》：利喉曰謦。字從言。〔《莊子》“謦欬其間”是也。《説文》：欬，逆氣也。《禮記》：嚔噫嚏咳也。〕律文作磬咳，音苦徑反，樂器名也。〔《世本》：母句作磬，以石爲之。磬非字意。〕下胡來反。〔字與孩同。〕嬰咳也。並非字體。（《玄應音義》卷14《四分律》第11卷）

　　謦欬　上輕郢反，下開愛反。《韻英》云：喉中聲氣通也。（《慧琳音義》卷100《説罪要行法》）

　　按：“謦”實際上是一種清利喉嚨的聲音，是自發的動作，與咳嗽不同。[1]　由於“謦”是一種自發動作，“謦欬”一詞才引申指談笑、談吐之義。

【紫鉚】

《大詞典》“紫鑛”條釋義爲：“亦作紫鉚。樹脂名。”

　　紫鉚　虢猛反。案，紫鉚，外國藥名也。紫赤色，出外國，煎波羅奢樹皮汁兼食。此木蟲糞成膠，堪黏寶鈿作用。（《慧琳音義》卷35《一字奇特佛頂經》中卷）

　　紫鉚　下古猛反，藥名也。案，《本草》云：出西戎，以樹皮葉共煎成也。可入藥用也。經作鑛、礦二形，金王樸也，非紫鉚字也。（《希麟音義》卷5《大威力烏樞瑟摩明王經》卷上）

　　紫鉚　下古猛反，藥名也。《本草》云：出西域，以樹皮葉及膠煎成，入藥用。亦堪膠黏寶鈿珠璣等物。膠，去聲。（《希麟音義》卷5《一字奇特佛頂經》卷中）

　　按：慧琳和希麟皆指出“紫鉚”爲藥名。根據以上條文中的描述可知，“紫鉚”産自西域，將其樹皮、樹葉和樹汁一起煎煮可入藥用，呈紫紅色。《廣韻·梗韻》：“礦，金璞也。古猛切。”“鉚，古文。”“鉚”爲“礦”之古字，“紫鉚”後世多寫作“紫礦”，《本草綱目·蟲部》卷39“紫鉚”條：

　　─────────────

　　〔1〕　李墨華，王育林.“欬”“瘷”及其相關病證名考辨［J］. 北京中醫藥大學學報，2012（12）：809–811.

"時珍曰：釽與礦同。此物色紫，狀如礦石，破開乃紅，故名。"然希麟指出 "鑛"和 "礦"二形均非其本字，而《干祿字書·上聲》言："礦、釽，並上通下正。"即 "礦"同 "釽"。又，唐代段成式的《酉陽雜俎》則寫作 "紫鉟"，《集韻·尾韻》："鉟，小丁。" "鉟"本義指小釘子，而 "鉟"與 "釽"應爲形近而誤。《酉陽雜俎·前集·廣動植之三·木篇》："紫鉟樹，出真臘國，真臘國呼爲勒佉。亦出波斯國。"真臘和波斯均屬西域地區，故此處 "紫鉟"即 "紫釽"無疑。

"紫礦"在藥物學著作中始見於《新修本草》，其記載 "紫礦"能去除五藏邪氣、止痛、破積血，治療帶下、金創等病證，而《酉陽雜俎》則記載了 "紫釽"樹的形態、產地、花期等資訊。則 "紫釽"傳入中土的時間不晚於唐代。清代張璐的《本經逢原》謂："紫礦即紫草茸。"紫草茸見於宋代錢乙《小兒藥證直訣》，可用於治療發斑疹，應爲 "紫草"的異名，功能涼血活血、解毒透疹，與 "紫礦"不同，當予區別。

綜上，"紫釽"爲藥名，出自西域；其傳入中土的時間不晚於唐代；其藥是用樹皮和葉子共同煎煮而成，呈紫紅色，能去除五藏邪氣、止痛、破積血，治療帶下、金創等病證。藥物學著作及其他文獻中多作 "紫礦"，此非其本字。另又有作 "紫鉟"者，爲形近而誤。《大詞典》釋 "紫鑛"爲 "樹脂名"，作藥用，可據《慧琳音義》《希麟音義》補充釋義及書證。

2 補充遺漏的義項

限於所用材料，某些詞彙義項不全是辭典中比較常見的問題，學者也多有指出。充分收集不同時期的特殊詞義有助於解釋詞義發展的演變軌迹，因此，根據新的材料補充遺漏的義項對現代語文辭典的編纂是比較重要的，三種《音義》就是這類新材料中的一種。

【睍】

"睍"，《大詞典》中有三義：①見 "睍睕" "睍睆"；②見 "睍睍"；③視，看。

> 睍睴　下殄反，下胡本、公困二反。《說文》：睍，目出皃也。睴，大出目也。謂人目大而突出曰睴。（《玄應音義》卷1《大威德陀羅尼經》第1卷）

按：《説文·目部》："睍，出目貌也。""睍"指眼珠向外突出的樣子，與"暉"義近，因而三種《音義》將"睍暉"兩字連用作爲字目摘出。再進一步考察佛經原文，《大威德陀羅尼經》卷1："此法律中，五根相具足。山羊眼、曠眼、小不瞬眼、暗眼、極深眼、瞬眼、睒眼、電眼、睉眼、長眼、晴相逼眼、轉晴眼、睍暉坏眼、斑眼、驢眼、雞眼……"其中的"睍暉"顯然是眼部病變的一種。《大詞典》未列此義項，可據以補充。《大字典》"睍"字下雖有"眼睛突出貌"一義，然無例證，可據佛經補充例證。

【瞷】

在《大詞典》中"瞷"字只有一音，讀爲 jiàn，指窺視，偵伺。其所引最早例證爲明代周履靖《錦箋記·初晤》："明日瞷他出去，待我竟自開入，搜取回來。"

《大字典》釋"瞷"字"同瞯"，其所引最早書證爲清代邵瑛《群經正字》。

> **瞷眼**　古文騆，同。胡間反。《説文》：戴眼也。《蒼頡篇》：目病也。《爾雅》：馬一眼白曰騆。（《玄應音義》卷14《四分律》第36卷）
>
> **瞷眼**　古文騆，同。胡間反。《説文》：戴眼也。《蒼頡篇》：目病也。《爾雅》：馬一眼白曰騆也。（《慧琳音義》卷59《四分律》第35卷）
>
> **瞯眼**　上音閑。《韻英》云：目多白也。《方言》云：瞯，眮也。《蒼頡篇》云：目病也。《説文》云：戴目也。從日（目）間聲也。（《慧琳意義》卷63《根本説一切有部毗奈耶攝頌》第1卷）

按：根據三種《音義》所釋，"瞷"讀 xián，是一種目上視露出眼白的症狀表現，古字作"騆"，本義指馬一目色白。考《説文·目部》："瞷，戴目也。從目閒聲。江淮之間謂眮曰瞷。"《玉篇·目部》："瞷，胡閑切。眮也。"《説文》和《玉篇》均作"瞷"。又有"騆"字，《説文·馬部》："騆，馬一目白曰騆，二目白曰魚。"《玉篇·馬部》："騆，平閑切。馬一目白。"故"瞷"的本義指戴眼的症狀表現，"騆"的本義指馬一目色白。"瞷"用於指馬一目色白是作爲"騆"的通假字使用的，如《爾雅·釋

畜》："一目白，瞷；二目白，魚。"又，"間"與"閒"同，如"瘤"又作
"瘤"。因此，"瞷"亦可作爲"瞷"的異體字。

綜上，《大詞典》中的"瞷"字當補一音爲xián，此音至少有兩義：
①同"瞷"，目上視，露眼白；②通"騆"，馬一目色白。此外，《大字典》
"瞷"字下所引書證偏晚，可據三種《音義》提前書證。

【胭】

"胭"，在《大詞典》中有兩個義項：①咽喉；②胭脂。

其在《大字典》中亦有兩個義項：第一個爲同"咽"，咽喉，所引書證
爲《玉篇》《集韻》；第二個爲胭脂，所引書證爲《廣韻》周祖謨校勘記。

鬼胭　又作咽，同。一千反。胭，喉也。北人名頸爲胭也。
（《玄應音義》卷25《阿毗達磨順正理論》第31卷）

項胭　……下宴堅反。《聲類》：胭，喉也。《蒼頡篇》：胭也。
《古今正字》：從肉因聲。案，胭即頸之異名也。或作腥、膔，皆
古字也。經從口作咽，非也。頸音經郢反。咽音宴。巩音項江反。
（《慧琳音義》卷1《大般若波羅蜜多經》第1卷《初分緣起品
之一》）

按：以上兩條中，慧琳指出"胭"爲頸的異名，玄應指出北方人稱頸
为"胭"。此或是由咽喉之義引申泛指頸部。又，《廣韻·先韻》："胭，胭
頂。"周祖謨校勘記："頂，棟亭本作脂，是也。"然根據三種《音義》中
的注釋，《廣韻》中"胭頂"之"頂"很可能是"項"之訛字，故對周祖
謨的校勘記存疑。

綜上，《大詞典》《大字典》"胭"字下均未列頸部之義，可據以補充。
《大字典》中"胭"指咽喉的最早書證偏晚，可據三種《音義》提前書證。

【瘢】

"瘢"，《大詞典》未收。《大字典》釋其爲"足疾"，所引書證爲《字
彙補》。

灸瘢　……下伴鏝反。《蒼頡篇》云：瘢，痕也。《說文》：
瘢，痕也。從疒般聲。經作瘢，俗字也。（《慧琳音義》卷39《不

空羂索陀羅尼經》1 卷）

按：以上條文中，慧琳指出“瘢”的俗字作“瘟”。故“瘟”同“瘢”，指創口或瘡口愈合後留下的痕迹。《大字典》僅有一義讀 pán，釋爲“足疾”，可據《慧琳音義》補充義項及書證。

【腿】

“腿”，《大詞典》未收。《大字典》中其釋義有二：①同“跟”，脚後跟；②肉腿，所引書證爲《玉篇》。

　　痕跡　《篆文》作腿，同。胡根反。《通俗文》：瘡瘢曰痕也。
（《玄應音義》卷 18《解脱道論》第 4 卷）

按：玄應指出“腿”爲“痕”之異體字，指創口或瘡口愈合後留下的瘢痕。《大字典》未收“腿”字此義，可據《玄應音義》補充。

【齃】

“齃”，《大詞典》未收。《大字典》釋其爲“喉大”，所引書證爲《改併四聲篇海》。

　　瘑瘻　……下嬰郢反。《山海經》：甘棗之山，有獸名白能，食之治瘻。古文作齃字也。　《説文》云：頸腫病也。從疒嬰聲。
（《慧琳音義》卷 66《阿毗達磨法蘊足論》第 6 卷）

按：慧琳指出“齃”爲“瘻”之古文，指頸部的腫瘤。《大字典》“齃”字下未收此義，可據《慧琳音義》補充。

【髵】

“髵”，《大詞典》未收；《大字典》讀爲 nǐ，釋爲頭髮貌。《説文·彡部》：“髵，髮貌。”桂馥義證：“髮貌者，鄭注《既夕記》云：兒生三月，髵髮爲鬌。”按，《儀禮·既夕禮》“既殯主人説髦”漢鄭玄注作“鬌髮”。

　　肭毛　音而。《考聲》云：頰邊毛也。或作髵。從彡而聲也。
（《慧琳音義》卷 15《大寶積經》第 120 卷）

按： 慧琳此條指出“髶”爲“𢑥”之異體字，蓋由“𢑥”字形符、聲符均替換而得。《説文·而部》：“𢑥，罪不至髡也。从彡而，而亦聲。”《玉篇·彡部》：“𢑥，如時切。頰須也。又獸多毛。”則“𢑥”一指剃除鬢須，（古代的一種刑罰），一指頰毛，一指動物毛髮多的樣子。又，《廣韻·之韻》：“𢑥，獸多毛。亦作髶。又姓。《左傳》宋有𢑥班。”即“𢑥”指動物毛髮多時有異體字作“髶”，又由於兩字異體，故“髶”又有了頰毛之義，如清代毛奇齡《家明府文山兄七十壽序》：“而文山齦完肌薄，儼塗髹漆於髶鬢之隙。”“髶”或爲“𢑥”聲符替換的異體字，因此，“髶”同“𢑥”，音ér，一指頰毛，一指動物毛髮多的樣子。然《大字典》“髶”字下未收此義，可據《慧琳音義》補充。

第三節　三種《音義》醫學詞彙與大型語文辭書的引證訂補

辭書的引證主要有書證和例證兩類，《大詞典》一般只引例證，而《大字典》則書證、例證均引。辭書中引證失誤的問題又包括文字失誤、内容失誤、題目作者失誤、標點失誤等，我們這裏討論的主要是引證内容失誤的問題。三種《音義》引用了大量的古籍文獻進行注釋，如《慧琳意義》引用了《説文》《爾雅》《方言》《釋名》等最古的傳世辭書，也引用了大量後世失傳的古辭書，從辭書編纂史研究的角度説，自有其不可替代的重要作用[1]。這些古籍文獻在一定程度上可爲現代大型語文辭書中收載的字詞提供書證、例證。

1　直接提供書證

書證的失誤問題，主要以《大字典》爲參照進行介紹。三種《音義》中所引古辭書，可直接爲辭書編纂提供恰切的書證。

---

〔1〕　姚永銘.《慧琳音義》與辭書編纂史研究［J］. 辭書研究，2002（5）：96.

1.1 爲無證者提供書證

《大字典》中有些醫學詞彙缺乏書證，三種《音義》中的相關材料可爲其部分義項提供書證，如：

【毥】

"毥"，《大詞典》未收此字。《大字典》："毥，《龍龕手鑑·毛部》：毥，音咨。《字彙補·毛部》：毥，宗知切，音咨。義闕。"

> **佛頿** 子雖反。《説文》云：頿，口上須也。從須此聲。今譜中從洛從毛，非也，本俗字，從咨從毛作毥，書人不會，又改從洛，偽中更偽，亦非也。《釋迦譜》從彭作髭，亦俗字也。（《慧琳音義》卷77《釋迦譜》第9卷）

按：根據慧琳所釋，"毥"爲"頿"之俗字，指口上的髯鬚。《大字典》可據此補充釋義和書證。

【嚠】

"嚠"，《大詞典》未收此字。《大字典》："嚠，《龍龕手鑑·口部》：嚠，口頂反。《字彙補·口部》：嚠，義闕。"

> **謦欬** 上輕挺反。傳從口作嚠，俗字也。下開愛也（反）。傳從口作咳何來[反]，非也，與本義乖。（《慧琳音義》卷83《大唐三藏玄奘法師本傳》第10卷）

按：根據慧琳此條，"嚠"爲"謦"之俗字，是一種清利喉嚨的聲音。《大字典》可據此補充釋義和書證。

【歆】

"歆"，《大詞典》未收此字。《大字典》："歆，'欯'的訛字。《改併四聲篇海·欠部》引《龍龕手鑑》：歆，所洽、山輒二切。《五侯鯖字海·欠部》：歆，同欯。"

> **吸歆** 上歆邑反。《廣雅》云：吸，飲也。《毛詩傳》：引氣

也。《説文》：息也。從口及聲。下雙捉反。《蒼頡篇》云：欶，歃也。《説文》：欶，吮也。從欠束聲也。(《慧琳音義》卷94《續高僧傳》第19卷)

按：慧琳此條引《蒼頡篇》曰“欶，歃也”，則“歃”有吮吸之義。《大字典》可據此補充釋義和書證。

1.2 爲有證者提供較早的書證

《大字典》中雖然有些醫學詞彙下有書證，然書證時代偏晚，故其可據三種《音義》中的相關材料提前書證，如：

【齆】

“齆”字，《大字典》所引最早書證爲《玉篇》，而三種《音義》中保存有更早的書證。

齆鼻 一弄反。《埤蒼》：鼻疾也。《通俗文》：齀鼻曰齆。(《慧琳音義》卷42《七佛神咒經》第4卷)

按：此條引用的既有東漢服虔《通俗文》的注文，又有三國曹魏初張揖《埤蒼》的注文，兩者均較顧野王《玉篇》早。

【㰦】

“㰦”指張口出氣，《大字典》所引最早書證爲《玉篇》，而三種《音義》中保存有更早的書證。

欠㰦 又作呿，同。丘庶反。《通俗文》：張口運氣謂之欠䖸。(《玄應音義》卷2《大般涅槃經》第11卷)

欠㰦 下音去。《埤蒼》云：欠㰦，張口也。經從口作呿。《桂苑珠叢》云：呿是卧聲也。《韻詮》云：呿，睡聲也。非此義，宜改從欠作㰦。案，此二字皆是出氣，互用亦通。(《慧琳音義》卷5《大般若波羅蜜多經》第440卷)

按：這兩條同樣引用了《通俗文》和《埤蒼》的注文，故《大字典》

可據此提前"欿"字的書證。

【瘷】

"瘷",《大詞典》未收;《大字典》釋爲"同瘢",所引書證爲《龍龕手鑑》。

> **瘤瘷** ……下拔瞞反。《考聲》:痕也。從疒槩聲。疒音女厄反,瞞音莫安反。(《慧琳音義》卷14《大寶積經》第79卷)

按:考《玄應音義》卷3《小品般若經》第8卷"瘡瘢"條:"薄寒反。《蒼頡篇》:瘢,痕也。經文作癸,非體也。""瘢"指創口或瘡口愈合後留下的痕迹,而"瘷"亦指瘢痕,"瘤瘷"即"瘡瘢",且《龍龕手鑑》載"瘷"爲"瘢"之俗字,故"瘷"爲"瘢"聲符替換的異體字。"瘷"同"瘢",《大字典》所引書證爲《龍龕手鑑》,引證偏晚,其可據《慧琳音義》提前書證。

【癪、瘠】

"瘠",《大字典》釋爲"小瘡,瘠子",所引書證爲《廣韻》《正字通》。《大詞典》中"瘠"有兩義:①瘡瘠;②指樹枝幹上的疤結硬塊。

"癪",《大詞典》未收;《大字典》釋爲"同瘠",所引書證爲《龍龕手鑑》《正字通》。

> **痤瘠** 上爼贏反,下音節。《文字集略》云:內殰瘤也。又云:小瘫,腫也。古作癪,音與節同也。(《慧琳音義》卷13《大寶積經》第48卷)

按:慧琳指出"瘠"的古字作"癪",指小瘡腫。綜上,可得出如下結論。①"瘠",《大字典》所引書證偏晚,可據《慧琳音義》提前書證。②"癪"同"瘠",《大字典》所引書證偏晚,可據《慧琳音義》提前書證。

2　間接提供例證

三種《音義》中收載的字目直接摘自佛經,因此,我們還可以以三種《音義》中收載的字目爲綫索,追溯佛經原文,從而間接爲辭書編纂提供恰切的例證。

【齆】

"齆"有鼻腔不通之義，《大詞典》所引最早例證出自《諸病源候論》，《大字典》所引最早例證則爲宋代《太平廣記》卷462所引劉義慶《幽明録》："時有參佐齆鼻，因内頭甕中效之。"然三種《音義》中即有該詞。

> 齆鼻　一弄反。《埤蒼》：鼻病也。（《玄應音義》卷5《七佛神咒經》第4卷）

考今《七佛神咒經》第4卷載有"齆鼻鬼名"，《七佛神咒經》的時代早於《太平廣記》和《幽明録》，故可據此佛經中所載提早該字例證的時間。

【睞】

"睞"同"睞"，《大字典》中所引最早書證爲《集韻》，無例證。三種《音義》中亦收有該字。

> 眼睫　……《通俗文》：從妾作睞。解云：目毛曰睞。《史記》云：目見毫毛而不見睞。插音楚洽反。（《慧琳音義》卷6《大般若波羅蜜多經》第469卷）
>
> 目睞　下殲葉反。《古今正字》云：目旁毛也。從目夾聲。亦作睫。經作睞，誤也。（《慧琳音義》卷45《優婆塞净行法門經》下卷）
>
> 眼睞　……論文從妾作睞，亦俗字也。……（《慧琳音義》卷49《菩提資糧論》第5卷）
>
> 眼睞　尖葉反。《考聲》云：瞼上毛也。《説文》：從目夾聲。或作睫。經從妾作睞，俗字也。（《慧琳音義》卷75《坐禪三昧經》中卷）
>
> 睞毛　上子葉反。《考聲》云：睞者，眼臉（瞼）上毛也。《蒼頡篇》云：眥毛也。……（《慧琳音義》卷85《辯正論》第1卷）

慧琳指出《通俗文》作"睞"，並指出有些佛經中寫作"睞"。通過對這些佛經的考察，我們發現有些佛經中仍保留"睞"的字形。

> 當得青眼相牛王眼睞相。(《菩提資糧論》第 5 卷)
>
> 三十者眼睞如牛王。　(《坐禪三昧經》卷上《第五治等分法門》)
>
> 或有婇女，目睞不交，睛瞳睆睆，熟視而睡。(《佛本行集經》第 16 卷)

以上佛經用例可爲《大字典》補充例證。

【髖】

"髖"同"髖"，一指臀部，《大字典》所引書証爲《玉篇》《廣韻》，無例證；一指股骨，《大字典》所引書證爲《字彙》，無例證。《慧琳音義》中亦收有該字。

> 髖骨　欵九（九）反。《考聲》：髖，胫骨也。《説文》：髀也。從骨寬聲。論從肉作髖，亦通。"(《慧琳音義》卷68《阿毗達磨大毗婆沙論》第 40 卷)

進一步考察佛經原文：

> 次觀髖骨，次觀腰骨，次觀脊骨，次觀脇骨……(《阿毗達磨大毗婆沙論》第 40 卷)

根據慧琳所釋，此處"髖"指股骨。此例可爲《大字典》補充例證。

第四節　三種《音義》醫學詞彙與大型語文辭書義例不合的修正

20 世紀 50 年代鄭奠在《中型現代漢語詞典編纂法》一文中就明確指出："分析詞義時不要被詞運用於個別語句中的具體環境所拘，必須抽出詞義的最大概括。也就是説要把詞的修辭意義和詞的詞彙意義區别開來。否則就要失於煩瑣,以至發生錯誤。"[1]一詞多義是語言的普遍現象,但是辭書的釋義必須具有高度的概括性。辭書中的義項不等於詞在上下文中的意義,而應當是從具體上下文意義中概括和提煉出來的。然而辭書中把古書中隨文釋義的詞義説解列爲義項的現象仍然比較普遍,這些義項不僅缺乏代表性,而且顯得累贅和凌亂,使用起來十分不便。因此,有必要通過文獻資料的全面梳理對那些不合理的義項進行重新歸併和修正。佛經音義是近年來語言學界研究的熱門語料之一,如《玄應音義》是現存最早匯釋衆經的佛經音義類著作,書中的注釋反映了一些常用詞的演變發展綫索[2],這也爲辭書義項的設定提供了重要參考。

【瘶、癘—癩,癘—痢】

"癘",《大字典》中有四個義項:①麻風病,所引書證爲《説文》;②瘟疫,所引書證爲《玉篇》;③殺;④通"勵",勸勉。《大詞典》所釋與此略同。

"癩",《大字典》中有二音。一讀爲 lài,此音下有三個義項:①麻風病,又稱癘,所引書證爲《集韻》;②像生癩皮毛脱落或表面凹凸不平;③喻指壞,低劣。一讀爲 là,釋爲"一種皮膚病,即黃癬,能使頭髮脱落,留下疤痕。又稱痢利",所引書證爲《廣韻》。在《大詞典》中其只有一讀爲 lài,且其釋義与《大字典》lài 音下釋義略同。

"瘶",《大詞典》未收。《大字典》注其音作 lái,有兩個義項:①惡病,所引書證爲《廣雅》;②久疾,所引書證爲《集韻》。

"痢",《大詞典》未收;《大字典》釋爲"同癘",所引書證爲《集韻》《字彙》。

> **疫厲(癘)** 營壁反,下又作痢,同。力制反。人病相注曰疫厲(癘)。《釋名》云:厲(癘),病氣流行。中人如塵厲傷物也。疫,役也。言有鬼行役。役,不住也。(《玄應音義》卷21《大乘十輪經》第1卷)

---

[1] 鄭奠,孫德宣,傅婧,等. 中型現代漢語詞典編纂法 [A]. 邵榮芬. 邵榮芬音韻學論集 [C]. 北京:首都師範大學出版社,1997.

[2] 徐時儀. 玄應《衆經音義》所釋常用詞考 [J]. 語言研究,2004,24(4):47.

疫癘 上音役。下音力制反。鄭注《周禮》云：癘者，疫氣不和之疾也。《説文》：疾惡也。並從疒，殳、萬皆聲。(《慧琳音義》卷40《千手千眼觀世音菩薩姥陀羅尼身經》)

癩病 來代反。《韻英》云：癩，惡疾。《博雅》云：風病也。或作瘊。《説文》作癘。經文作癩，俗用字也。(《慧琳音義》卷41《大乘理趣六波羅蜜多經》第3卷)

疥癩 ……下落代反。《字書》云：惡疾也。《説文》作瘊。經文作癩，俗字也。(《希麟音義》卷6《佛母大孔雀明王經》卷中)

按：以上條文中，玄應指出"癘"的異體字作"痢"；慧琳指出"瘊""癘"爲"癩"之異體字；希麟指出"癩"爲俗字。

考《説文·疒部》："癘，惡疾也。從疒，蠆省聲。""癘"是一種十分惡劣的疾病。《玉篇·疒部》："癘，力暫切。疫氣也。《説文》本力大切。惡病也。"根據《玉篇》所注，"癘"有兩讀兩義。一爲《説文》所説"惡病"，讀爲"力大切"。一指疫氣，《廣韻·祭韻》："癘，疫癘。力制切。"《廣韻》則只收疫癘一義，所讀音與《玉篇》所注同。《説文·疒部》："疫，民皆病也。從疒，役省聲。""疫"表現爲人們都生了同一種病。《玉篇·疒部》："疫，俞壁切。癘鬼也。"《諸病源候論》卷10《疫癘病候》："病無長少，率皆相似，如有鬼厲之氣，故云疫癘病。"由此可見其病情之重。上條中玄應指出"疫癘"爲"人病相注"，即人們生了這種病後會互相傳染，從而導致"民皆病"。此外，玄應還指出"癘"的異體字作"痢"。考《玉篇·疒部》："痢，力暫切。《公羊傳》曰：大痢。何休云：民病疫也。"其音義與"癘"皆同，故"痢"亦指流行病，或爲"癘"之疫癘義的本字。"列"，《説文·刀部》："列，分解也。""列"本義指分解、分裂，引申指斬殺，如《楚辭·天問》："列擊紂躬，叔旦不嘉。""列擊"即擊殺之義。故從"列"之"痢"指疫癘或言病情惡劣，病勢兇猛，可致人死亡。

又，考察《玄應音義》《慧琳音義》中收載的與"癩"相關的字目可知，"癩"僅用於與瘡瘍相關的詞彙，如"疽癩""白癩""疥癩""皰癩"。根據《玄應音義》所引《字林》、《慧琳音義》所引《蒼頡篇》《考聲》《字書》《文字集略》《文字典説》等書中的注釋可知，"癘"爲惡性瘡瘍的一種，由風邪所致，有疼痛的表現，俗字作"癩"，讀爲"力蓋反""力帶反”“來大反”“盧大反”等，爲來母泰韻，且其此義又有異體字作“㾑”。又，《山海經·西山經》：“（英山）有鳥焉，其狀如鶉，黃身而赤喙，其名曰肥遺，食之已癘。”郭璞注：“癘，疫病也。或曰惡創。”《史記·刺客列傳》：“豫讓又漆身爲癘。”司馬貞注：“癘音賴。賴，惡瘡病也。凡漆有毒，近之多患瘡腫，若賴病然，故豫讓以漆塗身，令其若癩耳。”郭璞和司馬貞亦指出“癘”爲惡瘡；其中司馬貞又作“賴”字，由此亦可見“癩”同“癘”僅指惡性瘡瘍。再考《廣韻·泰韻》：“癩，疾也。《説文》作癘，惡疾也。今爲疫癘字。落蓋切。”《廣韻·曷韻》：“癩，疥癩。盧達切。又音賴。”其既指出“癘”與“癩”同，又指出疫癘爲今義，惡瘡爲本義。又，《玉篇·疒部》：“㾐，力代切。惡病也。”《廣韻·哈韻》：“㾐，惡病。洛哀切。”《代韻》：“㾐，惡病。落代切。”兩書雖未指出“㾐”爲“癘”的異體字，但其“㾐”的音義皆與“癘”的音義相近。

此外，余雲岫云：“癩與疫兩者皆可謂之惡疾，許或包舉之？故其字次癬、疥、痂、痕之後，以癩與之類也；次瘧、痁、痎之前，着時行病之義也。”余雲岫結合“癘”字在《説文》中的位置，認爲《説文》中的“惡疾”實際上包含了惡瘡和疫癘兩義，此説可參。因此，“癘”一指惡瘡，由風邪所致，俗字作“癩”，又有異體字作“㾐”，讀爲來母泰韻；一指流行性傳染病，含義與“疫”同，異體字作“痢”，讀爲來母祭韻。

綜上，可得出如下結論。①“癘”一指惡瘡，《大字典》將其與麻風病簡單對應欠妥；一指流行性傳染病，《大字典》所引書證僅有《玉篇》，可據《慧琳音義》補充書證。②“癩”同“癘”，指惡瘡，《大字典》同樣將其與麻風病簡單對應，當正。其所引書證偏晚，可據《慧琳音義》提前書證。此外，《大字典》中“癩”字另立一讀 là，釋爲“一種皮膚病，即黃癬，能使頭髮脫落，留下疤痕。又稱痢利”。其所引例證爲《廣韻》：“癩，疥癩。”《大詞典》中則無此義。我們認爲，“疥癩”實際上亦是瘡瘍之疾，此義已包括在惡瘡之義中，故可將此二義歸併。③“㾐”同“癩”，指惡瘡，非泛指惡病，《大字典》注音及釋義有誤，可據《慧琳音義》補正。④“痢”同“癘”，指流行性傳染病，《大字典》未指明其含義，容易引起誤解，且其所引書證偏晚，可據《玄應音義》補正之。

【疷、㾌】

“疷”，《大詞典》未收；《大字典》釋爲“同㾌”，所引書證爲《玉篇》

《字彙》。

"㾍"，在《大字典》中有兩個義項：①瘡，所引書證爲《玉篇》《廣韻》；②病，所引書證爲《集韻》。其在《大詞典》中亦有兩義：①瘡；②用同"圊"，排泄（大便）。

　　若㾀　又作㾍，同。古和反。《韻集》曰：瘡病也。春發者謂之燕㾀，秋發者爲雁㾀。（《玄應音義》卷14《四分律》第42卷）

　　按：玄應指出"㾀"異體字作"㾍"，是一種瘡瘍，春天發病的稱爲"燕㾀"，秋天發病的稱爲"雁㾀"。《玉篇·疒部》："㾀，古禾切。瘡也。又古花切。""㾍，古禾切。疽瘡也。"《廣韻·戈韻》："㾍，瘡也。古禾切。""㾀，上同。""㾀，禿瘡。苦禾切。又古禾切。"《玉篇》並沒有指出"㾀"與"㾍"同，但二者釋義相近。根據《廣韻》的注釋，"㾀"有兩讀對應兩義，一指一種瘡瘍，以春秋天發病爲多，與"㾍"同；一指禿瘡。

　　綜上，可得出如下結論。①"㾀"有兩義，一指一種瘡瘍，一指禿瘡。《大字典》未將兩義分開，且其所引書證爲《玉篇》《字彙》，可據《玄應音義》《廣韻》補正。②"㾍"同"㾀"，指一種瘡瘍，《大字典》所引書證爲《玉篇》《廣韻》，可據《玄應音義》補充書證。

第五節　三種《音義》醫學詞彙對大型語文辭書編纂的綜合價值

　　三種《音義》中保存了很多辭書、注疏、古籍等資料，可爲理清字際關係、補正當代字典及詞典條目提供參考。我們前面已經分別舉例説明了三種《音義》醫學詞彙在大型語文辭書立目拾遺、釋義勘誤、引證訂補和義例不合的修正上的價值，由於字詞之間的複雜關係，以及三種《音義》中收載的豐富材料，這種價值實際上是綜合而全面的。

　　【疱、皰、皰、皰、䪒、皾】

　　"疱"，在《大字典》中有三個義項：①腫病，所引書證爲《集韻》；②面部所生的小瘡，俗稱粉刺，所引書證爲《慧琳音義》卷7所引《桂苑珠叢》《集韻》；③皮膚上生長的瘡皰，所引書證爲《玉篇》。其在《大詞典》中則有兩個義項：①面部所生的小瘡；②皮膚上長的像水泡的小疙瘩。

"皰"，在《大字典》中有兩個義項：①同"皰"，面瘡，所引書證爲《玉篇》《集韻》；②水泡。其在《大詞典》中的釋義同此。

"皰"，在《大字典》中有三個義項：①面瘡，所引書證爲《説文》；②皮膚上起的像水泡的小疙瘩，所引書證爲《廣雅》《正字通》；③眼皮。其在《大詞典》中只有兩個義項：①皮膚上長的像水泡的小疙瘩；②指眼泡。

　　創皰　……皰，又作皰，同。輔孝反。《説文》：皰，面生氣也。經文作疱，猶俗字耳。(《玄應音義》卷2《大般涅槃經》第9卷)

　　腫皰　上鐘勇反，下炮貌反。《考聲》云：面上細瘡也。《説文》：面生氣。《蒼頡》：從皮包聲。經從疒作疱，或從面作皰，並俗字也。疒音女厄反。(《慧琳音義》卷6《大般若波羅蜜多經》第503卷)

　　腫疱　……下白皃反。《桂苑珠叢》云：人面上熱氣所生瘡名疱。《説文》云：面上風氣瘡也。從疒包聲也。或從面作皰，或作頗，並同。一云面上細瘡也。(《慧琳音義》卷7《大般若波羅蜜多經》第541卷)

　　疱癲　上薄教反。《説文》：從皮作皰，面生熱瘡也。亦作皯，俗作皰(皰)。……(《希麟音義》卷6《大寶廣博樓閣善住秘密陀羅尼經》卷上)

　　瘡皰　……下防教反。《切韻》作皰，面瘡也。《説文》正作皰，皮起也。今律文作疱，俗字也。(《希麟音義》卷9《根本説一切有部毗奈耶破僧事》第1卷)

　　按：以上條文中，玄應指出"皰"又作"皰"，"疱"爲俗字；慧琳指出"疱"和"皰"爲"皰"的俗字，其異體字又作"皰""頗"；希麟指出"疱"正字作"皰"，"疱"和"皰"爲俗字，異體字又作"皯"。

考《説文》中有"皰"無"疱"，《説文·皮部》："皰，面生氣也。"希麟指出"皰"爲正字也本於《説文》。《慧琳音義》卷6《大般若波羅蜜多經》第 503 卷 "腫皰" 條引《考聲》云："面上細瘡也。"《慧琳音義》卷 13《大寶積經》第 55 卷 "諸皰" 條引《韻詮》云："面瘡也。"則 "皰" 本義指面部出現的小細瘡，後又引申泛指皮膚上的瘡瘍，如唐代玄奘《大唐西域記·摩揭陀國上》："功成報命，王聞心懼，舉身生皰，肌膚攫裂，居未久之，便喪没矣。"其中的 "皰" 很明顯不是特指面部的病證。"疱"，《玉篇·疒部》："薄教切。疱瘡也。" "疱" 是一種瘡瘍之疾。根據慧琳所引《桂苑珠叢》的注釋，"疱" 亦可指面部出現的小細瘡。故 "皰" 和 "疱" 實際上是異體字的關係，本義指面部出現的小細瘡，引申泛指皮膚上的瘡瘍。玄應、慧琳和希麟皆本《説文》所收之字為正字，故言 "皰" 為正字，"疱" 為俗字。"皰" "皰" "䪽" 均為 "皰" 意符替換的異體字，"皰" 則為 "皰" 之異寫。

綜上，可得出如下結論。① "皰" 與 "疱" 同，本義指面部出現的小細瘡，引申泛指皮膚上的瘡瘍。《大字典》《大詞典》中的釋義不够準確，且二書皆未指明兩字關係，可據《玄應音義》《慧琳音義》《希麟音義》補正之。② "皰" 同 "皰"，《大字典》所引書證為《玉篇》《集韻》，可據《玄應音義》《慧琳音義》《希麟音義》補充書證。③ "皰" 同 "皰"，《大字典》未收 "皰" 字，可據《慧琳音義》補充。④ "䪽" 同 "皰"，《大字典》未收 "䪽" 字，可據《慧琳音義》補充。⑤ "皰" 同 "皰"，《大字典》未收 "皰" 字，可據《慧琳音義》補充。

【肬、默、疣、煩、肕、頵】

"肬"，在《大字典》中有兩讀兩個義項：①yòu，肉瘤，也作 "肬"，所引書證為《玉篇》《廣韻》；②yóu，同 "煩"，顛動。其在《大詞典》中的釋義為 "亦作肬"，有兩個義項：①皮膚病名，病原體是一種病毒，症狀是皮膚上出現一個或多個跟正常的皮膚顏色相同的或黄褐色的突起，表面乾燥而粗糙，不疼不癢，好發於面部和手背；②用同 "尤"，怨恨，歸咎，過失。

"默"，《大詞典》未收；《大字典》釋為 "同肬"，所引書證為《説文》《集韻》。

"疣"，《大詞典》未收；《大字典》釋為 "同煩"，所引書證為《説文》《玉篇》。

"煩"，《大詞典》未收；《大字典》釋為 "頭部顛動病。引申為顫"，所引書證爲《説文》《玉篇》《集韻》。

“肬”，《大詞典》釋爲“肉贅”；《大字典》釋爲“同疣。一種病毒感染的皮膚病，也叫肉瘤，通稱瘊子”，所引書證爲《説文》《釋名》《廣韻》。

“頄”，《大詞典》未收；《大字典》釋爲“同煩”，所引書證爲《玄應音義》《集韻》。

肬贅　籀文作黖，今亦作疣，同。有流反，下之芮反。小曰疣，大曰贅。《廣雅》：肬，腫也。《説文》：肬，贅也。《莊子》附贅懸肬，是也。經文作肬、腨二形，非也。（《玄應音義》卷8《法鏡經》下卷）

顫頄　……下古文鈗、疢、頄三形，今作疣，同。尤富反。《通俗文》：四支寒動謂之戰頄。《蒼頡篇》云：頭不正也。經文作枕，非也。（《玄應音義》卷11《增一阿含經》第24卷）

疢頭　古文鈗、疢、頄三形，今作疣，同。有霤反。《説文》：頄，顫也。謂顛掉不正也。顫又作戰。律文作痏，非體也。（《玄應音義》卷15《僧祇律》第21卷）

瘡疣　……下有憂反。《蒼頡篇》：疣，病也。或作肬，亦通。或作疢，古字。（《慧琳音義》卷10《仁王護國般若波羅蜜多經》下卷）

小疣　有求反。《埤蒼》云：疣，病也，皮上結也。《莊子》云：附贅懸肬。《山海經》云：諸毗之水有滑魚焉，食之曰肬。或作黖。今俗謂之侯。《説文》作肬，云：贅也。從月尤聲。亦從疒作疣。經本作疣，非也。（《慧琳音義》卷20《寶星經》第4卷）

按：以上條文中，玄應指出“肬”的古文作“黖”，“疣”爲今字；“頄”和“疢”的古文均作“鈗”“疢”“頄”，“疣”亦爲今字。慧琳指出“疣”的古文作“疢”，異體字還有“肬”和“黖”。

考《説文·疒部》：“疢，顫也。”“顫，頭不定也。”《玉篇·疒部》：“疢，尤呪切。頭搖也。與頄同。”“疢”既可特指頭部搖動不定，又可泛指顛動、搖動，《玉篇》還指出其與“頄”同。考《説文·頁部》：“頄，顫也。从頁尤聲。疣，煩或从广。”“煩”有顫動之義，又作“疣”，“疣”是“煩”的意符替換字。“疢”和“煩”都可泛指顫動、搖動，兩字音同義近，可互相通用，並逐漸演變成異體字的關係。“疢”又作“頄”，“頄”爲“疢”意符替換的異體字。因此，“煩”本義指顫動、搖動，異體字作“疣”；“疢”既可特指頭部搖動不定，又可泛指顫動、搖動，異體字作“頄”；“煩”和“疢”在顫動、搖動這一義項上又互爲異體字。又由於兩者互爲異體字，“煩”亦可指頭部搖動，如《集韻·宥韻》：“煩、頄，頭顫也。亦從又。”趙振鐸校“煩”作“煩”，方成珪《集韻考正》亦認爲此處“煩”爲“煩”之訛，則“煩”又有了頭部搖動之義。

又，《玉篇·广部》：“疣，羽求切。結病也。今疣贅之腫也。”《廣韻·尤韻》：“疣，結病也。《釋名》曰：疣，丘也。出皮上聚高如地之有丘也。羽求切。”《玉篇》《廣韻》均指出“疣”是一種皮膚病，表現爲皮膚上的結節，即贅疣，此與《說文》所釋不同，則“疣”一方面可指一種皮膚病，一方面又與“煩”互爲異體字指顫動。前者的文獻用例如《莊子·大宗師》：“彼以生爲附贅縣疣。”後者則尚未見文獻用例。《說文》中釋爲贅疣的字爲“肬”，《說文·肉部》：“肬，贅肬也。从肉尤聲。默，籀文肬从黑。”根據《說文》的收載可知，指皮膚病的本字或爲“肬”，那麼從“广”的“疣”應爲“肬”的形旁替換字。玄應亦指出正字作“肬”，籀文作“默”，而“疣”爲今字。“疣”本義指顫動，與“煩”互爲異體字，因而“疣”字身兼兩義：一指一種皮膚病，同“肬”；一指顫動，同“煩”。“肬”的形旁替換字與“煩”的形旁替換字均爲“疣”，兩者爲同形字。因此，“疢”“頄”“煩”“疣”“肬”“默”六者的關係可用下圖表示。

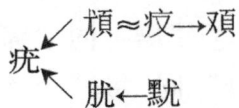

$$
疣
\begin{array}{l}
\nearrow\ 煩≈疢→頄\\
\searrow\ 肬←默
\end{array}
$$

此外，“銚”字，《說文》《玉篇》中均無，《康熙字典·金部》：“銚，《五音集韻》：以芮切，音鋭；侍臣所執兵。《正字通》：銚字之訛。”其認爲“銚”是“銳”的訛字，指一種兵器。然玄應所說的“銚”爲“疣”的古文，未詳所出，故存疑。

綜上，可得出如下結論。①“疣”同“肬”，指贅疣，《大字典》所引書證僅有《玉篇》和《廣韻》，可據《玄應音義》補充書證。②“疣”同“煩”，指顫動，《大字典》所引書證僅有《說文》，可據《玄應音義》補充書證。③ "黓" 同 "胈"，指贅疣，《大字典》所引書證僅有《説文》和《集韻》，可據《玄應音義》和《慧琳音義》補充。④ "疢" 同 "頏"，一特指頭部搖動，如《玉篇》《慧琳音義》（卷75 "顛疢" 條）所釋；一泛指顫動、搖動，如《説文》《玄應音義》（卷15 "疢手" 條）所釋；《大字典》所引書證僅有《説文》《玉篇》，可據此訂補。⑤ "頏" 同 "疢"，《大字典》言 "頏" 同 "頏"，其所引例證爲方成珪考證結論，然《玄應音義》多次指出 "頏" 又作 "疢"，"頏" 和 "疢" 的異體關係似更明確，故可據此訂補之。

【瘙、瘭】

"瘙"，《大詞典》未收；《大字典》釋爲 "同瘮"，所引書證爲《龍龕手鑑》。

"瘭"，《大詞典》未收；《大字典》釋爲 "同瘙"，所引書證爲《玉篇》。

> **疥瘭** 又作瘙，同。桑到反。《廣雅》：瘭，瘡也。《通俗文》：皮起曰瘭。（《玄應音義》卷14《四分律》第36卷）
> **疼瘙** ……下蘇倒反。瘙，皮上痒起小瘡也。正作瘭。經作瘙，俗字，非也。（《慧琳音義》卷28《正法花經》第2卷）

按：以上條文中，玄應指出 "瘙" 爲 "瘭" 的異體字。慧琳指出 "瘭" 爲正字，"瘙" 爲其俗字。"瘭" 指疥瘡。"桑" 上古音爲心母宵部，"蚤" 爲精母幽部，兩者音近，則 "瘙" 爲 "瘭" 聲符替換的異體字。"瘙" 或爲 "瘭" 之訛寫。

綜上，可得出如下結論。① "瘙" 同 "瘭"，《大字典》未收此義，可據《慧琳音義》補充。② "瘭" 同 "瘙"，《大字典》所引書證僅有《玉篇》，可據《玄應音義》補充。

【胅、痻、疒】

"胅"，《大字典》中有兩種讀音，其中一音爲 xìn，此音有如下兩個義項：①傷口愈合時新肉略微突出，所引書證爲《説文》《玉篇》；②紅腫發炎，所引書證爲《廣韻》《集韻》。《大詞典》所釋與此略同。

"痻"，《大詞典》未收。其在《大字典》中有兩種讀音，其中一音爲 xìn，此音有如下兩個義項。①同 "胅"：傷口愈合時新肉略微突出，所引書證爲《玉篇》《集韻》；熱氣着膚。②瘡中冷，所引書證爲《廣韻》。

"疠"，《大詞典》未收。其在《大字典》中有三個義項：①同"胅"，瘡肉反出，所引書證爲《集韻》；②瘡中冷，所引書證爲《龍龕手鑑》；③蜀方言，發生影響的意思。

　　毒胅　又作痹、疠二形，同。火靳反。江南言胅腫。《説文》：肉反出也。（《玄應音義》卷25《阿毗達磨順正理論》第31卷）

　　按：玄應指出"胅"異體字作"痹""疠"。考《説文·肉部》："胅，創肉反出也。""胅"指創傷愈合處新肉微突。玄應又指出江南有稱"胅腫"者。《廣韻·準韻》："胅，腫起。"則"胅"又可作爲江南方言詞，指皮膚腫起，其應屬於皮膚的一種病證表現，這從上條"毒胅"一詞亦可見。

　　綜上，可得出如下結論。①"胅"一指創傷愈合處新肉微突，一指皮膚腫起，後一義項《大字典》所引書證偏晚，可據《玄應音義》提前書證。②"痹"同"胅"，《大字典》所引書證爲《玉篇》《集韻》，可據《玄應音義》補充書證。③"疠"同"胅"，《大字典》所引書證偏晚，可據《玄應音義》提前書證。

【瘻、瘺】

"瘻"，《大字典》中有兩種讀音，其中一音爲lóu，此音有三個義項：①瘰癧，即淋巴結核，所引書證爲《説文》；②瘻管；③小兒面腫，所引書證爲《新方言》。《大詞典》所釋與此略同。

"瘺"，《大字典》釋爲"同瘻"，所引書證爲《龍龕手鑑》《篇海類編》。

　　血瘺　宜作瘻，音漏。癰屬也。中有蟲，頸腋隱處皆有也。或作漏，血如水下也。（《玄應音義》卷10《佛阿毗曇》下卷）

　　按：玄應指出"瘺"異體字作"瘻"，還可寫作"漏"。《説文·疒部》："瘻，頸腫也，从疒婁聲。"《淮南子·説山訓》："貍頭愈鼠，雞頭已瘻。"高誘注："瘻，頸腫疾。"即"瘻"指頸部腫大。玄應則指出"瘻"雖指頸部腫大，但腋下等人體較隱秘的地方也有"瘻"發生，且裏面有蟲。

又，《慧琳音義》卷13《大寶積經》第55卷"痔瘻"條："……下郎豆反。惡瘡病也。"《慧琳音義》卷16《佛說胞胎經》"禿瘻"條："音陋。《考聲》云：瘻，久瘡不差曰瘻。從疒婁聲。"《希麟音義》卷6《大寶廣博樓閣善住秘密陀羅尼經》卷上"瘻瘡"條："上盧侯反。《切韻》：瘡，瘻也。《集訓》云：瘡久不瘥也。……"《玉篇·疒部》："瘻，力屨切。瘡也。"《廣韻·候韻》："瘻，瘡也。盧侯切。"諸書皆指出"瘻"屬瘡瘍之疾，且爲惡瘡，爲瘡瘍長期不愈所致，是病程發展的結果。玄應還指出"瘻"還可作"漏"，取其"血如水下"之義，此應與"瘻"有膿潰流出的症狀表現有關，"漏"爲"瘻"之通假字。如《素問·刺禁論》："刺匡上陷骨，中脈爲漏，爲盲。"其中的"漏"指瘡腫潰破，久不收口，形成孔道，時有膿液流出的病證。又，《諸病源候論·瘻病諸候》："瘻病之生……久則成膿而潰漏也。"此指出了"瘻"爲病久成膿潰破，故"瘻"又可指瘡腫潰破，久不收口，形成孔道，時有膿液流出。如《諸病源候論》卷34《諸痔候》："痔久不瘥，變爲瘻。"今稱之"瘻管""瘻孔"。因此，"瘻"本義指頸部腫大，是瘡瘍的一種，爲瘡瘍長期不愈所致，有成膿破潰的表現，引申泛指其他部位的瘡腫或瘡腫潰破，久不收口，形成孔道，時有膿液流出。

綜上，可得出如下結論。①"瘻"指頸部腫大，是瘡瘍的一種，爲瘡瘍長期不愈所致，有成膿破潰的表現；《大字典》釋之爲"瘻癧。即淋巴結核"，釋義過簡，將"瘻"與淋巴結核簡單對應亦有不妥，且其所引書證僅有《說文》，可據《玄應音義》補正之。②"瘄"同"瘻"，《大字典》所引書證偏晚，可據《玄應音義》提前書證。③"漏"通"瘻"，指瘡腫潰破，久不收口，形成孔道，時有膿液流出的病證。《大字典》未指明其與"瘻"的通假關係，可據《玄應音義》補正之。

【頖、䰃、媺、𡡾】

"頖"，《大詞典》未收；《大字典》釋爲"同髮。《集韻·月韻》：髮，古作頖"。

"䰃"，《大詞典》未收；《大字典》釋爲"同髮。《說文·髟部》：髮，根也。䰃，髮或從首"。

"媺"，《大詞典》未收；《大字典》釋爲"同髮。《字彙·女部》：媺，同髮"。

　　須髮　……或作頗、繨，此皆古髮字也。……（《慧琳音義》卷 5《大般若波羅蜜多經》第 416 卷）

　　須髲　……下髲音蕃羈反。……或從首作鬙，或作頗，皆古字也。……（《慧琳音義》卷 64《迦葉禁戒經》）

　　按：慧琳指出 "頗" "繨" "鬙" "頗" 均爲 "髮" 的古文（ "髲" 即 "髮" ）。其中 "頗" 和 "繨" 應爲 "髮" 字意符替換的異體字， "鬙" 和 "頗" 或爲其訛變而成。

　　綜上，可得出如下結論。① "頗" 同 "髮"，《大字典》所引書證偏晚，可據《慧琳音義》提前書證。② "繨" 同 "髮"，《大字典》所引書證僅有《説文》，可據《慧琳音義》補充書證。③ "頗" 同 "髮"，《大字典》所引書證偏晚，可據《慧琳音義》提前書證。④ "鬙" 同 "髮"，《大字典》雖收 "鬙" 字，但未收 "鬙" 字，可據《慧琳音義》補充。

　　【睫、毻、睞】

　　"睫"，《大字典》中有兩讀音。第一個讀音 jié 下義項：①眼瞼上下邊所生的細毛，所引書證爲《釋名》《廣韻》《莊子》等；②眨眼，所引書證爲《列子》等。第二個讀音 shè 下釋義爲 "同矊，目動貌"，所引書證爲《集韻》。

　　"毻"，《大字典》釋義爲 "同睞（睫），眼睫毛"，所引例證爲《集韻·葉韻》："睞，《説文》：目旁毛也。或作睫、毻。"

　　"睞"，《大字典》釋義爲 "同睞，眼睫毛"，所引例證爲《集韻·葉韻》："睞，《説文》：目旁毛也。或作睞。"

　　如睫　《説文》作睞，《釋名》作毻，同。……（《玄應音義》卷 18《成實論》第 6 卷）

　　眼睫　……《通俗文》：從妾作睞。解云：目毛曰睞。……（《慧琳音義》卷 6《大般若波羅蜜多經》第 469 卷）

　　眼睞　……經從妾作睞，俗字也。（《慧琳音義》卷 75《坐禪三昧經》中卷）

　　紺睫　……或從夾作睞。《釋名》作毻。（《慧琳音義》卷 98《廣弘明集》第 13 卷）

按：《説文·目部》："睞，目旁毛也。从目夾聲。""睞"指眼睫毛。《玉篇》"睫"同"睞"。玄應和慧琳均指出"毲"和"睞"爲"睫"之異體字，並言《釋名》中作"毲"，然今本《釋名》作"睫"，或因傳本不同，或因傳抄致誤。"毲"蓋爲"睫"意符替換的異體字。此外，慧琳還指出"睞"爲俗字。"妾"上古音爲清母葉部入聲，"走"爲從母葉部入聲，"夾"爲見母葉部入聲，三者音近，故"睞"應爲聲符替換的異體字。

綜上，可得出如下結論。①"睫"指眼睫毛，《大字典》所引書證爲《釋名》《廣韻》，可據《玄應音義》《慧琳音義》補充書證。②"毲"同"睞（睫）"，《大字典》所引書證偏晚，可據《玄應音義》《慧琳音義》提前書證。③"睞"同"睞（睫）"，《大字典》所引書證偏晚，可據《慧琳音義》提前書證。

【頷、脥、頤、頷】

"脥"，《大字典》釋爲：

（一）hé……同"頷"。《集韻·感韻》："頷，《説文》：頤也。或作脥。"
（二）hán……同"肣"。乾的肥牛肉。《集韻·覃韻》："肣，肥牛脯。或從含。"

"頤"，《大字典》釋爲：

同"頤"。《説文·頁部》："頤，頤也。從頁，圅聲。"桂馥義證："《漢書·王莽傳》：莽爲人侈口蹵頤。顏師古注：頤，頤也。"按，《漢書·王莽傳》中作"頤"。《玉篇·頁部》："頤，同頤。"

"頷"，《大字典》注音爲hàn，釋爲：①［頣頷］食不飽而面黄肌瘦，也單用作"頷"，所引書證爲《説文》；②下巴，所引書證爲《方言》、《素問》王冰注等；③通"頷"，點頭，所引書證爲《集韻》《説文通訓定聲》《左傳》等。

頷有 含紺反。俗字也。正從圅作頤。《説文》：頤也。從頁圅

聲。頁音頡，函音含也。(《慧琳音義》卷13《大寶積經》第55卷)

牙頷　……下含感反，上聲字。經作頷，俗字也。《説文》云：頤，顄也。古文本從函，音含，從頁作顄，或作頣，皆古字也。今且從俗。(《慧琳音義》卷35《一字頂輪王經》第1卷)

頷骨　含感反。《説文》：頷，顄也。從頁含聲。古作顄。論從肉作脥，俗字也。(《慧琳音義》卷68《阿毗達磨大毗婆沙論》第40卷)

　　按：考《説文·頁部》：“顄，頤也。”段玉裁注云：“《王莽傳》作頷，正字也。《方言》作頷，於《説文》爲假借字。”“頤”指下巴，“顄”爲“頤”之省文，今作“頷”，段玉裁認爲“頷”爲假借字。考《説文·頁部》：“頷，面黄也。”段玉裁注云：“《離騷》：苟餘情其信姱以練要兮，長顑頷亦何傷。王注：顑頷，不飽兒。本部顑字下云：飯不飽，面黄起行也。義得相足。今則頷訓爲頤，古今字之不同也。”“頷”本義指面色發黄，後來又作爲“顄”的通假字用，指下巴，故慧琳指出“頷”爲“頤（顄）”之俗字，“頤”“顄”皆爲古字。此外，慧琳還指出“脥”亦爲“頷”之俗字，“頣”亦爲古字。“脥”應爲“頷”意符替換的異體字，而“頣”則爲“顄”之訛寫。

　　又，《説文·頁部》：“頷，顄也。”段玉裁注云：“《方言》：頷、頤，頷也。南楚謂之頷，秦晉謂之頷。頤其通語也。”考《方言》：“頷、頤，頷也。南楚謂之頷，秦晉謂之頤。頤其通語也。”周祖謨注：“《廣雅·釋親》‘顄、頤，頷也’，與此相同。《玉篇》頷下引本書作‘頷、頤，頷也’，《玄應音義》卷一引同。”雖然在三者的順序上各書略有差别，且段玉裁所引《方言》與今本《方言》在秦晉的稱呼上有所不同，但是可以明確的是，“頤（顄）”“頷”“頤”三者所指相同，只是各地方言用詞不同罷了。《集韻·感韻》：“頷、嗬、脥，《説文》：顄也。或作嗬、脥。”由於“頷”與“頷”同指下巴，“脥”又爲“頷”意符替換的異體字，故《集韻》中收載了“頷”或作“脥”。“嗬”很可能也是“顄”意符替換的異體字。

　　綜上，①“脥”同“顄”，音hàn，《大字典》引《集韻》言“脥”同“頷”有失考證，可據《慧琳音義》訂補之。②“頣”同“顄”，《大字典》未收“頣”字，可據《慧琳音義》補充之。③“顄”同“顄”，《大字典》

所引書證爲《玉篇》，可據《慧琳音義》補充書證。④“頟”同“頢”，《大字典》未指出兩字之間的關係，可據《慧琳音義》訂補之。

【𦜖、腭、齶、咢、齶、齶、噱、臄】

“𦜖”，《大字典》釋義爲“同齶”，所引書證爲《集韻》。

“腭”，《大字典》注音爲 è，釋義爲“口腔的上膛”，所引書證爲《龍龕手鑑》《洗冤録》《徐霞客游記》《聊齋志異》。

“齶”，《大字典》釋義爲“同齶”，所引書證爲《龍龕手鑑》《字彙》。

“咢”，《大字典》注音爲 è，釋義爲：①争辯，所引書證爲《説文》；②古稱只擊鼓而無其他樂器伴奏的歌唱爲“咢”，所引書證爲《爾雅》《詩經》等；③驚訝，後作“愕”，所引書證爲《玉篇》；④刀劍的刃，後作“鍔”，所引書證爲《漢書》；⑤屋棱，所引書證爲《晉書》。

“齶”，《大字典》注音爲 è，釋義爲：①口腔的頂壁，即上齶，後作“腭”，所引書證爲《龍龕手鑑》《字彙》《徐霞客游記》等；②齒齦，所引書證爲《玉篇》《集韻》等。

“噱”，《大字典》注音爲 jué，釋義爲：①同“谷”，所引書證爲《説文》；②大笑，所引書證爲《集韻》。

“臄”，《大字典》注音为 jué，釋義爲：①同“谷”，所引書證爲《説文》；②舌，所引書證爲《詩經》毛傳、《經典釋文》；③切肉，所引書證爲《集韻》；④笑貌，所引書證爲《廣韻》。

齗齶 牛斤反。《説文》：齒肉也。齶又作腭、咢二形，同。五各反。齒内上下肉也。（《玄應音義》卷 1《大方廣佛華嚴經》第 34 卷）

唇齶 又作腭、咢二形，同。五各反。齒内上下肉也。（《玄應音義》卷 10《菩薩善戒經》第 9 卷）

唇腭 五各反。《考聲》：腭，齗也。經文作齶，俗字也。《説文》云：口上河也。從口，上象其文理也。（《慧琳音義》卷 31《大乘入楞伽經》第 3 卷）

上𦜖 昂各反。《考聲》從肉作𦜖。經文從齒作齶，俗字也。《説文》作谷，音强各反，口上河（阿）也。象其文理也。古文本

無此字，先賢隨俗語書出，或從肉從齒皆非正。相傳共用，音五各反。古云爾。(《慧琳音義》卷36《金剛頂經》第2卷)

　　𦜅痛　上昂各反。《考聲》云：𦜅，斷也。從肉咢聲也。咢音同上。見《考聲》。《説文》無此字。正作谷，口上阿也。象形字也。谷音强略反。亦作𠣛，亦作腺，並見《説文》。今俗用作腭、齶，並非也。(《慧琳音義》卷66《阿毗達磨法蘊足論》第6卷)

　　按：考《説文·谷部》："谷，口上阿也。從口，上象其理。凡谷之屬皆從谷。𠣛，谷或如此。腺，谷或從𢇛肉。""谷"爲象形字，指口腔中上齶有紋理的部分，異體字作"𠣛""腺"。慧琳指出"谷"爲"𦜅"之正字，"腭""齶""齶"皆爲俗字，則"𦜅""腭""齶""齶"皆可指口腔中上齶有紋理的部分。

　　"齗"，玄應多次訓之爲"齒內上下肉"，則"齗"指上下牙內側的肉，即牙齦。其異體字又作"齶"和"咢"。"咢"即"𠴿"，《説文·吅部》："𠴿，嘩訟也。從吅屰，屰亦聲。""𠴿（咢）"本義指擊鼓而歌，故其指牙齦應爲"齗"之通假字。"齶（腭）"爲"咢（𠴿）"加意符而成的專爲此義而造的後起本字，故《慧琳音義》卷12《大寶積經》第34卷"喉腭"條："我各反。俗字。正體從肉從吅（音喧）從屰（音逆）作腭。今通俗作咢，訛也。"因此，慧琳認爲"腭"爲正字，"咢"爲俗字、訛字。

　　"齶"，《玉篇·齒部》："五各切。斷也。"《廣韻·鐸韻》："噩，口中斷噩，出《字統》。""齶，上同。"則"齶"亦指牙齦，又作"噩"。慧琳指出"齶"爲"腭"之俗字，則"齶""噩""腭"三者互爲意符替換的異體字。又，《慧琳音義》卷35《一字頂輪王經》第1卷"斷腭"條："……下腭字。《玉篇》《説文》等諸字書並無此字。俗用。"慧琳此處又指出"齶"字未見於歷代字書，因此，指牙齦義的本字或爲"齗"。"咢"和"虐"上古音同爲疑母入聲，存在通假可能，則"齶"或爲"齗"聲符替換的異體字。"咢"爲音近通假字，"腭"爲後起本字，"噩"亦爲"腭"或"齶"意符替換的異體字。關於"腭"和"齶"的正俗關係，《龍龕手鑑》認爲"齶"爲正字，"腭"爲俗字。然字的正俗關係是隨時代不同而變化的。《慧琳音義》早於《龍龕手鑑》《大廣益會玉篇》《廣韻》《集韻》等辭書，且其所引《韻詮》《考聲》均作"腭"，而《韻詮》《考聲》兩書皆成於唐代，可見"腭"在唐代是通行的正字，若今據《龍龕手鑑》認爲"齶"爲正字欠妥。

然"腭"既可指上下牙內側的肉，又可指口腔的上面部分。前者如《慧琳音義》卷48《瑜伽師地論》第49卷"齗腭"條："腭，齒內上下肉垠咢也。"后者如《慧琳音義》卷13《大寶積經》第55卷"有腭"條："五各反。變體字也。正作腭。從肉從叩（音喧）從屰（音逆），屰亦聲也。《韻詮》云：腭，齗也。口中上面曰腭齗（音銀）也。"後一義同"谷"。蓋由於上齶與牙齗相連，"谷"與"腭"意義相近，"腭"字逐漸包含了上齶的義項，故後世多作"腭"。然兩字讀音不同，《慧琳音義》卷35《一字頂輪王經》第1卷"齗腭"條："……下腭字。《玉篇》《説文》等諸字書並無此字。俗用。音我各反，近代諸家切韻隨俗。或有並從肉咢聲，亦是俗字也，已行於世久矣。案，腭者，口中上腭也。《説文》云：口上阿也。從口作谷，音强略反，象形，口上畫重八象其上腭文理也，亦會意字。"慧琳指出"腭（腭）"讀"我各反"是隋唐時期的俗音；其正字應爲"谷"，讀爲"强略反"。然"腭（腭）"字行而本字廢，故後世取"腭（腭）"之讀音"我各反"既指上齶，又指牙齗。其異體字"齶"在文獻中亦既可指上齶，又可指牙齗。前者如明代徐弘祖《徐霞客游記·滇游日記十》："東北開一穴，如仰口而張其上齶。"如唐代韓愈《陸渾山火一首和皇甫湜用其韻》："雷公劈山海水翻，齒牙嚼齧舌齶反。"此外，由於"咢"與"齶""腭"通用，"咢"既可指牙齗，又可指上齶，如《慧琳音義》卷22《花嚴經》第48卷《如來十身相海品》"上咢"條："俄各反。正體作咢，又或作齶也。"

綜上，可得出如下結論。①"腭"一指口腔中上齶有紋理的部分，一指上下牙內側的肉，即牙齗，《大字典》所引書證偏晚，可據《慧琳音義》提前書證。②"腭"同"腭"，《大字典》所引書證偏晚，可據《慧琳音義》提前書證。③"齱"指牙齗，《大字典》所引書證偏晚，可據《玄應音義》提前書證。④"咢"一通"齱"，指牙齗，《大字典》未列此義項，可據《玄應音義》補充；一通"腭"，指口腔中上齶有紋理的部分，《大字典》未列此義項，可據《慧琳音義》補充。⑤"齶"同"腭"，《大字典》釋爲"後作腭"欠妥，且其所引書證爲《龍龕手鑑》《字彙》《玉篇》《集韻》，可據《慧琳音義》提前或補充書證。⑥"齶"同"腭"，《大字典》

未收此字，可據《慧琳音義》補充。⑦“唅”同“谷”，《大字典》所引書證僅有《説文》，可據《慧琳音義》補充書證。⑧“膔”同“谷”，《大字典》所引書證僅有《説文》，可據《慧琳音義》補充書證。

徵引文獻

（按書名音序索引）

B

［1］王明. 抱樸子内篇校釋（增訂本）［M］. 北京：中華書局，1996.

［2］楊明照. 抱樸子外篇校箋［M］. 北京：中華書局，2010.

［3］（唐）孫思邈. 備急千金要方［M］. 影印本. 北京：人民衛生出版社，1982.

［4］（梁）陶弘景. 本草經集注（輯校本）［M］. 尚志鈞，尚元勝，輯校. 北京：人民衛生出版社，1994.

［5］尚志鈞.《本草拾遺》輯釋［M］. 合肥：安徽科學技術出版社，2003.

［6］（宋）蘇頌. 本草圖經［M］. 合肥：安徽科學技術出版社，1994.

［7］（晉）張華. 博物志（外七種）［M］. 王根林，等，校點. 上海：上海古籍出版社，2012.

C

［8］聶石樵. 楚辭新注［M］. 北京：商務印書館，2004.

D

［9］（梁）顧野王. 大廣益會玉篇［M］. 影印本. 北京：中華書局，2008.

［10］（唐）玄奘，辯機. 大唐西域記校注//中外交通史籍叢刊［M］. 季羨林，等. 校注. 北京：中華書局，2000.

［11］（东汉）劉珍，等. 東觀漢記//二十五別史［M］. 吳慶峰，點校. 濟南：齊魯書社，2000.

G

［12］高麗大藏經［M］. 影印本. 北京：綫裝書局，2004.

［13］（晉）葛洪. 葛洪肘後備急方［M］. 影印本. 上海：商務印書館，1955.

［14］（清）龔自珍. 龔自珍全集［M］. 上海：上海人民出版社，1975.

［15］周祖謨. 廣韻校本［M］. 影印本. 北京：中華書局，2004.

H

［16］（五代）李珣. 海藥本草［M］. 北京：人民衛生出版社，1997.

［17］（東漢）班固. 漢書（全十二册）［M］.（唐）顏師古，注. 北京：中華書局，1964.

［18］黃帝内經素問［M］. 影印本. 北京：人民衛生出版社，1982.

［19］何寧. 淮南子集釋//新編諸子集成［M］. 北京：中華書局，2010.

［20］（宋）範曄. 後漢書（全十二册）［M］.（唐）李賢，等，注. 北京：中華書局，1973.

J

［21］趙振鐸. 集韻校本（全三册）［M］. 影印本. 上海：上海辭書出版社，2012.

［22］（漢）張機. 金匱要略方論［M］. 影印本. 北京：人民衛生出版社，1956.

［23］錢超塵，温長路，趙懷舟，等. 金陵本《本草綱目》新校注［M］. 上海：上海科學技術出版社，2012.

［24］（唐）房玄齡，等. 晉書［M］. 北京：中華書局，1974.

［25］黃焯. 經典釋文匯校［M］. 北京：中華書局，2006.

［26］（明）張介賓. 景岳全書［M］. 北京：人民衛生出版社，1995.

［27］（宋）薛居正，等. 舊五代史［M］. 北京：中華書局，1976.

L

［28］（漢）荀悦. 兩漢紀（全二册）［M］. 張烈，點校. 北京：中華書局，2002.

［29］（劉宋）雷敩，（明）李時珍. 雷公炮炙論·瀕湖炮炙論［M］. 尚志鈞，輯校. 合肥：安徽科學技術出版社，1991.

［30］楊伯峻. 列子集釋［M］. 北京：中華書局，2011.

［31］靈樞經［M］. 影印本. 北京：人民衛生出版社，1982.

［32］（晉）劉涓子，（南齊）龔慶宣. 劉涓子鬼遺方［M］. 北京：人民衛生出版社，1986.

［33］（遼）釋行均. 龍龕手鏡（高麗本）［M］. 影印本. 北京：中華書局，1985.

［34］陳奇猷. 吕氏春秋校釋［M］. 上海：學林出版社，1995.

M

［35］馬王堆漢墓帛書整理小組. 馬王堆漢墓帛書·經法［M］. 北京：文物出版社，1976.

［36］周一謀，蕭佐桃. 馬王堆醫書考注［M］. 天津：天津科學技術出版社，1988.

［37］（晉）王叔和. 脈經［M］. 影印本. 北京：人民衛生出版社，1956.

［38］（宋）沈括. 夢溪筆談［M］. 劉尚榮，校點. 瀋陽：遼寧教育出版社，1997：109.

[39]（清）焦循. 孟子正義（全三册）//新編諸子集成［M］. 沈文倬，點校. 北京：中華書局，2009.

[40]（明）江瓘. 名醫類案［M］. 北京：人民衛生出版社，2006.

N

[41] 秦越人. 難經集注［M］. 北京：人民衛生出版社，1956.

Q

[42]（宋）周密. 齊東野語//唐宋史料筆記叢刊［M］. 北京：中華書局，1983.

[43] 繆啓愉，繆桂龍. 齊民要術譯注［M］. 上海：上海古籍出版社，2011.

[44]（唐）孫思邈. 千金翼方［M］. 影印本. 北京：人民衛生出版社，1983.

[45] 全唐詩［M］. 北京：中華書局，1960.

S

[46] 周明初. 山海經［M］. 杭州：浙江古籍出版社，2011.

[47] 袁珂. 山海經校注［M］. 上海：上海古籍出版社，1980.

[48] 劉渡舟. 傷寒論校注［M］. 北京：人民衛生出版社，1991.

[49] 唐作藩. 上古音手册［M］. 南京：江蘇人民出版社，1982.

[50]（魏）吴普，（清）孫星衍，（清）孫馮翼. 神農本草經［M］. 上海：商務印書館，1955.

[51]（宋）趙佶. 聖濟總録（上下册）［M］. 北京：人民衛生出版社，1982.

[52]（清）阮元. 十三經注疏（全二册）［M］. 影印本. 北京：中華書局，2009.

[53]（西漢）司馬遷. 史記［M］. 北京：中華書局，1982.

[54]（清）王先謙. 釋名疏證補［M］. 影印本. 上海：上海古籍出版社，1984.

[55] 王子令. 睡虎地秦簡《日書》甲種疏證//新出簡帛研究叢書［M］. 武漢：湖北教育出版社，2002.

[56]（漢）許慎，（宋）徐鉉. 説文解字［M］. 影印本. 北京：中華書局，1963.

[57]（南唐）徐鍇. 説文解字繫傳［M］. 影印本. 北京：中華書局，1987.

[58]（清）段玉裁. 説文解字段注［M］. 影印本. 成都：成都古籍書店，1981.

[59]（唐）魏徵，（唐）令狐德棻. 隋書（全六册）［M］. 北京：中華書局，1982.

[60]（唐）劉餗. 隋唐嘉話//唐宋史料筆記叢刊［M］. 程毅中，點校. 北京：中華書局，1997.

T

[61]（宋）王懷隱，等. 太平聖惠方［M］. 北京：人民衛生出版社，1982.

W

[62]（明）申斗垣. 外科啓玄［M］. 北京：人民衛生出版社，1955：53.

[63]（唐）王燾. 外臺秘要［M］. 影印本. 北京：人民衛生出版社，1955.

［64］（梁）蕭統. 文選（全三冊）［M］.（唐）李善，注. 北京：中華書局，1977.

［65］張延昌. 武威漢代醫簡注解［M］. 北京：中醫古籍出版社，2006.

X

［66］（宋）歐陽修，宋祁. 新唐書［M］. 北京：中華書局，1975.

［67］尚志鈞. 新修本草（輯復本）［M］. 2 版. 合肥：安徽科學技術出版社，2005.

Y

［68］王利器. 鹽鐵論校注（定本）（全二冊）. 北京：中華書局，1992.

［69］管振邦. 顏注急就篇譯釋［M］. 南京：南京大學出版社，2009.

［70］（唐）甄權. 藥性論［M］. 尚志鈞，輯校. 合肥：安徽科學技術出版社，2006.

［71］（唐）釋玄應，（唐）釋慧琳，（遼）釋希麟.《一切經音義》三種校本合刊［M］. 徐時儀，校注. 上海：上海古籍出版社，2008.

［72］（明）樓英. 醫學綱目［M］. 北京：人民衛生出版社，1987.

［73］（明）李梴. 醫學入門［M］. 何永，等，校注. 北京：中國醫藥科技出版社，2011.

［74］（清）吳謙，等. 醫宗金鑒［M］. 北京：人民衛生出版社，1982.

［75］（東漢）楊孚. 異物志［M］. 影印本. 廣州：廣東科技出版社，2009.

［76］（唐）段成式. 酉陽雜俎［M］. 曹中孚，校點. 上海：上海古籍出版社，2012.

Z

［77］（清）沈金鰲. 雜病源流犀燭［M］. 北京：人民衛生出版社，2006.

［78］高大倫. 張家山漢簡《脈書》校釋［M］. 成都：成都出版社，1992.

［79］（晉）皇甫謐. 針灸甲乙經［M］. 影印本. 北京：人民衛生出版社，1984.

［80］（唐）釋慧琳，（遼）釋希麟. 正續一切經音義［M］. 上海：上海古籍出版社，1986.

［81］（明）王肯堂. 證治準繩［M］. 上海：上海科學技術出版社，1959.

［82］（日）丹波元胤. 中國醫籍考［M］. 北京：人民衛生出版社，1956.

［83］國家中醫藥管理局《中華本草》編委會. 中華本草［M］. 上海：上海科學技術出版社，1999.

［84］（隋）巢元方，等. 諸病源候論［M］. 影印本. 北京：人民衛生出版社，1982.

［85］劉文典. 莊子補正［M］. 合肥：安徽大學出版社，1999.

主要參考文獻

（按篇名、書名音序索引）

專著

C

［1］陳炳迢. 辭書編纂學概論［M］. 上海：復旦大學出版社，1991.

F

［2］朱慶之. 佛典與中古漢語詞彙研究［M］. 臺北：文津出版社，1992.

［3］俞理明. 佛經文獻語言［M］. 成都：巴蜀書社，1993.

［4］徐時儀，梁曉虹，陳五雲. 佛經音義研究通論［M］. 南京：鳳凰出版社，2009.

［5］梁曉虹，徐時儀，陳五雲. 佛經音義與漢語詞彙研究［M］. 北京：商務印書館，2005.

［6］陳五雲，徐時儀，梁曉虹. 佛經音義與漢字研究［M］. 南京：鳳凰出版社，2010.

G

［7］王力. 古代漢語［M］. 北京：中華書局，1962

［8］趙克勤. 古代漢語詞彙學［M］. 北京：商務印書館，2010.

［9］余雲岫. 古代疾病名候疏義［M］. 張葦航，王育林，點校. 北京：學苑出版社，2012.

［10］蔣紹愚. 古漢語詞彙綱要［M］. 北京：商務印書館，2005.

［11］張聯榮. 古漢語詞義論［M］. 北京：北京大學出版社，2007.

［12］王國維. 古史新證——王國維最後的講義［M］. 北京：清華大學出版社，1994.

H

［13］徐中舒. 漢語古文字字形表［M］. 上海：東方出版中心，2010.

［14］楊錫彭. 漢語外來詞研究［M］. 上海：上海人民出版社，2007.

［15］賈彥德. 漢語語義學［M］. 北京：北京大學出版社，2012.

［16］洪誠. 洪誠文集·訓詁學［M］. 南京：江蘇古籍出版社，2000.

［17］徐時儀. 慧琳音義研究［M］. 上海：上海社會科學院出版社，1997.

R

［18］楊守敬. 日本訪書志//宋元明清書目題跋叢刊［M］. 北京：中華書局，2006.

S

［19］（日）丹波元簡. 傷寒論輯義［M］. 北京：人民衛生出版社，1956.

［20］（日）山田宗俊. 傷寒論集成［M］. 北京：人民衛生出版社，1957.

［21］馬繼興. 神農本草經輯注［M］. 北京：人民衛生出版社，1995.

［22］陳增岳. 隋唐醫用古籍語言研究［M］. 廣州：廣東科技出版社，2006.

T

［23］黄仁瑄. 唐五代佛典音義研究［M］. 北京：中華書局，2011.

W

［24］裘錫圭. 文字學概要［M］. 北京：商務印書館，1988.

X

［25］（清）謝啓昆. 小學考［M］. 上海：漢語大詞典出版社，1997.

［26］徐時儀. 玄應和慧琳《一切經音義》研究［M］. 上海：上海人民出版社，2009.

［27］郭在貽. 訓詁學［M］. 北京：中華書局，2011.

［28］何仲英. 訓詁學引論［M］. 北京：商務印書館，1933.

Z

［29］王雲路. 中古漢語語詞例釋［M］. 長春：吉林教育出版社，1992.

［30］方立天. 中國佛教與傳統文化［M］. 北京：中國人民大學出版社，2011.

［31］張舜徽. 中國文獻學［M］. 上海：上海古籍出版社，2009.

［32］胡奇光. 中國小學史［M］. 上海：上海人民出版社，2005.

［33］王力. 中國語言學史［M］上海：復旦大學出版社，2010.

［34］張綱. 中醫百病源流考［M］. 北京：人民衛生出版社，1997.

［35］王育林. 中醫古籍閱讀學［M］. 北京：高等教育出版社，2008.

［36］馬繼興. 中醫文獻學［M］. 1版. 上海：上海科學技術出版社，1996.

期刊及学位論文

A

［37］李罌華，王育林.“莪羅”“紫鉚”“阿魏”考釋［J］. 中華醫史雜誌，2015，45
（1）：7－11.

C

[38]　鄭賢章. 從疑難字看新版《漢語大字典》的缺失 [J]. 中國語文, 2013 (5)：467 –475.

D

[39]　李恩華, 王育林. 讀《古代疾病名候疏義》兼考"癲""狂""癇" [J]. 中華醫史雜誌, 2016, 46 (1)：9 –14.

[40]　王淑民. 敦煌莫高窟中的脈訣著作 [J]. 上海中醫藥雜誌, 1988 (7)：40.

F

[41]　尉遲治平, 朱煒. 梵文"五五字"譯音和玄應音的聲調 [J]. 語言研究, 2011, 31 (2)：70 –75.

G

[42]　李恩華, 王育林.《古代疾病名候疏義》所釋《説文》"齵""齫""齃""齬"等疾病詞考 [J]. 吉林中醫藥, 2016, 36 (8)：847 –849.

H

[43]　姚永銘.《慧琳音義》與辭書編纂史研究 [J]. 辭書研究, 2002 (5)：96.

J

[44]　李恩華, 王育林. 疾病詞"癆""痱""臍""痛"等考證 [J]. 長春中醫藥大學學報, 2015, 31 (6)：1303 –1306.

K

[45]　李恩華, 王育林. "欬""瘶"及其相關病證名考辨 [J]. 北京中醫藥大學學報, 2012 (12)：809 –811.

[46]　韓小荆.《可洪音義》與大型字典編纂 [J]. 古漢語研究, 2007 (3)：63.

L

[47]　李恩華, 王育林. 論余雲岫《古代疾病名候疏義》的主要內容及性質 [J]. 中醫學報, 2019, 34 (1) 222 –226.

[48]　王育林, 李恩華, 于雷. 論《正續一切經音義》病證名兼考"癲癇""痰飲" [J]. 北京中醫藥大學學報, 2011, 34 (3)：159 –163

[49]　劉葉秋. 略談漢語辭書的演進 [J]. 辭書研究, 1985 (3)：7.

M

[50]　沈炎南, 杜同仿.《脈經》《脈訣》《脈訣刊誤》《瀕湖脈訣》介紹 [J]. 中醫雜誌, 1984 (9)：72.

[51]　李恩華, 王育林. "盲""矇""瞽""瞂""瞍""瞎"等疾病詞考 [J]. 長春中醫藥大學學報, 2017, 33 (5)：846 –849.

S

［52］李豐華. 隋唐五代醫書與佛經音義醫學詞彙比較研究 ［D］. 北京中醫藥大學，2017.

［53］張涌泉. 試論漢語俗字研究的意義 ［J］. 中國社會科學，1996（2）：162.

T

［54］黄雲鶴，李方達. 《太平廣記》中的唐代胡商文化 ［J］. 古籍整理研究學刊，2005（6）：48.

［55］黄仁瑄. 唐五代佛典音義引《文選》述 ［J］. 古漢語研究，2010，89（4）：75.

［56］黄仁瑄. 唐五代佛典音義中的"楚夏"問題 ［J］. 南陽師範學院學報，2010（1）：42 – 46.

［57］梁光華. 《唐寫本説文木部殘卷》的唇音反切和漢語輕重唇音的分化完成期 ［J］. 貴州教育學院學報（社會科學版），1990（3）：56 – 60.

W

［58］何茂活. 《武威漢代醫簡》"父且"考辨 ［J］. 中醫文獻雜誌，2004（4）：21.

X

［59］徐時儀. 玄應《衆經音義》所釋常用詞考 ［J］. 語言研究，2004，24（4）：47.

Y

［60］王晶波，《異物志》的編纂及其種類 ［J］. 社科縱横，1993（4）：65 – 68.

［61］王育林，李豐華. "癃"及相關病名考 ［J］. 北京中醫藥大學學報，2012，35（8）：517，520.

［62］劉英軍. "語言隨社會發展而發展"質疑 ［J］. 河北師範大學學報（社會科學版），1995，18（4）：78 – 82.

Z

［63］尚振乾. "蜘蛛""侏儒"考 ［J］. 咸陽師範學院學報，2005，20（3）：89 – 90.

［64］趙振鐸. 字典論稿·有關釋義的幾個問題 ［J］. 辭書研究，1991（2）：69 – 77.

論文集

F

［65］徐時儀，陳五雲，梁曉虹. 佛經音義研究——首屆佛經音義研究國際學術研討會論文集 ［C］. 上海：上海古籍出版社，2006.

［66］徐時儀，陳五雲，梁曉虹. 佛經音義研究——第二屆佛經音義研究國際學術研討會論文集 ［C］. 南京：鳳凰出版社，2011.

［67］徐時儀，梁曉虹，松江崇. 佛經音義研究——第三屆佛經音義研究國際學術研討會論文集 ［C］. 上海：上海辭書出版社，2015.

G

［68］郭在貽. 郭在貽文集［C］. 北京：中華書局，2002.

H

［69］王雲路. 漢語詞彙論稿［C］. 北京：北京語言文化大學出版社，2002.

J

［70］丁邦. 董同龢先生語言學論文選集［C］. 臺北：食貨出版社，1981.

S

［71］邵榮芬. 邵榮芬音韻學論集［C］. 北京：首都師範大學出版社，1997.

W

［72］周祖謨. 問學集［C］. 北京：中華書局，1966.

Z

［73］王雲路. 中古漢語論稿［C］. 北京：中華書局，2011.

電子文獻

［74］裘沛然，鄧鐵濤，王永炎. 中華醫典［M/CD］. 5 版. 長沙：湖南電子音像出版社，2017.

［75］日本大藏經檢索網站 http：//21dzk. l. u－tokyo. ac. jp/SAT/ddb－sat2. php? key＝％E8％83％BD&mode＝search&uop＝1&tall＝1&nm＝&np＝&smode＝search

［76］台灣異體字網站 http：//dict2. variants. moe. edu. tw/variants/rbt/home. do

主要語詞索引^{〔1〕}

---

〔1〕 本索引收錄書中討論過的主要醫學詞彙，並按音序排列。

後　记

　　我自 2010 年踏上北上求學之路、攻讀碩士學位起，就與醫史文獻研究結下不解之緣。本書可以説是我多年求學的一個階段性小結，雖然出版的過程頗爲坎坷，離預期已逾三四年，但是終能付梓，我已經感到十分滿足，我從没想過有一天它真的會出版。

　　雖然時間飛逝，轉眼已近九年，但入學時的一幕幕，我仍然記憶猶新。剛入學的第一個月，導師王育林先生便把《正續一切經音義》4 本厚實的書交到我的手裏，不知深淺的我，便對此傾盡全力，投入了所有的時間和熱情。憑着一點與生俱來的堅韌和執著，借着充沛的精力和初生牛犢不怕虎的衝勁，冒冒失失地進入了一個對於當時的我來説幾乎完全陌生的領域。

　　我原本是中醫七年制本碩連讀的學生，放弃臨床，重新考研學習文獻，在絕大多數人眼裏並不是一個明智的選擇，而且對於注重臨床實踐的醫學專業而言，這或許更像是坐而論道、閉門造車。在中西方文化激烈碰撞與交融的今天，所有中醫人都在爲中醫的發展尋求更好的出路。當大多數人都從西醫那裏借鑒理論和方法的時候，我想做的，也不過是在中國幾千年的傳統文化中找尋方向。當然，這可以説是紙上談兵，鏡花水月，也可以説是峰回路轉，殊途同歸。不論結果如何，夢想總是要有的。

　　但這些並不重要，更重要的是，由於没有很好的語言文字學功底，没有進行過語言學、史學、文獻學方面的專業學習，剛入門時的艱難完全超出我的預想。《説文解字》《左傳》、《素問》王冰注，這些先生要求我們必讀的入門書，我都是在一知半解中讀完的。寫起文章來更是文筆生澀，對很多問題的理解並不成熟，有種畫虎類犬的感覺。當別人已經在解剖、藥理、生理、循證、免疫的康莊大道上策馬揚鞭時，我却還在傳統"小學"裏望洋興嘆。

　　在我躊躇和灰心的時候，是先生的知遇和栽培，讓我慢慢找到屬於自己的人生方向；在我迷茫和困惑的時候，是先生的循循善誘和鞭駕策蹇，讓我一點點學有所得。先生教予我的是足以讓我受用一生的無價之寶。我最害怕看到先生失望的神情，害怕辜負先生對我的殷切期望，這也是我一直以來不敢鬆懈的原因之一。在編寫本書的過程中，從資料的搜集、結構的安排到詳細的考證，先生都付出了大量的心血。先生淵博的學識、悉心的指導和仔細的修改，是本書得以成型的重要條件。

　　經過多年的學習和研究，我也有了一些體會和淺見。我越發覺得，中醫學和漢語言文字學、中國哲學等植根于中國傳統文化的學問有諸多相似；它們都希望用西方理論來武裝自己，以求得更進一步的發展；但是由於文化基礎、哲學基礎不同，在這個過程中不可避免地會遇到阻礙，會有困難，如何能在變見之路上走得更遠還未可知。時至今日，語言學、哲學等學科早已開始不斷反思，到底要怎樣更好地利用這些幾千年傳下來的寶貴文獻，才能讓古漢語研究、古代哲學研究不落窠臼。中醫現代化研究要如何才能在中國醫學史上留下濃墨重彩的一筆，也還需要時間的檢驗。還好，我還在這條路上；還好，我沒有忘記曾經的夢想。但願，我的堅持，終會美好。

李曌華

2019 年 6 月 20 日